形势政策教育学概论

上海市形势政策教育研究会 **编著**

沈明达 **主编**

上海浦江教育出版社

图书在版编目（CIP）数据

形势政策教育学概论 / 上海市形势政策教育研究会编著；
沈明达主编. — 上海：上海浦江教育出版社有限公司，2023.11
ISBN 978-7-81121-839-8

Ⅰ. ①形… Ⅱ. ①上… ②沈… Ⅲ. ①时事政策教育
Ⅳ. ①D643

中国国家版本馆CIP数据核字(2023)第220140号

上海浦江教育出版社出版发行

社址：上海海港大道1550号上海海事大学校内 邮政编码：201306

电话：(021)38284910(12)(发行) 38284923(总编室) 38284910(传真)

E-mail: cbs@shmtu.edu.cn URL: http://www.pujiangpress.com

上海商务联西印刷有限公司印装

幅面尺寸：210 mm×148 mm 印张：15.375 插页：30 字数：353千字

2023年11月第1版 2023年11月第1次印刷

责任编辑：王 艳 封面设计：上海图高文化传播有限公司

定价：66.00元

编委会成员名单

前　言

上海市形势政策教育研究会（以下简称"形研会"）历时两年多课题研究、公开出版发行的《形势政策教育学概论》一书与各位读者见面了！回望走过的路，确实得来不易，可喜可贺！

这是上海形研会成立三十多年来推出的第一本公开出版发行的学术著作，是形研会积三十余年形势政策教育实践经验、集众多专家学者和党务思想政治工作者智慧力量编著而成的党建书籍，是形研会以勇于创新敢于担当精神撰写的一本较为系统全面总结论述形势政策教育规律、具有较强学科学理学术框架特点和现实指导意义的专著。

本书之所以能编著出版，源自形研会三十多年来自觉坚守党的意识形态宣传阵地、积极宣传党的创新理论和党的路线方针政策、主动探寻形势政策教育规律的实践与研究。形研会诞生于上海并成为由上海市社会科学界联合会主管的本市唯一、全国独特的以形势政策教育为主要研究方向的学术性社团，是改革开放的时代产物，是顺应新时期加强改进思想政治工作要求的创举，是肩负新时代推进党的建设新的伟大工程重任勇毅前行的必然。

三十多年来，本会作为研究和推动形势政策教育的学术性社会团体，立足上海、扎根基层，放眼全球、登高望远，追求卓越、团结奋进，始终坚持以马克思列宁主义、毛泽东思想、邓小平理论、"三个代表"重要思想、科学发展观、习近平新时代中国特色社会主义思想为指导，严格遵守法律法规和国家政策，自觉践行社会主义核心价值观，牢牢把握思想舆论正确导向，积极配合深化改革和加强基层党建思想政治工作做好形势政策教育宣传工作，努力探索开展形势政策教育的内在规律、科学方法和学科建设，通过开展形势政策教育的理论研讨，举办形势政策"每月谈"讲座、主题征文、学术论坛、青年论坛、会员论坛和专委会活动，编印形势政策教育资料，总结交流形势政策教育经验，组织专题学习调研等多种形式，有效提升了形势政策教育的针对性、开创性、操作性、有效性和形研会的影响力、引领力、美誉度。

经过三十多年的实践与探索，本会积累了形势政策教育实践和理论研究的丰富资源，形成了一支精干高效的管理和志愿者队伍，建立了一套行之有效的为广大会员、社会公众服务的公共平台与工作机制。历年来均被上海市社联评为达标学会；在所参加的全市科普活动周、理论征文和学术活动月等活动中硕果累累，连续获得优秀组织奖。2021年本会首次荣获"上海市优秀学会"称号，历经三十多年的"每月谈"讲座首次获评上海市"学会品牌活动"。

在长期实践基础上创立形势政策教育学是上海形研会多年来孜孜以求的重要目标。形势政策教育学的研究对象，是人们的形势观和政策观的形成、发展变化的规律以及对人们实施形势政策教育的规律。形势政策教育学研究的基本内容主要包括形势政策教育的基本理论研究、形势政策教育的历史和基本经验研究、形势政策教育的实践操作和评估研究等。2004年初本会经两年多的研究，形成在上海市国有企业范围内发行传播的内部书稿，受到基层欢迎。2021年以来本会成立由我牵头领衔的"形势政策教育学概论"课题组并展开新一轮基础理论研究和书稿撰写，终于迎来全书付梓面世的难忘时刻。我们有理由坚信，创立形势政策教育学必将有助于推进新时代形势政策教育的高质量发展。

本书的编著出版，是对形势政策教育学规律的有益探索和总结提炼，凝聚了形研会历届领导班子和专家学者的心血和努力，凝聚了课题组全体成员的智慧和力量，凝聚了各会员单位和广大会员的支持和奉献。尤其是本课题组成员在历年研究成果的基础上，准确把握党的二十大精神和新时代新征程"强国建设民族复兴"的形势任务，坚持以习近平新时代中国特色社会主义思想为指导，针对新情况、研究新问题、作出新判断、提出新思路，取得重要理论研究和学科创新成果。

　　科学认识形势、正确制定政策、不折不扣执行政策，是我们党的优良传统。形势与政策是辩证统一的关系。规范与制约着党和国家政治、经济和社会生活的是面广量大的政策体系。政策与法律既相区别又相联系，它们是推进治国理政不可缺一的两个轮子。观察形势、出台政策，有一个世界观与方法论问题，要以人民所处的状况和人民的所想所需作为出发点与归宿，要以唯物辩证法与唯物史观作为思想工具和务实操作的方式方法。形势政策教育的对象，首先是制定和执行政策的党和政府的各级领导干部。重视、开展形势政策教育是加强改进党建思想政治工作和群众性宣传引领工作的重要途径，是推进国家治理体系和治理能力现代化、建设堪当民族复兴重任的高素质干部队伍的重要环节。总结提炼形势政策教育经验、探索建立形势政策教育学体系和学科具有重要的理论创新意义和实践应用价值。

　　上海形研会有着双重任务：一是开展形势与政策宣传教育等实践活动；二是开展与形势政策教育相关的理论问题研究。理论问题研究也存在着两个方面：一是研究各个地区与领域的形势与政策宣传教育等实践活动的目标任务、方式方法及其科学性与有效性问题；二是研究涉及形势政策教育的基本概念，以及范畴与原则的内涵、外延、相互关系等基础理论问题。这两个方面的研究是相辅相成的，基础理论问题研究有助于宣传教育实践性研究的深入展开；贴近实践的宣传教育研究又为基础理论研究不断提供真实可靠的素材与案例，并有助于进一步探索内在的规律性。

本书着重探究的是形势政策教育的基础理论问题。全书由绪论、第一至第九章和附录等十一个部分构成，重点阐述了形势政策教育学的基本概念、基础理论、学理特点，比较全面地总结提炼了形势政策教育和教学的基本规律、基本经验、基本方法，同时附录了不同行业与单位有效开展形势政策教育和党建思想政治工作的案例及经验材料。

多年的形势政策教育的实践和理论研究启示我们：学深悟透、科学把握习近平新时代中国特色社会主义思想的世界观和方法论，坚持以唯物辩证法和唯物史观的方法论认识与处理形势政策教育问题，应当努力做到辩证认识和正确处理好以下"四个关系"：

一是辩证认识和正确处理全局与局部、长远与当前的关系。这是研判形势、思考与制定政策时必须辩证处理好的两对矛盾。在这一方面，党中央结合形势的判断不断制定与调整政策，为我们作出了榜样。顶层设计就是国家最大的政策，既涉及全局又关联局部、既涉及长远又关联当前。党的十八大以来，顶层设计走上了作为现代国家的科学发展之路，如国家治理体系与治理能力现代化的总体思路与实施路径和方法，建设社会主义现代化强国分两步走以及2035年发展目标的确定及细化等，从全局与局部、长远与当前的结合上，以宏观大政策引领，为中观与微观政策的制定指出清晰明了的方向。

二是辩证认识和正确处理现象与本质、形式与内容的关系。现象是事物的外部联系和表面特征，本质是事物的内部联系和根本性质。任何现象都是本质的表现，人们正是通过对事物现象的去粗取精、去伪存真、由此及彼、由表及里的认识，才不断深化对事物本质的认识。看形势，要透过现象发现本质。政策不能被现象甚至假象所迷惑。内容是事物存在的基础，形式是事物存在的表现和方式。要反对形式主义，同时要善于运用形式发挥其积极作用。正确处理这两对矛盾，是认清形势、政策精准发力的重要方法。

三是辩证认识和正确处理原因与结果、动机与效果的关系。特定形势的出现，往往是一种结果，由结果倒推原因，经常会出现一因多果、一果多因的复杂情况，来不得一丁半点的粗枝大叶和片面性、简单化。现实生活中，制定政策必须要有良好动机，但是仅有良好动机又是不够的。动机与效果既是一对伦理学范畴、又是一对哲学认识论范畴，即主观认识必须符合客观实际。要学会哲学思维，不然，人们的努力不但会"事倍功半"，甚至会南辕北辙，事与愿违。

四是辩证认识和正确处理必然性与偶然性、现实性与可能性的关系。必然性是事物发展过程中确定不移的趋势，是由事物的根本矛盾决定的，体现事物的本质联系和发展前途。偶然性是事物发展过程中不确定的趋势，是由事物的非根本矛盾和外部条件引起的，对事物的发展起加速或延缓作用。但是，必然性又寓于偶然性之中，偶然性背后隐藏着必然性。看形势、定政策，要善于从偶然中发现必然，才能增强我们工作的自觉性、预测性和调控性。可能性是事物发展过程中所包含的预示事物发展前途的种种趋势。不能把可能当现实，反之，没有可能就没有新的现实。因此要立足现实、展望未来，注意事物发展的各种可能，发挥主观能动性，做好应对不利情况的准备，争取实现好的可能。

2021年7月，中共中央、国务院在《关于新时代加强和改进思想政治工作的意见》中特别强调要"加强形势政策教育"。深入学习贯彻习近平新时代中国特色社会主义思想、党的二十大和《意见》精神，需要各级党组织和社会各界都重视形势政策教育的理论研究和实践开展。本书的编著出版发行，适时地配合了这一现实需求，对于新时代新征程路上加强和改进党建思想政治工作、形势政策教育和教学、社会主义核心价值观宣传践行具有鲜明的针对性、导向性和可借鉴性。同时对于构建完善形势政策教育的学科门类、学科体系具有较强的探索性、创新性、前瞻性。

本书的出版是形势政策教育学探索路上的一个标志性重要成果。为此，我代表上海市形研会对所有关心、支持、参与、指导本书编著出版的单位和个人表示衷心的感谢！我们愿和各地区、各领域、各行业研究、实践形势政策教育的专家学者、党委书记、领导干部、党支部书记、党务思想政治工作者、教学工作者等一起携手努力，不断推进形势政策教育学研究的深入发展和群众性形势政策教育的有效落地。愿本书既成为面向基层面向群众高质量开展形势政策教育的指导书籍，也成为党校、高校和各类学校"形势与政策"和大思政课等课程的辅助教材。

实践无止境，创新探索永在路上。我们的研究只是初步的探索性、阶段性的，还有很多需要深入探索研究的理论问题和实践问题。作为"抛砖"之书，望能"引"无数"玉"而共乐之。

让我们一起共勉：

高举旗帜奔新程，守正创新践使命，

历史自信向未来，勇毅前行谱新篇。

沈明达

上海市形势政策教育研究会会长、教授

2023年11月12日于上海

目 录

绪　论

　　形势和政策与每个人都休戚相关，没有人能够脱离特定时期的形势和政策。"天下大势，浩浩汤汤，顺之者昌，逆之者亡。"正确分析形势和制定政策，对任何国家、任何政党、任何组织都至关重要。古人讲"君子谋时而动，顺势而为"，强调"虽有智慧，不如乘势；虽有镃基，不如待时"（《孟子·公孙丑章句上》），当下我们每个人也都需要经常性地观察了解形势、学习把握政策。

　　形势政策教育是教育者从受教育者认识形势和认知、认同政策的特点和规律出发，运用中国共产党和政府在正确分析判断形势的基础上所制定的正确政策及其要求，对受教育者施加有目的、有计划、有组织的影响，促进受教育者提高形势认识能力和政策水平的思想政治教育实践活动。[①] 它是中国共产党政治建设和思想建设的重要组成部分，是党的思想政治工作中最经常、最普遍、最现实、最生动的部分，也是党宣传群众、引导群众、动员群众的优良传统。

---

① 李斌雄. 形势政策教育学：研究对象、内容和方法——基于高校学生形势与政策教育教学经验的思考 [J]. 思想教育研究, 2012, (10): 45-48.

从思想政治教育的学科发展来看，1984年，教育部颁布《关于在十二所院校设置思想政治教育专业的意见》，思想政治教育学科正式成立；1988年，全国有十多所高校开始招收首批思想政治教育专业硕士生，并于1990年正式获得了硕士学位授予权；1995年，思想政治教育与马克思主义理论教育合并为马克思主义理论与思想政治教育专业；2005年，国务院学位委员会与教育部联合发出了《关于调整增设马克思主义理论一级学科及所属二级学科的通知》，标志着马克思主义理论一级学科的正式成立。目前，该一级学科下设六个二级学科，思想政治教育即为其中之一。经过30多年的成长和发展，思想政治教育学科从无到有，从分散到整合，从弱小到强大，成为学位点最多、师资队伍和学生队伍最庞大的学科之一，形成了覆盖本硕博的人才培养体系，并初步建立起了独具学科特色的话语体系、知识结构和研究框架。[①] 特别是近年来，学界在思想政治教育领域的研究热度较高，研究成果颇为丰富。

从形势政策教育的学科发展来看，形势政策教育学作为一门新的学科，虽然已有一定理论与实践基础，但它的形成总是需要有一个过程，有待时日的积累。苑申成曾于2010年在《高校形势与政策教育的学科建设问题探究》一文中，强烈呼吁在马克思主义一级学科下面设立形势与政策二级学科[②]。学科建设是加强

---

① 王易. 传统文化与思想政治教育创新 [M]. 北京: 中国人民大学出版社, 2018: 207.

② 苑申成. 高校形势与政策教育的学科建设问题探究 [J]. 中国成人教育, 2010, (4): 107-108.

和改进形势政策教育的基础，是其教育教学和课程建设的支撑。只有抓好学科建设，才能凝聚优秀人才，组织高水平教学科研队伍，提高教学质量和教学水平。为进一步加强形势政策教育的理论研究，更好指导形势政策教育的实践发展，除了需要现有马克思主义基本原理、马克思主义发展史、马克思主义中国化研究、国外马克思主义研究、思想政治教育、中国近现代史基本问题研究等二级学科支撑之外，十分必要建立形势政策教育学的二级学科。学科建设内容可以包括形势学、政策学、中共党史、党的建设、马克思主义法学、马克思主义政治学、国际政治、世界历史等众多学科，努力形成一种以马克思主义理论学科为主干、众多学科为侧翼的学科支撑体系。应该说，本书是对形势政策教育学理论与实践的初步概括和探索研究，期待它得到更多的关注、关爱和扶持。

一、建立形势政策教育学的重要意义

（一）从波澜壮阔的百年党史看形势政策教育学

党的十九届六中全会审议通过了《关于党的百年奋斗重大成就和历史经验的决议》，对党的百年奋斗的重大成就和历史经验进行了全面总结。中国共产党在100年来革命、建设、改革和奋进新时代的实践中，虽然经历了不同的发展时期，但是通过分析形势来进行政策活动，并教育武装干部群众，这种基本思想方法从来都是一以贯之的。

比如，在新民主主义革命时期，1941年12月，《中共中央关于延安干部学校的决定》强调："除正确地教授马列主义的理论之外，同时必须增加中国历史与中国情况及党的历史与党的政策的教育，使学生既学得理论，又学得实际，并把二者生动地联系起来。"这里，提出了"党的政策的教育"的概念。党的七大通过的《中国共产党章程》所规定的党员四条义务中的第二条，规定党员要"向人民群众解释党的政策"。

比如，在社会主义革命和建设时期，1951年，在党的第一次全国宣传工作会议上，刘少奇强调，党的宣传工作可以分作两项：一项是当前中心工作、时事政策的宣传，另一项是马列主义基本理论的宣传。这里，把"时事政策的宣传"摆在了十分重要的位置上。

比如，在改革开放和社会主义现代化建设新时期，高校的形势政策教育得以不断规范和强化。2004年，中共中央、国务院发出《关于进一步加强和改进大学生思想政治教育的意见》，指出"形势与政策教育是高等学校学生思想政治教育的重要内容和途径。要建立大学生形势政策报告会制度，要定期编写形势与政策教育宣讲提纲，建立形势与政策教育资源库"。中宣部、教育部发出《关于进一步加强高等学校学生形势与政策教育的通知》，指出形势与政策课是每个大学生的必修课，要把形势与政策课作为重点课程来加强建设，作为考核、评估高等学校教学质量和水平的重要指标，纳入学校党建工作和思想政治教育工作评估体系。2005年，中宣部、教育部印发《关于进一步加强和改进高等学校思想政治理论课的意见》，要求本、专科学生都要开设"形势与政策"课，进一步强化形势与政策教育的要求。

比如，进入新时代，2019年，中共中央、国务院《新时代爱国主义教育实施纲要》明确，要深入开展国情教育和形势政策教育，帮助人们了解我国发展新的历史方位、社会主要矛盾的变化，引导人们在进行伟大斗争中更好地弘扬爱国主义精神。2021年，中共中央、国务院《关于新时代加强和改进思想政治工作的意见》明确，要加强党史、新中国史、改革开放史、社会主义发展史和形势政策教育。这里，把形势政策教育明确列入了党中央和国务院文件，在党和国家历史上是少有的，其重要性不言而喻。

再如，党的十八大以来，在习近平总书记的领导下，中央政治局继承和发扬重视学习、善于学习的优良传统，坚持和完善中央政治局集体学习制度，总是根据形势和任务的发展变化向全党提出学习的任务，而且身体力行、率先垂范。围绕党和国家事业发展的重大理论和实践问题，2012年11月至2022年2月先后进行了80次集体学习，中央政治局以上率下，引领全党在大学习中不断提高治国理政的能力和水平，不断谱写新时代坚持和发展中国特色社会主义的新篇章①。

党始终高度重视形势政策教育，这是形势政策教育发展的根本保证。形势政策教育要始终坚持围绕中心、服务大局，实现科学化、学科化的发展，建立健全形势政策教育学学科，不断推动党的创新理论进教材、进课堂、进头脑，不断提高形势政策教育的时代性、针对性和有效性。

---

① 毛胜. 十八大以来中央政治局如何开展集体学习（上）[N]. 学习时报，2022-05-03(5).

（二）从跌宕起伏的三十年学会史看形势政策教育学

进入改革开放和社会主义现代化建设新时期，形势政策教育加快发展，并得以规范化、经常化开展。在改革开放之初，邓小平曾经将"形势教育"与"思想教育"和"政治教育"并提。1983年7月，中共中央发出《关于批转<国营企业职工思想政治工作纲要（试行）>的通知》，认为"国营企业职工日常思想政治教育的基本内容主要是：（1）国际、国内形势教育；（2）党和政府的方针、政策教育。"1985年10月，中共中央办公厅发出《关于加强时事政策教育巩固和发展安定团结大好形势的通知》，专门就形势政策教育作出安排。1986年7月，中央宣传部、国家教委发出《关于对高等学校学生深入进行形势政策教育的通知》。1987年10月，《关于高等学校思想教育课程建设的意见》首次将"形势与政策"课作为必修课，纳入高校思想政治课体系。1988年10月，中央宣传部发出《关于广泛深入地进行形势教育的通知》，决定"在全国城乡广泛深入地进行形势与任务教育，使党的正确主张为干部群众所理解、接受，成为上下一致的共同认识和积极行动。"

改革开放前，以政治学习活动为主要形式开展形势政策教育，而改革开放后，则以课程教学为主要形式开展形势政策教育。形势政策教育从政治运动和批判的方式，转向正面教育和疏导的方法，特别注重针对性、科学性和经常化。1988年12月，上海市形势政策教育研究会，正是在这样的时代背景下契合大势、应运而生。它的"每月谈"专题讲座，坚持三十多年，经年累月，从不间断，被上海市社联授予上海市"学会品牌活动"称号，成为了上海市宣传教育领域的一个响亮品牌。

上海市形势政策教育研究会，有着三十多年的厚重历史。这三十年是中国深化改革、扩大开放的三十年，是浦东开发开放的三十年。它记录着国际风云变幻，记录着中国改革开放，更记录着上海拼搏奋斗、发展繁荣。它有着三十年的光荣传统，始终围绕中心，服务大局，传播观点，宣讲形势政策。同时，在三十年里，上海市形势政策教育研究会也遇到很多困难，一度陷入低谷，发展跌宕起伏。2019年11月第六届理事会成立以来，形研会励精图治，开拓创新，呈现蓬勃生机与活力，2021年首次获评"上海市优秀学会"。三十多年的形研会历史，辉煌的过去，波浪式的发展，给予了我们丰富经验，给予了我们历史积淀，更赋予了我们历史责任感，迫切需要逐步建立和发展形势政策教育学，让学会发展和学科发展相互促进、相得益彰。

（三）从千呼万唤的十年学科史看形势政策教育学

2016年5月，习近平总书记在哲学社会科学工作座谈会上指出："只有以我国实际为研究起点，提出具有主体性、原创性的理论观点，构建具有自身特质的学科体系、学术体系、话语体系，我国哲学社会科学才能形成自己的特色和优势。"[①] 2022年4月，习近平总书记在中国人民大学考察调研时强调："思想政治理论课能否在立德树人中发挥应有作用，关键看重视不重视、适

---

① 习近平. 在哲学社会科学工作座谈会上的讲话 [N]. 人民日报, 2016-05-19 (2).

应不适应、做得好不好"①。2022年10月，习近平总书记在党的二十大报告中强调，"建设具有强大凝聚力和引领力的社会主义意识形态"，"健全用党的创新理论武装全党、教育人民、指导实践工作体系"，"深入实施马克思主义理论研究和建设工程，加快构建中国特色哲学社会学科体系、学术体系、话语体系"。②习近平总书记的相关重要论述，为形势政策教育的发展指明了方向，对形势政策教育的学科建设具有重要的指导意义。

形势政策教育，实际上是形势教育和政策教育的有机统一体，是一种特殊而具体现实的政治教育。可能是因为形势政策教育的最大特点是应用性的缘故，它的理论发展比较滞后，让人感觉是"千呼万唤始出来，犹抱琵琶半遮面"。2012年前后，李斌雄、苑申成等一批专家学者陆续提出建立形势政策教育学学科的命题，认为形势政策教育学属于思想政治教育学科的次级学科，归属于政治教育的范畴，或是希望在马克思主义一级学科之下建设形势政策教育二级学科。应当说，学科化发展是形势政策教育发展的必然趋势。

学科建设是加强和改进形势政策教育教学的基础，形势政策教育教学所依托的学科是一门政治性、政策性和实践性都很强的学科。可以将形势政策教育作为马克思主义一级学科下面的二级学科来建设，建立相应硕士点、博士点和博士后流动站，强化

---

① 习近平在中国人民大学考察时强调：坚持党的领导传承红色基因扎根中国大地　走出一条建设中国特色世界一流大学新路 [N].人民日报,2022-04-26(1).
② 党的二十大文件汇编.北京：党建读物出版社,2022：11.

相关学会和社团组织建设，从而为加强形势政策教育提供教学、研究、师资培养等方面的学科支撑。关于形势政策教育的学科定位，可以从教学、科研和功能三个方面进行探索，服务于形势政策教育教学，探究教育教学规律，不断培养形势政策教育领域的教学、宣讲和研究人才。

然而，十多年前提出了建立形势政策教育学学科的命题，但这一倡议似乎并没有一呼百应、蓬勃发展。当前，形势政策教育的实践正在快速发展和不断创新，但其学科建设工作仍步履蹒跚。进一步加强形势政策教育学的学科探索和理论研究工作，将理论与实践相互贯通，非常必要，也很有意义。

二、本书的主要内容

（一）写作思路

形势政策教育学作为一门实践性很强的学科，旨在不断提高宣传和思想政治教育工作者运用科学理论指导形势政策教育实践的能力。毋庸讳言，形势政策教育的百年实践远远走在了学理研究的前面。由此，在对形势政策教育进行学科分析的基础上，我们有必要认真回顾总结中国共产党带领人民在革命、建设和改革的各个历史时期开展形势政策教育的发展历程，梳理总结其基本经验和基本规律，以指导形势政策教育在未来更好的发展。我们有必要进一步研究并明确形势政策教育的任务、内容和特点，有必要进一步研究并明确形势政策教育的方针、原则和方法，有必要进一步研究并明确形势政策教育学的课程设置、教学与师资，有必要进一步研究并明确形势政策教育的领导体系、管理机制与管理制度，有必要从形势政策教育的鲜活实践中发现特色做法、发掘典型案例，以点带面推动形势政策教育在新时代新征程上高质量发展，更好为党和国家的中心工作服务。以上这些内容，构成了本书认为的形势政策教育学的基本架构，也构成了本书的逻辑图谱。

本书希望能够满足三个方面需要。一是满足学科发展的需要。通过编纂《形势政策教育学概论》，讲清楚形势政策教育学的基本概念、基本内容、研究对象、研究方法、历史沿革、基本理论，不求一鸣惊人、经天纬地，但求务实管用、指导实践，迈出探索性的一步。二是满足实践发展的需要。讲清楚当前的最新实践探索，汲取高校党校、国有企业、两新组织等形势政策教育的新探索新做法新经验。三是满足学会发展的需要。既要发挥会员单位的作用，参与书稿撰写，积极提供实践案例，也服务学会和会员，指导各单位实践，增强可读性和可用性。

（二）框架与内容

本书由九个章节及附录组成。第一、二章的内容，主要围绕形势政策教育学的学科问题展开。第一章主要阐述形势政策教育学的研究对象、研究内容与研究方法，从形势和政策、形势观和政策观、马克思主义形势政策观、形势政策教育的概念及其相互关系入手，分析形势政策教育的研究对象及其特征，阐释形势政策教育学的基本理论研究、历史考察、个体形势政策观发展变化规律、实践创新研究等研究内容，介绍矛盾分析法和阶级分析法相结合、历史考察与逻辑分析相结合、定性分析与定量分析相结合、动态分析与比较分析相结合等形势政策教育学的研究方法。形势政策教育学作为一门学科或者科学的确立和构建，必须找到并夯实其理论基础，必须把它和相关学科相贯通，从这些学科中汲取不断发展壮大的营养。第二章主要阐述形势政策教育学的理论基础——马克思主义形势政策观，特别是习近平总书记围绕马克思主义形势政策观所提出的一系列独创性的重要论述，分析形势政策教育学与中共党史党建、思想政治工作学、教育学、舆论学、演讲学等相关学科的关联。

　　第三、四、五章的内容，主要围绕形势政策教育的理论问题展开。第三章从新民主主义革命时期、社会主义革命和建设时期、改革开放和社会主义现代化建设新时期、中国特色社会主义新时代四个发展阶段对形势政策教育作历史考察，从党和国家高度重视、教育内容与时俱进、教育方法创新拓展、师资队伍建设等角度总结历史经验，提炼形势政策教育发展的规律性认识。第四章从分析时事形势、解读具体政策、明确目标任务等方面阐述形势政策教育的主要任务和教育内容，从教育方式、教育对象、教育时机、教育内容、教育形式和教育者素质等方面分析形势政策教育的基本特点。开展形势政策教育，既要遵循思想政治教育的一般规律，也要体现由"形势"与"政策"内容决定的具体要求，第五章阐述了形势政策教育工作围绕中心、服务大局，围绕发展、守正创新，围绕变革、与时俱进和围绕实际、贴近生活的指导方针，形势背景引导、重点信息引导、认识思路引导、思想方法引导的工作方针，并介绍了形势政策教育八个相统一的理论原则和实事求是、注重鼓劲、民主平等、言行一致的工作原则。

　　第六章、第七章、第八章的内容，主要围绕形势政策教育的实践和管理问题展开。形势政策教育在实践领域面临着课程内容时效性和精准性特别强、教学知识内涵跨学科跨领域特别强、教学资源来源和更新要求特别不易、师资队伍发展不适应课程教学需求等挑战，需要着力解决"谁开课、怎么开、教什么、用什么教、谁来教、怎么教、怎么评、怎样管"的一系列问题。第六章主要阐述形势政策教育课程的设置原则和内容结构，探讨个体形势政策观发展变化的特点，详细介绍教学的主要方法，分析形势政策教育师资队伍建设的特殊要求和培养方式。第七章主要从纵向的组织管理的角度，阐述形势政策教育的领导体系、管理机制和管理制度，第八章主要从横向的不同行业的角度，结合国有企业、金融行业、两新组织、高校党校、社区组织等不同组织类型的行业特性，分别介绍其开展形势政策教育工作的路径。

最后，第九章从理论与实践相结合的角度对本书进行总结收尾，提炼概括了形势政策教育高质量发展需要把握的十个关系，比如处理好"接天线"与"接地气"的关系、唱响主旋律与兼容多样化的关系、"盆景"与"风景"的关系、"灌输式"与"启发式"的关系等。附录精选汇集了20个不同组织机构的典型做法和创新案例，以及上海市形势政策教育研究会的有关资料，进一步拓宽读者视野，方便读者学以致用，也让本书更加接地气。

正所谓"佳期难得、好事多磨"。在强国建设、民族复兴的新征程上，希望这本酝酿已久、好事多磨的《形势政策教育学概论》，能够对形势政策教育的有关部门和理论工作者、实践工作者及各方面读者有所启发、有所帮助。

第一章 形势政策教育学 的研究对象、内容与方法特点

从学科建设角度看，形势政策教育学属于思想政治教育学科的次级学科，是一门综合而又独立的学科。之所以说它是一门综合学科，是因为它涉及政治、经济、文化、外交、科技、安全、生态文明、民生等热点难点问题，想要分析形势政策，必须结合党情、世情、国情、省情、市情等；之所以说它是一门独立学科，是因为作为思想政治教育的重要组成部分，形势政策教育研究本身又可以细分为基本理论、历史经验、实践操作等方面，有着自身的研究对象、研究内容和研究方法。

第一节 形势政策教育学的研究对象

形势政策教育学的研究对象，主要是人们的形势观和政策观的形成、发展变化的规律以及对人们进行形势政策教育的规律。形势与政策、形势观与政策观是形势政策教育学研究的基本问题。对人们的形势观和政策观的形成发展变化的特点和规律的研究是形势政策教育学的一个研究领域和前提。下面主要从形势和政策、形势观和政策观、马克思主义形势政策观、形势政策教育的

概念及其相互关系入手，分析形势政策教育的研究对象及其特征。

一、形势和政策

"形势"，原指"地理形势"，现在多指"事物发展的情况"[①]。形势是指客观事物发展的状况和趋势，这里主要指国内外的时事状况及其发展趋势。形势有两层含义："形"是指客观事物发展的形态和状况，是事物的静态状态；"势"是指客观事物发展的趋势，是事物的动态状态。形势具有客观性、多变性、相关性、阶段性、规律性等特点。任何客观事物都会受内在因素和外在因素的影响与约束，形势就是事物诸多内在因素、外在因素的综合反映。

依据不同标准，形势可以划分为不同的类别。比如，按范围分类，有国际形势、地区形势、国内形势。按层次分类，有主要形势和非主要形势、全局形势和局部形势、一般形势和特殊形势等。按内容分类，有经济形势、政治形势、文化形势、社会形势、生态形势等。按性质分类，有大好形势、严峻形势、有利形势、不利形势等。

"政策"，是指"国家或政党为实现一定历史时期的路线而制定的行动准则"[②]。政策是国家、政党一切行动的出发点，并表现在行动的过程和结果之中。判断国家、政党某项政策正确与否，首先要看政策所服务的路线是否正确。根据唯物史观的基本观点，政策属于上层建筑的范畴，由经济基础决定，并为经济基

[①] 辞源[M].北京：商务印书馆，1980.

[②] 现代汉语词典[M].7版.北京：商务印书馆，2019.

础服务，其本质是阶级利益和阶级意志的体现，具有强烈的阶级性。政策往往具有政治性与公共性、现实性与长远性、稳定性与变动性、权威性与灵活性兼具的特点。

政策一般应当具备四个条件，即主体、对象、内容与作用。政策的主体，是指政策的所属，即由谁制定的政策。政策的主体不仅包括政党、国家，而且包括所有国际、国内可以制定政策的组织。比如，国家政策、政党政策、国际组织政策等。政策的对象是指政策的适用范围，即政策适用何事何物。比如，教育政策、科技政策、"三农"政策等。政策的内容，是指政策解决什么问题。比如，新型城镇化问题、全面乡村振兴问题、区域协调发展问题等。政策的作用，是指政策的目的与效力。比如，政策的指导性、规范性等。

形势与政策，具有不同的概念、内涵和特点，但两者相互联系、相辅相成，是一对矛盾统一体。一方面，形势既是制定政策的客观依据，也是检验政策的客观标准。正如《孙子兵法》所讲，"若决积水于千仞之溪者，形也"（《孙子兵法•军形篇》），"如转圆石于千仞之山者，势也"（《孙子兵法•兵势篇》）。把握事物的现实状态与发展趋势，是制定政策和执行政策的客观要求。毛泽东说过："人们要想得到工作的胜利即得到预想的结果，一定要使自己的思想合于客观外界的规律性，如果不合，就会在实践中失败。"[①] 形势是客观的，而政策是人们为了达到一定目的所

---

① 毛泽东选集: 第一卷 [M].北京: 人民出版社, 1991: 284.

制定并遵循的行为准则，是主观对客观认识的成果。虽然不同的领域会有不同的政策，但各种各样的政策都贯穿一条重要的基本要求，就是必须建立在正确认识形势的基础之上。只有正确认识和把握客观依据，才有可能制定出台正确的政策。政策制定出台之后，就要贯彻实施。在实施过程中，能否适应和推动形势的发展变化，则是检验政策正确与否的重要标志。使形势向着有利方向发展的政策，就是正确的政策，应当继续贯彻；使有利的形势发生逆转的政策，则是错误的政策，必须调整或改正。正如实践是检验真理的唯一标准，形势发展的方向是检验政策正确与否的客观标准。

政策对形势具有导向作用，是促进形势发展的重要手段。如同客观存在决定主观意识，主观能动性对客观事物具有能动作用一样，政策对形势也有能动作用，也就是人们常说的政策导向。政策对形势的发展具有强大的推动作用，是促进形势发展的重要手段，是发展有利形势的重要推动力量，也是能动地认识世界和改造世界的锐利武器。这种能动作用既包括正向作用，也包含反向作用。当人们能够正确地分析、判断和把握并制定、贯彻正确的政策时，就会引导和推动形势朝着有利的方向发展，这是主观和客观相一致。反之，每当人们错误地估量形势并制定和贯彻了错误的政策时，就会引导和推动形势朝着不利的方向发展。因此，政策非常重要，正如毛泽东指出的那样，"政策和策略是党的生命，各级领导同志务必充分注意，万万不可粗心大意。"①

---

① 毛泽东选集：第四卷 [M].北京：人民出版社，1991：1298.

因此，形势决定政策、检验政策；政策引导形势、影响形势。我们必须正确认识和恰当处理两者的辩证关系，让政策不断促进形势健康发展，推动全面建设社会主义现代化国家和中华民族伟大复兴事业不断前进。

二、形势观与政策观

所谓"形势观"，是指人们运用一定的思想方法，对形势进行科学分析，在作出一定的事实判断和价值判断的过程中，所形成的基本观点、原则和方法。一般地说，形势观就是关于分析形势的思想观点的总称。所谓"政策观"，是指有关政策问题和政策活动的基本观点、原则和方法的总和。政策观是一种理论思想，是政策活动的理论依据。不同政策主体为不同目的、站在不同立场上，总会对政策问题及政策活动，做出科学性归纳和价值性认识。[①]

马克思主义是我们立党立国、兴党强国的根本指导思想。马克思主义的形势政策观，为我们科学分析国际国内形势、正确地制定政策及战略与策略，提供了科学的世界观和方法论。中国共产党的形势政策观，就是作为政策主体的中国共产党，在以分析形势为基础、进行政策活动的过程中，以马克思主义为指导，坚持将之同中国具体实际相结合、同中华优秀传统文化相结合，提出的一系列关于形势与政策问题的基本思想观点的总称，是党关于形势与政策的本质、特点和作用，关于分析形势、进行政策活

---

① 毛泽东选集：第四卷 [M].北京：人民出版社，1991：1298.

动必须遵循的基本价值取向、原则、立场和方法的总和。

中国共产党的形势政策观，不仅包括党关于形势与政策的基本思想价值取向、原则、立场和方法，而且包括党在不同历史时期，对革命、建设、改革形势进行的具体分析，以及制定和执行政策的实践。在中国共产党的百年奋斗史中，虽然经历了新民主主义革命时期、社会主义革命和建设时期、改革开放和社会主义现代化建设新时期、中国特色社会主义新时代等四个历史时期，面临着不同时期的不同任务和要求，但是通过分析形势来进行政策活动，这种基本思想方法从来都是一以贯之的。

三、形势教育、政策教育与形势政策教育

从形势与形势观看，形势教育的任务，就是引导人们运用正确的立场、观点、态度和方法，端正对于形势的认知，从而树立正确的形势观，从而对于客观实际发展趋势做出合乎逻辑的主观判断。从政策和政策观看，政策教育的任务，就是通过各种媒介宣传普及，统一人民群众思想和行动，使他们能够积极投身到当前改革、发展上去，为实现强国建设、民族复兴作出更大贡献。

形势政策教育，也称形势与政策教育，或形势任务教育。形势政策教育，实际上是形势教育和政策教育的有机统一体，是一种特殊而具体现实的政治教育。从中国共产党的百年历史看，形势政策教育是思想政治教育特别是政治教育的重要组成部分。在党和政府的文献中，形势政策教育在不同的历史时期有着不同的名称或提法。例如，"形势政策教育""形势和任务教育""时事政策教育""时事教育""形势教育"或"政策教育""时事

政治教育"等。总结党在不同历史时期对形势政策教育所赋予的内涵和意义，形势政策教育不同于一般的思想教育、道德教育或法治教育，而是属于政治教育的范畴。形势政策教育是指教育者从受教育者认识形势和认知、认同政策的特点和规律出发，运用中国共产党和政府在正确分析判断形势的基础上所制定的正确政策及其要求，对受教育者施加有目的、有计划、有组织的影响，促使受教育者提高形势认识能力和政策水平的政治教育实践活动。[①]

形势与政策教育，以马克思列宁主义、毛泽东思想、邓小平理论、"三个代表"重要思想、科学发展观和习近平新时代中国特色社会主义思想为指导，探求形势和政策的发展规律，具有政治性、政策性、针对性和时效性等鲜明特点。它的内容往往多样和多变。一方面，涉及的内容十分广泛，既有国内的，又有国际的；既有经济、政治方面的，又有社会、文化、生态等多领域的各种热点问题。另一方面，国际和国内形势经常处于动态发展变化之中，特别是国际形势的发展有时更是瞬息万变。党和国家的对内对外政策，也会根据形势的发展变化而进行相应的调整。

形势政策教育的形式多种多样，是一个有机的体系。比如，有经常性的领导、专家报告会，相对固定的组织生活，形势政策课等。形势政策报告会和形势政策课程，是形势政策教育的主渠道、主阵地。形势政策教育包含形势政策课，但形势政策教育却

① 李斌雄. 形势政策教育学：研究对象、内容和方法——基于高校学生形势与政策教育教学经验的思考 [J]. 思想教育研究, 2012, (10): 45-48.

不只是形势政策课，不能简单地用形势政策课代替形势政策教育。各级各地的组织生活、社会实践、新媒体平台、时事论坛与专家讲座，都可以成为形势政策教育的有效载体。

形势政策教育的内容，要根据新时代新征程所面临的新形势、新问题和新任务来确定，具体包括以下几个方面。一是形势政策教育的基本理论与基本知识。它包括形势、政策的基本概念和定义，科学认识和分析形势的基本观点和方法，正确理解和把握政策的基本知识和方法等。二是国际形势与国内形势。国际形势包括世界发展的时代主题，国际经济形势、政治格局、科技发展、国际形势的新特点和发展大趋势。比如：世界百年未有之大变局正加速演进；国内形势包括国内经济、政治、文化、社会、生态文明形势等的发展情况。三是国际与国内政策。这部分内容要求受教育者认识党的基本理论、基本路线、基本方略，党和国家重大方针政策、重大活动和重大改革措施，国民经济和社会发展的五年规划和远景目标，国内经济、政治、文化、社会和生态文明建设的主要政策措施，当前我国的对外政策，世界重大事件及我国政府的原则立场等。

四、形势政策教育的显著特征

（一）形势政策教育具有科学性

第一，科学性首先表现为指导思想和理论基础的科学性，形势政策教育是以马克思主义指导思想为基础，以马克思主义世界观、政治观和形势观、政策观为理论内容和方法论的政治教育实践活动。

第二，科学性表现为实践基础的科学性，形势政策教育以彻底的唯物主义科学态度来认识和评价国内国际形势，从受教育者认识形势和认同政策的特点出发，同时坚持实事求是的思想路线，坚持一切从实际出发，坚持以实践作为检验真理的唯一标准。因此，形势政策教育在实际效果的落实上注重解决实际问题。

第三，科学性表现为教育目标任务和教育方法的科学性。形势政策教育的目标任务就是把人民群众的思想和认识统一到党和政府对于国内国际形势的正确判断，以及所制定的正确措施上来。在教育方法上，要把形势政策理论教育与实践教育结合起来，把组织教育法与个人教育法结合起来，把线下教育与线上教育结合起来，把新闻分析法和典型教育法结合起来。

（二）形势政策教育具有鲜明的党性

形势政策教育是以马克思列宁主义、毛泽东思想、邓小平理论、"三个代表"重要思想、科学发展观和习近平新时代中国特色社会主义思想为指导来分析国内国际有关政治、经济、文化等现状和趋势。同时，在对政策的分析和阐述过程中，始终将马克思主义基本原理和中国共产党的基本理论、基本路线和基本纲领渗透其中。2013年8月19日，习近平总书记在全国宣传思想工作会议上强调："坚持党性，核心就是坚持正确政治方向，站稳政治立场，坚定宣传党的理论和路线方针政策，坚定宣传中央重大工作部署，坚定宣传中央关于形势的重大分析判断，坚决同党中央保持高度一致，坚决维护中央权威。所有宣传思想部门和单位，所有宣传思想战线上的党员、干部都要旗帜鲜明坚持党性原则。"⑦也就是说，形势政策教育始终要坚持正确的政治导向和坚定的政治立场，要在各种大是大非面前，时刻保持清醒头脑，增强信心，筑牢拒腐防变的思想防线，牢固树立中国特色社会主义道路自信、理论自信、制度自信、文化自信。

（三）形势政策教育具有人民性

以人民为中心，奉行人民至上，坚持人民主体地位，是形势政策教育的最根本属性，这体现了党的性质和宗旨。习近平总书记在2013年全国宣传思想工作会议上强调，"坚持人民性，就是要把实现好、维护好、发展好最广大人民根本利益作为出发点和落脚点，坚持以民为本、以人为本。要树立以人民为中心的工作导向，把服务群众同教育引导群众结合起来，把满足需求同提高素养结合起来。"①形势政策教育在宣传政策、方针、路线的同时，也始终贯彻以人民为中心的原则，在宣传途径、内容和方法上，做到与时俱进，同时通过喜闻乐见、循循善诱的形式，让人民群众知形势、明责任、尽职责，增强人民群众的主人翁意识，有效地调动起他们的积极性和主动性。

（四）形势政策教育具有时代性

时代性是指某一事物具备所处时代的鲜明特征，这也是形势政策教育这一门学科区别于其他马克思主义理论学科的明显特征，也是它的特殊属性。形势政策教育的目标、任务、内容等都

---

①. 习近平. 论党的宣传思想工作[M]. 北京: 中央文献出版社, 2020: 15-16.

是时代的产物，带有明显的时代烙印，应时代而生，随潮流而变，随着形势的不断变化，政策也会根据历史条件和国情进行不断调整，因此形势政策教育具有特定的适用范围、适用对象和适用时间，严格受到时空的限制与约束。这也要求形势政策教育学根据形势和政策的变化来调整内容，紧密结合当前国内国际发生的重大事件，坚持与时俱进、以变应变，以动态的观点去观察形势、分析形势，同时在方法、手段上也要进行不断发展和创新，以提升形势政策教育的时效性、生动性。

第二节 形势政策教育学的内容

形势政策教育学是以形势政策教育为研究客体的学科。形势政策教育学的主要内容是进行党的基本理论、基本路线、基本纲领和基本经验教育；进行我国改革开放和社会主义现代化建设的形势、任务和发展成就教育；进行党和国家重大方针政策、重大活动和重大改革措施教育；进行当前国际形势与国际关系的状况、发展趋势和我国的对外政策，世界重大事件及我国政府的原则立场教育；进行马克思主义形势观、政策观教育。[①] 这个研究客体规定了形势政策教育学研究的框架和基本内容，可以从如下四个部分进行解读。

一、形势政策教育学的基本理论研究

形势政策教育的基本理论是以马克思主义的立场、观点和方

---

① 《中共中央宣传部、教育部关于进一步加强高等学校学生形势与政策教育的通知》（教社政〔2004〕13号）.

法为指导，比较准确地揭示形势政策教育的基本范畴和形势政策教育的实质内涵和特征，结构与功能、价值等基本理论问题。其中，最重要的基本理论问题是探讨马克思主义形势政策观的基本要点及其方法论意义。

马克思主义形势政策观是马克思主义世界观的重要组成部分，是马克思主义分析判断形势、制定执行政策的立场、观点和方法。它以辩证唯物主义和历史唯物主义为基础，坚持以人民为中心的基本立场，以科学社会主义为理论基础，体现了马克思主义理论的科学性、实践性、革命性与阶级性的统一。[1]

第一，实事求是是马克思主义形势政策观的根本原则。实事求是是马克思主义的根本观点，是中国共产党人认识世界、改造世界的根本要求，是我们党的基本思想方法、工作方法、领导方法。它的提出，是以毛泽东为代表的中国共产党人科学地理解马克思主义的思想精髓，在与主观主义、经验主义斗争的过程中，对辩证唯物主义和历史唯物主义世界观和方法论所作的高度概括。

第二，人民至上是马克思主义形势政策观的根本立场。人民性是马克思主义最鲜明的品格。马克思曾说："如果我们选择了最能为人类福利而劳动的职业，那么重担就不能把我们压倒，因为这是为大家而献身。"全心全意为人民服务不仅是马克思列宁主义根本出发点和落脚点，更是马克思主义信仰者的工作宗旨。正是他们始终坚持全心全意为人民服务，才能得到人民群众的拥

---

① 张录平.马克思主义形势政策观的基本内涵与根本要求[J].湖湘论坛,2011,24(1):48.

护和铭记。

第三，系统观念是马克思主义形势政策观的基本方法。系统论认为，要把任何事物看作是一个普遍联系的整体，要从整体出发来观察和分析形势，研究系统整体和组成系统整体各要素之间的相互关系。因此在制定和执行政策时，要坚持系统观念，把握形势发展的整体，全面了解客观形势内部矛盾的各个方面以及相互之间的关系，从人民群众整体利益出发，才能正确把握形势的本质和发展规律、趋势。

第四，共产主义是马克思主义形势政策观的目标指向。共产主义既是一种崇高的社会理想和目标追求，也是人类社会历史展开的现实运动过程。马克思认为，共产主义则是代表着人类历史未来发展趋势的高级社会形态。这种对未来社会的构想，绝不是虚幻的主观臆测，而是基于对资本主义生产方式和社会制度的深刻批判，基于对人类社会历史发展规律的深刻把握，对未来社会进行了一般原则性的展望和合理化的建构。

二、形势政策教育学的历史考察

形势政策教育的历史发展是历史与逻辑相统一的过程，形势政策教育学必须建立在党的形势政策教育历史实践经验的基础之上。以"形势与政策"课为例，它是理论武装时效性、释疑解惑针对性、教育引导综合性都很强的一门高校思想政治理论课，是帮助大学生正确认识新时代国内外形势，深刻领会党的十八大以来党和国家事业取得的历史性成就、发生的历史性变革、面临的历史性机遇和挑战的核心课程，是第一时间推动党的理论创新成果进教材进课堂进学生头脑,引导大学生准确理解党的基本理论、基本路线、基本方略的重要渠道。

新中国成立以来,形势政策教育在推进高校学生学习政治思想理论、提升政治思想修养、提高辨别是非能力等方面发挥了关键作用。有学者专门研究了新中国成立以来,高校形势与政策教育发展的变化,最终得出了新中国成立后高校形势政策教育逐步正规化、常规化、制度化的结论。根据所处历史背景、目标任务、教学内容,形势政策教育发展大致可以分为第一阶段(1949—1952):围绕新民主主义教育展开;第二阶段(1953—1956):适应过渡时期总路线要求;第三阶段(1957—1961)以社会主义教育为基本内容;第四阶段(1961—1966):以反修防修为主要内容;第五阶段(1966—1976):以"无产阶级专政下继续革命"的理论为中心;第六阶段(1979—1987):贯彻党的十一届三中全会精神,围绕党的基本路线,突出四项基本原则的教育;第七阶段(1987—2000)继续深化"一个中心、两个基本点"基本路线的教育,尤其是改革开放的基本政策与实践教育。[①]

进入21世纪后,形势政策教育发展日渐成熟。2004年,中共中央、国务院发出《关于进一步加强和改进大学生思想政治教育的意见》,指出"形势与政策教育是高等学校学生思想政治教育的重要内容和途径。要建立大学生形势政策报告会制度,要定期编写形势与政策教育宣讲提纲,建立形势与政策教育资源库"。

---

① 李斌雄,王祝福,赵甲明.新中国成立以来高校学生形势与政策教育述评[J].马克思主义研究,2009(02):100-111.

同年，中宣部、教育部联合下发《关于进一步加强高等学校形势与政策教育的通知》，以规范化、制度化建设为重点，从学时学分、教学管理、教育方式、队伍建设、体制机制等方方面面提出明确要求，这是国家教育主管部门有史以来就形势与政策课程建设提出详尽的要求。① 2015年，中宣部、教育部联合印发《普通高校思想政治理论课建设体系创新计划》，明确指导思想、基本原则和目标任务等，指出大力推进统编教材编写使用，组织制定《高校"形势与政策"课教育教学要点》，规范二级机构职能定位，统一管理全校本专科、研究生思想政治理论课（包括"形势与政策"课）教学。2018年，教育部先后印发《关于加强新时代高校"形势与政策"课建设的若干意见》《新时代高校思想政治理论课教学工作基本要求》，从"谁开课、怎么开、教什么、用什么教、谁来教、怎么教、怎么评、怎么管"八个方面对新时代高校形势与政策课建设提出明确要求。② 2019年，中共中央办公厅、国务院办公厅印发《关于深化新时代学校思想政治理论课改革创新的若干意见》③，这一系列的规定、标准、体系的制定和贯彻落实，体现了"课程覆盖全体学生，大学教育期间不断线"的特点，形势与政策教育的建设得到了前所未有的加强。

---

① 金芳芳.大学生形势与政策教育的政策设计与展望[J].学校党建与思想教育,2021(23):37-39.

② 《邓晖. 教育部：高校学生每学期"形势与政策"课不低于8学时[N]. 光明日报,2018-04-28(3).

③ 中办、国办印发《关于深化新时代学校思想政治理论课改革创新的若干意见》[J].陕西教育(综合版),2019,(9): 34-35.

三、个体形势观和政策观形成发展的规律研究

研究形势政策教育规律的前提，是准确把握个体对形势与政策的认知规律和特点。这方面的内容主要包括从认识论、历史观、教育学与心理学相统一的角度探讨新形势下受教育者认识形势与政策的特点与规律。新形势下，推动形势政策教育入脑入心、走深走实，需要结合受教育者的认知规律和特点，推动形势政策教育实现"三个转变"。

一是要注重从"灌输式"向"融入式"转变。不管是在社会、企业还是高校的形势政策教育，往往都存在着内容缺乏吸引力，与群众日常生活关系不密切，无法将理论知识付诸实践等问题，尤其是高校具有形势政策教育庞大的受众群体，但因为课程内容枯燥难懂、课程学分设置少等原因，往往没有引起学生的足够重视，因此起不到良好的教育效果。若能摆脱必须在课堂载体中完成这一思想窠臼，将教育过程贯穿和融入群众生活的方方面面，形势政策教育内容就比较通俗易懂，从而达到触及心灵、润物细无声的效果。具体来说，可以逐渐开展主题知识竞赛和辩论赛、演讲比赛、征文比赛，或者将自主研习成果以小品、诗歌、微电影等方式传播出来，让形势政策教育变得生动活泼，寓教于乐。

二是要注重从"单一型"向"复合型"转变。形势任务教育不应局限于单一、传统的教学载体，应该充分利用多媒体的技术化优势，更好地实现教育目标。比如可以开设形势政策教育微信公众号、抖音、微博等平台，通过评论文章、微博话题、抖音视频展示等各种渠道，鼓励群众自行参与，进行学习与评论转发。

另外在授课方式上，要注意将课程讲授与实践报告、专题讲座相结合，将请进来与走出去相结合，将课堂教学与课外讨论、交流相结合，将集中教育与日常教育相结合。

三是要注重从"过程型"向"实效型"转变。形势任务教育的途径和载体无论如何创新，都不能与其根本目标和主要任务相悖，形势政策教育必须要落脚在引导人民群众认知提升、坚定走中国特色社会主义道路上，否则就会出现"只见形式不见效果""只见花样不见反响"的问题。对经过实践检验、成效明显的教育形式要大力弘扬，对好的创意和方法要积极尝试，努力形成一批可复制、可推广、可操作的经验范本。同时，在教育的过程中要重视人民群众意见建议的反馈，重视典型榜样作用的发挥，重视实干实践的成效，最终达到统一思想、凝心聚力、共促发展的目标。

四、形势政策教育的实践研究

形势政策教育的实践研究包括形势政策教育的目标、任务和要求的确立，形势政策教育内容结构的优选，形势政策教育的方式、方法、途径、渠道和载体以及形势政策教育效果的评估等问题。形势任务教育的根本目标是通过对形势的剖析、政策的讲解，引导受教育者增强对党的路线、纲领、方针和政策的分析、理解和辨别能力，激发受教育者的爱国主义热情和民族自尊心、自信心，从而坚定走中国特色社会主义道路，积极建设社会主义强国，实现中华民族伟大复兴。在具体实践中，需要结合受教育者政治素养的高低和个体特点，有针对性地对长期目标和短期目标进行微调，做到普遍性与特殊性相结合，共性与个性相统一。

对人们实施形势政策教育的特点和规律是形势政策教育学研究的重点领域。

一是研究形势政策课程的教学内容。为了指导全国的"形势与政策"课教学，教育部社会科学司在每年春秋颁布《高校"形势与政策"教育教学要点》（以下简称《要点》）作为教学的指导性文件，这是形势与政策教学课程规范化的第一步。教学内容需要在此基础上保持一定的灵活性，将《要点》中的规定性选题与当今国际国内正在发生的最新事件、复杂局势充分结合起来，根据出现的最新情况、新问题及时开展教育教学工作。

二是研究形势政策课程设计的基本要点。打破传统课堂教学"满堂灌"、任课教师"一言堂"的局面，让受教育者主动参与到课堂上来，更直观地了解国际国内形势，了解、理解并支持党和政府的重要大政方针。同时，实践环节设计应既结合历史渊源，又紧扣时代脉搏，努力提升课程的政治高度、理论深度、专业厚度、问题锐度，如：学习党的二十大精神、习近平新时代中国特色社会主义思想；讨论国际恐怖主义、国际关系等议题。同时，应开展形式多样的系列主题实践教学活动，促使学生做到知行合一、学以致用。

三是研究形势政策教育方式方法及创新路径。形势政策教育的主要方式有课程系统讲授与形势报告、专题讲座相结合，请进来与走出去相结合，课堂教学与课外讨论、交流相结合，集中教育与日常教育相结合，正面教育与学生自我教育相结合的方式。

形势政策教育的主要方法包括理论教育法、实践教育法、自我教育法、新闻分析法、案例教育法。除了在课堂上面对面授课，还需要顺应时代科技变化，将最新网络技术"搬进"课堂教学，可以通过创建形势政策专题门户网站，同时发布本单位形势政策教育最新动态，开设网上交流论坛，鼓励受教育者通过动画、图文、视频等多种形式创作更丰富、更新颖、更接地气、更喜闻乐见的反映国际国内最新形势政策动态，鼓励受教育者合理、大胆、规范表达自己观点，使形势政策教育更加深入人心、直观有效。

四是研究形势政策教育师资队伍。建设一支优质的教师队伍，校内设专职的形势政策教育教师，要求教师具有较高的马克思主义理论水平、政治鉴别力、政治敏锐力，对于教学规律有较为深入的研究。同时举办形势与政策专家学者进课堂系列讲座，邀请校外专家学者走进课堂。在专题报告之前，可以先针对受众近期密切关注的话题和事件做个简单摸底，根据受众的特点和共性问题，因材施教，在提高课堂教学的理论高度的同时还要拉近受众与形势政策的距离，从而提升形势政策教育的实用性。

五是研究形势政策教育测评体系及应用。分析形势政策教育测评的特征和作用，探讨教育评估指标体系建构的依据和原则、内容和要素、适用方法等问题，并选取一些经济社会组织或高校为例来描述和评估形势政策教育的实效性问题。

第三节　形势政策教育学的研究方法

研究方法是决定研究质量的关键因素，它是人们在进行教育研究时所采取的步骤、手段和方法的总称。[①] 研究方法是达成研究目的的"桥和船"，研究方法使用得正确与否会直接影响到研究成果的好坏。形势政策教育的研究，关系到国际与国内、理论与实际、历史与现实等诸多问题，因此要将多种研究方法相结合，得出的结论才能相对系统、客观、全面。

一、矛盾分析法与阶级分析法相结合的方法

矛盾分析法就是运用马克思主义关于矛盾的普遍性和特殊性、统一性和斗争性、主要矛盾和次要矛盾、矛盾的主要方面和次要方面等原理去认识和分析形势，从而把握形势的本质和规律的方法。形势是客观事物的存在和发展的状态，政策是依据形势的复杂矛盾及其解决措施的集中体现，两者都是多层次、多方面的矛盾统一体，因此研究形势政策教育，必须坚持矛盾分析法。

阶级分析法是无产阶级及其政党研究阶级社会历史的根本科学方法，也是运用马克思主义中阶级和阶级斗争观点去考察分析阶级社会历史现象的方法。无论是认识、分析和判断形势，还是了解、理解和认同政策，都必须坚持正确的立场、观点和态度，都离不开阶级分析法。

分析形势与政策需要将矛盾分析法和阶级分析法结合起

---

① 侯怀银.教育研究方法[M].北京:高等教育出版社,2009.3.

来，以便从根本上保证形势政策教育研究达到科学性和政治性的统一。[①]

二、历史考察与逻辑分析相结合的方法

恩格斯指出："历史从哪里开始，思想进程也应当从哪里开始，而思想进程的进一步发展不过是历史过程在抽象的、理论上前后一贯的形式上的反映。这种反映是经过修正的，然而是按照现实的历史过程本身的规律修正的，这时，每一个要素可以在它完全成熟且具有典型性的发展点上加以考察。"[②]这段话充分说明了历史考察法和逻辑分析法在研究形势政策教育上的作用。

历史考察法是指按照事物发展的历史过程进行研究，从以往历史的经验教训中出发，分析归纳，使形势政策教育系统化、理论化，使有利做法上升为经验进行推广，不利做法则制定针对性措施加以改善。

逻辑分析法是指运用逻辑学方法去认识历史的史学方法，包括逻辑学上的理论分析、判断推理等方法。逻辑分析法能够把握历史与现状之间的关系，揭示历史的本质与规律，总结经验教训，预判变化趋势。

马克思主义认为，逻辑与历史是相统一的，历史是客观事物以往的发展过程和人类的认识过程，逻辑是历史的事物在思维模式上的反映。因此历史考察和逻辑分析的结果往往具有较高的趋

---

① 李斌雄.形势政策教育学:研究对象、内容和方法——基于高校学生形势与政策教育教学经验的思考[J].思想教育研究,2012(10):47.

② 马克思恩格斯选集：第2卷[M].北京：人民出版社，1995:43.

同性，因此在形势政策教育的研究方法中也可以采用这两者相结合的方法。

三、定性分析与定量分析相结合的方法

定量分析法是对社会现象的数量特征、数量关系与数量变化进行分析的方法，它是建立在严格的数量关系之上，最大可能地实现了决策依据的客观性，同时也尽可能避免了决策者主观经验的局限性。

定性分析法是依据预测者的主观判断分析能力来推断事物的性质和发展趋势的分析方法。它是用马克思主义的辩证思维方法，对调查得来的材料加以去粗取精，去伪存真，由此及彼，由表及里的探索，着重从质的方面分析和研究某一事物的属性。

形势政策教育在研究的过程中，需要运用大量建党以来、新中国成立以来、改革开放新时期以来，党和政府对于干部群众特别是高校学生进行形势政策教育相关数据来展开定量研究。同时也要通过这些丰富、翔实的调查数据来形成主要观点和结论，因此需要将定量研究方法和定性研究方法相结合。

四、动态分析与比较分析相结合的方法

动态分析法是研究同一指标数值在时间上的变动情况，反映事物发展和变动的速度、趋势和规律的方法，是在对社会成员开展思想政治教育的过程中，分析思想政治教育对象思想行为的有效方法之一。通过动态分析法能够剖析形势政策教育的受教育对象思想矛盾运动变化过程，揭示其思想变化发展规律，推动思想

政治教育工作顺利进行，促使形势政策教育开创新局面。[①]

比较分析法是将客观事物加以比较，以达到认识事物的本质和规律，并做出正确的评价的分析方法。比较分析法通过横向和纵向两个维度深入比较分析。纵向维度如分析社会、高校、企业形势政策教育在教育目标、教育内容、教育形式等方面的对比，总结经验，为未来形势政策教育提供指导；横向维度如通过中外对比的方法，对于国外形势政策教育的开展形式，坚持"以我为主，为我所用"的态度，采取开放、包容、兼收并蓄的心态，进行与时俱进的改革与创新。

由于形势政策教育的研究对象类型多样，研究内容又受到严格的时间、空间条件的限制，因此需要将动态分析法与比较分析法相结合，以一种流动、辩证的视角分析问题。

---

① 王海彦.对动态分析法剖析思想政治教育对象的思考[J].吉林省教育学院学报,2018,34(10):143.

第二章 形势政策教育学的理论基础

形势政策教育学作为一门学科或者科学的确立和构建，必须明晰并围绕其研究对象展开，必须找到并夯实其理论基础，必须把它和相关学科相贯通，并从这些学科中汲取不断发展壮大的营养。上一章对形势政策教育学的研究对象、内容与方法特点进行了阐述，本章主要论述形势政策教育学的理论基础和相关学科。

第一节 形势政策教育学的理论指导

形势政策教育学作为一门面向实践的政治性很强的理论学科，应当以马克思主义的形势观和政策观作为其理论基础。

一、马克思主义形势观

马克思主义形势观是关于形势的本质和规律以及认识形势和驾驭形势的基本立场、基本观点、基本原则和基本方法的总和，是以马克思主义的世界观和唯物史观为基础，坚持人民大众的基本立场的科学的形势观，体现了马克思主义理论的科学性与实践性、革命性与阶级性的统一。马克思主义形势观的本质是唯物的辩证的形势观，其基本内容主要包括以下三个方面：

第一，马克思主义关于形势的本质特征及其发展规律，即什么是形势的基本观点。马克思主义认为，形势始终伴随着人类社会的历史发展和演变而存在，由社会发展的基本矛盾所造成，是一个自然的历史发展过程，是客观事物在矛盾变化中所呈现出来的状态，是不以人的意志为转移的客观现实，属于社会存在领域。形势的发展变化规律遵循着对立统一、量变质变、否定之否定三大唯物辩证法规律。

第二，马克思主义关于认识形势的必要性和重要性，即为什么要认识形势的基本观点。马克思主义认为，世界的本质是物质，社会存在决定社会意识。客观形势如何，决定着一个国家和政党制定和实施怎样的政策。政策的制定和实施基于客观形势，又反过来促进客观形势的发展变化，甚至影响形势的发展方向。形势的客观性决定了政策的制定与完善必须要以客观形势的存在和发展作为依据和前提。因此，正确认识客观形势是改造客观世界的前提和基础。

第三，马克思主义关于正确认识形势的原则和方法。马克思主义哲学是马克思主义形势政策观的世界观基础，以辩证唯物主义和历史唯物主义作为其科学的方法论指导。首先，实事求是是无产阶级世界观的基础。在认识判断形势的过程中，最重要的是要遵循实事求是这一首要观点，抓住客观存在决定主观意识、主观愿望必须符合客观实际这两个辩证唯物主义唯物论的核心观点，切忌主观主义思想方式。其次，世界上一切事物的普遍联系和永恒发展是辩证唯物主义最主要的方法论。任何事物都不能孤立存在，万事万物无不处在普遍联系之中。联系不仅具有普遍性和客观性，而且具有多样性。这种多样性体现在有内部联系与外部联系、本质联系与非本质联系、必然联系与偶然联系等。其中内部的、本质的、必然的联系决定事物的性质和发展趋势。我们做工作的前提，就是抓住事物的内部的、本质的、必然的联系，但又不能忽略事物的次要的联系。普遍联系的观点是马克思主义形势观的基本观点之一，观察认识形势必须用联系的整体的观点，才能有效防止认识的孤立性、极端性和片面性。最后，唯物史观认为社会矛盾是推动人类历史发展的动力源泉。矛盾的主要方面决定着事物性质和未来发展的方向。因此，在分析认识形势时，要善于抓住问题的中心即主要矛盾，才能科学认清、判断形势的发展方向。

二、马克思主义政策观

马克思主义政策观是马克思主义对于政策的本质、政策体系和政策实施及运行过程等问题的根本观点和基本态度，它的形成和发展是一个历史的发展过程。其基本观点主要有以下两个方面：

第一，政策的制定必须符合形势的客观实际。马克思主义要求，任何郑重的政策必须经得起严格的客观检验的事实作为根据。列宁说，事实是我们政策的基础。马克思主义认为，必须要从形势的客观实际出发，并根据形势的变化来制定调整策略的思想，要求无产阶级政党从客观实际出发制定政策。

第二，政策的制定必须维护人民群众的根本利益，站稳无产阶级立场。解放全人类，最终实现人的自由而全面发展的共产主义社会是马克思主义鲜明的无产阶级立场。因此，在分析客观形势，制定政策、战略和策略时，不仅要依据现实阶级状况及其发展趋势，而且要站在无产阶级的立场上进行无产阶级政党的实践活动。①

三、马克思主义形势观与政策观的内容体系

（一）马克思主义形势观与政策观的根本原则

形势是政策制定的客观依据，政策制定得是否科学正确取决于政治主体是否对形势进行了客观准确的分析判断。由于客观形势的复杂多变，其表现形式多样，这就要求人们在分析形势制定政策时要严格坚持原则，否则将失之毫厘，谬以千里。

实事求是是马克思主义世界观的首要特征，就是要求以客观实际为出发点，通过深入研究分析和全面科学把握事物与事物之间和事物内部各要素之间的联系及其发展变化规律，来正确理解认识事物的本质。马克思主义始终重视对形势的观察和分析，注重科学正确地制定政策，坚持从人类历史发展的角度来看待和研究形势政策问题，进而逐步形成了科学的形势政策观。世界统一于物质，物质决定意识是马克思主义最基本的原理。列宁说，对于具体情况作具体的分析，是"马克思主义的最本质的东西、马克思主义的活的灵魂"。② 毛泽东也曾明确要求全党要对马克思主义的基本思想和精髓进行认真学习和领会，"要真正领会马克思列宁主义的实质，真正领会马克思列宁主义的立场、观点和方

---

① 高萍. 大学生形势政策观教育研究 [D]. 长春. 东北师范大学, 2018: 22.
② 毛泽东选集：第三卷[M]. 北京：人民出版社, 1991: 939.

法"①。邓小平也多次明确强调："马克思、恩格斯创立了辩证唯物主义和历史唯物主义的思想路线，毛泽东同志用中国语言概括为'实事求是'四个大字"②，"实事求是是马克思主义的精髓"③。因此，实事求是既是马克思主义理论的核心和本质，也是马克思主义形势政策观的根本原则。要抓住客观存在决定主观意识、主观愿望必须符合客观实际辩证唯物主义唯物论的两个核心观点。运用求实思维，避免把个人的感觉兴趣、主观意志、情感偏好作为看待事物的尺度的思想倾向和避免完全带着个人利益和局部利益看问题的思维倾向。④

（二）马克思主义形势政策观的根本立场

立场是人们在观察事物与解决问题过程中的基本态度，其本质是代表什么人、什么社会集团、什么阶级的利益来看待和解决问题。在面对具体的形势政策问题时，由于不同政治主体所处的阶级立场不同，导致其在观察分析问题的标准和处理问题的方式也存在差异，甚至针锋相对。正确分析形势，首先要端正政治立场。马克思主义形势政策观在进行形势分析与政策制定的过程中，始终坚持把维护广大人民群众的根本利益视为各项工作的出发点。

人民利益问题是马克思主义的重要内容。人民群众是生产

---

① 毛泽东选集：第三卷 [M]. 北京：人民出版社，1991：814.

② 邓小平文选：第二卷 [M]. 北京：人民出版社，1994：278.

③ 邓小平文选：第三卷 [M]. 北京：人民出版社，1993：382.

④ 韩庆祥.哲学思维方式与领导工作方法 [M].北京：红旗出版社，2018：26-27.

力最活跃、最革命的因素，他们创造了物质财富与精神财富，因而他们也当然成为了变革社会制度的决定力量。在《共产党宣言》中，马克思和恩格斯对共产党人的人民群众立场进行了明确强调，"无产阶级的运动是绝大多数人的，为绝大多数人谋利益的独立运动。"① 列宁对于人民群众立场的观点是，无产阶级代表的是广大人民的根本利益并服务于他们的根本利益；毛泽东更是明确提出了共产党员要全心全意为人民服务；邓小平进一步提出"全心全意为人民服务，一切以人民利益作为每一个党员的最高准绳"②；江泽民强调，党要始终维护广大人民群众的根本利益，要不断实现好、维护好、发展好最广大人民群众的利益，在此基础上提出了"三个代表"重要思想；胡锦涛指出，必须把最广大人民的根本利益作为党全部工作的出发点和落脚点；习近平总书记进一步强调"江山就是人民，人民就是江山"，必须始终坚持以人民为中心。由此可见，人民群众的立场是马克思主义形势政策观的根本立场和观点。

（三）马克思主义形势政策观的根本方法

联系与发展的观点是唯物辩证法的基本特征。联系具有普遍性，事物与事物之间，事物自身的各部分、各要素之间都存在着普遍的联系，世界就是由普遍联系的事物所构成的整体。列宁认为要真正地认识事物，就必须研究与其相关的一切联系，对形势政策问题进行观察、分析和判断，首先需要用事物普遍联系的观

---

① 马克思恩格斯选集：第一卷 [M]. 北京：人民出版社，1972：262.
② 邓小平文选：第一卷 [M]. 北京：人民出版社，1994：252.

点对具体问题来进行客观分析，注重从事物整体性的角度出发，系统地看待问题。

同时，世界上的一切事物都是在发展中不断变化的，物质世界实际上就是一个持续变化和发展的世界，是新事物不断产生和旧事物不断消亡的交互过程。恩格斯对此的观点是："世界不是既成事物的集合体，而是过程的集合体。"[①] 从时间的一维性特征进行分析，事物是在发展变化中所体现出的过程的集合体。马克思和恩格斯在《共产党宣言》中指出："这些基本原理的实际运用，正如《宣言》中所说的，随时随地都要以当时的历史条件为转移。"[②] 要求我们在观察和分析形势时要注意事物发展在时间上所体现出的延续性，坚持用发展的眼光看问题、坚持与时俱进，防止静止、孤立地看待问题。马克思主义形势政策观强调，在制定政策时需要从整体的角度出发，运用事物普遍联系的观点，认识形势政策问题的本质内容和发展规律，在确保政策稳定持续的基础上，使之在时间的维度上不断进行改进和优化。

矛盾分析法作为马克思主义社会学范畴中的一项基本方法，对研究分析社会现象具有普遍适用性。它不仅能够说明现在，而且能预测未来。矛盾分析法是唯物辩证法的根本方法，也是马克思主义形势政策观的根本方法。全局决定局部的发展趋势，局部反过来能够作用于全局的发展。因此，在对形势的认识、分析以及政策的制定、实施过程中，要充分运用矛盾分析法来正确处理

---

① 列宁全集：第二十六卷 [M]. 北京：人民出版社，1990：60.
② 马克思恩格斯选集：第一卷 [M]. 北京：人民出版社，1975：238.

局部与全局的联系问题。毛泽东尤其注重从全局的角度去客观分析看待形势，多次指出需要对局部与整体形势之间的关系进行全面、科学的分析：看待问题、处理问题时必须要有全局意识，只有掌握了全局，才能更好地地理解局部、更好地运用局部性事物；而同时也要重视局部的作用，局部对于全局有着不同程度的影响，一定情况下对于全局的发展能够起到决定性的作用。

其次，事物的矛盾具有普遍性和特殊性两大基本特征，在面对具体形势政策问题时，需要结合客观实际处理好普遍性的基础作用和特殊性的重要依据作用。即总体的形势和政策从社会整体发展的角度来说要具有普遍性的作用，而在具体某一方面的形势和政策中要体现出特殊性。因此，我们需要纵观全局，掌握矛盾的普遍性与特殊性，将普适性方针与具体性政策相结合，稳步开展工作。最后，我们需要正确把握主要矛盾和矛盾的主要方面。在事物发展过程中，主要矛盾的存在和发展对其他矛盾有着重要影响；同时，事物本身又是对立统一的，有矛盾的主要方面和次要方面。我们在分析形势、制定政策时不仅要抓住主要矛盾以及矛盾的主要方面，还应当用发展的眼光把握主次矛盾、矛盾主次方面的转化，应时而动，顺势而为地完善工作方法。

四、习近平总书记对马克思主义形势观和政策观的丰富发展

党的十八大以来，中国特色社会主义进入新时代。以习近平同志为核心的党中央坚持把马克思主义基本原理同中国具体实际相结合、同中华优秀传统文化相结合，提出一系列原创性的治国理政新理念新思想新战略，这就是习近平新时代中国特色社会主义思想。这一科学理论，是当代中国马克思主义、二十一世纪马克思主义，是中华文化和中国精神的时代精华，实现了马克思主义中国化新的飞跃。习近平总书记围绕马克思主义形势观政策观提出了一系列独创性的重要论述，丰富和发展了马克思主义形势政策观。

（一）对形势发展规律的新认识

习近平总书记始终高度重视对形势进行科学的分析和认识，并逐渐形成了"形势研判——发展理念——战略统筹"的系统形势政策思想。

早在1988年6月至1990年5月，时任宁德地委书记的习近平先后六次到宁德师专（现宁德师范学院）调研指导，并两次为师生作形势政策报告。1988年11月15日，习近平第一次在宁德师专作报告的主题是"访美见闻"。时任宁德师专中文系学生辅导员的阙庆安回忆说："在这次报告中，习书记说，美国很发达，发展农业占有天时地利，生产率很高：春天播种，秋天收割，没有几个工人，全是机械化作业，现代化程度很高。美国的贫富差距很大，并不是人人都富有，底层人民的生活也不容易。他说，把握观察一个社会要从多方面去看，不能以偏概全。中国自然环境复杂，基础条件较差，农业遭受天灾较多，发展必须依靠科技，提高农业的现代化水平和生产效率，提高综合国力。中国也有自己的优势，那就是中国共产党的领导和我们的制度优势。发展有个过程，我们要对社会主义中国的前途充满信心。习书记说，扶贫在闽东是中心工作，是主阵地。学生毕业后要进入这个主战场，为闽东发展教育事业服务。扶贫要扶志，也要扶智，思路、思想贫困是可怕的。"习近平第二次报告会的主题是"学习江泽民同志的国庆讲话"。阙庆安回忆说："这次形势报告会是在1989年10月24日举行的，习书记解读了时任中共中央总书记江泽民发表的国庆讲话。他强调：'（高校）要加强爱国主义教育，反对民族虚无主义。要使广大青年学生普遍受到深刻的爱国主义教育。青年学生要注意从历史中汲取营养，树立民族自尊心，增强历史的责任感和使命感，树立正确的政治观点，把握正确的政治方向，培养正确的人生观和世界观。青年学生要正确认识我们的国情和面临的困难，积极投身到改革、建设的洪流中，在实践中施展自己的才华，实现自己有意义的人生价值。'"①习近平到宁德师专作形势政策报告时，以丰富的资料、翔实的数据和自己的切身感受，阐明坚定正确的政治立场，旗帜鲜明地强调坚持党的领导，坚持社会主义办学方向，把中央的精神贯彻到位，讲得入情入理，具有很强的包容性。这表明习近平总书记对形势政策教育的重视是一以贯之的，也是他"形势研判——发展理念——战略统筹"形势政策教育思想的一个侧面反映。

党的十八大后，在对我国经济发展的基本形势进行分析判断时，习近平总书记引入了"新常态"的概念，指出"新常态是一个客观状态，是我国经济发展到今天这个阶段必然会出现的一种

---

① 石新明，林强，张毅，等. 习书记两次到校为我们作形势政策报告——习近平与大学生朋友们（二十八）[N]. 中国青年报，2022-03-18(4).

状态，是一种内在必然性，并没有好坏之分，我们要因势而谋、因势而动、因势而进"，① "要把适应新常态、把握新常态、引领新常态作为贯穿发展全局和全过程的大逻辑"。② 此外，他进一步指出在新常态下，我国经济增长速度要从高速向中高速，发展方式要从规模速度型转向质量效益型，经济结构调整要从增量扩能为主转向调整存量、做优增量并举，发展动力要从主要依靠资源和低成本劳动力等要素投入转向创新驱动。针对经济发展所呈现出的新常态，习近平总书记在十九大报告中强调，我国社会主要矛盾已经转化为人民日益增长的美好生活需要和不平衡不充分的发展之间的矛盾。可以说，"新常态"概念的提出，进一步发展了中国共产党人对社会经济发展形势和社会发展规律的认识。

（二）对解放思想、实事求是这一根本思想路线的坚持和发展

习近平总书记在主持十八届中央政治局第二次集体学习时指出："摸着石头过河和加强顶层设计是辩证统一的，推进局部的阶段性改革开放要在加强顶层设计的前提下进行，加强顶层设计要在推进局部的阶段性改革开放的基础上来谋划。"③ 这一重要观点具有深刻的方法论内涵，是对中国共产党解放思想、实事求是这一思想路线在新形势下的坚持、运用和发展。

中国共产党始终坚持"解放思想、实事求是"的思想路线，在改革开放的过程中，邓小平将解放思想的要求生动地概括为

---

① 习近平谈治国理政: 第二卷 [M]. 北京: 外文出版社, 2017: 249.

② 习近平谈治国理政: 第二卷 [M]. 北京: 外文出版社, 2017: 245.

③ 习近平谈治国理政: 第一卷 [M]. 北京: 外文出版社, 2014: 68.

"摸着石头过河"的通俗表述，成为中国改革开放过程中重要的方法论指导。实事求是是中国共产党始终坚持的思想方法，也是对马克思主义认识论的集中体现。在这一科学思想路线的指引下，党带领全国各族人民开辟了伟大的中国特色社会主义道路。在当前改革进入"深水区"的历史阶段，习近平总书记在继承邓小平"摸着石头过河"这一具有中国特色、符合中国实际的改革方法的基础上，同时更加强调除了要摸透市场规律，还要摸清党的执政规律，摸清中国的基本国情和世界发展大势，要对规律和形势摸对摸准，顺势而为。在准确判断经济发展进入"新常态"、改革开放进入"深水区"的新阶段，创造性地将工程学中"顶层设计"的理念，进一步丰富和发展了党的形势政策观，强调"要解决我们面临的突出矛盾和问题，仅仅依靠单个领域、单个层次的改革难以奏效，必须加强顶层设计、整体谋划，增强各项改革的关联性、系列性、协同性"①，并进一步指出"加强顶层设计和摸着石头过河相结合、整体推进和重点突破相促进，这是全面深化改革必须遵循的重要原则，也是历史唯物主义的要求"①48。进行"顶层设计"，是从大局出发，依靠的是制度优势；继续坚持"摸着石头过河"，是强调重视基层实践和人民的首创精神。将摸着石头过河和顶层设计相结合，是对中国共产党形势政策观的继承和发展，是马克思主义唯物认识论和唯物辩证法

---

① 中共中央文献研究室. 习近平关于全面深化改革论述摘编 [M]. 北京: 中央文献出版社, 2014: 47.

相统一的体现，对我国全面深化改革具有重要的现实指导意义。

（三）对形势政策观基本方法的丰富和发展

党的十八大后，习近平总书记以新时代中国特色社会主义事业的客观实际为原点，正确处理社会发展中的各项重大关系，高度重视统筹谋划、协同推进，并在不同场合多次进行论述和强调，主要思想体现在两个方面：一是统筹国际国内两个大局。在解决自身发展问题时，也顺应时代主题不断变化的要求，既回答了在新的历史阶段中国应该怎样发展的问题，又很好地回答了日益强大的中国如何在世界舞台发挥积极的作用。在尊重世界文明的多样性、理解制度的差异性基础上，积极参与并致力于构建新的世界体系，提出了"一带一路"经贸合作的倡导和建构人类命运共同体的倡议。以积极负责的大国姿态，参与到国际事务中去。二是提出以"创新、协调、绿色、开放、共享"为核心内涵的新发展理念。在党的二十大报告里，他强调指出，必须完整、准确、全面贯彻新发展理念，坚持社会主义市场经济改革方向，坚持高水平对外开放，加快构建以国内大循环为主体、国内国际双循环相互促进的新发展格局。

此外，在统筹谋划、协同推进的基础上，他还强调要充分重视重点突破，体现了将两点论和重点论相统一的思想。如果没有统筹谋划、协同推进，就会在分析形势、制定执行政策的过程中顾此失彼；而如果没有重点突破，也会缺乏发展动力，从而对改革发展产生消极的影响。只有在顶层设计的基础上，才能更好地进行统筹协调，从整体上协同推进社会各个领域的发展，使社会进入良性发展的轨道；只有不断进行重点突破，发挥以点带面的积极作用，才能不断激发出社会发展的动力。协同推进是整体发展的集中体现，而重点突破是实现协同推进的必然途径。因此，对待形势政策问题时，正确认识和处理好重点突破与协同推进的辩证统一关系，科学统筹当前利益和长远利益，使全局和局部相协调，实现渐进发展与重点突破有效衔接，才能够使中国特色社会主义真正向着全面发展的社会主义方向迈进。

（四）对政策评价标准的发展

在新的历史条件下，随着我国全面深化改革进程的不断推进，如何对当前的各项政策进行科学客观的评价，用什么标准来进行政策评价，确保社会发展沿着正确的方向进行，是摆在人们面前的一个重要命题。习近平总书记在继承邓小平"三个有利于"评价标准的基础上，结合当代中国改革发展实际，对这一命题做出了明确回答，他在中央全面深化改革领导小组第二十一次会议上指出，要"把是否促进经济社会发展、是否给人民群众带来实实在在的获得感，作为改革成效的评价标准"。"两个是否"的新标准是"三个有利于"的继承和延续，是对政策评价标准的新发展。

"两个是否"的新标准是在新的时代背景下对全面深化改革伟大实践的科学认识。改革的推进是与时代的发展同向而行，与之相适应的，党对政策的评价标准也应该随着时代的发展而进行科学的调整。党的十八届三中全会的召开，标志着我国的社会发展进入了全面深化改革的新的历史时期，改革开始向纵深发展和整体推进。随着改革难度的不断加大和改革形势的愈发复杂，人们迫切需要用更切合当前发展实际的政策评价标准来衡量各项改革政策。在对当前经济发展处于新常态阶段的基本特征进行充分分析和把握的基础上，习近平总书记及时提出了"两个是否"评价标准，有利于进一步明确深化改革的目标，统一改革过程中的思想认识，坚定全面深化改革的信心和决心。生产力标准是马克思主义衡量一个社会发展的最高标准，因此，评判社会各方面改革的政策标准也要以生产力为根本依据，对具体的政策措施和成效进行科学评价。首先，要看政策是否在社会经济的过程中起到了促进作用。社会经济的发展水平关系着整个中国特色社会主义事业的各个方面，必须要给予高度的重视。因此，在全面深化改革的过程中，我们依然要毫不动摇地继续坚持生产力的标准，进一步解放和发展生产力，全面推进经济体制改革，进而全面建设社会主义现代化强国。其次，将促进社会公平正义和维护人民根本利益作为全面深化改革的政策取向，使二者成为政策制定的出发点和落脚点，体现了习近平总书记形势观政策观的人民立场。通过考察政策是否以维护人民根本利益为出发点，是否为人民群众带来了幸福感和获得感，促使人民群众实现对政策的认同，更好地参与政策的执行，分享政策带来的成果。为此，习近平总书记曾在不同场合多次强调要充分维护最广大人民群众的根本利益，为人民营造一个更加公平正义的社会环境，使人民群众从改革中获得实惠，获得切实的利益。"两个是否"的评价标准是判断政策正确与否的尺子，把握好这个标准，才能更好地推动全面改革的不断深入，释放出更多惠及全体人民的红利。

（五）对以人民为中心的形势政策观价值取向的丰富和发展

任何思想理论，无论它具有怎样严谨的理论体系，如果没有确立起正确的价值导向，就一定会在具体的实践中迷失方向。价值立场、价值主体与价值目标是一个政党的执政理念、思想路线和战略实施的根本。中国共产党的根本立场是以人民为中心，这就决定了党的形势政策观必然是以人民为价值的主体，以人民的利益为基本的价值取向和目标。

坚持人民的主体地位贯穿、渗透于习近平新时代中国特色社会主义思想，也是其关于形势观政策观的核心精神。在全面深化改革的形势政策过程中，始终紧紧围绕发展为了人民、发展依靠人民、发展成果由人民共享的价值取向。习近平总书记曾说："我的执政理念，概括起来说就是：为人民服务，担当起该担当的责任。"[1] 这种为民的责任担当，渗透在他的形势政策观之中，体现了他在看待一切形势政策问题时根本的出发点和落脚点。其一，进一步强调人民群众的价值主体地位。习近平总书记指出，"在全面深化改革进程中，遇到关系复杂、难以权衡的利益问题，要认真想一想群众实际情况究竟怎样？群众到底在期待什么？群众利益如何保障？群众对我们的改革是否满意？"[1]坚持以人民为中心的发展思想，在习近平总书记的形势观政策观中具有"定海神针"的重要作用，以确保党在时代发展中不忘初

---

[1] 习近平谈治国理政：第一卷 [M]. 北京：外文出版社，2014：101.

心、不失其根。其二，进一步强调发挥人民的首创精神。习近平总书记多次指出，群众中蕴藏着巨大的智慧和力量，"改革开放是亿万人民自己的事业，必须坚持尊重人民首创精神，坚持在党的领导下推进"，要"善于从人民的实践创造和发展要求中完善政策主张"。① 相信人民，尊重人民，依靠人民，高度重视调动和发挥人民群众在形势政策过程中的积极性是其形势政策观的一个重要特点。其三，进一步强调以人民利益为出发点。习近平总书记指出，"推进任何一项重大改革，都要站在人民立场上把握和处理好涉及改革的重大问题，都要从人民利益出发谋划改革的思路、制定改革的举措"①，进一步提出了改革成果由人民共享的理念。

第二节　形式政策教育学与相关学科

一、形势政策教育学与中共党史党建

形势政策教育学具有鲜明的党性原则，政治性很强，意识形态敏感度很高。形势政策教育看起来谈论的是当下，但任何对当下现实问题的关照，都无法跳脱开历史的长河，因为我们是踏着历史的河流走到今天的。当前中国经济社会实践变革中提出的新情况新问题，绝大多数都有其历史来由，这些都是中共党史党建学科的重要范畴和研究对象。因此，形势政策教育学特别是跟中共党史党建学科有着非常深的渊源。

①　习近平谈治国理政: 第一卷 [M]. 北京: 外文出版社, 2014: 98.

形势政策教育要以现实重大理论问题、热点实践问题为出发点和落脚点，逆向思考，顺向叙事，梳理和分析透彻这些问题的历史由来、不同时期的演变、关节点何在，有哪些历史经验，延续性和发展性何在等等，给出有理论和历史穿透力的回答，尤其要注意下述内容与形势政策教育的密切联系。

（一）党的理论探索史

马克思主义是中国共产党的根本指导思想，是党的灵魂，是指引党不断前行的光辉旗帜。中国共产党为什么能，中国特色社会主义为什么好，归根到底是因为马克思主义行，中国化时代化的马克思主义行。党的奋斗历史，就是一部不断推进马克思主义中国化时代化的历史，就是一部不断推进理论创新、进行理论创造的理论探索史。马克思主义是我们的思想武器，但不是一成不变的教条。100多年来，党不断推进马克思主义中国化时代化，不断开辟马克思主义新境界，创立了毛泽东思想、邓小平理论，形成了"三个代表"重要思想、科学发展观，创立了习近平新时代中国特色社会主义思想，为党和人民事业发展提供了科学理论指导。开展好形势政策教育，要从党的理论探索史中，特别是从几代领导人的光辉著述中找寻中国共产党人对相关问题的思考脉络和实践脉络，讲出历史的纵深感，以启迪当下昭示未来。

（二）党的历史经验

习近平总书记指出："要更好应对前进道路上各种可以预见和难以预见的风险挑战，我们必须从历史中获得启迪，从历史经验中提炼出克敌制胜的法宝。"①中国共产党一步步走过来，很重要的一条就是不断总结经验、提高本领，不断提高应对风险、迎接挑战、化险为夷的能力水平。党的经验不是从天上掉下来的，也不是从书本上抄来的，而是我们党在历经艰辛、饱经风雨的长期摸索中积累下来的，饱含着成败和得失，凝结着鲜血和汗水，充满着智慧和勇毅。《中共中央关于党的百年奋斗重大成就和历史经验的决议》科学总结了"十个坚持"的重要经验——坚持党的领导，坚持人民至上，坚持理论创新，坚持独立自主，坚持中国道路，坚持胸怀天下，坚持开拓创新，坚持敢于斗争，坚持统一战线，坚持自我革命。这"十个坚持"揭示了党和人民事业不断成功的根本保证，揭示了党始终立于不败之地的力量源泉，揭示了党始终掌握历史主动的根本原因，揭示了党永葆先进性和纯洁性、始终走在时代前列的根本途径。这"十个坚持"既属于历史更属于未来，要紧密结合当前形势政策教育进行宣传贯彻，使之成为在新时代新征程上继续攻坚克难、创造新的历史伟业的强大思想武器和根本遵循。

（三）中国共产党人的精神谱系

习近平总书记深刻指出："我们要建设的社会主义现代化强国，不仅要在物质上强，更要在精神上强。精神上强，才是更持久、更深沉、更有力量的。"②我们党依靠伟大精神创造历史，更要依靠伟大精神赢得未来。奋进新时代新征程，要弘扬以伟大

---

① 习近平谈治国理政：第四卷 [M]. 北京：外文出版社，2022：531.
② 习近平. 在纪念五四运动100周年大会上的讲话 [M]. 北京：人民出版社，2019：11.

建党精神为源头的中国共产党人精神谱系。中国共产党人精神谱系，是一代又一代中国共产党人顽强拼搏、不懈奋斗，用生命和热血铸就的。构成精神谱系的伟大精神深刻揭示了中国共产党人的精神特质，鲜明标注了中国共产党人的精神坐标，是党和国家最可宝贵的精神财富。要立足"精神物质相互作用"的辩证法，夯实传承与弘扬中国共产党人精神谱系的思想基础。要站在"永恒的定格"高度，坚定传承与弘扬中国共产党人精神谱系的文化自信。秉持"把握历史主动"原则，开创传承与弘扬中国共产党人精神谱系的全新境界。

二、形势政策教育学与思想政治工作学

思想政治工作学是一门关于人的思想、立场、行为规律和思想政治工作规律的科学。思想政治工作学是形势政策教育工作者必须学习和掌握的直接理论。作为一门科学理论体系，思想政治工作学一般由以下内容构成：一是思想政治工作产生与发展的历史沿革和与时俱进；二是思想政治工作的基础理论和社会功能；三是思想政治工作的基本范畴和基本规律；四是思想政治工作的基本任务和方法艺术；五是思想政治工作的队伍建设和运行体制；六是思想政治工作的分科研究。

（一）思想政治工作的对象

群众既是思想政治工作客体，又是思想政治工作主体。中国共产党是中国特色社会主义事业的领导核心，它的思想政治工作的服务方向是广大人民群众，是社会主义现代化建设事业。因而不仅党的各级组织和领导干部、党的思想政治工作者应当自觉

承担起思想政治工作的责任，而且要广泛发动群众，人人都来做思想政治工作，否则，就会把思想政治工作做得冷冷清清、软弱无力。发动群众做思想政治工作，是群众在思想政治工作中所处的既是思想政治工作的客体又是思想政治工作的主体的地位决定的，即广大群众既是接受教育的客体，又是教育他人的主体。克服那种认为群众只是消极被动地接受思想政治教育的客体的错误思想，尊重群众在改造世界中的主体地位，真正把群众当成认识世界、改造世界的主人，当成做好思想政治工作的生力军。

（二）思想政治工作的方法

思想政治工作的方法是思想政治工作主体影响思想政治工作客体的中介和手段。

1. 说服教育，以理服人。以理服人，就是充分发挥真理的力量，用真理教育人、引导人、使人信服，用真理分析解决各种矛盾和问题，陶冶人们的情操，提高人们的觉悟。任何先进的思想、高尚的道德原则都只有经过个体内化以后，才能影响人、改变人。坚持说服教育、以理服人的方法，一是说理要依据事实，不离开事实。要联系生动实际讲好马克思主义中国化时代化这个大道理，用大道理直面小道理、辩证看待小道理、管住小道理、重新诠释小道理。当然，讲大道理不是讲空道理，而是紧密联系社会发展和个人实际，由近及远、从小到大，从具体到抽象，进行有事实、有分析的讲解，使大道理融合于人们日常的工作、学习和生活之中。二是因人施教，不搞一刀切。要区别不同对象和不同问题采取不同的说理内容、说理素材和说理方式，反对用一般说理去说服所有人、去解决一切问题。三是耐心说服，循序渐进。既不能以虚伪的态度，企图用花言巧语去解决思想问题，也不能急躁冒进、急于求成，导致欲速不达。

2. 关怀体贴，以情感人。情，对于思想政治工作者来说，是发挥主观能动性，增强思想政治工作感染力、说服力的感情基础。情，对于思想政治工作的对象来说，它又是接受教育的情感基础。事实证明，如果没有感情或者感情对立，思想政治工作的客体就会对思想政治教育产生隔膜感和抗药性，就会大大削弱思想政治工作的效果。关怀体贴、以情感人，指的就是思想政治工作者要主动关心关怀体贴群众，用深厚的同志爱、兄弟情和姐妹情去激发群众对中国共产党、对人民、对祖国、对中国特色社会主义事业的情感认同。要做到关怀体贴、以情感人，首先要加强政治思想修养，增强对人民群众的感情。其次，关怀体贴群众，做群众的知心朋友。第三，对群众一视同仁，不分亲疏。激发他们的自爱心、自尊心、自信心，给他们创造一个温暖宜人的思想转化的环境和条件。最后，要防止片面性。既要防止只讲兄弟姐妹的个人私情，不讲党、国家以及单位的大情，又要防止只讲情不讲理。

3. 晓以利益，以利促人。马克思指出："人们奋斗所争取的一切，都同他们的利益有关。"[①]思想政治工作必须高度重视人们的切身利益，善于引导人们运用合法手段和途径获得物质利

---

① 马克思恩格斯选集: 第1卷 [M]. 北京: 人民出版社, 1995: 82.

益，改进自己的物质利益，善于从物质动因上分析人们的思想变化，以便更有针对性地做好思想政治工作。思想政治工作的以利促人，以正确的利益观教育群众，不是鼓吹个人利益第一，唯利是图。晓以利益就要教育引导群众正确认识和处理个人、局部和全局利益的关系，短期利益和长远利益的关系。不离开物质利益问题去进行空洞的、虚假的思想政治工作，把本来与群众生活、工作联系非常紧密的思想政治工作变成毫无意义的说教。同时，也要防止出现只讲利益不讲精神、只讲报酬不讲奉献，只讲个人不讲大局的苗头。

三、形势政策教育学与教育学

形势政策教育学作为一门以形势政策教育活动为研究对象的学科，它在学科上也从属于教育学的范畴。教育学源远流长，它揭示的很多教育规律、探讨的教学价值和教学艺术对形势政策教育学具有指导意义。形势政策教育学应当积极汲取教育学的理念，促进自身在科学化的道路上不断前进。

（一）教育的经济功能与政治功能

教育学认为，教育被社会发展所制约，但教育也能动地反作用于社会，具有推动社会发展的功能。在教育的各个功能中，尤其需要形势政策教育学关注的是教育的经济功能与政治功能。

1. 教育的经济功能。教育的经济功能是指教育通过总结、传承与发展生产经验、科学技术与经济管理知识，培养能够参与各种经济活动的劳动者和专门人才，使社会生产力和经济得到发展。首先，教育是使可能的劳动力转变为现实的劳动力的基本途径。劳动力是生产力中能动的要素。一个人只有经过教育和训练，掌握一定的劳动知识和技能，并能生产某种使用价值，他才能成为现实的生产力。也只有经过教育和训练，才能把人们培养成为适合社会各部门需要的合格工作者或专门人才，从而推动社会生产力与经济的发展。其次，现代教育是使知识形态的生产力转化为直接的生产力的一种重要途径。在现代工业生产中，知识技术日益重要，也对教育提出了更多、更高的要求。应当指出，科学技术仅仅是一种知识形态的生产力，而要使知识形态的潜在生产力向现实生产力转化，除了要通过艰巨而复杂的科学研究、发明创造新的生产装备外，其技术成果在生产中的运用、革新与推广，劳动者经验的总结与提升，以及紧扣中心大局、提升工作的大局贡献度，都需要包括形势政策教育在内的教育的紧密配合。事实证明，教育在现代生产和经济发展中的重要作用日益彰显，以至当今世界各国莫不竞相改革课程、改进教学和发展教育，以推进生产力和经济的发展。

2. 教育的政治功能。教育通过传播与宣传一定社会的政治理念、意识形态，调控或主导着一定社会的舆论和规范，积极地影响人、引导人，尤其注意通过培养年轻一代的政治理念与品德，以促进和保障一定的社会政治制度与路线的巩固和发展。

教育作为传递知识、训练思维与培养情感的活动，能以直接或间接、显性或隐形的方式，向学生传播一定社会的政治意识形态，促进他们的政治社会化，从而为建构、巩固、优化一定社会的政治制度与秩序服务。教育还通过造就政治管理人才，促进政治体制的变革与完善，通过提高全面文化素质，推动国家的民主政治建设。①

（二）教学过程理论

教育学认为，教学过程是一种特殊的认识过程。在这个过程中，需要处理好几种关系：

1. 教师主导作用与学生主动性的关系。教育学认为，发挥教师的主导作用是学生简洁有效地学习知识、发展身心的必要条件。同时，尊重学生、调动学生学习的主动性是教师有效地教学的一个主要因素。学生是有能动性的人，他们不只是教学的对象，而且是学习的主体与发展主体。要调动学生的主动性，仅仅解决教师与学生之间的认知关系是不够的，还要解决师生之间的人际关系，即要求教师尊重学生，民主平等地对待学生，不以学生的成绩、家庭而区别看待，对每个学生的好奇、好问、好探究的天性都要珍惜爱护、循循善诱、给予帮助，这样，学生才愿意亲近教师，发挥学习主动性。

2. 间接经验与直接经验的关系。教育学认为，学生认识的主要任务是学习间接经验，但学习间接经验必须以学生个人的直接经验为基础。要防止只重书本知识的传授，而不注重联系生活实际，不考虑学生是否理解、消化，导致注入式教学。另一方面，也要防止在经验主义教育观影响下产生的偏向，过于重视学生个人的感知、探究，而忽视系统知识的授受，使学生难以掌握

---

① 王道俊, 郭文安. 教育学 [M].北京: 人民教育出版社, 2016: 56-58.

系统缜密的学科知识。上述两者都违反了教学的规律，割裂了间接经验与直接经验的内在联系，影响了教学质量的提高。

3．掌握知识与进行教育的关系。教育学认为，进行教育学教学是现代教学的重要特征。而哪怕是现在，并非一切教学都是教育性的。因此，必须强调知识教学与思想品德教育之间的联系。教育学教学主要通过引导学生掌握知识及其蕴含的丰富而深刻的社会意义来实现。常有这种情况，有的学生虽然领悟了某个思想观点或掌握了某些道德规范，却停留在认识上，并不能用来调节自己的思想与行为，无助于他们思想品德的形成与提高。只有使所学知识引发了学生情感、态度的积极变化，才能让他们的思想真正得到提高。在教学中要防止两种偏向：一种是单纯传授知识、忽视思想教育的偏向，老师要做教育者，而不是传授知识的教书匠；另一种是脱离知识教学，另搞一套思想教育的偏向。

4．智力活动与非智力活动的关系。教学活动既要注重引导学生进行智力活动，也要重视调节学生的非智力活动。学生的智力活动主要指为认知事物、掌握知识而进行的感知、观察、思维、记忆和想象等心理因素的活动。学生的非智力活动，主要指在认知事物、掌握知识过程中诱发的好奇、欲求、情趣等心理因素的活动。它是学生进行学习、研究与实践的内在动力。在教学过程中，学生的智力活动与非智力活动同在。但教师在教学中往往重视智力活动而轻视非智力活动。在教学中，调节学生的非智力活动要注意改进教学本身，使教学的内容和过程都富有知识性、趣味性、启发性、民主性、吸引力，以便激发、保持学生的求知欲和学习兴趣，使他们能够生机勃勃地主动学习。[①]

四、形势政策教育学与舆论学

舆论是社会中相当数量的人们对于一个特定话题所表达的个人观点、态度和信念的集合体。随着改革开放的深入和社会的迅猛发展，越来越多的新情况新问题摆在党和政府面前，网络新兴媒体的发展也为社会舆论的网络化表达创造了更多空间和便利。以互联网舆论为主要代表的社会舆论生态及其变化已经成为社会发展的风向标、测速仪、安全阀和稳定器，对经济、政治、社会等各方面建设正在产生日益复杂深刻的影响。因此，形势政策教育学不得不直面网络舆论对人以及形势政策教育的影响。形势政策教育学也需要从舆论学中汲取学科营养。

（一）舆论学的层次

舆论学的四个层次为：信息—情绪—关系—行为。一是舆论的表征是意见信息流动。舆论作为一种意见信息，首先符合信息传播的基本规律，因此舆论学是新闻传播学的重要分支研究，舆论引导与舆论管理也主要从信息流动的角度提出的对策，传统舆论学研究也是基于意见信息流动基本研究假设基础上提出，但意见信息流动只是舆论的基本表征。二是舆论的底层动因是情绪传导。民众对信息的消费大抵经历了量—质—情三个阶段，在信息匮乏阶段，无论生产出来什么样的信息都有人阅读和观看；在信息丰足阶段，民众选择内容质量高的信息来阅读；后真相时代来

---

① 习近平谈治国理政：第一卷 [M]. 北京：外文出版社，2014: 98.

临，民众追求的不是信息渠道多权威、内容质量多优质，而是能否满足情感需求，舆论表达变成在追求真相过程中的情感宣泄、价值认同和社群归属。如果依然只是对信息本身进行研究，会忽略了背后的情感，容易导致隔靴搔痒。三是舆论的传播结构是社会关系网。随着社交平台的崛起，人们越来越依靠社会关系网来获取信息，意见不再依靠传统媒体进行传递，而逐步向社群传播转移，意见表面上是一种无序传播状态，但其背后是依赖关系网进行传播。四是舆论的最高形式是群体极化。在社会关系网中，在情感的动力机制下，社群成员很容易群体极化，进而产生线上线下行为的勾连和动员，最终从线上空间转移到线下社会，虽然这一层次并不是每个舆论都会存在，但虚拟社群中的群体极化是经常见的，基于此，这是舆论发展的最高层次，但不是必要层次。

（二）网络舆论的异化

形势政策教育必须直面不时出现的网络谣言。网络谣言往往具有如下特征：谣言涉及切身利益，网民群体易受蛊惑；谣言以圈层传播为主，辐射网民范围广泛；谣言情绪鼓动性强，引发社会恐慌和对政府公信力质疑；网络媒体"把关"责任缺失，助长网络谣言泛滥。近年来，网络谣言比较常见的套路至少包括：一是无中生有、捏造炮制。此类谣言用一句话概括，即为"开局一张图，内容全靠编"。二是夸大其词、添油加醋。此类谣言往往披着科普、说理的外衣，看似有一定的事实基础和分析，但对其中的数据、逻辑等内容进行了人为编造，迷惑性较强，容易让人被半真半假的现象蒙蔽双眼。三是断章取义、误读政策。此类谣言多是从公开发布的政策、讲话等信息中碎片化摘取，抹去了特定的语境，加以个人臆断、主观猜测，使真实的含义失实扭曲，甚至造成完全不同乃至相反的解释。只要回归到原本的语境中，这类谣言就不难识别。四是移花接木、深度伪造。此类谣言有的冒用不相干的图片或视频自证自话，有的依靠PS等拼接技术进行伪造，还有的利用人工智能和大数据生成仿真的音视频信息，目的都是为了呈现另一种"真相"，颠覆"眼见为实"的大众认知。这类谣言要有较强的专业知识才能甄别，须引起高度警惕。五是恶意诋毁、暗藏私利。此类谣言往往有较强的诱导性和指向性，"吃瓜"网友看后自以为参透了不得了的"事实"，脑补了更多子虚乌有的"细节"，实际上略加思索，就可以发现这是处心积虑的"靶向式造谣"。六是假借权威、洗脑话术。此类谣言是所谓的公知、权威人士等的惯用伎俩，多采用"出口转内销""冒用他人名"等包装手法，以"被揭露""被证实"等话术增强可信度。但只需保持头脑清醒，紧跟官方权威信息，谣言自会不攻而破。七是借题发挥、煽风点火。这类谣言通常披着民主、自由、女权、环保等"马甲"，夹枪带棒调转矛头指向，有意无意注入政治属性，使其"泛政治化""阴谋论化"，超出正常讨论的范畴，造成搅动舆论思潮、分裂社会共识。①

---

① 之江轩. 网络谣言"七套路"[EB/OL]. (2022-12-15)[2023-05-06]. http: //mp. weixin. qq.com/s/5B-ycy7h1g_272AVcFwJcw.

（三）后真相时代

2016年以来，"后真相"的现象越发流行，对形势政策教育造成很大冲击。2016年8月，《纽约时报》刊发伦敦大学教授威廉·戴维斯（William Davis）的时评，指出传统主流媒体长期以来奉若圭臬的"真相"已经从神坛跌落，失去了主导社会共识的力量，世界已经进入"后真相时代"。其一，情感凌驾于事实之上。在强烈呼吁情感以及个人价值的浪潮中，客观事实被人们漠视甚至遗弃，真相被带有明显情绪色彩的言论遮蔽，符合受众情绪和偏好的观点有时比事实更重要。其二，消解事实成为公众信息接受的常态。公众时常受到各种舆论情绪的影响和驱使，对事实做出逆向解读或抗争性解读。人们承认的是符合自身构想的现实，不断追问什么才是真相，从而引发情绪上的波动。之所以出现"后真相"流行的问题，既有主流媒体影响力下降的原因，在传统主流媒体影响力下降的情况下，受众很难以个人能力辨别各种观点的真假，反而比较容易接受社交媒体圈子中散播的情绪和偏见，从而做出与事实差距较大的主观判断。当然也有社群化传播盛行的原因。社交媒体聚合了相同观点、相同兴趣的人们，形成网络社群。信息生产者利用算法机制精准地生产和推送信息，不仅满足了用户个性化、社群化的信息兴趣和需求，还加固了社群。社群化传播很可能使社群成员生活在信息孤岛之中，强化其各种认识甚至偏见，成为加剧"后真相"的推动力。

（四）网络社会心态调适

随着社交媒体和短视频平台的发展，互联网已渗透到中国社会的各个阶层和群体，成为社会心态表达与涌现的新场所。网络平台为社会心态的表达提供了新的渠道，网络社会的特点也催生了独具特色的新型社会心态，即网络社会心态。网络社会心态既是网络舆论的深层次问题，也是形势政策教育需要直面的课题。研究显示，社交媒体时代的社会心态与思潮呈现多元化发展趋势，部分网络社会心态的争论甚至呈现出意识形态化和组织化趋势，且集中地体现在近年来的热点舆论争论上。网络舆论争论不仅是现实社会的晴雨表，同时也是影响当代政策制定的重要因素。除了社会心态所共有的集体性、变动性和突生性特点外，网络社会心态还具有社群性、极端性、流动性和网络嵌入性等特征。网络社会心态研究的若干重要议题中，网络社会心态的社群化、网络社会心态的极化、网络社会心态的形成机制三大议题与形势政策教育学有着千丝万缕的联系，尤其值得关注。①

五、形势政策教育学与演讲学

形势政策教育学作为一门研究如何跟公众开展形势政策教育的科学，跟演讲学有着密不可分的关系。演讲学是一门关于如何有效开展公众演讲的理论研究，演讲学拥有几千年的历史，积淀下来的关于公众演讲的研究对提升形势政策教育的针对性、实效性和说服力、感染力具有启发借鉴意义。

（一）演讲学关于"听众分析"和"听众接触"的研究

演讲与生活中的人际交流不同，演讲者与听众间的交流时间

---

① 黄荣贵，吴锦峰，桂勇. 网络社会心态：核心特征、分析视角及研究议题 [J]. 社会学评论, 2022, (3): 102-120.

非常有限，演讲前也许他们在工作和生活上交集很短也很浅。公众演讲听众不仅多，而且异质性高。在这种情况下，演讲者必须对听众分析和听众接触。

演讲学特别是西方演讲学在谈到听众分析时，常常沿用亚里士多德在《论语艺》中的建议，强调做"听众背景分析"和"听众心理分析"的两方面备课。分析上述这些不只是为了解他们，更重要的是要因势利导地调整自己的表达侧重点和表达方式，以适应不同听众的需要。

除了演讲前的听众分析，在演讲中还要进行广泛的听众接触（audience contact）。美国丹佛大学人类传播学荣誉教授丹斯提出，演讲者与听众的关系是由物理接触开始，有的可以发展到"心理接触"的层次，而少数则能达到最难的"情绪接触"的层次。这与中国古人讲的"上学以神听、中学以心听、下学以耳听"不谋而合，相映成趣。

物理听众接触，指的是演讲者与听众间的"听觉接触"与"视觉接触"，解决的是"下学以耳听"的问题。具体说，听觉接触指的是演讲者送出的声音刺激——即说话的声音要能达成基本的可辨识性，除了音量的适度。还要注意说话语速与咬字发音，说得太快或过于模糊都会造成演讲者与听众间的听觉失联现象。视觉接触指的是演讲者送出的视觉刺激——包括肢体语言与幻灯片、道具等必须能让听众清晰看到，而且双方最好有足够的"目光接触"——演讲者可以平均地环顾全场，不让某些听众觉得被冷落。

心理接触。演讲学认为要达到演讲效果，演讲者还必须与听众发展心理听众接触，做到"中学以心听"。进一步说，心理接触就是沟通双方必须在认知层面上调整到相近波段，从而使听众不仅能看见和听到演讲者所要传递的信息，还能深度"了解"演讲者表达的内容。为此，演讲者首先要建立与听众对话的态度，愿意与听众沟通交流，达成意义的共享，而不是将演讲视为展现优越感的工具。其次，演讲者必须设法做到"移心"，要能心同此理地了解听众既有的认知观点，知道经验范围与认知发展不同的人可能对自己发表的内容产生理解困难，时刻注意现场听众的神情反馈，降低只从自己的观点看事情的倾向。再次，演讲者必须通过举例将希望表达的意思具象化、使演讲内容与听众的生活经验相结合、用听众已有的知识来解释新知等链接方法，让听众产生"即刻的理解"。

情绪接触。演讲学认为，演讲只有理性交集是不够的，演讲者还必须找到与听众的情绪交集，适度求同、将心共鸣,这就是"上学以神听"。

（二）演讲学关于演讲框架研究

演讲架构指的是演讲者在完成构思论点后进行的工作：一是比重，即决定主要与次要论点的时间分配；二是排序，即决定论点的排列顺序；三是头尾，即设计开头与结尾；四是大纲，即制作演讲大纲等。刘勰在《文心雕龙》中提出"三准"——"履端于始，则设情以位体；举正于中，则酌事以取类；归余于终，则撮辞以举要"，不仅明确将架构区分为开头（始）、正文（中）和结尾（终）三部分，更强调三部分的主要功能，开头在界定方向、正文在解释说明、结尾在归纳摘要，是相当完整的修辞布局理论。元代文人杨载提出"起承转合"，其中起是开头、承是发展、合是收尾。最特别的是"转"，要力求变化。元末明初的陶宗仪在《南村缀耕录》记载有"作乐府亦有法，曰：凤头、猪肚、豹尾"六字是也。也就是说，开头要像凤凰的头一样美丽夺目，正文要像猪的肚子一样充实饱满，结尾要像豹的尾巴一样强健有力。虽然此言当时针对的是乐府做法的观点，但隔行不隔离，后世演讲学者纷纷将此六字作为演讲布局的箴言。

（三）演讲学关于演讲语言的研究

演讲学非常重视语言沟通听众、沟通心灵的作用，十分强调修辞的重要性。中国学者陈望道将修辞分为"消极修辞"和"积极修辞"。消极修辞是"使当时想要表达的表达得极明白，没有丝毫的模糊，也没有丝毫的歧解"，积极修辞则是"要它有力，要它动人"。消极修辞在演讲中体现为三大基本原则：用词准确、用语明白与用语得体。用语要在内涵和外延上表达准确。用语明白，一要平易，二要近人。用语得体，要适合角色、适合场合。积极修辞就要求自己语言具有新意，而非陈词滥调的重复。为此一要用语有力，做到语气肯定而不模糊、语势澎湃而不乏味、情绪饱满而不干瘪；二要用语生动。通过比喻、类比、拟人、借代、示现等修辞手法，使语言能在听众心中呈现活灵活现的鲜明形象，以达到感染人、打动人、征服人的目的。演讲学的上述内容，无疑对开展形势政策教育学理论研究、高质量开展形势政策教育实践都具有非常强的启发和借鉴意义。

第三章 形势政策教育的发展历程和基本经验与规律

形势政策教育的发展经历了一个长期的历史过程，是时代性与历史性的统一。在不同的发展阶段，所面对的形势是不同的，相应的政策也不尽相同。而且，每一个发展阶段最终会成为历史存在，而当下的时代发展性要求，总是蕴含时代的信息。本章主要对形势政策教育作历史考察，分析其发展阶段，总结其历史经验，提炼形势政策教育发展的基本规律。

第一节 形势政策教育的发展历程

形势政策教育是党领导下的重要事业。党在长期领导革命、建设和改革的实践中，一直坚持把形势政策教育作为加强和改进思想政治工作的重要内容。形势政策教育的产生和与时俱进的发展与中国共产党的百年历程有着深层次的时间契合点，可以划分为四个发展时期。

一、新民主主义革命时期

新民主主义革命时期，党面临的主要任务是，反对帝国主义、封建主义、官僚资本主义，争取民族独立、人民解放，为实现中华民族伟大复兴创造根本社会条件。形势政策教育是立足于中国革命实践和斗争实践中不断进行摸索总结的思想教育过程，在新民主主义革命时期，经历了萌芽阶段和反复的探索阶段。

第一次国内革命战争时期，形势政策教育开始萌芽。在中国共产党正式成立之前，早期成立的相关组织的各类斗争活动，一定程度上有利于加强对马克思列宁主义的学习宣传，并把理论运用于革命实践，促进了其与中国工人运动的结合，历经考验与锻炼，一些拥有共产主义信念的知识分子，思想感情进一步转移到工人阶级方面来，还有一批工人阶级的先进分子，接受马克思列宁主义的宣传教育而提高了自己的阶级觉悟。因此，在这样的社会背景下，中国共产党具备了成熟的基础，登上了历史的舞台，并发挥着积极的引导作用，这一时期的形势发展为中国共产党的成立提供了前提条件。

1921年，中国共产党在党的一大会议上宣布正式成立，这是中国历史上开天辟地的大事件，因为在当时的社会背景下，形势动荡，迫切需要一个坚强的领导核心为贫苦的中国人民带来生存的希望，这是基于当时形势发展的必然要求。1922年，中国共产党召开了第二次全国代表大会，在这次大会上，通过对中国社会经济政治状况的剖析，找到了中华民族痛苦的根源，因此要勇于反抗，争取自己的权力，这时开始发动工农群众开展革命斗争。1924年，工人运动开始复兴，农民运动也有了初步的开展。直到五卅运动的爆发，它带来的积极作用是掀起了全国范围的大革命高潮。而发生在1925年至1927年的中国反帝反封建的革命，比之以往任何一次革命的群众动员更为广泛，斗争规模更加宏伟，革命的社会内涵更加深刻，因此称作大革命。然而，大革命最后的结果是失败，主客观原因皆有，归根结底是没有根据形势的发展做出正确的判断、制定正确的政策，尤其是放弃武装力量的领导权。但是，虽然大革命失败了，意义不容磨灭，也为以后的革命斗争发展提供了宝贵的经验。这是中国共产党在成立初期，也就是第一次国内革命战争时期，关于国内形势政策的分析，是处于一种萌芽状态下的形势政策教育，因为最初还尚未成熟，对于形势的把握与政策的制定也是处于摸索的阶段。但是，形势政策教育离不开中国共产党的诞生与发展，这一时期的萌芽状态也正是中国共产党处于刚刚成立后的探索和完善阶段。

第二次国内革命战争时期，形势政策教育进入探索阶段。此时形势政策教育经历了萌芽阶段的积累，开始进一步探索。从第二次国内革命战争时期开始，通过分析国内的政治状况，了解中国的红色政权发生和存在的原因，经过井冈山斗争，总结政权问题和土地问题，再通过一系列的调查研究，反对本本主义，立足于客观实际，做到因时而变，剖析革命战争的战略问题，这是对形势和政策的一种客观的分析。尤其在大革命失败之后，进入了创建红军的新时期，中国革命由此发展到了一个新阶段——土地革命战争时期。

在这一历史时期，立足于当时的社会条件，必须要重视农村和农民的积极作用，到农村去发动农民，开展武装斗争，建设革命根据地，这是顺应历史的潮流发展，由此确定了农村包围城市、武装夺取政权的正确道路。这也说明了革命的政党与人民总是要反复地经过正反两方面的教育，才能够逐步成熟起来，直到1935年1月15日至17日，中央政治局召开了遵义会议，这次会议作用巨大，因为它解决了当时具有决定意义的军事问题和组织问题，经过激烈的争论，最终确立以毛泽东为代表的马克思主义的正确路线在中共中央的领导地位，挽救了处于极其危急情况下的中国共产党，成为其历史上一个生死攸关的转折点。因而在遵义会议之后，中国的革命战争的新局面又展开了。在这一时期，尤其是遵义会议的历史转折性作用，正是党对客观形势的判断结合党内存在的实际问题，进而做到积极修改，挽回局面，发挥了党对形势判断的敏锐性和政策制定的全面性作用，用革命发展的历史事实在形势政策教育方面上了生动的一课。

抗日战争时期，形势政策教育与具体工作相结合。抗日战争时期，中国共产党分析抗日战争形势，动员一切可以动员的力量争取抗日战争的胜利。[①] 毛泽东的《论持久战》一文中，深刻地揭示了论持久战的原因是根据客观形势的分析，并在理论与实践的结合中，驳斥亡国论和速胜论，论述了持久战的三个阶段，并结合我党的实际情况，以我党的优势对战敌人的劣势，采用防御中的进攻、持久中的速决和内线中的外线，开展运动战、游击战和阵地战以及消耗战和歼灭战，这里充分体现出在抗日战争时期，形势政策教育的至关重要性。尤其在经历"九一八"事

---

① 毛泽东文集(第七卷) [M]. 北京：人民出版社，1999: 226.

变后，人民的抗日热情被极大地激发出来，救亡图存是时代的口号，革命队伍发展壮大，并在全国范围内发挥积极的影响。中国共产党及其领导的工农红军和广大的工人、农民是抗日救亡的中流砥柱，而在这样危急的时刻，国共两党实行第二次合作是势在必行的，只有这样，才有利于解决当前革命战争的困境。

在整个抗日战争过程中，中国共产党始终坚信，只有发动群众，才会取得突破，只有依靠群众，才能取得胜利，中国共产党也由最初的辅助战场逐渐地发展为抗日战争的中坚力量。面对国民党的军事反共政策、根据地严重的自然灾害以及日军大规模扫荡，加之党内非无产阶级思想、教条主义思想盛行，开展了延安整风运动。1941年5月，毛泽东作《改造我们的学习》演讲。1945年4月，六届七中全会通过《关于若干历史问题的决议》，标志着延安整风运动结束。这次整风运动，为夺取新民主主义革命胜利奠定了思想基础。这一时期，形势政策教育开始进入到宣传工作之中，并通过宣传教育扩大影响，进而教育更多的人。

解放战争时期，形势政策教育应用于实际国情。在抗日战争胜利后，中国百废待兴，人民渴望和平安定的生活环境，回归到安稳的日子中来。党始终坚持从人民群众的切身利益出发，团结一切力量，以和平的方式和国民党一起进行讨论，探讨和平建国的问题，即主张建立民主联合政府。在1945年8月，毛泽东不顾个人安危亲赴重庆谈判，谈判从8月29日开始，到10月10日结束，持续了一个多月的时间，国共两党最终签署了政府与中共代表会谈纪要，确立了和平建国的基本方针。然而，事情并没有按照既定的方向发展，国民党反动派当时在美帝国主义支持下，并不想与共产党和平民主地领导中国，而是粗暴地撕毁协定。1946年，国民党反动派在完成战争准备后，开始发动全面内战。在中国共产党领导下，军民同心，一起投入到解放战争的洪流之中，并经过战略防御、战略进攻、战略决战，针对不同战场的特点制定作战方针，这期间经历了辽沈、淮海、平津三大战役，由此消灭了国民党的主要力量。

同时，中国共产党也在解放区实行土地改革，并取得了积极的效果，国民党统治区的爱国运动蓬勃发展，中国共产党选择了人民，而人民也最终选择了它，人民拥护共产党，民心所向，国民党逐渐被削弱和孤立。最终，中国共产党取得了解放战争的最终胜利，基本完成中国民主革命反帝反封建的历史任务。针对抗日战争胜利后，党的队伍不断发展，部分党员领导干部呈现出思想不纯、组织不纯和官僚主义等问题，党开展了"三查三整"整党运动。1947年9月，党中央决定结合土地改革，开展以查阶级、查思想、查作风和整顿组织、整顿思想、整顿作风为主要内容的整党运动。这次运动，及时清除了一批不符合条件的党员，为争取解放战争胜利奠定了坚实基础。

在革命斗争中，以毛泽东为主要代表的中国共产党人，把马克思列宁主义基本原理同中国具体实际相结合，对经过艰苦探索、付出巨大牺牲积累的一系列独创性经验作了理论概括，开辟了农村包围城市、武装夺取政权的正确革命道路，创立了毛泽东思想，为夺取新民主主义革命胜利指明了正确方向。在这个历史时期中，形势政策教育得到了充分的发展，即坚持马克思主义理论的指导，具体应用于中国的实际国情之中，根据党在不同历史时期的形势发展，做出准确而客观的判断，进而作出正确的战略决策，教育引导人民群众，并取得最终的胜利。

二、社会主义革命和建设时期

社会主义革命和建设时期，党面临的主要任务是，实现从新民主主义到社会主义的转变，进行社会主义革命，推进社会主义建设，为实现中华民族伟大复兴奠定根本政治前提和制度基础。形势政策教育经历了革命战争时期的洗礼，由萌芽探索时期不断总结，积累经验，并在新中国成立后的社会主义革命和建设时期日臻完善、不断成熟。

从中华人民共和国成立到1956年，是基本完成社会主义改造的时期，新民主主义革命取得全国性的胜利后，中国开始了从新民主主义向社会主义过渡。这期间，中国经历了社会主义改造，社会主义改造帮助中国从战争带来的经济破坏中逐步地走出来，并开始大力发展国民经济，重建人民的家园。1951年，在中国共产党的第一次全国宣传工作会议上，刘少奇强调，党的宣传工作可以分作两项，一项是当前中心工作、时事政策的宣传，一项是马列主义基本理论的宣传。这里，把"时事政策的宣传"摆在了十分重要的位置上。

党的八大根据我国社会主义改造基本完成后的形势，提出国内主要矛盾已经不再是工人阶级和资产阶级的矛盾，而是人民对于经济文化迅速发展的需要同当前经济文化不能满足人民需要的状况之间的矛盾，全国人民的主要任务是集中力量发展社会生产力，实现国家工业化，逐步满足人民日益增长的物质和文化需要。党提出努力把我国逐步建设成为一个具有现代农业、现代工业、现代国防和现代科学技术的社会主义强国，领导人民开展全面的大规模的社会主义建设。1957年，毛泽东在《关于正确处理人民内部矛盾的问题》中指出："不论是知识分子，还是青年学生，都应该努力学习。除了学习专业之外，在思想上要有所进步，政治上也要有所进步，这就需要学习马克思主义，学习时事政治。"[①] 有的学校开设了时事政策教育课程或把时事政治作为理论联系实际的内容，在马克思主义理论课中贯穿讲授。有的学校以组织学生参与社会政治运动、读报纸、念文件、听报告等形式开展形势政策教育。

　　新中国成立初期，针对党内产生的骄傲自满、贪图享受、官僚主义等问题，我党先后两次开展了整风整党运动。一次是1950年5月至1954年2月，党中央先后发出《关于整党整干工作的指示》《关于全党全军进行大规模整风运动的指示》《关于发展和巩固党的组织的指示》。这次运动，对于党领导全国人民恢复国民经济，顺利完成社会主义改造起了重大作用。第二次是针对我国进入全面建设社会主义的历史新阶段，国内外形势也出现一些新变化，党于1957年4月至1958年8月开展整风。1957年4月，党中央发出《关于整风运动的指示》。1957年5月，毛泽东发表

---

① 陈洪涛，周妍. 新中国成立以来高校形势与政策教育的历史考察 [J]. 学校党建与思想教育，2011（31）：49—51.

《事情正在起变化》，开始了反右派运动。6月8日，中央发出"组织力量准备反击右派分子进攻"的党内指示，反右派运动逐步扩大化。

但是，前进的道路上并非一帆风顺，而是布满荆棘和坎坷，由于是建设初期，一切都在摸索的阶段，也经历了挫折，尤其是1958年的"大跃进"和人民公社化运动以及从1966年5月到1976年10月的"文化大革命"。形势政策教育也经历了波折和徘徊，但党及时拨乱反正，吸取教训、总结经验，这也为以后的发展提供了重要参考和理论准备。

1970年至1976年，停办多年的大学恢复招收工农兵学员，那时大学的形势政策教育基本是以政治运动形式进行。1978年，随着邓小平的"科学技术是第一生产力""教育事业必须同国民经济发展的要求相适应""学校应该把坚定的政治方向放在第一位"等重要观点的提出，形势政策教育逐步进入了规范化发展阶段。

三、改革开放和社会主义现代化建设新时期

改革开放和社会主义现代化建设新时期，党面临的主要任务是，继续探索中国建设社会主义的正确道路，解放和发展社会生产力，使人民摆脱贫困、尽快富裕起来，为实现中华民族伟大复兴提供充满新的活力的体制保证和快速发展的物质条件。党的十一届三中全会的召开，意义重大，它是新中国历史上的一个伟大转折。党的十一届三中全会以后，以邓小平为主要代表的中国共产党人，深刻总结新中国成立以来正反两方面经验，围绕什么是社会主义、怎样建设社会主义这一根本问题，借鉴世界社会主

义历史经验，创立了邓小平理论，解放思想，实事求是，作出把党和国家工作中心转移到经济建设上来、实行改革开放的历史性决策，确立社会主义初级阶段基本路线，明确提出走自己的路、建设中国特色社会主义，科学回答了建设中国特色社会主义的一系列基本问题，制定了到二十一世纪中叶分三步走、基本实现社会主义现代化的发展战略，成功开创了中国特色社会主义。党的十三届四中全会以后，以江泽民为主要代表的中国共产党人，坚持党的基本理论、基本路线，加深了对什么是社会主义、怎样建设社会主义和建设什么样的党、怎样建设党的认识，形成了"三个代表"重要思想，在国内外形势十分复杂、世界社会主义运动受到严重挫折的严峻考验面前捍卫了中国特色社会主义，确立了社会主义市场经济体制的改革目标和基本框架，确立了社会主义初级阶段公有制为主体、多种所有制经济共同发展的基本经济制度和按劳分配为主体、多种分配方式并存的分配制度，开创全面改革开放新局面，推进党的建设新的伟大工程，成功把中国特色社会主义推向二十一世纪。党的十六大以后，以胡锦涛为主要代表的中国共产党人，在全面建设小康社会进程中推进实践创新、理论创新、制度创新，深刻认识和回答了新形势下实现什么样的发展、怎样发展等重大问题，形成了科学发展观，抓住重要战略机遇期，聚精会神搞建设，一心一意谋发展，强调坚持以人为本、全面协调可持续发展，着力保障和改善民生，促进社会公平正义，推进党的执政能力建设和先进性建设，成功地在新形势下坚持和发展了中国特色社会主义。

在改革开放和社会主义现代化建设新时期，形势政策教育日臻成熟。以改革开放作为历史节点，形势政策教育随着中国的发展而发展，逐步形成自己的体系。与之前革命战争时期相比，新中国成立以后，尤其是改革开放以后，国家对形势政策教育更加重视，并将其纳入到思政教育的体系中来，大力发展形势政策教育。在2004年8月，中共中央、国务院出台了《关于进一步加强和改进大学生思想政治教育的意见》，对如何进一步加强形势政策教育提出了明确的要求，做出了具体的部署。2005年3月9日，中宣部、教育部关于印发《〈关于进一步加强和改进高等学校思想政治理论课的意见〉实施方案》（简称"05方案"）的通知进一步明确，本、专科学生都要开设"形势与政策"课。

改革开放后，党以形势政策教育作为载体之一，先后开展了5次整党活动：

一是1983—1987年，围绕"统一思想，整顿作风，加强纪律，纯洁组织"任务，从中央到基层组织，自上而下，分期分批开展批评与自我批评，分清是非，纠正错误，纯洁组织。这次整党成功地避免了过去政治运动中盛行的一套"左"的做法，坚持正面教育，强调发扬民主，做到整党与改革、与经济建设相互结合、相互促进，为后来党内开展的集中教育活动提供了很好的借鉴。

二是1999—2000年的"三讲"教育活动。"三讲"即讲学习（学理论，学知识，学技术）、讲政治（政治方向、政治立场、政治纪律、政治鉴别力、政治敏锐性）、讲正气（继承和发扬我们党在长期革命和建设事业中形成的好传统、好作风）。"三讲"教育活动在探索妥善解决党内问题、提高干部素质的新路子上迈出了重要步伐，创造和积累了和平时期加强党的建设特别是领导干部队伍思想政治建设的一些重要经验。

三是2005—2006年的保持共产党员先进性教育活动。这次活动，以"增强党员素质、加强基层组织、服务人民群众、促进各项工作"为目标，重点在于解决实际问题，特别是解决群众反映强烈的突出问题，以群众是否满意作为衡量标准。通过先进性教育活动，党员和党组织存在的突出问题得以解决，涉及改革发展稳定和群众切身利益的实际问题得以解决，取得了丰硕的实践成果、制度成果和理论成果；基层党组织的创造力、凝聚力、战斗力进一步增强；党群关系更加密切。

四是2008—2009年的深入学习实践科学发展观活动。这次学习实践活动，紧紧围绕"党员干部受教育、科学发展上水平、人民群众得实惠"的总要求，牢牢把握"坚持解放思想、突出实践特色、贯彻群众路线、正面教育为主"的原则。经过全党共同努力，学习实践活动基本实现了提高思想认识、解决突出问题、创新体制机制、促进科学发展、加强基层组织的目标，取得明显成效，为党和国家办成大事、办好喜事、办妥难事提供了强大动力和重要保证。广大党员、干部把参加学习实践活动作为增强党性修养、提高综合素质的难得机遇，积极投身学习实践活动，向党和人民交出了一份合格答卷。

五是2010—2012年的创先争优活动。这是巩固和拓展全党深入学习实践科学发展观活动成果的重要举措，按照中央提出的

"推动科学发展、促进社会和谐、服务人民群众、加强基层组织"的总要求扎实推进。活动的主要形式是，创建先进基层党组织、争做优秀共产党员。各地各部门围绕中心工作谋划活动，围绕科学发展确定争创主题，开展公开承诺；加强行业指导；开展窗口单位和服务行业为民服务活动；加强组织体系、骨干队伍、活动载体、工作制度和阵地建设。这次活动取得了显著成效，是新形势下保持发展党的先进性纯洁性的成功实践。

由此可见，改革开放以后，形势政策教育由宣传教育的实践活动形式发展到高校、党校、企业的形势政策课程和集中教育实践，并以此为载体，不断完善形势政策教育体系，从而影响更多的人，树立正确的形势政策教育观。

四、中国特色社会主义新时代

党的十八大以来，中国特色社会主义进入新时代。党面临的主要任务是，实现第一个百年奋斗目标，开启实现第二个百年奋斗目标新征程，朝着实现中华民族伟大复兴的宏伟目标继续前进。形势政策教育经历革命战争的洗礼，历经改革开放的机遇，不断的成熟和完善，而在中国特色社会主义新时代，也将砥砺前行，进入新的发展时期。

习近平总书记高度重视思想政治工作和形势政策教育。2016年，在全国高校思想政治工作会议中提出了"五个正确认识"，强调把思想政治工作贯穿教育教学全过程，要教育引导学生正确认识世界和中国发展形势和变化趋势，开创我国高等教育事业发展新局面。习近平总书记的讲话突出了对宏观形势认识的重要性，为形势政策教育的发展提出了更加具体的要求和努力的方向。

习近平新时代中国特色社会主义思想，特别是就加强和改进思想政治工作与形势政策教育作出的一系列重要论述，为新时代形势政策教育怎么教、教什么提供了根本遵循和行动指南。2018年教育部发布《关于加强新时代高校"形势与政策"课建设的若干意见》，对教学内容的准确把握提出了更新要求，要以习近平新时代中国特色社会主义思想为中心，把握党的理论创新最新成果、新时代坚持和发展中国特色社会主义的生动实践两项重点，开设全面从严治党、我国经济社会发展、港澳台工作和国际形势与政策四类专题。2019年发布的《中国共产党党员教育管理工作条例》和《2019—2023年全国党员教育培训工作规划》，为新时代加强党员形势政策教育工作提供了基本遵循和实践依据。2019年，中共中央、国务院《新时代爱国主义教育实施纲要》明确，要深入开展国情教育和形势政策教育，帮助人们了解我国发展新的历史方位、社会主要矛盾的变化，引导人们在进行伟大斗争中更好地弘扬爱国主义精神；2021年，中共中央、国务院《关于新时代加强和改进思想政治工作的意见》明确，要加强党史、新中国史、改革开放史、社会主义发展史和形势政策教育，这为全社会全面加强形势政策教育工作提供了指导和依据。

党的十八大以来，以习近平同志为核心的党中央部署了多次集中教育。习近平总书记指出："在全党开展集中性学习教育，是我们党推进自我革命的重要途径，也是一条重要经验。"强化理论武装、坚定理想信念、砥砺初心使命、推动实际工作，新时代党的历次学习教育，精髓要义一脉相承，打出了一套党内教育和形势政策教育的"组合拳"。

一是2013年6月开始，以"为民、务实、清廉"为内容，聚焦集中整治形式主义、官僚主义、享乐主义、奢靡之风和"照镜子、正衣冠、洗洗澡、治治病"的总要求，自上而下分两批开展党的群众路线教育实践活动。

二是2015年4月开始，聚焦"严以修身、严以用权、严以律己，又谋事要实、创业要实、做人要实"要求，在县处级以上领导干部中开展"三严三实"专题教育，推动党的群众路线教育实践活动延展深化，让"严实"成为终身习惯。

三是2016年2月开始，围绕"学党章党规、学系列讲话，做合格党员"内容，面向全体党员开展"两学一做"学习教育。不断深化党内教育，推动党内教育从"关键少数"向广大党员拓展、从集中性教育向经常性教育延伸。

四是2019年5月开始，以"理论学习有收获、思想政治受洗礼、干事创业敢担当、为民服务解难题、清正廉洁作表率"为目标，聚焦"守初心、担使命、找差距、抓落实"总要求，在广大党员干部中开展"不忘初心、牢记使命"主题教育。

五是2021年开始，聚焦"学史明理、学史增信、学史崇德、学史力行"要求，在全党范围内开展党史学习教育，引导全党同志学党史、悟思想、办实事、开新局。

六是从2023年4月开始，以县处级以上领导干部为重点在全党深入开展学习贯彻习近平新时代中国特色社会主义思想主题教育，围绕"学思想、强党性、重实践、建新功"总要求，以"凝心铸魂筑牢根本、锤炼品格强化忠诚、实干担当促进发展、践行宗旨为民造福、廉洁奉公树立新风"为目标，，切实把习近平新时代中国特色社会主义思想转化为坚定理想、锤炼党性和指导实践、推动工作的强大力量，使全党始终保持统一的思想、坚定的意志、协调的行动、强大的战斗力，努力在以学铸魂、以学增智、以学正风、以学促干方面取得实实在在的成效。

第二节　形势政策教育的基本经验

　　形势政策教育是发展的动态性与规律的稳定性的结合，两者共同促进形势政策教育体系的不断完善。形势政策教育的动态性表现在形势的发展变化，即不同的发展时期，形势政策也是因时而变，应势而动的，这是一个动态的过程，形势政策教育也是随之而做出相应的改变，不能用一成不变的视野来审视形势政策教育。而其静态性则体现在形势政策教育规律的稳定性上，即无论形势如何发展变化，包括国内的、国际的，还是经济、政治或文化等方面，但是在纷繁复杂的背后，总能找到一条主线，即马克思主义的形势政策观，它始终坚持马克思的辩证唯物主义与历史唯物主义观点，并在此基础上作出科学的分析。下面，在研究形势政策教育发展历程的基础上，尝试总结提炼其发展的基本经验和基本规律。

一、党和国家的高度重视是形势政策教育的根本保证

　　必须坚持党对形势政策教育工作的领导。形势政策教育的发

展历程表明，形势政策教育始终与党的百年奋斗同行，与我国社会主义建设过程中的成功与挫折、艰辛与探索同行。党和国家始终把形势政策教育作为思想政治教育的重要内容和渠道。改革开放40年来，面对"四人帮"遗毒的影响、面对改革开放初期"一手软、一手硬"（重视物质文明建设，忽视精神文明建设）的现象、面对新世纪网络技术快速发展带来的思想多元与信息爆炸、面对全球化大潮下社会急剧变动与西方不良思潮的冲击，党和国家始终坚守形势政策教育阵地，将其作为我国教育事业牢牢把握社会主义办学方向的基本保障，作为培养担当民族复兴大任时代新人的有力抓手。

在党和国家统一部署下，中宣部、教育部等主管部门对形势政策教育的实施长期规划、统筹安排，形成了形势政策教育有领导、有组织、有制度、有师资、有资源、有落实、有创新的良好格局。制度上，出台多项文件政策，为形势政策教育的开展扫清了障碍；管理上，明确了宣传部门的主管责任，成立了形势政策教育教学专家指导小组，形成齐抓共管氛围；内容上，坚持将马克思主义中国化作为形势政策教育的理论支撑，将与时俱进的马克思主义理论纳入形势政策教育内容。各省区市级宣传和教育部门根据中宣部、教育部的要求，切实担负起本地区形势政策教育的领导重任，结合当地实际，部署、推进、落实形势政策教育工作。全国和各地都建立了形势政策报告会制度，使人民群众更直接地了解改革开放和经济社会发展的新成就、新变化。

二、教育内容的与时俱进是形势政策教育的核心关键

形势政策教育的最大特点就是具有鲜明的时代性，每个历史时期的形势政策教育都被赋予了时代意义。保持"时代性"，关键要坚持形势政策教育内容的"与时俱进"。改革开放以来形势政策教育内容，始终与党和国家的中心任务保持一致，与每个时期的国家大事要事密不可分，这是形势政策教育政治性特点的具体体现，也是其保持时效性的根本所在。改革开放初期，形势政策教育以社会主义初级阶段的基本路线、经济建设中心、四项基本原则、改革开放为重要内容。进入新世纪，社会主义荣辱观、以人为本、民主与法治、改革与发展、坚持党的领导等成为形势政策教育的重要内容。党的十八大以来，坚持和发展中国特色社会主义、新时代我国社会主要矛盾的转变、"五位一体"总体布局、"四个全面"战略布局、人类命运共同体、全面从严治党等内容成为当前和今后一段时期形势政策教育的重点。党的十九大后，形势政策教育以习近平新时代中国特色社会主义思想为主线和重点，实现了马克思主义中国化时代化新的飞跃。党的二十大擘画了以中国式现代化全面推进中华民族伟大复兴的宏伟蓝图，组织动员广大人民群众为全面建设社会主义现代化国家、全面推进中华民族伟大复兴团结奋斗，就更需要不断创新深化形势与政策教育。应当说，"与时俱进"是形势政策教育发展的第一要义。

三、教育方法的创新拓展是形势政策教育的活力源泉

行之有效、不断创新的教育方式方法是推动形势政策教育不断发展的催化剂，能让形势政策教育"生命线"焕发出新的生机

和活力。一是突出主题教育和集中轮训。围绕贯彻执行党和国家重大决策、推进落实重大任务，宣讲党的路线方针政策，解读党情世情国情，引导党员群众正确认识形势，把思想和行动统一到党中央要求上来。二是突出持续创新教育方法。坚持以学员为中心，与时俱进地创新教育方式方法，坚持系统讲授与形势报告、专题讲座相结合，请进来与走出去相结合，课堂教学与课外讨论交流相结合，正面教育与学员自我教育相结合，用活案例培训式、场景观摩式、沉浸体验式、研讨互动式、学习身边典型等方式方法，把方的道理包在圆的故事中，让形势政策教育接地气、冒热气、有温度。三是突出建立便捷高效的网络教育阵地。用好网络学习平台、载体，积极组织开展各种形式的网上教育、互动讨论，线上线下结合精准推送教育内容。

四、师资队伍的持续建设是形势政策教育的重要支撑

政治过硬、能力高强的师资队伍是高质量开展形势政策教育的重要支撑。长期以来，形势政策教育师资队伍建设力度不断加大，形成了以高校教师队伍、党校和机构师资力量为主体，党政干部和企业经营管理人员等兼职师资队伍为补充的形势政策教育师资库。2018年，国家教育部对教师队伍建设坚持"优中选优"的原则，提出实行特聘教授制度、分层建立特聘教授专家库、完善教学评议制度、探索教师退出机制等措施，为形势政策教育师资队伍的稳固、教育质量的保障提供了指导。面对新形势新任务，各级政府、高校、企业应扛起教师队伍建设的主体责任，找准师资队伍建设的突破口和着力点，在政策落实、经费保障、督导检查

等方面下功夫，确保高质量教师队伍建设各项政策落地见效。

第三节　形势政策教育的基本规律

形势是一种按照自身运动规律客观存在着的物质运动。政策则是党和国家在对形势科学分析的基础上为实现一定任务而制定的行为准则。无论是形势还是政策，从来就是按照辩证法的规律不断运动、变化、发展着的客观存在。形势政策教育本身具有一定的规律性，认真总结实践经验，并把这些实践提高到理论的高度加以认识和提炼，对遵循客观规律，提高形势政策教育水平是十分必要的。在形势政策教育的发展历程中，正确把握形势政策教育的规律性认识，就是实现形势政策发展变化的客观性和人们对形势政策发展变化认识的主观性之间的统一。就是说，形势政策教育必须把握住形势政策发展变化的规律和人们认识形势政策发展变化的规律，并使这两方面的规律同时发生作用。

一、把握客观形势的实际走向，实现教育对象与形势政策发展方向相一致

一是充分认识干部、群众认知形势政策的能力。形势政策教育的主要对象是成年人，在现代社会的一般情况下，大多数成年人对形势政策都能够作出自己的判断、评估和预测。由于每个人的经济利益、社会地位、文化水平和思维方式不一样，所以所作出的判断、评估和预测往往有的正确，有的并不十分正确。但是，人们的这些认识是构成他们对形势政策认识的基础部分，有

时甚至是很深的认识基础。在形势政策教育中，不能不考虑这个因素。不能认为，受教育者对形势政策的认识都是不正确、不准确的，而教育者对形势政策的认识必定是正确、准确的。

二是不断研究客观形势的实际走向。形势政策的发展变化是有自己规律的，形势政策教育所揭示的形势政策发展变化的规律，是否符合形势政策发展变化的客观实际，是需要实践验证的。因此，客观形势的实际走向如何，对形势政策教育的实际效果是一种检验。在进行形势政策教育的时候，必须十分重视对形势政策发展变化的预测，力求使这种预测与今后的实际走向相吻合。这样的准确预测多一点，形势政策教育的可信度就高，群众对形势政策教育的接受度也就强。

三是注重形势政策教育过程的具体运作。形势政策教育并不一定能够对干部、群众的认识发生作用，如果教育者的具体运作不得法，就不会影响群众的认识，甚至起反作用。影响群众认识的具体运作主要是：形势政策教育的立意是否高？内容的针对性是否强？分析的方法是否对？教育者个人的形象是否好？等等。

二、运用事实精准化进行宣讲，实现群众利益与形势政策教育内容相匹配

高质量的形势政策教育，是把要讲的道理，贯穿于已有的事实、现行的政策、群众的利益之中，因而产生说服力、影响力和吸引力。

一是运用事实讲形势，形势政策教育才能有说服力。事实是构成形势的基本元素，无数的事实组成了"形势图"。形势政策

发展变化的实际运行，是新的事实取代旧的事实。要说清形势政策，最基本的方法是说清事实。形势政策教育的基础，也就是掌握无数个能证实形势的事实。受教育者最相信的是事实，他们从事实来了解形势政策的基本构图，预测形势政策的基本走向。当然，每个人对事实的掌握不可能很全面、很准确，都会存在片面性。因此，事实的运用必须力求全面、准确，勾画出事实的整体面貌。选择对形势政策变化起决定性影响的事实，反映形势政策发展变化的本质和趋势，教育者运用事实讲形势政策的基本功就在于此。

二是结合政策讲形势，形势政策教育才能有影响力。讲形势并不是形势政策教育的目的，目的是通过形势政策教育，使受教育者理解党的政策，从而自觉地贯彻党的政策。党的政策是党在分析形势、把握形势的基础上制定的；同时，党的政策的贯彻，也会对形势产生重要影响。形势政策教育就是要讲清党的政策与形势发展变化之间的内在联系。人们对党的政策的认识，一般是从自身利益角度出发的。要通过形势政策教育，使大家从党的政策的贯彻看形势效应，从形势变化的走向看政策效应，使群众对形势的认识与党对形势的认识保持一致，从而相信并接受党的政策。

三是分析利益讲形势，形势政策教育才能有吸引力。任何形势政策的发展变化，都会对人们的利益产生影响，因此，人们了解形势政策发展变化的根本出发点，是想知道形势政策的发展变化对自己的利益有哪些正面的影响，有哪些负面的影响，从而对自己的行为作出相应的选择；任何党的政策的贯彻，都会对人们的利益产生影响，因此，人们了解党的政策的根本出发点，也是想知道这些政策对自己的利益有哪些积极影响，有哪些消极影响，从而对自己是否接受这些政策做出相应的选择。利益成为联系形势和政策的重要环节。形势政策报告会的出席率有一个明显的特征，就是主题内容与群众的利益关系越密切，出席率就高；与哪部分群体的利益关系越密切，这部分群体的出席率就高。因此，与群众利益的关联度越大的形势政策问题，越应该成为形势政策教育的主题，同时，在如何进行形势政策教育中，都应当把形势政策与利益连在一起讲，从而使群众感受到能从对形势的正确认识及对党的政策的正确把握中得到自己的利益，人们就会相信并接受党对形势的认识，拥护党依据形势制订的政策。

三、掌握受教育者的实际状况，实现多元教育与形势政策教育主导相平衡

由于受教育者对形势政策发展变化的认识具有多渠道、多元性和表象性，因此，必须坚持发挥形势政策教育的主导作用，不但要有针对性地引导干部、群众从深层次上正确认识形势政策，而且要有意识地提高干部、群众认识形势政策的能力。

一是群众认识形势政策的途径是多渠道的。新闻媒体、社会传闻、领导报告和小道传播等，都可以成为人们认识形势的渠道。形势政策教育并不是人们认识形势政策的唯一渠道，在某些特定的形势方面，形势政策教育甚至并不是主要的渠道。面对这种来自各方的认识，有的是积极的，有的是消极的。这正说明通过形势政策教育巩固积极认识、改变消极认识的必要性。因此，对形势政策教育的定位必须十分准确，要努力使面对面的形势政策教育成为群众认识形势政策的主渠道。

二是群众对形势政策的认识是多元性的。对政治形势的认识、经济形势的认识、社会形势的认识、国际形势的认识等并不全都是与党的认识一致的。因此，对形势政策教育的作用的定位必须十分准确，必须努力通过形势政策教育使干部、群众对形势政策的认识从不一致到与形势政策教育工作者相一致。这是形势政策教育的主要目的。

三是群众对形势政策的认识是表象性的。群众对形势政策的认识往往具有一定的局限性，形势政策教育就是帮助群众从表层认识内质。由于形势政策发展变化规律的客观性，形势政策教育者的主观认识在不少情况下并不能完全反映形势政策发展变化规律，而必须在实践不断深化。同时，还要不断地提高形势政策教育工作者自身的认识水平，使他们对形势政策的分析能力、判断能力和预测能力，基本适应形势政策教育的客观要求。

四、理解社会科学的内在逻辑，实现科学认识与形势政策教育价值相统一

形势政策教育需处理好科学性与价值性的关系问题，形势政策教育区别于一般教育的最大特点就是它坚持以科学性为前提，以价值性为根本追求，努力实现二者的统一。

一是形势政策教育以科学性为前提。形势政策教育是科学的、系统化的教育。因此，形势政策教育需要以科学的理论知识的教育为基础。我国的形势政策教育就是基于马克思主义真理之上的思想的、政治的教育。这集中体现为我们强调通过科学的论证来阐明马克思主义，阐明人类社会发展的规律，并帮助人们树立正确的世界观、人生观和价值观。形势政策教育强调通过知识教育和理论教育来使得教育对象掌握某种价值观念，最终形成正确的思想政治素质。形势政策教育的持续运转离不开持续的理论供给，随着时代的发展，新的社会问题不断涌现，形势政策教育者不仅要充当教育者的角色，还需承担理论工作者的角色。通过科学研究的方式，探索出新的科学有效的理论，以支撑教育活动，这是形势政策教育者需要担负的科学使命。对于形势政策教育受教者而言，强调科学性就是要把握马克思主义真理的科学魅力，掌握马克思主义的立场、观点和方法，从而提升认识世界和改造世界的能力。

二是形势政策教育以价值性为根本追求。形势政策教育的落脚点是实现特定的价值追求，一切形势政策教育活动都有其政治立场。我国的形势政策教育坚持马克思主义和中国特色社会主义的立场，服务人民群众，西方资本主义国家的形势政策教育坚持资产阶级的立场，这就是形势政策教育的价值性。强调形势政策教育的价值性就是要确保形势政策教育的教育形式和教育内容都服务意识形态建设的需要。当前，形势政策教育最大的政治使命就是深入做好习近平新时代中国特色社会主义思想的研究、阐释、宣传和教育工作。对于形势政策教育施教者而言，强调价值性最重要的就是要具备坚定的共产主义信仰，这是形势政策教育课教师施教的前提。对于形势政策教育受教者而言，强调价值性就是要养成对马克思主义与中国特色社会主义事业、对社会主义核心价值观和习近平新时代中国特色社会主义思想等的认同，强调扣好价值观的这粒重要的"人生纽扣"。

三是形势政策教育是科学性与价值性的统一。一方面，形势政策教育始终强调价值立场，即每个社会的形势政策教育都服务于特定的意识形态需要；另一方面，形势政策教育又是科学的、系统的和理论的意识形态教育活动。作为一种教育活动，形势政策教育以科学的理论知识作为前提，具有科学性的一面。可以说，没有意识形态意味的教育，不是科学教育；没有科学教育意味的政治说服，也不是意识形态教育，只有实现二者的统一，才是形势政策教育。总之，对于形势政策教育而言，价值性与科学性都不可或缺，并且相互依存。

五、把握社会意识的主要特点，实现意识内化与形势政策教育外化相协同

形势政策教育必须遵循社会意识内化外化的规律，促使个体由思想自在状态向思想自为状态转变。社会意识内化外化律是形势政策教育的又一基本规律。

在形势政策教育中，教育对象的社会意识内化遵循"知""情""意"的发展过程。"知""情""意"是人们思想观念的三大心理结构。"知"，指思想理论知识的学习。"知"指的是人们的认知过程，它是形势政策教育中"思想内化"的最初阶段。人们在认识之初，时常看到事物现象的各个方面，形成了对事物感觉、知觉、表象等初步的看法，这是认识的"感性阶

段"；随着认识的深入，人们通过学习理论知识，掌握了定义和描述事物及现象的概念，形成了对事物更为深刻的观点，这是认识的"理性阶段"。在形势政策教育之前或之初，受教者可以通过分析社会现象和社会舆论等形成对政治道德生活的感性认识。随着理论教育的深入，受教者通过运用马克思主义理论中的相关概念分析社会现象，获得理性认识。"情"指的是情绪、情感，它集中体现了受教者在接受教育中的独特的生理和心理的体验。在形势政策教育中，一方面，施教者通常可以运用案例教学、理论解读等方式，激发受教者关于某种思想观念和理论知识的共鸣，以形成认同感。另一方面，受教者按照一定思想观念和价值理念去理解、评价周围人和事时会产生相应的情绪体验，它对受教者价值观念的形成、发展起催化、强化的作用。"情"代表着形势政策教育知识同个人的情绪体验发生联系，是思想内化的第二阶段。"意"，即思想意志的坚守。思想意志是人们在践行思想价值理念的过程中表现出的自觉克服一切困难和障碍的毅力。一定的思想意志是促使人们形成稳定的世界观、人生观和价值观并持之以恒的精神力量。只有在顽强的思想意志的作用下，人们的思想观念才能体现出恒久性。

形势政策教育中的思想外化也有其规律。马克思指出，"哲学家们只是用不同的方式解释世界，问题在于改变世界"。[①] 形势政策教育不是纯粹的理论教育，它同时还是实践育人。因为形

---

① 马克思恩格斯选集：第一卷 [M]. 北京：人民出版社，2012：136.

势政策教育要培养的是将参与社会主义事业的建设者和接班人。因此，它不仅要求教会人们知识和理念，还要让人们形成正确的行为方式。因此，"外化于行"的规律是形势政策教育规律的重要组成部分。

　　形势政策教育中外化于行的规律是：实践检验—习惯养成—自觉宣教。所谓"实践检验"指的是形势政策教育受教者将所学的价值理念自觉地运用于实践中，以接受检验。形势政策教育受教者在经历"知、情、意"等过程，实现了社会意识的内化，在此基础上，受教者外化于行的第一个过程是尝试将所学思想观念与价值理念等运用到个人的实践当中。接受实践检验的过程，同时也是受教者再学习的过程，在实践的检验中，受教者可以摒除已有认识中的错误部分，以加深对形势政策教育所教授的价值理念的正确认识。让一种思想观念化为个体的行为习惯，这是外化的更高层次。但并不是"行"的终点，因为"行"的最高阶段不是单纯的自我践行，而是用已形成的思想观念和价值体系去影响甚至教育他人。这里的教育并非指专业的教学活动，而是指形势政策教育的受教者能够自觉地成为形势政策教育的主体。例如，当他们在现实生活中，遇到有悖于形势政策教育所传递的思想观念和价值理念的现象时，能够有意识、也有意愿地去加以纠正，并且向他者传递正确的价值理念。这是形势政策教育认知中的最高阶段，也是形势政策教育践行的最高阶段。总之，形势政策教育"外化于行"阶段也有其规律，它遵循着实践检验—习惯养成—自觉宣教的基本演进理路，把握这一规律，有助于更加科学地开展形势政策教育工作。

第四章　形势政策教育的任务、内容和特点

　　形势政策教育是中国共产党宣传思想政治工作的重要组成部分。在党领导中国人民进行新民主主义革命和社会主义建设，以及实行改革开放、实现中华民族伟大复兴中国梦的新时代等各个历史阶段，正是由于通过开展大量的卓有成效的形势政策教育，使人们认清了形势，统一了思想，从而形成强大的合力，在党的坚强领导下，实现了一个个奋斗目标，从胜利走向新的胜利。在这个过程中，形势政策教育始终围绕中心、服务大局，明确阶段性的任务和目标，使教育内容服务服从于党的中心工作，从而调动起广大人民群众勇毅前行的积极性，自觉地走在时代的前列。①

第一节　形势政策教育的主要任务

　　形势政策教育，从根本目标上说是为了统一思想，坚定信念，明确方向，把握趋势，调动干部群众干事创业的积极性。形势政策教育的主要任务，体现在如下三个方面。

---

① 本章主要参考2004年形研会组织编写的内部书稿.

一、分析时事形势，帮助干部群众把握形势发展变化的规律性

形势政策教育的首要任务，就是通过科学地分析形势，帮助干部群众了解形势，统一思想认识，并且能更好地适应形势，从而为实现阶段性目标任务奠定坚实的基础。

（一）帮助干部群众认清形势，逐步提高思想认识

当今世界正经历百年未有之大变局，这样的大变局不是一时一事、一域一国之变，是世界之变、时代之变、历史之变。当前，世界百年未有之大变局加速演进，形势的发展真可谓是一日千里，如果稍微放松一下学习，个人的思想认识极有可能会跟不上飞速发展的形势。因此，通过经常性的形势政策教育，让干部群众了解形势，把握形势发展的规律性就来得十分必要。

现实中，虽然处于同一种形势下，但不同的群体、不同的个人在实际中感同身受的却有着千差万别。比如，由中美贸易冲突引发的美西方对中国的打压，客观上对外贸企业及其员工的冲击就非常大——外贸业务减少使外贸企业面临发展窘境、员工面临失业的威胁。再如，对那些在西方有留学人员的家庭来说，中美关系的降温对相关人员顺利完成学业以及出入境的影响巨大。因此一有风吹草动，他们的思想上就会引起较大的波动。而相反的是，在这个方面与企业利益或个人利益牵扯不大的，可能就不会有什么想法，甚至还会乐观地认为这可能是种天赐良机，本企业或本人可以在不断壮大的国内大市场中寻找到更多的发展机会。

在这种情况下，就必须通过形势政策教育，让人们了解出现

这种情况的现实背景，分析事态发展的可能趋势，找出其中的客观规律性，同时启发人们采取相应的措施，从而提高思想认识，以健康的心态应对复杂的局面。

（二）帮助干部群众适应形势，及时调整行为方式

形势的形成与发展是由客观因素导致的，对每个行业每个人来说，面对复杂的形势，只能是"既来之，则安之"，既不能随波逐流、无所作为，也不能一意孤行、逆流而上。

形势政策教育的一个重要作用，就是帮助干部群众适应形势，不在一派大好的形势下盲目乐观，也不在一时不利的形势下丧失信心，不至于在滚滚向前的时代潮流中落伍。其中，就是在形势政策教育过程中，要教育干部群众根据形势要求对自己的行为方式适当地作出调整。比如，20世纪80年代因价格闯关引起的抢购潮、2023年因日本排放核污水引发的囤盐闹剧，表面上看，是由于人们因恐慌心理所引起的不理性行为，但究其实质，最根本的是人们对形势没认清、不适应所引起的。因此，形势政策教育在帮助干部群众适应形势，调整行为方式，从而使处事变得更为积极理性方面是大有可为的。

（三）帮助干部群众把握形势，不断明确工作思路

在认清形势、适应形势的基础上，帮助干部群众把握形势，掌握形势发展的必然规律，形成明确的工作思路非常关键。前面说过，形势的形成与发展是由客观因素导致的，而其中的各个因素之间又是相互联系、相互作用的。其表现形式是，有时是一果多因，有时是一因多果，如果不能透过现象看本质，或是被表面

的假象所迷惑，就形不成正确的认识，由此形成的工作思路也不会很科学。因此，通过形势政策教育，让干部群众了解掌握形势形成的多种因素，以及各种因素在影响和推动形势发展方面所起作用，从而在制订应对措施时让积极因素尽可能多地发挥作用，消除或尽量避免受到消极因素的影响，使工作思路顺应形势的发展，在具体实施中取得良好成果。

二、解读具体政策，增强干部群众贯彻落实党的路线、方针、政策的自觉性

毛泽东同志说过："政策和策略是党的生命，各级领导同志务必充分注意，万万不可粗心大意。"[①] 一个好的政策制定以后，通过科学分析解读和深入学习领悟，让广大干部群众充分了解和掌握政策，使政策在实践中真正得到贯彻落实，也是形势政策教育的重要任务。

（一）帮助干部群众了解政策，熟悉相关政策的具体内容

政策的制订往往因形势而定。党和国家在特定的形势下，根据一定时期的工作目标和任务，会制订相应的政策。而在特定形势下制定的政策，又反过来会推动形势向一定的方向发展。当然，愿望和结果在形势的实际发展中会出现差异，并不是一定会达到制定政策时所设想的初衷，这有待于在实践中不断地调整完善。而要在政策实施后达到理想的效果，在实践中最关键的就是要让干部群众了解政策，熟悉相关政策的具体内容，在政策实施

---

① 毛泽东选集: 第四卷 [M]. 北京: 人民出版社, 1994: 1298.

过程中自觉成为助动力，而不是相反地成为阻力。

从历史上来看，在抗日战争时期，党在解放区实施减租减息政策，就取得了很好的成效。1942年1月28日，中共中央发布《关于抗日根据地土地政策的决定》。2月4日，又发布《关于如何执行土地政策决定的指示》。两个文件明确规定：减租减息政策的目的是扶助农民，减轻封建剥削，改善农民生活，提高农民抗日和生产的积极性；实行减租减息后，须实行交租交息，保障地主的地权、财权和人权，以联合地主阶级一致抗日；对于富农则削弱其封建部分，鼓励其资本主义部分的发展。文件指导各解放区掀起大规模的减租减息的群众运动。[①] 由于宣传教育及时到位，广大农民以及出租土地的地主富农都了解了相关的政策，使减租减息政策得到了大多数人的拥护和很好的落实，对全民形成合力取得抗日战争的胜利起到了积极的作用。

（二）帮助干部群众理解政策，明确相关政策实施的必要性

在了解政策的基础上，理解政策实施的必要性非常重要。在实施政策的过程中，虽然执行政策是非常刚性的，所谓"理解的要执行，不理解的也要执行"，但应该说，通过形势政策教育，让广大干部群众了解政策、理解政策，对政策的有效实施是非常有利的。

实践证明，任何政策，只要得到人民群众的理解和支持，在具体实施中就会减少阻力并能取得良好效果。反之，则无法很好

---

① 党史上的今天 [E/OL].(2022-01-28)[2023-07-01]. https://m.thepaper.cn/baijiahao_165 08283. 2022-01-28.

推行并取得实际效果。

（三）帮助干部群众掌握政策，确保相关政策的贯彻落实

围绕贯彻落实党的路线方针政策、中央重大决策部署，形势政策教育要达到的目的就是在最短的时间内让广大干部群众了解政策、理解政策和掌握政策，并能将政策作为武器来处理当前面临的相关问题和矛盾。因此，在形势政策教育实践中，就要结合当前形势，分析党和国家出台的政策对形势向好的方面的推动作用，以及对改变形势中不利因素的积极作用，让干部群众加深对党的路线、方针、政策的理解并相信其正确性和实施后能取得的良好预期，提高贯彻落实党的路线、方针、政策的自觉性。很难想象，一个对形势政策具体内涵不甚了解的人，在落实党的路线、方针、政策中会有出色的表现。

总之，在形势政策教育中，一定要让干部群众在了解政策、理解政策的基础上，熟练地掌握政策，并能运用好政策武器。这一方面有利于在干部群众的支持下使政策更好地落地落实，另一方面也有利于干部群众监督政策的实施情况，避免好的政策被"歪嘴和尚"执行错，给党和人民的事业带来损失。

三、明确目标任务，激发干部群众做好本职工作的自信心和责任心

开展形势政策教育，在提高干部群众大局意识、责任意识的基础上，最后的落脚点就是要自觉在思想上政治上行动上同党中央保持高度一致，更好地完成各项工作任务，这也就是开展形势政策教育的最终目的。

（一）帮助干部群众了解当前形势对完成目标任务的客观影响

党和国家根据形势制定的政策，对当前形势的发展会产生深刻影响，这主要是从宏观上来看的。而对具体的行业具体的单位来说，这种影响有大有小，有时一个政策可能会影响到一个行业一个单位的生存，而有时一个政策又会使一个行业一个单位加快发展。因此，通过形势政策教育让干部群众了解掌握客观形势对本行业、本单位的影响非常重要，这对后续本单位出台相关应对措施的落实很有益处。

比如，国家提出"双碳"目标并出台了一系列政策，鼓励清洁能源的发展。这一系列政策影响的范围很广，像电力、汽车等行业包括上下游相关企业都会受到波及，虽然目前离国家提出具体达标要求还有一段时间，但目标是既定的也是刚性的，相关行业必须对本行业、本单位的发展目标作出相应的调整。在这个过程中，通过形势政策教育，让干部群众了解国家的政策，明确本行业转型发展的必要性、紧迫性以及即将采取的应对措施，从而调动起干部群众干事创业的积极性，为按时达成既定目标任务打下良好的基础。

（二）帮助干部群众明确工作的长远目标和近期任务

中国从1953年开始制订第一个"五年计划"，从"十一五"起改称为"五年规划"，目前已经到了十四五规划时期。这是中国国民经济长期计划的重要部分。主要是对国家重大建设项目、生产力分布和国民经济重要比例关系等作出规划，为国民经济发展远景设定目标和方向。国家还会根据实际，在一定时期制定单项规划，如"双碳"规划等。另外，每年的人代会上发表的政府工作报告里还会提出当年发展目标，这就是指导各行各业开展工作的指导方针和具体政策。

形势政策教育在具体的实践中，就是要用上述的国家规划等宏观上的目标任务作为背景，向干部群众讲清国家之所以提出这些规划的缘由以及可能采取的具体政策，让干部群众做到心中有数。然后结合本行业、本单位的实际，分析规划实施后对本行业、本单位的影响，找准自己的定位，然后提出本行业、本单位的发展目标和规划，明确近期任务，这样融会贯通，使本行业、本单位的目标任务总体上适应国家的整体形势，符合国家的行业发展政策，从而实现持续发展的目标。

（三）激励干部群众为实现目标任务而努力奋斗

客观形势了然于胸，任务目标明确清晰，接下来就是激励干部群众为实现目标任务怎么干的问题了。习近平总书记在党的二十大报告中指出："从现在起，中国共产党的中心任务就是团结带领全国各族人民全面建成社会主义现代化强国、实现第二个百年奋斗目标，以中国式现代化全面推进中华民族伟大复兴。"围绕党中央提出的中心任务，形势政策教育者要让受教育者明白，全面建设社会主义现代化国家，是一项伟大而艰巨的事业，前途光明，任重道远，需要各行各业以及全体人民踔厉奋发、勇毅前行，通过各自的努力，汇聚成实现宏伟目标的磅礴力量。因此，我们必须增强忧患意识，坚持底线思维，做到居安思危、未雨绸缪，准备经受风高浪急甚至惊涛骇浪的重大考验。前进道路上，必须牢牢把握以下重大原则：坚持和加强党的全面领导，坚持中国特色社会主义道路，坚持以人民为中心的发展思想，坚持深化改革开放，坚持发扬斗争精神。要增强全党全国各族人民的志气、骨气、底气，不信邪、不怕鬼、不怕压，知难而进、迎难而上，统筹发展和安全，全力战胜前进道路上各种困难和挑战，依靠顽强斗争打开事业发展新天地。

第二节　形势政策教育的主要内容

一般来说，形势政策教育的内容包括三大方面：一是形势本身的教育内容，包括形势的背景与概况分析、形势的特点与对比分析、形势的走势与预测分析等，一般意义上的形势教育，都涉及这些内容；二是相关政策的教育内容，包括与形势相关的政策的分析、讲解、宣传和教育，形势教育一般不孤立地讲形势，总是把形势与政策结合在一起进行宣传教育，称为"形势政策教育"；三是相关任务的教育内容，指与形势直接联系的任务的交代解释、宣传和教育，这些任务总是从教育者所在的地区、部门和单位的工作目标中直接产生，因此，又称为"形势任务教育"。

一、有关形势的教育内容

形势政策教育的实质，是帮助受教育者分析形势，通过分析让受教育者了解掌握形势。因此，一般意义上的形势政策教育的内容，是指对构成形势的各种情况的分析。

（一）对当前形势形成的背景及现有状况进行具体分析

形势政策教育第一要着手做的事情，就是对当前形势形成的背景及现状进行具体分析。任何形势的形成都有背景，背景主要指形势赖以生成的历史原因、现实因素及相关情况。一般的人往往着眼于形势的现状，看问题也仅仅是着眼于当前，考虑的往往是事件与自身利益的关系，由此决定自己的关注度。随着互联网自媒体的兴起，这部分人容易被网络舆情带节奏，现实中他们会不分青红皂白地急着站队，容易偏激地急于表达自己的意见。由于缺乏对历史背景的了解，不明白历史背景与现实情况的渊源关系，因此，往往是一叶障目不见泰山，发表的意见也不在点子上，往往成为舆论场上的噪声。

形势政策教育者，在讲形势时，一定要强化对历史原因的分析。因为当前的形势其实是以前形势的延续，讲当前的形势就必定要回顾以前的形势，给听众一个"来龙去脉"。比如讲"俄乌冲突"，就要对苏联解体和北约东扩的历史进行分析，对俄罗斯自身安全的焦虑要有必要的关注，特别是对欧亚地区的地缘政治情况要做详细的剖析。对历史原因分析透彻了，形势的背景就讲清楚了一半。

在讲清形势形成背景的前提下，再来讲当前形势的现状，讲清前后的因果关系，那么一切就顺理成章了。一般的人看问题往往从自身角度出发，而且一旦形成思维定式，要扭转就要花较大的工夫。因此，形势政策教育者在讲当前形势时，就要把当前形势的整体情况讲充分、讲明白、讲透彻，帮助干部群众把握形势的全局。在分析整体情况时，重要的是把形势的脉络理清楚，不能含糊不清。对影响形势发展的核心问题要分析透彻。任何形势的发展变化，都是由一个最关键的问题决定的，这个问题直接决定了主体态势的定位，进而影响整个形势。

（二）对当前形势具有的特点和各种情况进行对比分析

任何形势都有特点，都有区别于其他的地方，其中呈现的基本规律可以通过客观分析总结予以掌握。作为形势政策教育的重要组成部分，分析形势的特点并进而将之与相类似的情况进行对比分析，对人们认清形势、把握形势作用非常大。

比如，2020年全球经济面临衰退的形势，时任中国国际经济交流中心总经济师陈文玲将其归纳为5个特点，即：一是同步性衰退；二是衰退程度极深；三是持续时间长；四是经济衰退波及面宽；五是经济恢复和增长具有极大的不确定性。[①] 从这五方面特点看起来，经济失速不是靠单个国家的力量就能解决的问题。但美国为了一己私利，近些年一直在推动逆全球化，扰乱了和平发展的环境。同时，美国为了抑制国内居高不下的通胀，持续地进行加息，造成国际金融体系的混乱，影响了全球经济的稳定，给各国特别是新兴市场国家带来灾难性后果，由此还引发很多国家的政局动荡，地区冲突不断。将这样的形势分析透，可以帮助干部群众认识形势发展的规律，积极思考应对措施及自己应该持有的基本态度和基本立场。

另外，形势教育还可以通过对现实的形势状况与历史上的相似情况进行比较分析，从而强化对现实形势状况的了解和把

---

① 陈文玲. 世界经济大衰退的五个特点 [N]. 北京日报, 2020-08-24(3).

握。比如，形势政策教育者在进行当前经济形势教育时，可以比较分析：同是经济危机，20世纪30年代与21世纪所发生的几次危机的相同点和不同点是什么，其中的影响因素各是什么，最后引起的结果又是什么？特别是，根据一般规律还可以推理出近期的危机可能造成的后果，让人们在应对时可以有所心理准备。通过这样的分析，也更可以反证我们党和国家采取相关政策的英明与正确。总之，通过分析对比教育，可以帮助干部群众充分了解党的路线、方针、政策，认识到中国特色社会主义道路的光明前景。

（三）对当前形势的可能走势和发展预期进行客观分析

形势一直处于发展变化之中，通常也表现出一定的走势，这种走势主要指形势向前演变的内在趋势、可能走向及基本判断，分析这些走势还可以对形势的发展作出相关的预期。这也是形势政策教育的重要组成部分。

形势的继续发展和变化，是由一定的必然性因素推动的，这些必然因素的推动就决定了形势向前演变的内在趋势，对这些必然因素及内在趋势分析得越透彻，人们对形势发展变化的前景就越感清晰。比如，经济发展是决定形势发展和变化的重要内在因素，但不是唯一的因素。归根到底起作用的决定因素是人心的向背，即通常所说的"人气"。人气好了，什么困难都可以克服，经济会发展，社会也会稳定。

在分析了形势的走势基础上，形势政策教育者就可以根据实际情况，对形势的发展作出一定的预期。这些预期形成的基础既有党和政府以及各利益群体的主观愿望，也有干部群众的普遍心愿，也就是人们的期盼。分析这种期盼，从根本上就是分析人心，就是掌握干部群众欢迎什么、满意什么，并有利于采取有针对性的政策措施。抓住了群众高兴满意的事情，就是抓住了人心，就能保证形势向好的方向持续不断的发展。当然，这种预期是建立在客观科学、认真分析的基础上的，如果一味为了追求形势政策教育的现场效果，而刻意进行不切实际的凭空想象，那么形势政策教育就不可能收到良好的效果。

二、相关政策的教育内容

形势政策教育的重要目的之一，是帮助受教育者从形势的发展变化中，认识、理解党和国家的相关政策，提高贯彻党和国家相关政策的自觉性。因此，在形势政策教育中进行相关政策的教育，是形势政策教育的重要内容。从实践情况来观察，相关政策的教育主要是进行三类内容的教育：

（一）解读相关政策的具体内容

所谓"相关政策"指的是党和国家根据形势的发展变化而制定的具体政策，同时，这些政策的贯彻又将对形势的发展变化产生重大影响和推动作用。

解释相关政策的具体内容、主要精神及贯彻要点，是帮助干部群众了解掌握政策的先决条件。这里的解释并不是照读政策文件，也不是解读政策文件，而是针对人们对政策的疑惑等思想问题，来宣传政策、讲解政策，使人们懂得只有贯彻好这个政策、形势才会发展得更好的道理。如中央在加强宏观调控时，制定了整顿金融秩序、加强银行监管的重大政策措施，但是人们担心由此会影响经济发展的速度，后来，经过国务院领导同志的形势政策教育报告亲自讲解整顿金融秩序的重要意义，统一了人们的思想，坚定不移地贯彻下去，使整个金融形势好转起来。

（二）分析相关政策出台的背景依据

政策与形势的关系不是简单的一一对应关系，政策教育如果讲得透彻一点，需要把制定政策的依据讲清楚，让人们心悦诚服。一般来说，制定政策大致有三种依据：一是政策制定的形势依据。一定的政策是一定形势的产物，这是形势直接决定政策。二是政策制定的法律依据。政策可以以法律的形式出现，但是政策也一定要具备法律基础或法律前提，因为法律是相对稳定的，依据法律制定的政策能够保持长期稳定。三是政策的群情依据。好的政策必然要反映民意，民意就是政策的群情依据，在制订之前广泛听取群众意见的政策是能够贯彻下去的政策，这样的政策才能推动形势发展。如中央的宏观调控政策是根据当时的经济形势制定的，但同时也是有关部门在广泛调查研究听取群众意见基础上，经过法定程序制订出来的，有许多直接形成法律法规。这些政策在当时的形势政策教育中经宣传以后，很快被群众理解、接受并在实践中得到贯彻落实。

（三）预估相关政策应有效应和可能的发展变化

政策刚出台时，许多人并不能马上了解它的预期效应。因此，在形势政策教育中，政策效应的教育是不可缺少的，其主要是三方面的内容：一是预测政策执行的客观效应，正确的政策与实际效应之间会有一种内在的必然联系，对这种必然联系应当讲清楚，使人们增强贯彻政策的信心；二是宣传对政策效应的应持态度，因为一定的政策不会对每个人都产生利益，有的还会失去一些利益，所以在政策教育中，应当讲清楚正确对待政策效应的问题，帮助人们克服消极思想；三是当预测到某一政策可能对某些群体的利益产生消极影响时，应当在政策教育中进行基本对策方面的宣传引导，使有关方面采取积极措施，帮助人们以正确的态度及行为方式去接受政策的客观效应。

形势是不断发展变化的，因而政策也是不断发展变化的。政策教育不但要宣传因为形势稳定而一以贯之的政策，而且应当讲清因为形势变化而相应变化的政策。主要是三方面问题：一是政策变化的内在原因，任何政策都是历史的产物，不可能永远不变，当政策赖以存在的基本条件发生变化以后，政策就会发生变化，这个内在原因讲清楚，人们就会明白政策的变化是客观规律，并不全是人为因素；二是政策变化的客观因素，某项具体政策的变化，都是由具体的外在因素推动的，讲清楚这一点，可以帮助人们知晓政策变化的客观依据，减少对政策制定者的无端批评；三是政策变化的主观成因，任何政策的修改、修订都是由一部分人提议的，这种主观的推动力也需要讲清楚，明白这一点，可以帮助人们懂得参与政策研究、政策讨论和政策制订的积极意义，直接推动政策的积极变化，从而对形势产生积极的影响。如中央对金融领域采取宏观监控以来，制订了证券法等许多法律法规，这些法律法规是适应新形势、新问题而制定的，体现了国家金融政策的积极变化，在形势政策教育中，我们进行了大量的新政策的教育解释工作，使越来越多的人看到贯彻这些新政策的好处。

三、目标任务的教育内容

形势政策教育的最后实效具体体现在完成目标任务方面，两者间的关系是：通过帮助受教育者在对形势政策有一个正确认识的基础上，提高完成既定目标任务的自觉性、坚定性和积极性，因为形势是目标任务提出的根本依据。什么样的形势确定什么样的任务，同时，目标任务完成的质量又直接影响形势的发展变化。因此，在形势政策教育中，进行相关目标任务的教育也是极其重要的内容。一般来说，基层单位的形势政策教育落脚点更多的是在目标任务的宣传教育上。目标任务教育的基本内容包括：

（一）目标任务提出的背景分析

目标任务一般由"目标""要求"和"措施"等构成：目标可以有理论性目标(如实现"两个根本性转变")、有规划性目标(如"七五普法"目标)、有年度目标(如企业每年的经济指标)等；要求可以有原则性要求(如"领导重视")、有具体要求(如"建立领导小组")等；措施主要是规定实现目标要求的具体办法。这些任务客观上都必须是根据形势的需要提出来的。但是，在许多情况下，依据同一种形势背景而提出的目标任务也会发生异化，这主要由领导人的主观意志决定而来的，这种主观意志脱离了实际形势的需要，但是领导人却认为是从形势需要出发的。这种异化现象要到目标任务实在无法实现的时候，才会被人们认识到。如在中国开启城镇化进程的过程中，有的地方的领导干部，不顾本地的实际，不考虑本地的经济基础和人口禀赋，盲目地提出"建设国际化大都市"的目标，并为此提出了一系列的要求，制定了许多措施，前期也投入了大量的资金，结果最后不了了之。当时他们提出"建设国际化大都市"的目标、要求和措施的时候，也认为是当时的形势所需，其实这是形势政策教育的一种误导。

所以，在进行目标任务教育时，必须把提出目标任务的形势背景讲正确、讲实际、讲恰当。这里，关键是把目标定准，因为"目标"是任务中的核心，它距离形势最近。目标的制定，必定是受制于形势条件的。形势认识得清，分析得好，目标就定得准，就能够实现。能够实现的目标，才有宣传教育的价值。比如，上海在进入新世纪以后，提出建设"国际经济中心、国际金融中心、国际贸易中心、国际航运中心"的目标，这个提法最早是在2001年国务院批复"上海城市总体规划"时得以明确，在国家制定的"十三五"规划中第一次明确、完整地提出上海"四个中心"的表述。经过上海人民的多年努力，到2020年，"四个中心"建设目标基本达成。近些年，上海根据国家发展战略和城市的具体实际，又提出"建设具有全球影响力的科技创新中心"的目标，从而形成"五大中心"的整体目标，实现这些目标对上海这个在各方面有底蕴有基础的城市来讲，应该是顺理成章的。

（二）目标任务的具体内容解读

对一个单位来说，目标任务是分层次的：有中央、市委市府下达的目标任务(如"七五"普法任务)，有法律法规要求完成的目标任务(如每年的献血任务)，有社区提出的目标任务(如卫生大扫除),也有单位自身的目标任务(如年度各类指标),等等。但是,一般意义上的目标任务教育的内容,是指主体目标任务的教育。这里的"主体目标任务"即是单位自身的任务及目标。进行单位自身的任务及目标的宣传教育,自有各个行业、各个单位的特点和重点,这里以企业单位为例,主要讲清三点:

一是指导思想。包括:原则、举措、方法、工作重点、决心、态度、目标等。

二是目标值。包括:本单位的经济指标,如产值、销售、利润增加值、综合指数、产销率、资金利润率等;社会效益指标,如上缴税收、案件发生率、绿化率等;工作指标,如ISO 9002质量认证达标等。

三是由目标值派生的有关任务。包括:综合性任务,如进行经济状况的调研活动、国内外市场的情况调研等;指向性任务,如完成销售指标需要做的工作等;辅助性任务,如为完成某项工作进行宣传教育等。

(三)提出完成目标任务的具体措施和要求

在形势政策教育过程中,在明确目标任务的同时,一定要将行将实施的具体措施讲清楚,因为有效的措施是完成目标任务的根本保证。措施明确,执行有力,那么达成目标任务的成功率就会大大提高。当然,制定的措施必须是经过充分调研、科学研判提出的,而不是个别人根据自己的经验凭空想象出来的。而且,制定的措施方方面面都要考虑得十分周全,整个逻辑关系要周延,以免在实施过程中碰到问题反复地打"补丁"。虽然讲在实践中不断完善相关措施无可厚非，但不断地打"补丁"，如果不是始终关注事态进展的人会感到无所适从，容易引发不必要的冲突，认为是相关部门朝令夕改，从而因信任感丧失而对达成目标任务失去信心。久而久之，相关措施将越来越无法有效实施，对最后目标任务的完成带来负面影响。因此，要让受教育者充分了解实施措施和达成目标之间的因果关系，将相关措施在实施过程中可能碰到的问题，在形势政策教育中一定要讲清楚、讲明白。

另外，在形势政策教育中，还可以提出在实践中完成任务的基本要求。这里的基本要求，不是措施性要求，而是动员性要求，包括必须树立的指导思想，必须克服的思想障碍，必须确立的精神状态，必须明确的政策要点等。

四、形势政策教育内容的分类

形势政策教育的内容可以说是包罗万象，根据区域可以分为国际形势、国内形势，根据主题可以分成政治、经济、文化、军事、外交、民族、教育等多个方面。一般的理解，形势政策教育主要分成宏观形势教育和微观形势教育两个方面，具体的教育内容，往往是按照主题来确定的。

（一）宏观形势政策教育

宏观形势政策主要指世界层面、国家层面的各类形势政策。一般地说，中央与地方党委比较重视宏观形势政策的宣传教育。20世纪90年代中期以来，中央各领导部门每年都要举行几次形势政策报告会，请国务院领导同志向中央机关、在京大单位的领导干部作形势政策报告；中央党校每年要举办形势政策报告讲座，向各级领导干部进行国际国内形势的宣传教育。上海市委也十分重视宏观层面的形势政策教育，由市委宣传部每年举行几次专题的形势政策报告会。宏观层面的形势政策教育，是形势政策教育中不可缺少的重要内容。宏观形势政策教育的意义在于：帮助人们了解国际、国内的大局，认识本地区、本单位工作的大背景，明确在这种形势下应当采取的立场、态度和方法，由此确定本地区、本单位的工作思路。

另外，党代会、人代会等全国性会议召开以后，中央和各地宣传部门都会组织讲师团对会议精神进行宣贯，这也属于宏观形势政策教育范畴。

（二）微观形势政策教育

微观形势政策主要指地区、部门及单位层面的各种形势政策。一般地说地方与部门党委比较重视微观形势政策的宣传教育。特别是每年年初，各地区、各部门及各单位都要开展本地区、本部门及本单位的形势政策教育活动，让市民、职工了解地域背景、产业背景、行业背景和单位情况，明确目标、任务和措施。微观形势政策的宣传教育，具有一定的时限性、操作性和个体性，同时又具有生动性、形象性和群众性。这几年，微观形势政策教育的形式丰富多样，使整个形势政策教育工作在基层得到了落实。

（三）两者的区别与联系

宏观形势政策教育与微观形势政策教育之间并不是截然分开的。人们在进行宏观形势政策教育时，总会以微观形势政策作为印证、举例，帮助听众了解宏观形势政策对微观形势政策产生的趋向性、决定性的影响；在进行微观形势政策教育时，也总会把宏观形势政策作为背景、依据，帮助听众懂得微观形势政策的发展变化也能影响宏观形势政策的走向。把握住宏观形势政策与微观形势政策之间的内在联系，讲清两者之间联系的必然性，既能够提高开阔人们的视野，叫作"站得高，看得远"；又可以转变人的作风，叫作"摸得着，看得见"。其实，这在实践中很容易找到例证。比如，发生于2022年的俄乌冲突，开始时只不过是两个国家间的军事冲突，属于微观形势范畴。但随着美西方加入对俄罗斯的制裁，事态迅速扩大，演变成东西方阵营的对立，影响到政治、经济、军事、外交、文化、体育等各个领域，并在全世界引发金融、粮食、能源等多种危机。这表明微观形势与宏观形势之间是会相互转换的，因此，在形势政策教育实践中，要注意这种转换关系。

第三节　形势政策教育的基本特点

经过长期的实践，形势政策教育形成了一系列带有时代特征的鲜明特点，概括起来主要有这样几个方面。

一、教育方式上坚持正面引导与理论灌输为主

形势的发展是客观存在的，依据客观形势所制定的政策也是既定的，形势政策教育的任务就是通过采取有效的教育方式让正确的观念达至干部群众的心里并牢牢扎根。

（一）正面引导力求将道理讲深讲透

正面引导就是要求我们的形势政策教育者，要始终站在党和国家的立场上，向被教育者传递准确的信息，灌输正确的思想，

引导干部群众全面客观地了解和掌握形势，了解党和国家出台相应政策的相关内容和实施相关政策的必要性，从而自觉地提高思想认识，在行动上与党和国家保持同频共振。

按照辩证唯物主义的观点，事物的发展总是呈螺旋式上升、波浪式前进的，形势的发展也同样如此。因受各种因素影响，形势的发展变化往往是不会因人的意志而转移的，无论是政治形势还是经济形势。虽然出于良好的愿望，人们的共同特点一般都是期望形势向好的方向发展变化的，但现实却并不会一直如人所愿，往往是眼看形势一派大好，但忽然间一个变故，马上急转直下，使人一下手足无措。因此，形势政策教育者在面对这样的情况时，就要从正反两个方面鞭辟入里地分析形势，尽量从不利的形势中找出积极的因素，同时对由相关形势出台的应对政策，进行条分缕析的解读，既要将大道理讲深讲透，而且还要让受教育者欣然接受。即使面对比较严峻的形势，形势政策教育者也要通过形势政策教育，让人们从"危"中看到"机"，增强战胜困难的信心。

（二）理论灌输争取"入耳、入脑、入心"

习近平总书记指出，"灌输是马克思主义理论教育的基本方法"，"让学生接受马克思主义，离不开必要的灌输，但这不等于搞填鸭式的'硬灌输'。要注重启发式教育，引导学生发现问题、分析问题、思考问题，在不断启发中让学生水到渠成得出结论。"[①]形势的发展是客观存在的，也是人们有目共睹的，党和

---

① 习近平. 论党的宣传思想工作 [M]. 北京: 中央文献出版社, 2020: 386.

国家出台的相关政策也是既定的，而且应该相信，各类政策的制订也是经过广泛征求意见最后形成的，非常成熟。因此，形势政策教育者的主要作用就是要通过理论灌输，让自己对形势的分析为受教育者所接受，解读的相关政策措施也能得到大家的理解。

由于形势政策教育的对象是多层次的，因此对形势的理解认识、对相关政策的接受度也是因人而异的。特别是一些社会性政策，比如住房、教育、医疗等与民生密切相关的政策，其在实施过程中会出现对一部分人有利、对另一部分可能有所损害的情况。面对这样的情况，形势政策教育者就不能避实就虚、回避矛盾，而应坚持实事求是的原则，将真实情况告诉干部群众。在可能的情况下，形势政策教育者还可以创造条件让受教育者发表个人意见，参与讨论争辩，在讨论过程中要坚持多元化和开放性，允许不同观点的存在，不强求通过一次教育就"毕其功于一役"。在了解掌握各种不同观点的基础上，针对矛盾焦点，做好耐心的解释工作，使形势政策教育成为面对面做干部群众思想政治工作的平台，起好联系桥梁和纽带的作用，让形势分析和政策解读"入耳、入脑、入心"，真正为广大的干部群众所接受。

（三）表达方式采用干部群众喜闻乐见的大众语言

形势政策教育最常见的形式就是开办讲座，通过形势政策教育者的现场报告，让参与者分享到相关知识，受到教益。实践中我们可以看到，一场报告会的质量如何，受众收获大小，往往取决于形势政策教育者所作报告讲座的精彩程度，其中最重要的就是考量形势政策教育者的口头表达能力。

一般情况下，形势政策教育者在整个教育过程中始终处于主导地位，立足于通过正面引导和理论灌输，将正面道理讲深讲透，传递的是正能量，千万不能为了吸引听众而利用道听途说来哗众取宠。因此，采用形象的大众语言就来得非常必要。其实，从党史上可以举出很多例子。如毛泽东同志在演讲中批评党八股文章是"懒婆娘的裹脚，又臭又长"[①]，形象风趣，为人们所喜闻乐见。在形势政策教育过程中，善于运用干部群众的日常语言和喜闻乐见的俗语谚语，可以将教育内容表达得更加丰富多彩。一场形势政策教育报告会结束，受教育者津津乐道地联系主讲者的经典语言，向他人转述整场报告会的主题内容，从而引发正能量的连锁反应，不正是我们所追求的教育效果吗？

二、教育对象选择上必须分清层次

形势政策教育的对象从广义上来说是不分层次的，可以讲上至党和国家领导，下至普通干部群众，都应该而且实践中都在接受形势政策教育。这里所说的教育对象选择上必须分清层次性，就是指在具体的教育实践中要根据不同的对象采用不同的教育方式和教育内容，以确保形势政策教育收到良好效果。形势政策教育的对象一般可分成这样三类：一是党员领导干部；二是一般干部群众；三是各类学校的师生员工。

（一）形势政策教育要满足特定层次的需要

正像鲁迅在论到《红楼梦》时所说："单是命意，就因读

---

① 毛泽东选集: 第三卷 [M]. 北京: 人民出版社, 1991: 833.

者的眼光而有种种：经学家看见《易》，道学家看见淫，才子看见缠绵，革命家看见排满，流言家看见宫闱秘事……。"① 对于形势的看法，与之有共通之处。发生于2022年的俄乌冲突，在中国网民群体中，由于立足点不同，观察问题的角度不同，就出现了挺乌、挺俄两派，体现出不同层次的人群，有着不同的认识需求。这就要求在形势政策教育过程中要明确不同的诉求对象，注意掌握尺度，调整好教育的内容和方式，从而满足不同层次群众的实际需要。教育内容的过宽过窄、过深过浅，都会影响教育的实际效果。

一般来说，普通干部群众大都比较注重与自身实际利益密切关联的事情，对他们开展形势政策教育，内容可以适当浅一些，范围适当小一些。党员领导干部就不满足于这些，而愿意了解基本事实的关键细节和隐藏在事实背后的深层因素，对更广范围的事态、更深层次的原因抱有探知的兴趣。这时，就必须适当扩展范围，加深内容。学校的师生员工，由于处于学术研究的前沿，获取信息的渠道比较多，思想也比较活跃和庞杂，因此，在提供不同信息和观点的同时，要有意识加强主流观点的引导，以免引起思想的混乱。

（二）形势政策教育要适应特定层次的思维特点

普通干部群众群体，思维方式基本都属于接受型的，因此，在形势政策教育过程中，要着重讲清形势中的基本事实。由于这

---

① 鲁迅. 鲁迅全集：第8卷 [M]. 北京：人民文学出版社, 1981: 145.

个群体愿意听到新鲜的事情，希望了解基本情况，所以要以提供大量的信息、讲清基本事实为主，在精心选择、编排事例的基础上，简要地概括出必须掌握的基本观点并作反复强调，逐步达到解疑释惑、明理鼓劲的目的，并进而影响他们的社会心态。在这种情况下，教育的信息量、生动性常常会成为被教育者评估教育效果的主要尺度，自然应当成为教育主体重要的追求。但是，也要防止使形势教育所举的事例成为没有"灵魂"的"一盘散沙"，甚至搞成"故事会""小道消息传播会"。

领导干部群体，思维方式基本属于思索型的，因此，在形势政策教育过程中，要着重提供分析形势的思路。领导干部群体普遍政治素质、文化层次较高，由于常年担任领导职务，个人对事物的判断力比较强，也有足够的自信。因此，在这个群体中开展形势政策教育，就要在提供基本事实、新鲜信息的基础上，提供分析的思路，而不作具体的结论，引导受教育者通过比较，接受这一思路，再按照这一思路自己得出结论。也可以充分发挥说理、分析的力量，作理性的归纳并且提供分析这项形势的思路，指导他们日后能够自己正确地分析这项形势的新进展、新变化。总之，着力于对形势的观察、分析思路的校正和培养。

学校师生员工群体，思维方式基本属于探究型的，因此，在形势政策教育过程中，要着重传授认识形势的方法。正确的思想方法反映着事物的客观规律。人的实践活动及其所采取的实践方法，又都不同形式、不同程度地受到头脑中所运用的思想方法的制约。思想方法具有适用范围广、持续时间长、抽象性强等特点。因此，思想方法运用得恰当与否，直接影响到思想活动与实践活动的效率高低，尤其是对于能否正确地分析、判断形势具有十分重要的作用。为教育对象提供研究形势的方法指导，逐渐使他们形成正确的思想方法，提高分析判断能力，这是形势教育的最高境界，可以起到纲举目张、一通百通的作用。

（三）形势政策教育对不同层次要采用不同的教育策略

鉴于形势本身及其认识方面的复杂性，以及当时可能产生的社会效果，在形势政策教育中要根据教育对象不同的层次，讲究一定的策略。这里大致有三种情况需要注意。

一是出于政治上的考虑，某些情况有时以不讲、少讲为好。要讲政治，讲大局，坚持内外有别、上下有别的原则。有些事情虽然是事实，但从政治角度和大局角度考虑，以不讲、少讲为宜，防止产生预想不到的后果，甚至被敌对分子利用，作为诬蔑、攻击我们的口实。比如，涉及军事、外交和国际关系的问题，以及民族、宗教方面的问题，在正式对外公开之前，不要随便发表个人意见，以免造成被动。

二是出于保密上的要求，有些情况只能在一定的范围内传播。按照《保密法》的规定，凡是涉及国家机密、企业经济情报等的内容，在超出规定的范围内就不能涉及。有的具体数字、项目，只能在限定的范围内传达，不能随便扩大范围。有的阶段性保密的内容，即使必要也只能在过后再予披露、解释。如物价调整、利率变化等涉及人们实际生活的政策性问题，必须严格按照规定，事先不能透露一丁点儿。

三是出于稳定上的需要，有些情况不宜公开地具体谈论。譬如，有些严重的不安定因素，过于残忍、恐怖的案件，当时就不宜讲得十分具体，防止造成恐慌心理。有些针对某些政策的过激的言行，不宜具体转述，即使是客观的评述也应避免，以免诱发同情、共鸣等情绪。涉及民族、宗教问题的事情，有的就不能公开谈论，以免伤害民族、宗教人士的感情，引发不安定的因素。

三、教育时机上要把握动态性和适时性

与一般的基础教育，如政治理论、思想道德、法治等教育相比，由于形势政策受客观实际影响，始终处于一种动态的变化之中，因此，动态性就成了形势政策教育的重要特点。而要适应这个特点，形势政策教育在教育时机的选择上就显得非常关键。

（一）形势的发展和政策的制订是一个动态的过程

唯物主义认为，客观世界一直处于一种运动和变化的状态之中，这是不为人们的意志所转移的客观规律。而作为社会生活反映的形势，其发展趋势也是不以人的意志为转移的。与之相联系，党和国家依据客观形势制定的政策和确立的任务目标，也会随着形势的变化而做出相应的调整。如国家的计划生育政策，就根据国民经济和社会发展的实际情况，在改革开放后的几十年里作了多次调整。从20世纪70年代初的"一个不少，两个正好"到70年代末的"只生一个好"、全面实施"独生子女政策"，再到本世纪2013年的"单独两孩"、2015年的"全面两孩"，到2021年作出实施三孩生育政策及配套支持措施的重大决策。

125

漫长的三四十年间，针对同一个事项所采取的政策就有那么多的调整和变化，而这些调整与变化，恰恰顺应了各阶段国民经济和社会发展的需要。因此，形势政策教育必须根据各个阶段的形势要求，就教育时机做出符合客观实际的选择。

（二）形势政策教育的内容要顺势而为、与时俱进

我们认识形势政策始终处在不断变化之中的规律，是为了坚持与时俱进，以变应变，以动态的观点去观察形势政策、分析形势政策，搞好形势政策教育工作。

形势政策教育者必须认识到，客观的形势本身是第一性的，人们的主观概括是第二性的，是对于形势本身在人们头脑中的反映。形势有时会发生一些人们始料未及的变化，其中肯定包含着某些必然的因素，只是人们事先对于这种必然因素认识不足，或者根本就没有认识罢了。所以在形势政策教育中，不能把一些暂时还没有定局的事情说得过于肯定；不能把对于未来的推测、描述说得十分细致、具体；不能文过饰非，把以前认识、判断、预测都说成是无比的准确。这些不正确的做法，都将影响形势政策教育的效果，还会降低形势政策教育者在干部群众中的形象。

在形势政策教育中，教育者的认识和教育内容要与时俱进，不断地调整和发展。有时，教育者可以把自己认识发展、深化的过程告诉被教育者，这有助于干部群众在比较中提高认识，接受所教育的内容和观点，也有助于确立教育者客观、公正、与时俱进的形象。

（三）形势政策教育的时机选择要及时和恰到好处

适时地开展形势政策教育，对于形势政策教育的实际效果具有十分重要的意义。实践表明，同样内容和形式的形势政策教育，由于实施的时机不同，会产生迥然不同的效果。究其原因，这主要涉及到教育对象的实际需要和教育主体具备的条件两个方面。

准确地把握教育对象的需求。如同任何教育一样，教育对象的注意、兴趣和需要，对于教育效果的影响是十分明显的。对于一项特定内容的形势政策教育来说，如果开展得过早，群众对此还没有充分注意，缺乏足够的兴趣，即没有这样的需求，此时开展形势政策教育，群众就不会用心接受。反过来，如果开展得过迟，群众的兴趣已经逐渐消失，即需求已经淡化，此时再开展这项教育，就好比"马后炮""明日黄花"，群众已丧失了当时的关注热情，也不会用心倾听，这项形势政策教育也同样因失去时效而失去其必要性。

对于社会热点问题尤其是这样。热点还没有形成时，群众不太要听；热点过去后，群众也不想听；只有当热点形成的中期，乃至热点的高峰期，群众的需求最强烈时，形势政策教育的效果才最好。上海开始为实行新的社会医疗保障制度作准备时，有的单位作了一些讲解、宣传，群众因没有紧迫感而不太感兴趣，即使是开展有关政策的讲解、教育之后，群众还是不甚了了；而一旦明确这项政策很快就要实施了，群众希望了解有关政策措施、具体办法的热情一下子高涨起来了，到处打听情况，刊登有关文章、图表的报纸、资料顿时大受欢迎。这时举办的有关讲座，场内鸦雀无声，效果特别好。这从一个侧面折射出教育对象的需求同教育成效的关系。

四、形势政策教育在内容上要注重针对性和科学性

虽然形势政策教育可选的内容范围比较宽泛，只要是正在发生的、干部群众希望了解的事情都可以用来作为教育内容，但日常的形势政策教育一般主要进行政治形势和经济形势两方面教育，除了一些专题教育外，其他的内容都可以融入政治形势、经济形势教育，关键的是教育内容必须注重针对性和科学性。

（一）要围绕党和国家的大政方针进行宣传教育

形势政策教育必须围绕党和国家的中心任务，为中心任务服务，宣传和阐述党和国家的路线、纲领、方针政策，起到解疑释惑、正确导向的作用。这是形势政策教育的核心。

党和国家的大政方针是指导一定时期的政治大局、经济发展和社会进步的根本，其主要精神往往体现在各级党政制定的各种规划、政策措施之中，是从上至下融会贯通的。因此，开展形势政策教育，就要将宣传党和国家的大政方针放在首要地位，要通过经常讲、反复讲，让干部群众了解掌握党和国家大政方针的内容，真正吃透精神实质，使广大干部群众从心底里拥护党和国家的政策和主张，把思想认识统一到党的正确路线方针政策上来，这样才能汇聚起奋进新时代、开启新征程的磅礴伟力，实现中华民族的伟大复兴。

在实践中，形势政策教育者要在各次党代会、人代会召开

后，及时收集资料，了解干部群众的思想动态，进行有针对性的宣贯，让党和国家的方针、政策第一时间为干部群众所掌握，成为推动各项工作顺利开展的动力。

（二）要选择干部群众迫切需要了解的社会热点和政策问题进行解疑释惑

社会热点和政策焦点就是在一定时期中人们普遍关心的某个热点形势问题或关键政策问题。这些问题与人们的思想情绪和实际利益有着一定的联系，能够引发人们的集中关注。在比较极端的情况下，有时甚至可能会引起人们的普遍焦虑和行为上的变异。比如：1988年的价格闯关改革，引起了抢购潮；20世纪90年代末的国企减员增效，引起了一定的思想动荡；2022年俄乌冲突在网上形成挺乌挺俄两大对立的网民群体；等等。其实，社会热点和政策焦点的形成，都是有着客观因素和社会背景的，形势政策教育者只要循着历史的脉络，分析热点形成的原因，解析政策出台的客观必要性以及预后效果，一定能够使教育收到比较满意的成效。而且，通过解剖具体实例，在教育过程中向受教育者传授科学地认识问题、分析问题、解决问题的方法，相信受教育者的疑惑解除后，自己也会举一反三，在以后碰到类似的问题时，会有自己的解决方法。

（三）要体现内容上的科学性和前瞻性

鉴于形势政策教育的动态性，我们不能要求形势政策教育者所说的每一个事实、每一个判断、每一个观点都始终正确，或者将形势政策教育者根据形势发展变化所作的必要调整看作是"随风倒"。判断这种情况的标准应当是，看教育者是否坚持实事求是的科学态度，看他是否运用马克思主义唯物辩证法的科学方法，看他的判断和观点是否建立在客观事实的基础之上，看他的基本立场是否发生动摇和偏移。

因此，在形势政策教育实践中，形势政策教育者要始终坚持实事求是原则，不讲套话、空话和过头话。做前瞻性预测时更要秉持科学的态度，而且根据客观实际和科学分析作出的合理预期，要留有充分的余地，不要将话说死，避免犯颠覆性错误。其实，党的历史上在这方面有着非常深刻的教训。比如，20世纪50年代"大跃进"运动，不顾实际地提出短时间内"赶英超美"的目标并形成很大的声势，给国民经济带来很大的损失；再如20世纪80年代，为了推动独生子女政策的实施，不少地方喊出"只生一个好，政府来养老"的口号，严重脱离客观实际。

五、形势政策教育在形式上要体现多样性和灵活性

形势政策教育内容的广泛性决定了形势政策教育形式的多样性。从多年的实践来看，形势政策教育比较有效的形式包括报告会、专题讲座、学习班、培训班、课堂教学、党课教育、时事综述、案例分析、模拟辩论、知识竞赛、印发学习材料等，随着实践的不断深入，教育形式还会持续创新。从目前情况来看，最主要、最常见的是这样几种形式。

（一）形势政策教育的主要形式

形势政策教育采取的方式比较常见的就是组织报告会和讲座，采用这种方式的优点是规模可大可小、人数可多可少。规模

小的可以十几个人、几十个人，假座单位的会议室就可组织；规模大的也可以几百人甚至上万人，可以假座大型体育馆举办。小规模的讲座可以灵活地采用提问、对话等进行当场探讨，易于面对面地解决思想问题，参与的人注意力也比较容易集中，因此释疑解惑的效果也会比较明显；大规模的报告会，覆盖面则比较广，受众多，能够形成较大的声势，对扩大形势政策教育的辐射面和增强影响力作用很大。随着互联网技术的普及，运用视频形式开展形势政策教育得到有力的推广，使教育方式更显灵活，覆盖面也更广，现在已在实践中被广泛运用。

（二）形势政策教育的辅助形式

印发宣传参考资料进行形势政策教育的方式在实践中运用的范围比较广，上至中央一级，下到一般单位。最为典型的就是中宣部每年编写的《从怎么看到怎么办——理论热点面对面》。

从2003年开始，中宣部理论局就开始组织编写系列通俗理论读物《从怎么看到怎么办——理论热点面对面》，每年一本，通过全国各地的新华书店公开发行。该书紧密联系当前经济社会发展的实际，紧密联系干部群众的思想实际，重在回答干部群众普遍关注的热点难点问题，既分析"怎么看"又回答"怎么办"，深入解读党和政府的政策措施，深入分析对群众的相关利益安排，对提出的问题作出深入浅出、有针对性和说服力的回答，帮助人们加深对中央精神的理解，进一步把思想和行动统一到中央的决策部署上来，在释疑解惑方面起到了十分积极的作用。该书说理透彻、文风清新、图文并茂、可读性强，是面向基层开展宣讲活动、进行形势政策教育及高校思想政治理论课的重要辅助材料。

其实，各地各单位的类似做法在实践中并不鲜见，由于印发形势政策宣传参考资料的所选内容特别贴近百姓、反映民声，因而更能打动人心，对于人们化解思想疑惑、增强发展信心有着十分重要的作用。

（三）形势政策教育的其他方式

俗话讲，"耳听是虚，眼见为实"。形势政策教育有时也需要通过采取"走出去"进行实地考察，或是"请进来"进行经验介绍等做法，使受教育者心悦诚服地接受相关事实。实地考察就是到指定的地方去做研究，在实地通过直观的、详细的调查，了解事物的真相以及势态发展流程，随时对观察到的现象进行分析，努力把握住考察对象的特点，从而形成比较客观的印象。比如，改革开放初期，特别是邓小平南方谈话发表以后，为了了解改革开放对首批开放城市带来的变化，全国各地兴起了一股到广东深圳考察学习的热潮，通过考察，大家得出"唯有改革开放才能进一步发展中国"的结论，这对解放思想、加快改革步伐起到了很大的推动作用。这就是"走出去"的效果。

所谓"请进来"，就是邀请某项重大工程建设的参与者或某个重大事件亲历者介绍所见所闻，充分了解工程建设的重要意义或重大事件发生背景以及解决过程，通过这样的形势政策教育，从而使受教育者扩大视野，提高站位，增强民族自豪感。或是在可能的情况下，邀请制定政策部门的相关同志来解读政策，这样受教育者理解起政策来就不易出偏差。

六、教育者素质必须具有权威性和综合性

形势政策教育者队伍的组成来源一般分两种，一种是根据特定需要或结合阶段性任务，由各级党和政府的宣传部门召集各类专家组成讲师团，这部分成员的专业性权威性毋庸置疑；另一种是根据各单位的实际需求，邀请社会上的专家或本单位相关部门的专业人员结合本单位实际开展相关的形势政策教育。同时，高校等机构也建设了形势政策教育专职和兼职师资队伍。一般来说，形势政策教育者的综合素质应体现在这样几个方面。

（一）教育者思想政治素质要高

一个合格的形势政策教育者，政治上应该具备四方面条件，一是信念坚定，具有马克思主义信仰、共产主义觉悟和中国特色社会主义信念，自觉践行社会主义核心价值观，矢志不渝地为共产主义奋斗终身。二是对党忠诚，拥护党的纲领，自觉贯彻党的路线方针政策，在大是大非面前头脑清醒、旗帜鲜明，在思想上和行动上始终与党中央保持高度一致。三是为民服务，把人民群众放在心中最高位置，树立群众观点，践行群众路线，维护群众利益。四是严守纪律，自觉遵守党章，模范遵守国家法律，严格按照党的组织原则和党内政治生活准则办事。

在开展形势政策教育的具体实践中，形势政策教育者要深刻领悟"两个确立"的决定性意义，不断增强"四个意识"，坚定"四个自信"，做到"两个维护"，善于运用马克思主义的立场、观点、方法观察事物、分析问题、解决矛盾。对自己所讲的

观点，要充满自信并敢于坚持，切忌言不由衷，嘴上说一套，心里想一套，或台上讲的和台下讲的不一致。要坚持正确的思想方法，同错误的思想和行为要敢于斗争、善于斗争。率先垂范，用自己的实际行动，影响受教育者，达成形势政策教育的最终目标。

（二）教育者个人专业业务要精

俗语讲，要给人一碗水，自己就得有一桶水。对形势政策教育者来说，有丰富的知识储备，在专业领域有比较深入的研究就格外显得必要。当然，我们所说的专业业务要精，并不是一定要求形势政策教育者必须是某一方面的专家，而且现实中也不可能连日常性的形势政策教育也一定非要专家到场不可。

这里所说的专业能力包括两个方面。一方面是指形势政策教育者在开展教育工作前的准备工作要专业，平时要密切关注客观形势和政策的发展变化，事先对所要教育的目的、内容要有比较完整的了解，在收集讲课资料时，要注意收集正反两方面的内容，收集得越全面越好。对收集的资料要事先进行分析，预判讲课中可能遇到的问题并想好解决的预案。另外，对受教育者的思想动态也要有所了解掌握。现在处于互联网时代，网上资料应有尽有，受教育者也会利用网络了解相关的信息。如果形势政策教育者事前准备工作做的不充分，极易在讲课时出现漏洞，从而影响教育效果；另一方面是指在结合实际开展形势政策教育时，形势政策教育者对受教育对象所处行业的情况要有比较全面的了解，对行业现状、发展态势以及面临的问题与挑战，要能如数家珍，这样才能引起受教育者的共鸣。否则，在教育系统开展形势政策教育，讲的都是工业系统的内容，或者在报告中张冠李戴，讲外行话，就会贻笑大方。这样一来，可想而知，教育效果也会大打折扣的。因此，在开展形势政策教育时，选择专业素养强的教育者十分关键。

（三）教育者口头表达能力要强

形势政策教育者要使自己的教育收到预期效果，就必须在实践中努力提高自己的口头表达能力。

首先，形势政策教育者在每次进行教育时，必须要有一个清晰的观点，如果你的观点含糊不清，模棱两可，毫无主线，或任由受教育者怎么样理解都行，那么就不可能达到较好的教育效果；其次，形势政策教育者在表达上要有很强的逻辑性，要抓住关键问题和主要矛盾，循序渐进，有理有据地运用相关论据，分析形势、解读政策、明确任务，让受教育者紧跟你的思路，形成共鸣，逐渐接受你的观点；最后，形势政策教育者的语言表达要生动活泼，讲述复杂的概念时要力争将抽象的表达具象化，多用浅显的例子来说明复杂的问题，而且所举事例最好是受教育者在平时的日常工作和生活中能经常碰到的，这样，受教育者不仅理解起来会更容易，而且也会记忆得更加深刻。如延安时期，毛泽东同志在中央党校开学典礼上作《整顿党的作风》报告时，就讲到"我们揭发错误、批判缺点的目的，好像医生治病一样，完全是为了救人，而不是为了把人整死。一个人发了阑尾炎，医生把阑尾割了，这个人就救出来了。任何犯错误的人，只要他不讳疾忌医，不固执错误，以至于达到不可救药的地步，而是老老实实，真正愿意医治，愿意改正，我们就要欢迎他，把他的毛病治好，使他变为一个好同志"。[①] 用医生治病这样通俗的比喻，一般人都能理解，可想而知，教育效果肯定是不错的。如果我们的形势政策教育者能够经常并且是活学活用这种表达方法，应该说我们的形势政策教育就可以真正达到预期目的了。

---

① 毛泽东选集: 第三卷 [M]. 北京: 人民出版社, 1991: 828.

第五章 形势政策教育的方针与原则

在我国，形势政策教育是思想政治教育的重要组成部分，在培育中国特色社会主义的合格建设者、塑造时代新人的教育体系中起着关键作用。开展形势政策教育，必须遵循思想政治教育的一般规律，体现由"形势"与"政策"内容决定的具体要求，用明确的目标指引和切实的原则规范确保整个教育实践的针对性与实效性。

第一节　形势政策教育的基本方针

所谓方针，指的是引领工作或事业前进的方向和目标。在长期实践经验的基础上，形势政策教育不断深化规律性认识，逐步明确自身使命任务，从宏观和微观两个层次形成工作开展的两大基本遵循。指导方针确定形势政策教育的方向目标和根本要求，工作方针规范形势政策教育的具体实践过程，它们相互统一、互为促进，共同构成形势政策教育的实践指向。

一、形势政策教育的指导方针

形势政策教育的指导方针具有全局性和根本性特点，对具体的教育实践起着把方向、明目标的引领作用。定位好指导方针，对于规范形势政策教育有着重要意义。首先，形势政策教育应始终矢志不渝为实现党的总任务、总目标服务，密切结合经济建设和经济体制改革实际来进行，充分贯彻落实习近平新时代中国特色社会主义思想，努力实践，达到鼓劲、明理、解疑、释惑、提高认识、增强信心的目的。其次，在指导方针的引领下，形势政策教育应当围绕当时当地改革、发展、稳定的实际，对社会宏观和微观的形势作深入和实事求是的综合分析，摆事实，讲道理，从而使广大群众开阔视野，端正对于形势的看法，正确理解、全面贯彻党和国家的方针、政策和任务，学会运用马克思主义的立场、观点和方法来观察形势、分析形势、研判形势，自觉遵循形势发展和政策演变的规律。根据全面落实习近平新时代中国特色社会主义思想的总要求，形势政策教育的指导方针主要概括为"四个围绕"，即：围绕中心、服务大局，围绕发展、守正创新，围绕变革、与时俱进和围绕实际、贴近生活。

（一）围绕中心、服务大局

1978年，党的十一届三中全会果断将全党工作重心转移到经济建设上来，明确指出我国当前以及今后相当长一段历史时期的主要任务，就是搞现代化建设。1992年，邓小平在南方谈话时曾提出："发展才是硬道理。"[①] 2001年，江泽民在庆祝中国共产党成立八十周年大会上的讲话中指出："社会主义的根本任务是发展生产力，增强社会主义国家的综合国力，使人民的生活日

---

① 邓小平文选：第三卷 [M]. 北京：人民出版社，1993：377.

益改善，不断体现社会主义优于资本主义的特点……全党同志必须牢固树立社会主义改革和发展的基本观点和自觉性。"[①] 2021年，《中共中央关于党的百年奋斗重大成就和历史经验的决议》进一步指出，坚持和发展中国特色社会主义，总任务是实现社会主义现代化和中华民族伟大复兴，在全面建成小康社会的基础上，分两步走在本世纪中叶建成富强民主文明和谐美丽的社会主义现代化强国，以中国式现代化推进中华民族伟大复兴。这一系列关于我国社会主义事业建设的目标和任务的相关论述，都反复证明了新时期我国前途的光明和任务的艰巨。在我国社会主义建设新的总目标确定以后，形势政策教育的一切工作，都必须紧紧围绕这个大局来开展，须臾不能游移、偏离，必须密切结合经济建设实际，积极为经济建设和经济发展服务，为切实增强人民群众中国特色社会主义意识形态观念服务，为维护社会稳定服务，这是时代赋予的不可推卸的历史责任。

坚持围绕中心、服务大局，有利于形势政策教育树立大局观，帮助消解广大人民群众的思想藩篱。在党的二十大报告中，全面深化改革作为重要内容之一被多次提及。改革是社会主义制度的自我完善和发展，是中国先进生产力发展的要求。以完善社会主义市场经济体制为目标，推进市场取向的改革，就是为了从根本上消除束缚生产力发展的体制性障碍，为经济发展注入新的活力。目前，我国已进入改革的深水区。改革是对原有体制、格

[①] 江泽民. 在庆祝中国共产党成立八十周年大会上的讲话 [M]. 北京：人民出版社，2001：15.

局的变革优化，在全面深化改革的过程中，某些方式和路径势必会改变一部分人的利益格局，甚至在某种程度上引起社会利益的重新分配，这就会相应地引起一些人产生比较强烈的思想反映和思想波动。在这种情况下，形势政策教育的大局意识，要求教育者敢于面对这些思想冲突和利益矛盾，从长远发展的角度对国家的大政方针进行政策解读和分析，对人们普遍关心的问题予以引导和解释，从而为顺利推进全面深化改革消解思想障碍，从群众方面减轻改革阻力，提高改革效率和成果。

坚持围绕中心、服务大局，有利于形势政策教育持续推动增强人民群众的凝聚力和向心力。一是体现在构筑思想政治新高地上。意识形态作为一种思想观念，其改变不是一朝一夕，要抱有久久为功的心态对人民群众进行思想教育。因此，形势政策教育作为除思想政治教育外的另一种思想教育形式，要深刻展开持续性教育，要接续做、扎实做，不断将党建引领的意识形态以润物无声的形式融入形势政策教育全过程，潜移默化地引导人民群众意识形态持续向正确方向靠拢，使各族人民"像石榴籽一样紧紧抱在一起"。二是体现在激励人们身体力行、勇于实践上。形势政策教育不是干巴巴地说教，而是有思想、有高度、有实践的生动诠释。历史是全体人民的历史，社会主义事业的发展建设也应当由全体人民参与其中，这不仅是我国人民高度凝聚力的卓越展现，更是社会主义能够集中力量办大事的优势体现。"纸上得来终觉浅，绝知此事要躬行。"形势政策教育在传道授业的同时，也应当在教学中引导受众群体树立实践观念，积极鼓励受众群体将所学知识用于工作和学习等实践当中，为社会主义事业贡献力量。

（二）围绕发展、守正创新

守正创新，是形势政策教育过程中必须毫不动摇贯彻的重要原则。创新是理论的生命之所在，马克思主义作为我们立党兴国的根本指导思想，不是教条主义而是行动指南。马克思主义诞生的历史背景也决定了其运用在我国的社会主义事业建设中时，必须中国化才能与具体实际相契合，必须时代化才能回答"时代之问、世界之问、人民之问"。而作为我国社会主义事业发展的重要路径之一，"守正创新"在党的二十大报告当中被两次提及。在这种背景下，具有明显的阶段性特征的形势政策教育，也就必须以变应变，与时俱进，不断适应新的形势和任务要求，在守好本源的同时力争理论创新，并且从理论创新中获取新的形势政策教育养分和动力。因此，坚持守正创新，有利于形势政策教育在理论和实践上始终立足马克思主义基本立场，做到坚定立场与革故鼎新相统一、弘扬中华优秀传统文化与推动实践基础上的理论创新相结合。

在形势政策教育中坚持守正创新，第一要义就是守正。守正，就是要守住我们的"立国根本"，这要求形势政策教育坚持正确的社会主义核心价值体系，传承弘扬中华民族优秀传统文化。党的二十大报告深刻指出，要"弘扬以伟大建党精神为源头的中国共产党人精神谱系，用好红色资源，深入开展社会主义核心价值观宣传教育，深化爱国主义、集体主义、社会主义教育，着力培养担当民族复兴大任的时代新人。"①当前，全球意识形态斗争日趋激烈，形势政策教育作为我国重要思想宣传的阵地之一，要始终坚持形势政策教育与中华优秀传统文化一脉相承，与党的历史奋斗经验同向而行，对广大人民群众的意识形态教育一刻也不能停，赓续伟大共产党人精神谱系等宣传一刻也不能息。因此，时刻牢记守正，有利于使形势政策教育的准备工作始终围绕人民群众的社会主义精神文明建设，以坚持和发展中国特色社会主义为核心，在说文解字中讲好中国故事，在鼓舞宣传中传播正能量、"奏好"主旋律，推动中国化、时代化的马克思主义深入人心，让中国特色社会主义核心价值观外化于行。

在形势政策教育中坚持守正创新，就是要在实践基础上推动理论创新。习近平总书记在纪念红军长征胜利80周年大会上的重要讲话中强调："创新是引领发展的第一动力，我们必须解放思想、实事求是、与时俱进，坚定不移推进理论创新、实践创新、制度创新以及其他各方面创新，让党和国家事业始终充满创造活力、不断打开创新局面。"②这一重要论断，为形势政策教育指明了发展前路。首先，在形势政策教育中，教学相长是重要环节之一。教育者在教学实践过程中，对受教育者进行理论的传授解惑，受教育者能够将学习成效转化为学习、工作的精神动力，提高办事效率；同时教育者在传道授业的同时，能够根据受教育者的反馈，反向了解自身在某些理论或知识等方面的不足，根

---

① 党的二十大报告学习辅导百问 [M]. 北京: 党建读物出版社, 2022: 33.

② 习近平. 在纪念红军长征胜利80周年大会上的讲话 [M]. 北京: 人民出版社, 2016: 17.

据最新形势丰富自身理论资源，从而在下次讲授中进一步提高形势政策宣传引导，通过双向的实践教学，在教育者和受教育者之间形成良性教学循环。其次，我国已经进入中国特色社会主义新时代，在当前这一新背景下，不仅教学工作方式丰富多样，受教育者也不断受到来自多方鱼龙混杂的思想裹挟。时刻保有创新观念，有利于教学工作者立足时代潮头，抢抓时代先机，不断推进马克思主义基本原理同形势政策教育相结合，根据新时代下的教学实践经验和教学理论研究前沿，寻找形势政策教育新课题，积极探索相关理论创新，助力马克思主义在新时代形势政策教育中放射中更加耀眼的真理光芒。

（三）围绕变革、与时俱进

早在20世纪90年代，邓小平就曾高瞻远瞩地指出："世界形势日新月异，特别是现代科学技术发展很快。现在的一年抵得上过去古老社会几十年、上百年甚至更长的时间。"[①] 进入二十一世纪，全球经济、科技、文化都在发生巨大的变化，世界各国的综合国力竞争日趋激烈，整个世界格局都在发生着重大的变化。在可预见的将来，科技、意识形态等领域的竞争还将持续变化和发展。

目前，我国打赢了人类历史上规模最大的脱贫攻坚战，历史性地解决了绝对贫困问题，中华民族进入全面建设社会主义现代化国家新征程、向第二个百年奋斗目标进军的新发展阶段。习近平总书记曾深刻指出："我们要解放思想、实事求是、与时

---

① 邓小平文选: 第三卷 [M]. 北京: 人民出版社, 1993: 291.

俱进，按照创新、协调、绿色、开放、共享的发展理念，在理论上作出创新性概括，在政策上作出前瞻性安排。"⑥这一重要论述，说明党的思想建设和思想政治工作等各个领域的工作，要具备前瞻思维，能够立足时代前沿，及时根据时局变化与时俱进、不断革新，只有这样，才能对我国的各项建设工作进行科学指导和提前谋划。面对发展新时代中国特色社会主义市场经济以及发展社会主义民主政治、健全社会主义法治的艰巨任务，面对我国社会经济成分、组织形式、就业方式、利益关系和分配方式日益多样化的新情况，形势政策教育工作作为国家大政方针、形势政策的传播教育高地，需要不断发挥积极的思想引领和价值导向作用，这时，围绕变革、与时俱进就体现出重要的指导意义，具体说来主要有以下两点。

在形势政策教育开展过程中，围绕变革、与时俱进能够增强教育时效。习近平总书记在"不忘初心、牢记使命"主题教育总结大会上深刻指出："与时俱进不要当口号喊，要真正落实到思想和行动上。"①在如今"百年未有之大变局"下，形势政策教育必须经常搞、反复搞。但是，客观的形势在变化，各个发展时期的目标和任务在变化，人们的工作、生活条件和社会环境在变化，因而形势政策教育工作对象的思想会随之变化，他们关注的热点问题和心态也在变化。在此基础上，形势政策教育只有坚持与时俱进，才能够敏锐抓住这些变化，不断革新讲课内容，适时

---

① 毛泽东选集：第三卷 [M]. 北京：人民出版社，1991：828.

开展有针对性的教育，及时发挥鼓劲、明理、解疑、释惑、提高认识、增强信心的作用，推动形势政策教育应当走向常态化、制度化，始终为受教育者指明前行之路。

在形势政策教育的教学方式上，围绕变革、与时俱进能够提高教学质量。在科技水平日新月异的今天，电子网络技术呈现指数层级发展，多媒体教育形式也日趋多样复杂。坚持与时俱进，有利于形势政策教育紧跟技术的变革发展，在内容、方法、手段等各个方面不断地进行更新迭代，从而提高形势政策教育的科学性、生动性、有效性。例如，可以采用多媒体手段增强形势政策教育的直观性、形象性，只有在教育形式上有声有色，才能够更好地抓取受教育群体的思维注意力，更好地入耳入脑，提高教育效率；或者，可以以局域网为依托，除线下教学外，拓宽形势政策教育渠道，开辟形势政策教育专有网页，或采用如今飞速发展的"沉浸式"教育方式，增强教育者与受教育者的及时性、交互性；还可以将教育视频上传至互联网课程学习平台开展远程教育，教育范围不仅局限于当前教育者，还能扩大教育的覆盖面，使有兴趣的群众都能够享受到高质量形势政策教育。根据时代的发展不断革新教学方式，高效利用网络技术进行形势政策教育，能够丰富形势政策教育的各种形式，即使是方法、手段上一些细小的改进、创新，也能提高教育成效，取得以往形式单一的情况下无可比拟的良好效果。

（四）围绕实际、贴近生活

要想形势政策教育围绕实际、贴近生活，就必须坚持解放思想、实事求是原则。实事求是是解放思想的前提和基础，解放思想是实事求是的目的和依归，二者相辅相成。只有实事求是、解放思想，才能真正客观认清社会发展态势，始终紧跟时代先进步伐，使全体人民的行动真正具有针对性，从而取得更具实效的社会建设成果。形势政策教育的重要目的，就是要统一干部、群众对形势的认识，推动人民群众在实事求是认识社会现状的同时，在社会政治大背景的正确立场下进一步发挥个人主观能动性，充分运用个人思维活力，敢想敢为，奋力走好新征程，同心共筑中国梦。

首先，实事求是，是马克思主义的科学世界观和方法论的精髓。恩格斯在《路德维希·费尔巴哈和德国古典哲学的终结》中指出，要按世界的本来面目来反映世界，"从事实本身的联系而不是从幻想的联系来把握"[①]事物的联系。毛泽东从20世纪30年代起，就多次对实事求是作过深刻的论述，1942年，他在《改造我们的学习》一文中第一次把"实事求是"明确为党的思想路线。1980年，邓小平在中共十一届五中全会第三次会议中指出："实事求是，一切从实际出发，理论联系实际，坚持实践是检验真理的标准，这就是我们党的思想路线。"[②]这不仅丰富了实事求是的思想内涵，也使党的思想路线的表述更加完整科学。2022年，习近平总书记在考察延安时提出："在延安时期留下的优良传统和作风，培育形成的以坚定正确的政治方向、解放思想实事求是

---

① 马克思恩格斯选集：第四卷 [M]. 北京：人民出版社，2012:249.

② 邓小平文选：第二卷 [M]. 北京：人民出版社，1994: 278.

的思想路线……的延安精神，是我们党的宝贵精神财富。"① 这一论断进一步指出，实事求是我国建设社会主义一以贯之的工作作风和工作思路。时隔多年，实事求是这一重要方针仍作为党建设的重要内容之一不断丰富发展。

因此，实事求是是形势政策教育立足实践，联系实际的根本方法。在经济建设、政治建设、文化建设、社会建设、生态文明建设五位一体的中国特色社会主义事业总体布局下，形势政策教育只有在思想方法上把握实事求是的科学内涵，在实践中贯彻落实实事求是的科学路径，才能向受教育群体正确科学普及我国现行大政方针和政策形势，切实帮助其摆正政治站位，构筑思想高地，从而形成精神引领，在维护社会秩序的同时，带动我国其他政治、经济、文化等方面建设的高质量发展。

其次，解放思想是激发群众思想活力，更好投身于社会主义事业建设的源头活水。我们在认识和判断形势的过程中，以及开展形势政策教育的过程中，都时常会遇到思想解放和思想僵化的矛盾，而这会直接影响到形势政策教育的实际效果。1978年12月，邓小平以马克思主义的理论勇气和非凡胆魄，在中央工作会议上作出《解放思想，实事求是，团结一致向前看》这一长篇报告，有针对性地明确提出了"解放思想"的任务。他指出："解放思想，就是使思想和实际相符合，使主观和客观相符合，就是实事求是。"② 这阐明了解放思想和实事求是的辩证统

---

① 习近平. 论中国共产党历史 [M]. 北京: 中央文献出版社, 2021: 98.
② 邓小平文选: 第二卷 [M]. 北京: 人民出版社, 1994: 364.

一的关系。江泽民在庆祝中国共产党成立八十周年大会上的重要讲话中指出："要坚持实践是检验真理的唯一标准，在党的基本理论指导下，一切从实际出发，自觉地把思想认识从那些不合时宜的观念、做法和体制中解放出来，从对马克思主义的错误的和教条式的理解中解放出来，从主观主义和形而上学的桎梏中解放出来。"[①] 这为我们在形势政策教育中如何解放思想，要从哪些方面解放思想，指明了具体的途径和方法。中国特色社会主义进入新时代以来，习近平总书记进一步指出，"冲破思想观念的障碍、突破利益固化的藩篱，解放思想是首要的"[②]。这一重要论述集中体现了"解放思想"深厚的马克思主义哲学底蕴，彰显了党在新时代下鲜明的价值导向和实践指路，进一步说明解放思想的社会氛围有助于推动人民群众形成更加先进、更加科学的价值观，强化人民群众的向心力、凝聚力，激发社会的创新热潮和创造活力，从而带动我国社会主义事业高质量发展。

因此，坚持解放思想，有利于受教育者勇于求真探索，掀起"百家争鸣"的思想热潮，为思想强国、理论强国建设添砖加瓦。2019年习近平总书记在深化党和国家机构改革总结会议中指出，要"准确识变、科学应变、主动求变"，这一重要论述，进一步说明了形势政策教育只有敢于突破生活中各项条条框框和思维固态，才能放大思想解放活力，要能够在以事实为基础讲述社会情况和大政方针的同时，激发受教育者思考，并提高其创新

① 毛江泽民文选: 第三卷 [M]. 北京: 人民出版社, 2006: 284.
② 习近平谈治国理政: 第一卷 [M]. 北京: 外文出版社, 2018: 87.

能力。但是，在激活群众思想的同时，我们也要守好底线，密切注意把干部群众的思想统一到党的基本理论、基本路线、基本方略上来，统一到"习近平新时代中国特色社会主义思想"上来。"我们鼓励和支持解放思想，鼓励和支持对有关政策举措进行分析评估，但要把握好政治立场坚定性和科学探索创新性的有机统一，不能把探索性的学术问题等同于严肃的政治问题，也不能把严肃的政治问题等同于探索性的学术问题"①。因此，形势政策教育者还要时刻注意对学生的政治立场和思想方向进行正确引领，防止其出现立场偏移、思想紊乱的情况。

二、形势政策教育的工作方针

对于形势政策教育的工作方针，学界有较多的看法，本书认为，最重要的是引导方针，其他方针这里不再赘述。引导方针，就是在形势政策教育中，教育者通过一些言语或行为上的暗示，引导受众群体产生相对应的心理影响，以达到纠正或形成教育者需要的思维或行为方式的目的。引导方针是党的思想政治工作的方针在形势政策教育中的具体运用，也是形势政策教育民主平等原则、注重鼓劲原则、言行一致原则等的前提，还是形势政策教育发挥实际作用的主要依据。在百年未有之大变局的今天，在社会经济成分、组织形式、就业方式、利益关系和分配方式日益多样化的情况下，在形势政策教育中运用引导的教学方法，能够避免强硬灌输，有利于适应群众思想特点的变化，使群众自发地接

---

① 习近平谈治国理政：第二卷 [M]. 北京：外文出版社，2017:159.

受教育者的观点和思想，增强受教育的教育认同感，提高形势政策教育的质量和思想持久性。

根据目前的情况和需要，在形势政策教育中贯彻引导方针，可以着重从以下四个方面着手：

（一）形势背景引导

形势政策教育引导方针中，首要的就是形势背景引导。对于引导的内涵，《孟子》早已有所提及："君子引而不发，跃如也。"形势背景引导，就是通过向群众提供经过精心选择的、有典型意义的丰富信息及背景情况，引导群众正确认识国情、世情形势。这种不露痕迹的引导，往往比向受众群体直接灌输更加有效，是一种基本的教育方法。

客观的形势事实，是党和国家制定方针、政策的重要现实依据。因而，客观的形势背景也就是广大群众全面、正确理解党和国家的方针、政策的重要依据。目前，我国正处于并将长期处于社会主义初级阶段，而中国特色社会主义事业建设离不开广大人民群众的共同努力。形势政策背景引导教育，能够使人民群众在对形势背景进行学习了解后，通过自己的思索，加深对有关政策和任务的认识，站在与党和国家一致的立场和视角来观察、分析问题，突破个人和局部在视野、思维和利益关系上的局限，从而形成全面、正确的认识，增强贯彻、执行党和国家方针、政策的自觉性。

当前，由于某些人民群众在形势教育前期对国家大政方针还未足够了解，因此在教育最初时可能会出现不理解，甚至抵触的情绪。这种情况下，就需要通过引导教育，帮助受众群体从消极抗拒转化为接受，再从接受转化为主动了解。如果仅采用灌输方法进行理论传播，反而容易适得其反。国家政策及社会发展的形势背景是每位人民群众都应了解学习的重要知识，与日常工作和学习等实践活动紧密相连，因此背景教育在整个形势政策教育中至关重要。教育者在引导过程中，可以采用影片、实地走访调研等形式进行辅助教学，增强受教育者的学习沉浸感，以提高引导效率。

（二）重点信息引导

随着科学技术的飞速发展，如今人们已然迈入网络时代。在网络等新兴传媒技术的加持下，信息量的涌入呈爆炸趋势，信息传播速度较以往指数增加。海量信息在社会传播的同时，人民群众很容易被信息淹没，无法辨别信息背后的来源渠道，也无法区分信息好坏和是否有用，也正因为信息传播渠道纷繁复杂、信息传播速度极快，因此人们被动接受的信息很容易出现碎片化、被多次加工的特点。而不少群众之所以对于形势、政策出现一些思想认识问题，形成一些社会舆论热点，这同他们所占有的信息资料不全面有很大的关系。因此，如果形势政策教育能及时重点向人民群众提供相应的准确信息，就可以使有些思想认识问题化繁为简，或容易沟通而便于解决。首先，形势教育要及时针对某种突发社会问题对人民群众进行分析诠释，将人民群众亟须澄清的重点社会信息进行公开说明，描绘信息全貌，以便进行辟谣澄清，引导群众消除疑惑，增强政府公信力。其次，形势政策教育要积极在事前事后，对人民群众展开信息区分教育，教授受教育者如何从鱼目混珠的信息来源渠道中抓取重点信息，并能够根据重点信息不信谣、不传谣，在如今舆论浪潮中保持清醒不盲从。最后，在海量信息中，很多虽不起眼但非常重要的信息往往易被忽视。在向群众提供信息引导时，形势政策教育还要注意信息的导向性，有意识地向群众着重提供那些不容易得到的、或不被注意的重要信息，特别是那些容易获得正确逻辑结论的信息，从而帮助人民群众纠正因信息偏差而产生的片面认识，形成正确的思想观念导向，得出正确客观的信息结论。

世界正迈入知识经济的新时代，求新、求知是人们的重要追求。而信息的不全面、不对称，容易导致人们眼界狭窄、情绪失衡、心理偏执，成为人们对于形势产生思想认识问题的重要诱因。因此，形势政策教育还应当及时、适当地向群众提供必要的知识性新信息，在丰富人民群众科学知识的同时，引导人民群众建立健康的信息接收形式，减少其被舆论裹挟的风险。此外，在向群众提供信息引导时，还要注意信息的新异性。宣传心理学的研究表明，"新异"规律具有一种特殊的力量，新异的信息对听众具有较大的吸引力、说服力，因为它所传达的情况和思想对听众来说是最新的、比较接近于目前的。通常来说，后提供的信息所包含的原理和论据对于听众所起的作用总是要比先提出来的效果大，因此在某些流言出现时，进行新的、全面的信息传播，就可以减少或抵消先前流传的虚假信息，纠正先入为主的片面观点，帮助群众形成正确的思想意识。

（三）认识思路引导

"横看成岭侧成峰"，针对一个问题，不同的人会有不同的思维模式，也会有不同的解决思路。在日常实践中，思路的多样性能够丰富问题处理的角度，增加社会的思维活力，但在国家大政方针等大是大非面前，就需要全国人民上下齐心，统一思维形成合力，共同推动社会主义事业向好发展。群众思维丰富多样，且具有一定的隐藏性，形势政策教育开展认识思路引导，有利于在根本立场、重要观点上统一人民群众的认识思路，从而确保人民群众能够听党话、跟党走。具体结合教学实践来说，在教育过程中，教育者可以在讲授社会形势政策时，避免平铺直叙式的讲解，更多探索一些讲解新方法对受教育者思路进行启发。比如可以针对一些当前社会上较突出的热点问题，提前总结出一些富有指导性启发性的、具有可操作性的思路，在课上向群众进行宣传和引导，对学生提出的问题不可逃避，而是积极进行答疑解惑，只有群众真正消除对政策的疑惑和抵触，才能从心底接受教育、接受教育者传授的相关思路，从而培养起一种正确的思维定式和积极的社会心态，以提高思维的效率，才能在后续的社会实践中，更好地研判形势，作出正确的分析判断。

诚然，在现实中，如果不开展形势政策教育，部分群众也会自发地关心形势的变化，并对形势作出种种判断，这是群众的好奇心和探知心所致。但是，仅靠群众自发的好奇心和关心国家大事的探知心，就希望达到思想统一的目的，这是不切实际的。首先，群众单方面接受信息，很容易接收到被加工了的、碎片化的信息，这会给群众产生消极甚至负面误导，不仅会影响群众看问题的客观性和全面性，极端情况下甚至可能产生抗拒、敌对心理。因此，思路的统一引导不仅需要人民群众主动接受消息，还需要国家适时地进行形势政策教育，在信息获取上取得一致，在思考路径上取得统一。形势政策教育思路引导，有利于避免群众自发体会、摸索和积累所产生的偏差，避免其独自思考中难度大、进展慢、代价高、效果差的风险。同时，这种认识思路作为一种"授之以渔"的方法，能够帮助群众形成认识路径，在后续收到信息后通过这种思维定式对内心产生积极暗示，从而使学生更好地进行信息的思考理解，对教育者来说也能够更容易进行思想方法的引导。

（四）思想方法引导

信息传递到人脑，首先进行的活动是认识，其次进行的活动是思考，最后进行的活动才是判断。如果说，为群众提供认识思路上的引导，是一种点上的指导、临时的指导，有就事论事的色彩，那思想方法上的引导，则是纵向的指导、长远的指导，可以起到纲举目张、一通百通的作用。因此，认识思路引导作为一种最初引导，虽然能够对信息处理形成认识暗示，但信息思考的过程更为重要，人民群众只有在思考过程中对信息处理有正确的思想方法，才能促使教育对象在学习和工作实践中形成分析判断形势的正确方法，最终做出较为客观全面的判断结果。

正确的思想方法反映着正确认识客观事物的规律。人们对于形势的认识、分析和判断，都会不同形式、不同程度地受到头脑中所运用的思想方法的制约，形势政策教育坚持思想方法引导，有利于引导人们形成正确的思想方法，从而提高人们正确认识形势、把握形势的效率。但是，思想方法不是瞬时形成，只能在一定的层面中，长期地、渗透式地进行，思想方法引导也具有持续时间长、抽象性强的特点，因此，这对形势政策教育来说，就是一项需要贯穿始终的、持续用力的教育事业和教育过程。教育者可以在教学过程中观察人民群众问题意识和思想方法，对正确方法加以肯定，对偏颇方法及时纠正，并在后续中继续跟进方法改进情况，实时进行纠正引导，从而形成良性循环，达到思想方法引导目的。

此外，多次单一的思想教育，也会容易使群众产生逆反心理，反而不容易开展形势政策教育工作。教育者也可以对一个热点问题提供几种不同的思考方法，适应群众的选择性要求，让群众连同自己原有的思路一起比较优劣高下，从而自为地选取最为恰当的一种。这种寓"引导"于"提供"之中的方法，能够把思考方法"是非题"化为"选择题"，对群众教育引导的效果往往更佳。

第二节　形势政策教育的基本原则

形势政策教育的原则，是由形势政策教育方针所决定的必须遵循的基本要求。它既是形势政策教育实践经验和基本规律的总结，又能给未来的形势政策教育实践和学科研究以科学的指导。

一、形势政策教育的理论原则

推动思想政治理论课改革创新，就要不断增强思政课的思想性、理论性、亲和力和针对性，具体来说，表现为"八个相统一"教学要求。

（一）政治性和学理性相统一

坚持政治性和学理性相统一，要坚持用习近平新时代中国特色社会主义思想培养与教育学生，引导他们树立正确的世界观、人生观以及价值观。

第一，政治性是由正确的政治目标、政治准则、政治立场、政治主张所体现出来的鲜明价值特征。毛泽东同志曾提到，读过《共产党宣言》等马克思主义著作后，"到了一九二〇年夏天，我已经在理论上和某种程度的行动上，成为一个马克思主义者，而且从此我也自认为是一个马克思主义者了"，"我接受马克思主义、认为它是对历史的正确解释，以后，就一直没有动摇过"。[①]形势政策课能够帮助当代学生对马克思主义有更深刻的理解、认识和掌握，让学生明白马克思主义的内涵与启示，培养学生运用马克思主义的立场、观点和方法去发现、分析并解决问题的能力。

第二，学理性是蕴含于形势政策教育中的学科专业知识和理论逻辑。马克思主义既是我们一切行动的指南，又是促使学生能够建立正确认识的理论准备，构成了形势与政策问题研究及教育的认识论基础和方法论依据。在进行形势政策教育时，要以中国特色社会主义理论体系作为科学的理论，培养学生运用马克思主义的原理和方法，尤其是运用中国特色社会主义理论研判国内外

---

① 毛泽东. 毛泽东自述 [M]. 北京: 人民出版社, 1993: 39.

形势与政策的能力；要及时研究国内外的局势发展变化，引导学生把握党和国家制定重大方针、政策的基本原则，使学生的关注焦点和具体行为更加符合社会主义核心价值观的需要。

第三，形势政策课的政治性和学理性具有内在的统一性，不能只注重政治性而忽略学理性，也不能以学理性为由而疏漏政治性。只讲政治性不讲学理性的形势政策课是枯燥乏味的，只讲学理性不讲政治性的形势政策课是达不到教学目标的。深入推进形势政策课程教学，必须坚持政治性和学理性相统一，把握政治性这一灵魂，夯实学理性这一基础，在始终坚持正确政治方向的前提下加强理论阐释。

（二）价值性和知识性相统一

坚持价值性和知识性相统一，就是寓价值理念引导于传授知识之中。

第一，价值性是指引导学生塑造健全人格，开发学生人生价值的一种行为观念。朱熹《朱子语类》指出，"为学须先立志。志既立，则学问可次第着力。立志不定，终不济事。"形势政策教育有助于塑造学生的价值观，引领学生坚定马克思主义和中国特色社会主义的信念，通过一系列的历史事实阐述，实现当今现状与哲学原理相结合，培养学生在政治信仰、理想信念、道德情操、精神追求等方面的价值要求，坚定不移走中华民族伟大复兴的道路。

第二，知识性是指其知识传授的本性，即系统化、理论化、科学化地传授马克思主义科学理论的基本知识，为学生的成长发展奠定坚实的理论基础。形势政策课的教学内容必须是科学的，要让学生意识到马克思主义是经过实践检验的，至今仍然具有理论和现实的指导意义；要加强理论化内容的学习，理解掌握中国现代化建设发展的理论、历史和现实维度；要将碎片化的教学建构成系统化的知识，使学生运用辩证理性分析问题，通过学习和实践提高理论联系实际的意识和能力。

第三，形势政策教育要坚持知识性与价值性相统一。这要求教育者在理论上要理解好价值与知识的辩证统一关系，在实践中要将价值引领和知识传授合理结合，既要坚持价值性，激励学生形成马克思主义的理想信念，激发他们的爱国之情和强国之志，为传授的知识提供正确的价值导向，又要坚持知识性，提升学生的思维能力和学习能力，为进一步正确引领其价值观提供知识基础。通过坚持价值性和知识性的辩证统一，将正确、科学的价值观融于知识传授之中，教育学生坚定理想信念。

（三）建设性和批判性相统一

坚持建设性和批判性相统一，要求形势政策教育传播社会主义主流意识形态，大力弘扬社会主旋律，直面各种错误观点和错误思潮。

第一，建设性要求形势政策教育以马克思主义为指导，坚持贯彻新时代中国特色社会主义理论思想，弘扬社会主旋律，传播社会正能量。形势政策教育属于意识形态范畴，是国家意识形态建设的一条重要途径，面向学生要循序渐进地做好主流意识形态的引导和传播，因此，教育者要坚持以马克思主义为指导，推进马克思主义中国化，开展习近平新时代中国特色社会主义思想教育，弘扬和培育中华民族精神，提高学生的文化自觉和文化自信；受教育者要立足于中国特色社会主义和现代化建设的实践与经验，密切联系时代发展特点，用先进的思想指导学习生活。

第二，批判性是指对影响形势政策教育正常发挥功能和作用的思想观念或行为进行分析、辨别，敢于质疑和批判错误观点和错误思潮。批判性既需要对来自于外部的种种错误思潮的辨析和批判，也需要对自身存在的短板加以评析和校正。形势政策课程要继承马克思主义的批判精神，勇于质疑、剖析和批判各种观点和思潮，只有在不断同各种错误观点和错误思潮的斗争中，形势政策教育才有所前进和发展。

第三，要坚持形势政策课的建设性和批判性相统一。建设性重在肯定成就，对形势政策课自身的发展和完善具有正向推动性意义；批判性重在聚焦问题，剔除错误思想和思潮，规避和警惕错误的意识形态。片面强调建设性会使学生无法深刻体会目前所面临的百年未有之大变局的复杂性，片面强调批判性则会造成意识形态淡化而导致学生思想紊乱。因此，必须坚持在批判中建设，坚定马克思主义指导思想的大方向，在批判错误观点和错误思潮的同时，坚定不移地走中国特色社会主义道路，增强社会主义意识形态的凝聚力和引领力。

（四）理论性和实践性相统一

坚持理论性和实践性相统一，就是用科学理论培养学生，重视形势政策教育的实践性，把思政小课堂同社会大课堂结合起来，教育引导学生立鸿鹄志，做奋斗者。

第一，理论性要以学透理论为前提，系统学习马克思主义理论原理。马克思指出："理论只要说服人，就能掌握群众；而理论只要彻底，就能说服人。所谓彻底，就是抓住事物的根本。"[1] 马克思主义理论是形势政策课的基石，教育者要坚持阅读研究马克思主义经典著作和马克思主义中国化的最新理论成果，把握马克思主义理论的整体性，在研读经典中加深对理论的深入理解，在关注时政中增强对理论的阐释能力，切实提高自身的马克思主义素养。

第二，实践性要以实践育人为动力，充分重视形势政策课实践教育的重要性。马克思在《关于费尔巴哈的提纲》中指出，"全部社会生活在本质上是实践的"[1]135，教育者要探索研究实践育人的长效机制，把实践教学与社会调研、志愿服务、公益活动等紧密结合在一起，引导学生走出校门，利用学到的马克思主义理论解决现实问题，提高学生的思想政治素养和社会责任感，从而优化形势政策课程的教育成效。

第三，要坚持理论性和实践性相统一，在理论与实际的紧密结合中起到教育引导功能，不断提升学生的思想水平、政治觉悟和知识素质，使个人成长与社会发展同向并进。形势政策教学既要坚持理论性，将马克思主义的基本原理和方法讲解透彻，帮助学生深入理解和掌握人类社会发展规律，也要坚持实用性，引导学生进入社会，勇作新时期的奋斗者。

---

[1] 马克思恩格斯选集：第一卷 [M]. 北京：人民出版社，2012：9.

（五）统一性和多样性相统一

坚持统一性和多样性相统一，就是要严格执行教学目标、课程设置、教材使用等方面的统一规定，同时也要因地制宜、因时制宜、因材施教。

第一，统一性就是要把握统一的标准和尺度，守政治方向之正。形势政策课的总体教学目标是用习近平新时代中国特色社会主义思想铸魂育人，引导学生增强"四个自信"，树立"四个意识"，按照统一的教学目标有计划地开展教学活动，培养社会主义建设者和接班人；根据时代发展和人才培养需要，研究不同层级学生形势政策课的基本内容、课时安排和学分构成等，形成统一的布置和科学的规定；形势政策课教材的编写和使用具有极端重要的政治性，在开展教学活动过程中，须以统编教材为依托，促使马克思主义中国化理论成果进学生头脑。

第二，多样性就是要具体落实因地制宜、因时制宜、因材施教，教育者的教育手段、方法、渠道、资源等必须具有灵活性、针对性和丰富性。因地制宜，即在教学过程中，应充分把握不同地域、不同类型学校的特点，积极挖掘地域特色和资源，不断丰富形势政策课的教学内容；因时制宜则要求与时俱进，教育者必须立于时代潮头，从现实生活、社会热点中不断补充课程资源，增强形势政策教育的时代感和感召力；因材施教即要求教育者针对每节课不同的教学内容，运用恰当的教学方法，例如讲授式教学法、启发式教学法、讨论式教学法等。

第三，坚持统一性和多样性相统一，在统一性的基础上充分发挥多样性，让多样性服务于统一性。形势政策课发展过程中一以贯之的是坚持马克思主义指导思想和中国共产党的统一领导，而发展多样性也对丰富教学内容、提升教学实际效果大有裨益，是对统一性的有效保证。

（六）主导性和主体性相统一

坚持主导性和主体性相统一，体现在形势政策课教学不仅离不开教师的主导，也离不开教化学生的认知规律和接受特点，充分发挥学生的主体功能。

第一，教师具有主导性作用。《师说》提到："古之学者必有师。师者，所以传道授业解惑也。"教师是一定教育目的的实现者，是课程理论知识的传授者，也是课堂教学的组织者和学习活动的引导者。形势政策教育既需要传授知识，培育学生认识世界、改造世界的理智态度、认知能力和实践能力，还要用知识涵养学生的价值观念，厚植爱国情怀。

第二，学生具有主体性作用。课堂教学能否取得实效，关键要看学生能否很好地接受，这就要求学生必须充分意识到自身的主体性、能动性。学生是课程学习的主体，教学要以学生为中心。在形势政策课中，学生要充分发挥学习的主体作用，认真听取课程，积极思考、交流，在课堂上发挥主观能动性，加强对知识、情感、态度、价值观的吸收和学习。

第三，坚持主导性和主体性相统一，充分发挥教师的教育主导作用和学生积极的主体能动作用。在教学过程中，教师要起到主导作用，学生则要以"吾爱吾师，吾更爱真理"的精神敢于发问，以理性、严谨的态度追求真理；要共同用习近平新时代中国特色社会主义思想武装头脑，在形势政策教育中聚焦理论和实践，做到习近平总书记曾提到的"在真学真信中坚定理想信念，在学思践悟中牢记初心使命，在细照笃行中不断修炼自我，在知行合一中主动担当作为"[①]。

（七）灌输性和启发性相统一

坚持灌输性和启发性相统一，强调培养学生的创造性，引导学生发现问题、分析问题、思考问题并解决问题。

第一，灌输性强调教师在形势政策教育中对学生进行系统的知识传授，用马克思主义理论武装其头脑。坚持灌输性并不是所谓"填鸭式教育"，更不是被有些人所歪曲的"控制论"或"洗脑论"，当今社会的学生受知识结构、社会阅历的束缚，很容易受到错误思潮的影响，科学的理论很难在学生头脑中自发产生。这就需要教师把科学的理论"灌输"给学生，引导其树立正确的价值标准。

第二，启发性是指教师通过引导的方式，启发学生积极思考，使学生主动学习、独立思考。长期以来，我国形势政策教育实践中往往倾向于把已有的结论直接传授给学生，但是只有通过启发和引导，才能促使学生深刻领悟学习内容。因此，需要注重启发式教育，着力培养学生的批判性思维、开放性思维和创造性思维，提升学生自觉运用马克思主义的基本立场、观点和方法发

[①] 习近平. 论党的宣传思想工作 [M]. 北京: 中央文献出版社, 2020: 359.

现问题、分析问题、思考问题和解决问题的能力。

第三，灌输性和启发性是辩证统一的，灌输是启发的基础，启发是灌输的延伸。灌输强调由外向内进行系统性知识的传授，促使学生接受科学的理论、观点和方法，而启发则强调通过教师的引导，使学生由内向外地接受知识并自主构建知识体系，二者相辅相成，缺一不可。当今社会主流价值面临各种挑战与困难，各种敌对势力对我国进行渗透，必须要坚持好灌输性与启发性相统一的原则，加强社会主义意识形态建设。

（八）显性教育和隐性教育相统一

坚持显性教育和隐性教育相统一，就是挖掘其他课程和教学方式中蕴含的形势政策教育资源，实现全员、全程、全方位教育学生。

第一，显性教育是直接利用教育教学来阐述马克思主义理论的方法、知识和原理。必须清晰地说透马克思主义思想的基本逻辑，在教学讲解中强调马克思主义思想导向，表现出马克思主义学说的深刻内涵，把理想信念建立在对科学理论的理性认同上、对历史规律的正确认识上和对基本国情的准确把握上，高高举起中国特色社会主义伟大旗帜。

第二，隐性教育是把马克思主义思想培育融入每门课程，融入学校生活的每个方面、每个角落。要在学校大量的综合素质和通识类课程中以浸润的方式完成思想教育目标，落实习近平总书记在全国高校思想政治工作会议上提出"其他各门课都要守好一段渠、种好责任田，使各类课程与思想政治理论课同向同行，形成协同效应"①的要求。

第三，形势政策课要坚持显性教育与隐性教育相统一。要善于挖掘利用好各个科目、各类教学方式以及日常生活中蕴含的教育资源；要强化全员育人、全方位育人的理念，加强课程思政建设，组织动员专业课教师结合专业课教学进行思想教育、价值引领；要建设积极向上的校园文化，开展丰富多彩的实践教育活动，开发蕴藏在校园中的思想政治理论教育资源，实现其自显自彰的显性教育与潜隐渗透的隐性教育的有机统一。

二、形势政策教育的工作原则

（一）实事求是的原则

实事求是，是党的思想路线和思想作风的重要原则，是党的一切工作的前提，因而也必然成为形势政策教育的首要原则。

第一，形势政策教育的力量来源于真实性。形势政策教育中的真实性包括相互联系的三层含义：一是形势政策教育中所讲述的情况，都必须完全真实。只有真实，才能可信；只有真实，才有说服力和感染力；也只有真实，才能唤起教学生的共识和共鸣。因此，在形势政策教育中要把基本情况真实地告诉学生。毛泽东、邓小平等在论及形势政策教育时，都强调要"切实""真实""据实"地把困难和问题告诉群众，这不仅反映了对群众的信任，也指出了形势教育必须遵循的实事求是的原则。二是教师对于事实的说明和解释，也必须符合事实的本来面目。在形势政

---

① 习近平. 论党的宣传思想工作 [M]. 北京：中央文献出版社, 2020: 277.

策教育中，教师对于事实的阐释都必须真实，有根有据，不能只求"为我所用"，任意掐头去尾、添油加醋；或者为了追求"轰动效应"，便借题发挥，哗众取宠。任何没有根据地、不负责任的"合理想象""逻辑延伸"，把可能性说成是现实性，都是不符合实事求是原则的。三是教师分析形势政策所依据的原理、方法要有科学性，分析过程要符合逻辑。在形势政策教育中，不仅事实要真实、说理要真实，而且运用的原理和方法也要真实，即要运用马克思主义的立场、观点和方法，客观地、全面地、动态地、辩证地认识和分析具体的事实，从中选取最能反映形势中本质特征的、具有典型意义的内容，作为形势政策教育的素材，在重点分析讲解中，使学生得到启发和提高。要防止主观主义、客观主义、形而上学的影响，避免把形势政策教育变成"客观消息的交流会和主观臆测的故事会"。唯有这样，才能客观、真实地讲清讲透形势政策，发挥事实的威力，使形势政策教育起到预期的作用。

第二，实事求是要在规律性上下功夫。毛泽东曾对"实事求是"进行过辨析："'实事'就是客观存在着的一切事物，'是'就是客观事物的内部联系，即规律性，'求'就是我们去研究。"[①] 实事求是，不仅在教育的内容上要尽量真实，而且要符合事物运动的客观规律，反映事物发展的方向，全面而深刻地揭示出事物的本质。这就要求教育主体坚持科学的态度，运用科学的方法，透过现象看本质，掌握规律看趋势。

---

① 毛泽东选集: 第三卷 [M]. 北京: 人民出版社, 1991: 801.

第三，实事求是是党性的重要表现。实事求是是中国共产党思想路线中最主要的内容，是党性的重要体现。"没有科学的态度，即没有马克思列宁主义的理论和实践统一的态度，就叫作没有党性，或叫作党性不完全。"[①] 因此，在形势政策教育中坚持实事求是的原则，就是坚持党性的原则。所以，坚持实事求是，就是要在形势政策教育中坚持阶级性、政治性、思想性、原则性和战斗性的统一。

（二）注重鼓劲的原则

就其实质而言，形势政策教育是一项群众工作，是团结群众、教育群众、引导群众、鼓舞群众的工作。因此，必须坚持重在鼓劲的原则。

第一，鼓劲是形势政策教育的目的所在，形势政策教育的直接任务就是紧密围绕以中国式现代化全面推进中华民族伟大复兴这个中心任务，培育"四有"社会主义新人，调动学生的积极性，激发学生的创造性，为社会主义现代化建设提供强有力的精神动力和思想保证。形势政策教育的定义和任务，都规定了它必须坚持注重鼓劲的原则。

第二，鼓劲就必须处理好有利条件和困难因素的关系。在形势政策教育中坚持鼓劲的原则，很重要的是必须处理好认识形势、完成任务中的有利条件和困难因素的关系问题。有利条件要讲足，困难因素要讲透。1999年出台的《中共中央关于加强和改

---

① 毛泽东选集：第三卷 [M]. 北京：人民出版社，1991: 800.

进思想政治工作的若干意见》指出："要经常进行国际、国内形势的教育，引导干部群众了解前进中的有利条件和不利因素，在形势好的时候看到问题，不盲目乐观；在遇到困难和挫折的时候看到光明，不悲观失望。"① 这样才能获得广大群众的理解和信任，才能鼓舞起克服困难的勇气和夺取胜利的斗志。

第三，正确分析、认识困难是鼓劲的重点。在形势政策教育中，如何正确认识困难是一个十分关键的问题。教育者面对学生，首先要讲清在形势发展的各种可能性中，我们争取较好的发展趋势，当然会遇到各种各样的困难和问题；越是要争取更好的未来，就会遇到更大的困难，如果不思进取，随波逐流，听凭命运的安排，那么眼前的困难就会小得多，但从长远看，会酿成更大的困难。其次，要讲清我国正处在历史发展的转折时期，各项工作千头万绪，新情况、新问题层出不穷，这必然会遇到各种困难，工作中也会出现某些失误。再次，要讲清我们遇到的困难是前进中的困难，世界上只有走下坡路最省力，我们在走上坡路、前进路，阻力自然多一些，困难自然大一些。最后，要讲清对待困难的正确态度，即工作的本质就是克服困难，克服困难必须真抓实干；只有努力克服，才能使困难越来越小，不去努力克服，困难就会越来越大，从而鼓舞起征服各种困难、而不被困难所征服的勇气和干劲。

第四，要把面临的困难和问题告诉学生。主动地把面临的困难和问题告诉群众，是党有信心、有力量的表现，也是党的思想

---

① 中共中央文献研究室. 十五大以来重要文献选编（中）[M]. 北京：人民出版社. 2001：1041.

政治工作的优良传统。毛泽东在就曾指出:"需要在群众中间经常进行生动的、切实的政治教育,并且应当经常把发生的困难向他们作真实的说明,和他们一起研究如何解决困难的办法。"①邓小平也强调:"要把国家的形势和困难、党的工作和政策经常真实地告诉群众"②,这是党的政治优势的重要表现,也是相信群众、依靠群众、走群众路线的重要表现。

第五,要掌握群众的思想脉搏,鼓实劲。要有效地鼓起学生的干劲,首先就必须下功夫真正地了解学生的真实感受和真实思想。弄清人民群众真实的思想、情绪、愿望、要求,是做好群众思想政治工作和其他各项工作的前提条件,弄不清群众在想什么,就谈不上根据对象的特点,做好深入细致的思想政治工作。做思想政治工作是这样,开展形势政策教育也是这样。只有及时倾听学生的呼声,摸准学生的思想动态和走势;只有深入体察学生的意愿和需要,熟悉学生思想活动的特点,才能有针对性地采取适当的方法,来设计形势政策教育的方案,鼓舞起完成工作任务的实劲,实现鼓动的目的。

(三)民主平等的原则

在建立社会主义市场经济体制的背景下,人们的思想观念、价值观念、社会心态等都发生了深刻的变化,呈现出一种多向的、弹性的多维系统,人们的自主意识有了空前的增强。对于形势政策教育来说,坚持民主、平等的原则就更为重要。

---

① 毛泽东著作选读: 下册 [M]. 北京: 人民出版社, 1986: 791-792.

② 邓小平文选: 第二卷 [M]. 北京: 人民出版社, 1994: 356.

第一，形势政策教育遵循民主平等的原则，是由教育对象的法律地位决定的。在我国，人民群众是国家的主人，广大人民群众拥有《宪法》赋予的广泛的知情权。及时、准确、全面地了解国家的重大事务，就是知情权的具体表现之一。形势政策教育应当是公民知情权的体现。在形势教育中，教育者与受教育者的法律地位是平等的。形势政策教育的实质，是教育者向受教育者提供一种关于正确认识形势的看法和思路的服务。这就决定了形势政策教育必须贯彻民主平等的原则。

第二，形势政策教育遵循民主平等的原则，是由教育对象的心理特点决定的。社会心理学的研究表明，人们往往倾向于自己独立行事，不乐意受别人的指使。形势政策教育采取民主、平等的态度，可以使受教育者在心理上获得平等、亲切的感觉，消除对外部刺激的"戒备"心理，改变被动地接受教育的消极、厌烦情绪，更加容易接受外部教育的信息和观点。

第三，形势教育遵循民主平等的原则，是由教育对象的素质特点决定的。同以前相比，广大群众的文化程度总体上有了明显的提高，从社会上获取各种形势信息的能力大大增强，独立思考的意识显著增强，求同思维逐步淡化，求异思维逐步增强，人们不再简单地服从权威，更不愿意盲从。这就带来了两大变化：一是独立性更强。人们喜欢通过自己的思考，通过平等、民主的讨论，自己对形势作出判断、得出结论；而对于居高临下的教育方式、硬性地统一口径等传统方法，产生了一定程度的钝化、厌倦情绪。二是选择性更强。社会生活的丰富多彩，公众媒介的逐步活跃，价值观念的多元取向，必然引起人们对形势认识的多样化，很难强求一律。在这种情况下，群众享有比以往更充分的自由选择余地。因此，人们的思想更趋活跃，对于形势政策的各种意见和观点偏向于通过自己的思考，分析比较，辨别利弊，然后作出选择。心理学的研究表明，人们对于自己思考得出的结论，往往比从外部单向地灌输进去的结论，认识更深刻，作用更持久。为此，形势政策教育要更多地采用提供精心选择的各种知识、信息的方式，对受教育者进行适当的启发，开发他们的智慧，引导他们自己对形势与政策作出比较正确的分析和判断，消除误解和疑惑，达到预期的目的。

第四，形势政策教育遵循民主平等的原则，要求形势政策教育形式必须创新。形势政策教育应该顺应教育对象的这些特点，贯彻好民主平等的原则，对形势政策教育的形式进行创新。要创造适当的条件让受教育者发表个人意见，参与讨论争辩，使形势政策教育成为种双向的、互动式的教育，让他们在讨论中澄清疑惑，受到启发，得到提高，而不单纯是单向的、被动的，灌输式的传统教育方式，从而使形势政策教育的形式更能符合教育对象的需要，更能为他们所接受，真正使形势政策教育取得更好的效果。

第五，形势政策教育遵循民主平等的原则，要求形势政策教育的实施务必转变角色意识。教育主体与教育客体之间的关系不是将凝固不变的。在广大群众民主意识、信息渠道、知识素质空前提高的今天，教育主体与教育客体双方的角色随时可能发生转换。形势政策教育者对此要有充分的认识，不能以教育者自居，而应更多地向受教育者学习，吸取对方的长处，在教学双方互动的作用之下，把形势政策教育提高到新的水平。遵循民主平等的原则，形势政策教育者要注意"三个不能"：一是不能以势压人。形势教育中，唯有真实才能动人，唯有真理才能服人。要在充分准备的基础上，摆事实，讲道理，围绕主要观点，充分陈述理由，才能令人信服。俗话说："有理不在声高"。如果不掌握充分的事实，不掌握科学的真理，单靠说教是不可能说服人的。尤其是在思想解放的今天，以势压人是压不服人的，除了引起受教育者的反感之外，没有任何作用。二是不能强不知以为知。《论语•为政》指出："知之为知之，不知为不知，是知也。"在一定的时期内，形势政策教育者拥有的知识、信息总是有限的，即使是与教育内容有关的知识也不可能穷尽，不可能、也不必要同时成为每一个领域的专家，在教学过程中必定存在一些"盲点"。对于这些不可避免的"盲点"，有两种不同的态度：一种以专家自居，无所不晓，甚至强不知以为知，凭"想当然"来应付、搪塞；另一种是诚实虚心，对自己不了解的情况和道理，抱"阙疑"的态度，敢于承认自己的不足，甚至不耻下问，吸取受教育者的长处。这两种态度会带来不同的结果：前者不但不能取得好的教育效果，反而暴露了教育者个人素质上的缺点，损害教育者的形象和威信；后者持诚实的态度，非但不会被人看轻，还会获得他人的尊敬，从而提高教育的可信度。三是不能总以正确示人。人非圣贤，孰能无过？由于主客观的原因，在形势政策教育中，谁都不可能时时正确。如果老是标榜自己"始终正确""一贯正确"，反而会引起受教育者的反感。有些人就是因为经常自诩多么有"先见之明"，反而造成了受教育者的不信任，甚至是逆反心理，即使他说得再对，人们也不愿听、不相信。因此，教育者要勇于正视、承认自己的失误，有时可以把思想认识转变、提高的过程讲出来，这既可以体现实事求是的精神，获得人们的信任，还可以带动有相似误解的人们，像自己一样经历这一段思想转变、认识提高的过程，从而达到正确的认识。当然，教育者要加强学习，不断地充实自己，使自己的知识越来越丰富，判断越来越正确，给受教育者以更加完美的教育。古希腊著名戏剧家埃斯库罗斯说过："聪明人不是具有广博知识的人，而是掌握有用知识的人。"这就要求教育者在不断充实知识的基础上，有选择、有重点地进行学习，扩大知识面，不断优化自己的知识结构，并且善于把知识转化为实际的工作能力，从而胜任引导群众自己作出结论的工作。

（四）言行一致的原则

形势政策教育是一项实践性很强的工作，教育者的自身形象是十分重要的。这直接影响到形势政策教育的实际效果。

第一，形势政策教育者的素质对于教育效果具有直接的影响。前苏联学者在《宣传心理学》中指出，发自有崇高威望地方的信息，其影响力比较大，如果听众认为宣传者是有很高威信的人，那么他对听众影响的强度就大。形势政策教育和思想政治工作与之类似，要真正说服人，一靠真理的力量，二靠人格的力量。所谓人格的力量，就是宣传者、教育者必须以身作则、言行一致，带头实践自己提倡的道德标准和价值观念。在社会风气和干部素质问题较多的时候，形势政策教育工作者的人格力量比以往任何时候都具有影响力。群众会在对干部人格和素质的分析、对比中，判断出哪些干部的话可信，哪些干部的话不可信。正如"公生明，廉生威"，心里装着群众的人，群众心里也装着他。而一些个人品德不好的人，则往往是"台上他说，台下说他"。

第二，形势政策教育者要言行一致、身体力行。要使形势政策教育在群众中产生较好的作用，教育者就必须言行一致、身体力行。教育者自己所说的，应当是他所认定的、信奉的，因而也应当是他自己所能做到的。实践证明，在形势政策教育中，言教与身教要紧密结合，而身教常常比言教更重要。凡是指导别人的，自己应当坚信不疑；凡是要求别人的，自己应当首先做到。如果教育者言行不一，他的"言"就没有说服力，他的"行"就没有感染力，就无法正常发挥教育的功能。譬如，有的领导干部在进行形势政策教育时，说得慷慨激昂，对搞好企业信心百倍，要求群众同心同德，共渡难关，不久却自找门路，溜之大吉。群众对此极为反感，认为这种干部说的一套，做的是另一套，完全是戴着假面具欺骗群众。这种形势政策政策教育还不如没有的好。而许多优秀的领导干部，用自身的行动不断地印证着自己的言论，有力地实践着在形势教育中提出的任务和要求，发挥了宣传群众、鼓舞群众、激励群众、带动群众的良好作用。人们熟知的焦裕禄、孔繁森等，无一不是如此。由此看来，形势政策教育工作者必须重视自己的人格塑造，不断提高自身的素质，这是做好形势政策教育工作的一个重要前提。

第六章 形势政策教育学的课程设置、教学与师资

党的十八大以来，以习近平总书记为核心的党中央对包括形势政策教育在内的思想政治理论课建设作出一系列重大决策部署，形势政策教育课程建设成效显著，教学方法不断创新。目前，形势政策教育面临着课程内容时效性和精准性特别强、教学知识内涵跨学科跨领域特别强、教学资源来源和更新要求特别不易、师资队伍发展不适应课程教学需求等挑战，仍然需要紧密围绕中央提出的"谁开课、怎么开、教什么、用什么教、谁来教、怎么教、怎么评、怎样管"的系统逻辑，加强课程建设，创新教学模式，建强师资队伍。

第一节 形势政策教育学的课程设置

形势政策教育学课程是一类理论武装时效性、释疑解惑针对性、教育引导综合性都很强的思想政治理论课程，具有思想性、政治性、理论性、时效性、针对性的特点，此类课程必须回应时代需要，充分体现每个时代所赋予的特殊价值。特别是在各高校普遍开设的"形势与政策"课，是帮助大学生正确认识新时代国

内外形势，深刻领会党的十八大以来党和国家事业取得的历史性成就、发生的历史性变革、面临的历史性机遇和挑战的核心课程，也是第一时间推动党的理论创新成果进教材进课堂进学生头脑，引导大学生准确理解党的基本理论、基本路线、基本方略的重要渠道。

一、形势政策教育学课程设置的指导思想和基本原则

（一）形势政策教育学课程设置的指导思想

形势政策教育学课程设置的指导思想是：高举中国特色社会主义伟大旗帜，紧密团结在以习近平同志为核心的党中央周围，坚持马克思列宁主义、毛泽东思想、邓小平理论、"三个代表"重要思想、科学发展观，全面贯彻习近平新时代中国特色社会主义思想，全面贯彻党的十八大、十九大和二十大精神，以理想信念教育为核心，以社会主义核心价值观为引领，切实抓好各方面基础性建设工作，切实加强和改善党的领导，全面提升思想政治工作水平，忠诚拥护"两个确立"，增强"四个意识"，坚定"四个自信"，坚决做到"两个维护"，深刻领会"两个结合"，牢记"国之大者"，统筹推进"五位一体"总体布局，协调推进"四个全面"战略布局，用党的创新理论统一思想、统一意志、统一行动，牢记"三个务必"，为全面建设社会主义现代化国家、实现第二个百年奋斗目标，全面推进中华民族伟大复兴而团结奋斗。

（二）形势政策教育学课程设置的基本原则

形势政策教育学课程设置的基本原则是：一是坚持以马克思

主义中国化时代化最新成果为指导,坚持以人民为中心的发展思想，更好为改革开放和社会主义现代化建设服务。二是坚持党的领导，把党的建设贯穿始终。三是坚持把思想价值引领贯穿教学全过程和各环节。四是坚持遵循教育规律、思想政治工作规律，把握学员思想特点和发展需求，注重理论教育和实践活动相结合、普遍要求和分类指导相结合，提高工作科学化精细化水平。五是坚持守正创新，推进理念、思路、内容、形式、方法、手段创新，增强时代感和实效性。

同时，要积极探索新形势下开展形势政策教育的新方法和新途径。根据教学需要和学员特点，采取灵活多样的教学方式，努力做到系统讲授与形势报告、专题讲座相结合，请进来与走出去相结合，课堂教学与课外讨论、交流相结合，讲授教育与学员自我教育相结合。建立形势报告会制度，抓住重大节日、纪念日、重大事件等纪念活动的时机，挖掘教育资源，通过座谈会、研讨会、行走党课、行走思政课等方式，广泛开展宣传教育活动，切实增进教育效果。充分发挥先进典型和英雄人物在形势政策教育中的引导、示范和辐射作用。积极运用互联网这一现代信息技术，丰富教育资源，创新教学方法，拓展教育空间。各类教育网站可以设立形势政策教育的网页、专栏，组织开展各种形式的网上教学、讨论等活动。

比如，上海探索"4+1+X"思政课体系改革在形成"国家政策+学生需求+校本特色"有机结合的中国系列选修课和在全市推广"项链模式"多学科组合教学模式方面取得的一定成效，值得借鉴。"锦绣中国""法治中国""绿色中国""健康中国"……这些别具一格的"亮眼"课程共同组成了上海在课程思政教育教学改革中首创性推出的"中国系列"选修课,既立足学校办学特色和优势学科,又牢牢把握时代发展主题,切中学生关注的现实问题,形成覆盖全市所有高校60余门"一校一特色"系列课程,一经推出,受到大学生热烈欢迎。"中国系列"思政课选修课作为一门规范性课程,有着完整的教学大纲、稳定的师资团队,合理的学时、学分,但教学方式方法却富有个性化,灵活多样。课程以有机串联知识点的"项链模式"为主干,以讲故事为方法,融合课堂主讲、现场回答、网上互动、课堂反馈等多种教学方式,巧妙地寓社会主义核心价值观的精髓要义于多样化的课堂教学之中,在引人入胜、潜移默化中实现教育目标。同时,"中国系列"思政课选修课走出校园,走进外企白领办公区,走进社区街道,走进基层党建服务中心,走进建筑工地,将新思想传送给社会大众。还推出在线课程,借助现代网络媒体技术将课程内容以视频、音频形式快速传播,让"中国系列"成为随时随地可学习的"口袋思政"。①

二、形势政策教育学课程设置的层次结构

(一) 基本范畴和基本理论

形势政策教育学是以形势政策教育为研究客体的学科,这个

---

① 新华网. 上海高校开设"中国系列"思政课选修课程 深受学生喜爱 [EB/OL]. (2019-03-18)[2023-07-23]. http://baijiahao.baidu.com/s?id=1628322298001586741&wfr=spider&for=pc

研究客体规定了形势政策教育学研究的框架和基本内容，可分为三个部分。

首先，从普遍性角度研究形势与政策以及形势政策教育的基本范畴、基本理论问题，包括阐明形势与政策的内涵和特点，形势与政策的相互关系，揭示形势教育与政策教育的关系及其含义、特征和实质，阐明形势政策教育的结构和功能、地位和作用。

其次，重点探讨基本范畴、基本理论的意义，阐明中国化时代化马克思主义关于形势与政策问题的基本原理。形势政策教育是由四个层次构成的，即中国化时代化马克思主义世界观和政治观教育，中国化时代化马克思主义形势观和政策观教育，宏观形势与党的路线、政策、方针教育，具体形势与具体政策体系教育。

第三，形势政策教育是一种具有特殊内容和形式的政治教育，其实质是促进人的政治社会化，具有广泛的社会价值和个体价值，具有认知、认同、导向和规范功能。要根据学员的政治观形成发展的特点，探讨形势政策教育的内涵和基本特点、价值和功能、地位和作用。

在当前和今后一个时期，可以着重把握以下诸方面的内容。

（1）深刻领会新时代的含义；

（2）深刻领会党的十八大以来的伟大变革；

（3）深刻领会开辟马克思主义中国化时代化新境界；

（4）深刻领会新时代新征程中国共产党的使命任务；

（5）深刻领会中国式现代化的中国特色和本质要求；

（6）深刻领会社会主义经济建设、政治建设、文化建设、社会建设、生态文明建设等方面的重大部署；

（7）深刻领会教育科技人才、法治建设、国家安全等方面的重大部署；

（8）深刻领会国防和军队建设、港澳台工作、外交工作等方面的重大部署；

（9）深刻领会构建人类命运共同体的意义；

（10）深刻领会坚持党的全面领导和全面从严治党的重大部署。

（二）中国化时代化马克思主义形势政策观

中国化时代化马克思主义形势政策观，是马克思主义关于形势的本质和规律以及认识形势和驾驭形势的基本立场、基本观点、基本原则和基本方法的总和，是马克思主义关于政策、政策体系的本质和政策运行过程规律的根本观点和基本态度，是马克思主义世界观和政治观在政党和政府的政策问题上的具体化。马克思主义是我们立党立国、兴党兴国的根本指导思想，要深刻领会马克思主义中国化时代化新境界。实践告诉我们，中国共产党为什么能，中国特色社会主义为什么好，归根到底是马克思主义行，是中国化时代化的马克思主义行。推进马克思主义中国化时代化是一个追求真理、揭示真理、笃行真理的过程。党的十八大以来，国内外形势新变化和实践新要求，迫切需要我们从理论和实践的结合上，深入回答关系党和国家事业发展、党治国理政的一系列重大时代课题。中国共产党勇于进行理论探索和创新，以全新的视野深化对共产党执政规律、社会主义建设规律、人类社会发展规律的认识，取得重大理论创新成果，集中体现为习近平新时代中国特色社会主义思想。党的十九大、十九届六中全会提出的"十个明确""十四个坚持""十三个方面成就"概括了习近平新时代中国特色社会主义思想的主要内容。党的二十大提出"六个必须坚持"，概括阐述了习近平新时代中国特色社会主义思想的世界观、方法论和贯穿其中的立场观点方法，必须长期坚持并不断丰富发展。只有把马克思主义基本原理同中国具体实际相结合、同中华优秀传统文化相结合，坚持运用辩证唯物主义和历史唯物主义，才能正确回答时代和实践提出的重大问题，才能始终保持马克思主义的蓬勃生机和旺盛活力。不断谱写马克思主义中国化时代化新篇章，这是当代中国共产党人的庄严历史责任。继续推进实践基础上的理论创新，首先要把握好习近平新时代中国特色社会主义思想的世界观和方法论，坚持好、运用好贯穿其中的立场观点方法，切实做到坚持人民至上、坚持自信自立、坚持守正创新、坚持问题导向、坚持系统观念、坚持胸怀天下，在新时代伟大实践中不断开辟马克思主义中国化时代化新境界，这是形势政策教育学的重大任务。

（三）坚持学科建设与时俱进

坚持学科建设与时俱进，必须从受教育者政治观的形成和发展变化的特点出发，着眼于提高受教育者的政治素质；必须坚持理论联系实际的原则，正确处理形势政策教育同政治理论教育、思想品德教育之间的关系；必须正确处理课程教学同社会实践的关系，不断推进形势政策教育的科学化、学科化、规范化和制度化进程。

要加强形势政策教育学研究工作。重点研究中国化时代化马克思主义形势观和政策观等基本理论、基本观点，研究学员关注的热点、难点问题，密切关注国内外大事，及时准确把握动态，不断增强教育教学的时效性和针对性。在学科建设中，鼓励和组织教师开展科学研究，在国家、地方、高校、有关企事业单位设立相关研究科研课题并予以支持，为研究成果的发表提供阵地，做到理论武装时效性、释疑解惑针对性、教育引导综合性的统一。

1. 理论武装时效性

形势政策教育学课程要帮助学员正确认识新时代国内外的最新形势，及时宣传党中央的大政方针，引导学员深入学习领会习近平新时代中国特色社会主义思想，准确理解把握党的基本理论、基本路线、基本方略，第一时间推动党的理论创新成果进教材、进课堂、进头脑。面临百年未有之大变局，课程教学内容更加要与时俱进，及时更新，凸显政治性、思想性，用理论武装学员的头脑。要引导学员学会运用中国化时代化马克思主义的立场、观点、方法，分析和把握国内外形势。积极开展爱党、爱国、爱社会主义教育，充分认识中国特色社会主义制度强大的优越性，引导学员进一步增强对中国特色社会主义道路认同，筑牢制度自信的思想根基，坚定理想信念。

2. 释疑解惑针对性

思想政治工作本质上是一个释疑解惑的过程。形势政策教育学课程要突出针对性、实效性，要针对最新发生的国内外重大事件、社会生活热点等话题展开教学，切实将教学内容和人的思想认识、时事热点、社会热点密切结合起来，聚焦学员需求，回应学员关切，真正做到针对学员思想实际，科学分析当前的形势与政策，对热点、难点问题进行阐释，从而使学员认清形势的发展变化，深刻理解党和国家的方针政策，提高思想站位，树立正确的世界观、人生观、价值观。

3. 教育引导综合性

课堂讲授是进行教育的主阵地。形势政策教育学课程是讲授国际国内社会政治、经济发展的状况和态势、社会热点等问题，政策教育课程是宣传党和国家在一定时期内，为实现特定的目标而制定的路线、方针、政策。讲授内容要以学习贯彻习近平新时代中国特色社会主义思想为中心和重点，紧密联系当前国内外的时政热点，宣传党和国家的重大方针、原则和重要政策，对学员进行社会主义核心价值观教育，引导学员正确认识世界和中国发展大势，正确认识时代责任和历史使命，坚定走中国特色社会主义道路的信心与决心。开展爱党、爱国、爱社会主义教育，进行敬畏自然、热爱生命教育，加强社会责任感和担当精神教育，培养学员的规范意识、规则意识，重视感恩教育。传播社会正能量，引导学员把个人理想追求融入国家和民族的事业中，积极为实现第二个百年奋斗目标贡献自己的力量，发挥自身的价值和作用。

第二节　形势政策教育学的教学过程与方法

提高形势政策教育的教学质量，需要从教学内容、教学主体、教学方法等多个方面进行着力。教学内容方面，要结合立德树人与受教育者需求，准确把握形势政策教育课程的特殊性，注重学术学理性；教学主体方面，要发挥专职、兼职、领导干部队伍集成优势、协同效应，提高包括马克思主义理论学科意识、信息处理能力、政治"三力"、语言表达力于一体的讲道理能力；教学方法方面，要以受教育者为中心、以问题为导向，了解分类分层受教育者实际、关注受教育者思想需求，达到师生共情、共鸣、共识、共振的教学目标。本节主要从教学过程和教学方法上探讨如何提升形势政策教育的教学质量。

一、探讨个体形势观、政策观形成和发展变化的特点与规律

（一）个体形势观、政策观发展的心理过程

习近平总书记在学校思想政治理论课教师座谈会上强调："要坚持以学生为中心，加大对学生的认知规律和接受特点的研究，发挥学生主体性作用。"[1] 认知过程是心理过程的起点和基础，有其特有的规律，形势政策教育首先要作用于人的认知过程。认知是行为的先导，人的行为受认知的支配。认知是个体认识世界的复杂心理活动，包括感觉、知觉、记忆、想象、思维、注意等心理过程。作为获取知识和信息的智力活动，认知是由表及里、由现象到本质地反映客观事物特征及内在联系的心理活动，也是人脑对信息的加工过程。在形势政策教育认知过程中，包含着四个相互联系和衔接的心理过程，即感知过程、注意

---

① 习近平. 论党的宣传思想工作 [M]. 北京: 中央文献出版社, 2020: 385-386.

过程、同化过程和顺应过程。在形势政策教育过程中，受教育者只有经过这四个阶段的认知发展，才能最终完成认知过程，将社会意识转化为个体意识。[①] 这里，同化是指认知主体把环境刺激因素纳入已有的认知图式中，使之成为自身的一部分，从而丰富和改变原有的认知图式。瑞士心理学家皮亚杰认为，每个人都有自己特有的认知图式，当个体与新的环境不相适应时，就会有意识地进行认知调整，将环境中的新刺激与原有认知图式信息通过分析、比较、评价进行整合和取舍，使认知图式不断丰富，从而增强对环境的适应性。这一过程，即是个体的同化过程。在形势政策教育过程中，受教育者的同化过程就表现为把教育者传递的信息纳入认知图式中，经过认知图式的整合与取舍，转化为个体可能接受的信息。顺应过程指认知主体进一步接受新的知识和信息，继续进行认知调节和观念融合，最终改变原有的认知图式，以适应特定环境的过程。顺应是质变的过程，是认知图式的重建与调整，表现为认知发展的一种新的平衡。受教育者接受形势政策教育的过程，就是主客体间实现平衡的过程，也就是受教育者依靠自身的认知活动汲取新的形势和政策知识，从而形成新的认知结构，促进认知不断发展的过程。

根据皮亚杰的认知发展理论，受教育者的学习活动并不只是获得知识和信息的过程，而是一种认知结构的建构过程。这一过程需要遵循主动建构规律，引导受教育者主动参与教育过程，使

---

① 杨芷英. 大学生思想政治教育认知规律探究 [J]. 思想政治工作研究, 2022, (6): 26-28.

其认知图式不断接受新的信息刺激，进而实现由"同化"到"顺应"，最终达到与环境平衡的状态。因此，在形势政策教育过程中，要充分发挥受教育者的主体作用，把受教育者当作具有选择意愿和接受自由的能动个体，选择贴近受教育者生活世界的教育内容和受教育者关心的社会热点问题，回应受教育者的思想困惑和现实关切。

根据心理学的认知失调理论，人的知识、态度、观点、信念等认知因素构成了整体认知结构，当人的认知因素出现冲突时，就会导致心理上的紧张感和压抑感，成为心理内驱力，促使个体设法减轻和消除这种不协调状态。这个过程就是态度、观念的转变过程。在形势政策教育过程中，教育者要善于创设问题情境，以问题为导向开展教育，通过"提出问题情境——引入认知矛盾——造成认知冲突——产生心理压力——进行认知调节——实现态度转变"等一系列认知转变过程，引导受教育者聚焦现实问题，探讨解决方案，获得态度的转变和认知的深化。

情绪是有机体反映客观事物与主体需要之间关系的态度体验。情感是在情绪基础上形成的，在人的心理过程中，认知是情感产生的前提和基础，但情感对认知也具有重要影响，情绪情感可以加强或削弱人在认知过程中的感知力、理解力、记忆力、想象力和判断力，从而加强或抑制认知功能。比如，当受教育者处于积极情绪状态时，其大脑的感受力就会增强，神经反应活动敏锐、活跃，感知、理解、想象、判断能力提升，从而有助于对形势政策教育信息的接受。反之，消极情绪状态则不利于形势政策教育信息的接受。同时，情绪情感对信息接受具有选择和过滤作用。面对同样的信息，在不同的情感状态下，往往会做出截然不同的感知和理解，甚至产生逆反心理，导致认知偏差。可见，在形势政策教育过程中，积极的情绪情感可以深化认知、强化意志，促进形势政策教育目标的实现。受教育者在参与思想政治教育过程中，往往伴随着一定的情绪情感，使认知过程染上情感的"色彩"。因此，形势政策教育者要善于用积极情感感染受教育者，做到情理交融、将心比心，对受教育者倾注真情与真心，唤起受教育者的积极情感，促进思想共鸣与观念认同。

为实施科学、有效的形势政策教育，还需要从个体政治品德发展的角度，探讨人们形势观与政策观发展状态的测评问题。具体内容包括研究个体的形势观与政策观发展状态测评的内涵、功能、原则和方法，以及测评指标体系的建构和运用等主要问题。

（二）形势政策教育学的内容体系及各个层次内容的结构关系

形势政策教育学的操作体系包括形势政策教育的目标、任务和要求的确立，形势政策教育内容结构的优选，形势政策教育的方式、方法、途径、渠道和载体，以及形势政策教育效果的评估等问题。

首先，形势政策教育的根本目标是引导受教育者坚定走中国特色社会主义道路和促进人的全面发展，具体目标体现为帮助受教育者树立正确的形势观和政策观，提高形势判断能力，促进政策认知和认同，提高受教育者的政治思想素质，使其积极投身中国特色社会主义现代化建设事业。形势政策教育的主要任务是帮助受教育者掌握形势与政策的基本理论和基础知识，帮助受教育者掌握分析形势和理解政策的正确立场、观点和方法，帮助受教育者理解和拥护党的路线、方针和政策。形势政策教育要具体体现在政治知识、政治能力、政治方向和政治立场方面。

其次，探讨形势政策教育学的内容体系及各个层次内容的结构关系。其中包括中国化时代化马克思主义世界观与政治观教育，中国化时代化马克思主义形势观与政策观教育，国内外宏观形势与路线、方针、政策教育，社会生活各方面具体形势与具体政策教育。

再次，研究当前实施形势政策教育的主要方式、方法和途径。形势政策教育的主要方式有课程系统讲授与形势报告、专题讲座相结合，请进来与走出去相结合，课堂教学与课外讨论、交流相结合，集中教育与日常教育相结合，正面教育与学员自我教育相结合的方式。主要方法有理论教育法、实践教育法、新闻分析法、案例教育法。主要途径包括课程建设和管理、报告会制度建设、开掘节日纪念日等教育资源、社会实践活动和实践基地建设以及新媒体技术载体的运用和发展等。各行各业可以以此为参考，确定本行业、本单位形势政策教育的主要方式、方法和途径。

第四，深入调查研究，不断深化对形势与政策的认识和把握，善于运用党的创新理论研究新情况、解决新问题、总结新经验、探索新规律，使调查研究工作同形势与政策教育紧密结合起来，更好为科学决策服务，为提高党的执政能力和领导水平服务，为完成新时代新征程的使命任务服务。

在调查研究中，必须坚持党的群众路线，从群众中来、到群众中去，增进同人民群众的感情，真诚倾听群众呼声、真实反映群众愿望、真情关心群众疾苦，自觉向群众学习、向实践学习，从人民的创造性实践中获得正确认识，把党的正确主张变为群众的自觉行动。必须坚持实事求是，坚守党性原则，一切从实际出发，理论联系实际，听真话、察实情，坚持真理，不唯书、不唯上、只唯实。必须坚持问题导向，增强问题意识，敢于正视问题、善于发现问题，以解决问题为根本目的，真正把情况摸清、把问题找准、把对策提实，不断提出真正解决问题的新思路新办法，把调查研究成果转化为增强信心、推进工作、战胜困难的实际成效。坚持系统观念，深入实际、深入基层、深入群众调查了解情况，把握好全局和局部、当前和长远、宏观和微观、主要矛盾和次要矛盾、特殊和一般的关系，前瞻性思考、全局性谋划、整体性推进党和国家各项事业。

最后，还要研究形势政策教育测评体系及应用。分析形势政策教育测评的特征和作用，探讨教育评估指标体系建构的依据和原则、内容和要素、适用方法等问题，并选取一些经济社会组织或学校为例，评估形势政策教育的实效性。

二、形势政策教育教学的主要方法

教学方法是否正确，关系到教学的目标能否达到。教学方法是否有创新，关系到教学成果是否有新意。形势政策教育的教学要守正创新，努力从国际与国内、历史与现实、理论与实践的综合视野出发，对马克思主义形势观和政策观、对形势政策教育问题进行系统的研究。主要方法有以下几种。

（一）理论教育和实践教育相结合的方法

根据一定时期的形势与政策教育的目的和任务，将理论教育和实践教育结合起来，经过实践—认识—再实践—再认识循环往复的过程，灵活运用和积极创造各种适当的实践和理论相结合的教育形式，取得形势与政策教育的成效。

理论教育是最常用的教育方法。主要是对学员进行马克思列宁主义、毛泽东思想、邓小平理论、"三个代表"重要思想、科学发展观和习近平新时代中国特色社会主义思想等党的基本理论教育，进行党章党规党纪教育，进行法律和道德教育，进行党史、新中国史、改革开放史、社会主义发展史和中华民族发展史教育，引导学员增强理论修养，坚定理想信念，树立正确的世界观、价值观、权力观和事业观。

人的正确思想不会自然产生，只能从社会实践中来。增强思想政治觉悟，不能仅靠理论教育，还必须注重实践锻炼。用实践锻炼的方法进行教育，在长期实践中探索形成的一条行之有效的重要经验。这就要求我们在对学员教育培养时，要特别注重把学到的科学理论切实运用到具体实践中，也只有在实践中才能真正检验学习教育的成效。理论学习如果不与实践结合起来，学习就容易出现空泛化，成为空谈，理论就失去了对实践的指导意义，实践也会失去方向性。只有将理论学习与实践锻炼结合起来，二者相辅相成，相互促进，才能让理论得以不断丰富发展的同时，确保实践锻炼的正确方向。形势与政策教育要真正取得实效，必须增强教育中的实践成分，积极引导学员投身实践，从实践感悟中体会教育的重要性，进而转化为实际行动。只有让学员置身于社会实践之中，才能真切体现出形势与政策教育的意义。

（二）新闻研究和案例分析相结合的方法

关心新闻是形势政策教育的重要工作。要善于对新闻中出现的案例进行分析，达到教育、研究、提高的效果。新闻的研究方法主要有以下三种。

1.抽样调查法。抽样调查法是指从研究对象的全部单位中抽取一部分单位进行考察和分析，并用这部分单位的数量特征去推断总体的数量特征的一种调查方法。其中，被研究对象的全部单位称为"总体"，从总体中抽取出来，实际进行调查研究的那部分对象所构成的群体被称为"样本"。在抽样调查中，样本数是一个关键环节。抽样的方式，有随机抽样和非随机抽样两大类。

2.内容分析法。这是一种实证方法，是定量研究方法之一。内容分析法是一种对明示的传播内容进行客观、系统和定量描述的调查方法。内容分析是与具有一定客观性的调查程序联系在一起的。

3.控制实验法。控制实验是常用的研究方法。控制实验主要用于测试特定的信息刺激或环境条件与人的特定心理或行为反应类型之间的因果关系。控制实验法主要包括三个方面：控制实验环境，控制实验对象，控制自变量和因变量。

4.案例分析法。案例分析方法亦称为个案分析方法或典型分析方法，是对有代表性的事物(现象)深入地进行周密而仔细的研究，从而获得总体认识的一种科学分析方法。其具体分析步骤为：一是依据分析目的，选择有代表性的事件作为分析研究对象。二是全面收集有关被选对象的资料，包括直接资料和间接资料。可以收集他人对该对象所研究的间接资料，但是，主要收集的是第一手资料(直接资料)，包括事件参与者亲自写的实验记录、学术报告、著作、论文及笔记等，尤其重视收集系统的数据资料。三是系统地整理收集到的资料，依据分析研究的项目和内容进行分类。四是对所要求分析的内容(如特征、属性、关系等)进行逐项分析研究。五是对各项分析结果进行综合分析，探求反映总体的规律性认识。

（三）正面典型和反面典型相结合的方法

典型是具有代表性的人或事物，正反典型教育法就是运用正面和反面的典型事例开展教育，并把正面引导和反面警示紧密结合起来，帮助和启发教育对象的一种教育方法。根据典型性质的不同，分为正面典型和反面典型。通过正面典型教育，运用优秀人物、伟大工程真实、鲜活、先进的事例，对学员进行宣传教育，不仅可以使受教育者接受正能量，而且能起到选树一个典型、带动一片先进的作用。通过反面典型教育，使人引以为戒，从中吸取有益的教训。正反典型结合起来，就能有破有立，是非分明，从而伸张正义，打击歪风。正反典型教育法的特点在于它的具体形象性和生活性，把教育中抽象的概念和理论具体化、形象化，通过选择现实生活中真实、生动的典型人物和事例来引起教育对象思想情感上的共鸣，从而引起思考、比较、模仿或警醒，在这个过程中把教育的内容融入教育对象的主体意识，真正变为他们的具体行动。

（四）系统、结构和功能分析相结合的方法

形势包括国际国内形势，是一个系统。形势是系统诸要素所孕育的发展趋势，党和政府的政策也已经发展为政策体系，形势政策教育也就有了系统性，因此，需要将系统论、控制论和信息论等现代科学方法，运用于形势政策教育。这也是基于对政治体系、政策体系和教育体系及其过程的科学认识。同时，形势政策教育研究又不能停留于现有的认识成果，而是要基于受教育者对政治体系、政策体系的认识特点，从教育的角度对形势政策教育体系进行具体探讨。研究形势政策教育体系的构成要素、结构关系和功能表现，以及其对于环境的依赖关系，研究形势政策教育体系对于政治体系和政策体系的耦合关系。

（五）大道理和小道理相结合的方法

要敢于和善于讲道理。有的单位把形势政策教育的要求概括为六个字：明理、顺气、鼓劲，这个经验很值得借鉴。只有使人们明理，气才能顺，劲头也才就得起来。明理，就是要明大道理。过去在"左"的思想影响下，一些群众对所谓"大道理"有一种反感情绪，这是可以理解的。纠正了"左"的思想影响以后，有些教师不大敢讲必须讲的大道理，甚至把大道理与空道理等同起来，这是不对的。事实上，进行形势政策教育，如果不讲大道理，不用大道理去管小道理，就缺乏辨别是非的标准，就会陷于就事论事，觉悟也就提不高。因此，在形势政策教育中，既要敢于理直气壮地讲好形势，也要敢于理直气壮地讲大道理。要敢于讲国家利益、全局利益、长远利益，使人们懂得如何正确处理国家、集体、个人三者利益的关系，自觉做到个人利益服从国家的整体利益，眼前利益服从长远利益，局部服从全局，反对错误思想和倾向。人们对形势政策的某些模糊认识，有些不是就事论事所能解决的。只有加强理想教育，使人们明白一些大道理，提高思想境界，才能有助于从根本上解决某些思想认识问题，正确地对待形势发展和执行政策中的各种新情况。同时，理想纪律教育只有和形势政策教育结合起来，才能落到实处，更有针对性，并且有助于增强人们实现远大理想的信心。

（六）建立理论模型和开展实证研究相结合的方法

理论模型和开展实证研究相结合的方法，是理论联系实际方法在形势政策教育研究中的创新性运用。形势政策教育研究要依据中国化时代化马克思主义哲学、政治学、政策学和教育学的基本原理，结合形势政策教育的实际，具体提出形势政策教育的政策体系与教育体系之间的耦合关系，构建形势政策教育的层次结构模型。在提出这些理论模型后，通过多年来实施形势政策教育的历史事实，以及当时阶段形势政策教育新的实践案例和数据，对上述理论模型进行验证。

特别强调一点，进行形势政策教育，首先要使各级干部，特别是领导干部受教育。各级干部对形势认识正确了，对改革的政策弄懂弄通了，不仅有利于向职工群众进行教育，而且干部以身作则，必然起到良好的示范作用。

第三节 形势政策教育学的师资队伍建设

一、对形势政策教育学师资队伍的特殊要求

（一）具有高度的政治敏锐性

崇高的政治信仰，正确的政治方向，坚定的政治站位，是衡量形势政策教育教师专业素质和修养水平高低的重要标志。形势政策教育教师除了具备正确的思想政治素质，还应该具有高度的政治敏锐性。这就要求教师必须具备敏感的政治判断能力，迅速捕捉最新、最重要的教学内容，及时对重大时事、重大事件做出回应，并善于从政治角度分析和阐释相关问题，能够在重大原则和是非问题上，保持高度的政治敏感和政治警觉。要有信仰的人讲信仰，善于从政治上看问题，在大是大非面前保持政治清醒。在重大舆情，特别是网络舆情应对中，要善于从政治方向、政治目的、政治路线等方面发现和思考问题，见微知著，增强洞察力，对重大事件中大是大非原则问题及时做出回应，通过现象把握本质，明辨利害。要讲清讲透党中央作出的路线、方针、政策，重点阐明中国共产党为中国人民谋幸福、为中华民族谋复兴的初心使命，增强学员对党的信心，坚定拥护中国共产党的领导。

要讲清讲透中国共产党、中国政府在国际社会中积极主动采取的一系列有力举措，彰显大国担当精神，增强学员对中国特色社会主义制度和道路的认同，在关乎国家利益等重大问题上保持清

醒头脑，立场坚定，以正确的政治观点弘扬主旋律，传递正能量。

（二）具有超越自我的非凡勇气

形势政策教育教师要做到"理直气壮"，必须有正气、底气、勇气。形势政策教育教学内容非常广泛，涉及政治、经济、文化、社会、生态、国防、外交、党的建设等方方面面，教师必须具有完善自身知识能力水平的底气，具有直面学员、直面问题、超越自我的非凡勇气。这种勇气要求教师首先要勇于战胜自我，做到处变不惊。更重要的是要求教师必须勇敢地站在掌控主流意识话语体系前沿，直面某些网络舆情给学员带来的现实之惑。

要勇于触碰学员中影响较大的热点、难点问题，用正确的观点、翔实的材料，对学员开展积极有效的思想引导。对一些不和谐声音、一些错误的观点，教师要敢于亮剑，敢于斗争、善于斗争，用马克思主义理论的科学性，用透彻的学理分析去回应各种非理性、荒诞的、宣泄式的错误观点和思潮，排除干扰，迎难而上，让主旋律占据学员的心灵。

（三）具有驾驭多领域复杂问题的能力

形势政策教育教学内容十分广泛、复杂，涉及多个学科、多个领域，综合性非常强，因此特别要求教师要具备宽广而复合的知识结构。以高校为例，2018年教育部出台《关于加强新时代高校"形势与政策"课建设的若干意见》（教社科〔2018〕1号）①，明确了形

---

① 中华人民共和国教育部. 教育部关于加强新时代高校"形势与政策"课建设的若干意见[EB/OL]. (2018-04-14) [2023-08-13]. http://www.moe.gov.cn/srcsite/A13/moe_772/201804/t20180424_334097.html.

势与政策课教师要紧密围绕学习贯彻习近平新时代中国特色社会主义思想，重点讲授党的理论创新最新成果，重点讲授新时代坚持和发展中国特色社会主义的生动实践，引导学生正确认识世界和中国发展大势，明确时代责任和历史使命。要求教师在开设党的建设、社会经济发展（包括生态文明建设）、国际形势、港澳台形势等专题讲座时，对涉及领域的学科都要有一定程度的了解与把握，既要在某些特殊领域成为学识深渊的"专才"，又要在更广阔的领域成为博学多闻的"通才"。这些要求，对各行各业开展形势政策教育都有借鉴意义。

二、数字化时代对形势政策教育教师的新要求

（一）网络资源成为学员学习参考的重要平台

当今，人类社会进入了数字化时代，形势政策教育的教学环境相比以往发生了很大改变，教学方式和学习方式都发生了较大变化，学员所接受的知识不仅仅来源于课堂课本，网络资源已成为学员学习参考的重要平台。新媒体信息传播快，学员获取知识的即时性、交互性、超时性，对形势政策教育教师的知识储备和网络教学能力提出了更高的要求。VR、AR等虚拟技术的创新发展和普及应用，模糊了现实与网络之间的边界，也搭建起形势政策教育线上和线下互联互通的桥梁。"智能化+形势政策教育"将打破传统教学平面叙事，构造沉浸化的立体式教学场景。因此，教师必须正视这种变化，与时俱进，充分利用互联网技术革命的机遇，提升教学水平，积极进行教学改革与创新。

（二）提升教师信息化教学能力成为必然

网络教育已成为形势政策教育的一种特殊教学形态，提升教师信息化教学能力也成必然。线上教学对形势政策教育教师来说是一个不小的挑战，教师必须具备应对媒介信息的处理能力，具有应对网络舆情的鉴别、预警和引导能力，能够通过网络平台及时了解网络时代学员的思想及学习动态；具备在教学中对学生思想的困惑进行疏导和引导的能力，要求教师必须坚持马克思主义原则和方向，以平等真诚的态度和学员进行交流，赢得心理认同，对网络舆情中出现的错误信息进行辨析，对学员的思想倾向和行为进行有针对性的教育引导。

（三）教师必须掌握在线教学的网络技术能力

形势政策教育教师必须完全适应网络平台教学者角色的转变，切实掌握在线教学的工具和平台运用的综合能力，包括课程录制、视频制作、直播教学等网络教学能力。教师要发挥好主导作用，充分尊重学员主体地位，精心做好在线教学高质量的、系统的教学设计，包括学习任务点发布、师生互动、直播、观看视频、问题讨论、课中测验、课后作业、课程资料下载等线上教学环节。还必须具备驾驭数字媒体技术的能力和水平，充分应对网络信息化环境知识的即时更新和瞬间万变，对线上教学可能发生的突发情况，具备解决和处理实际问题的能力。

三、建立一支专业化和社会化相结合的教师队伍

（一）优化教师队伍结构

形势政策教育教学效果的好差，关键在教员。要配备高素

质专职教师负责形势政策教育课程组织工作，并承担一定的教学和科研任务。坚持高标准，按照"优中选优"原则，从思想政治理论课教师、哲学社会科学专业课教师、高校辅导员等教师队伍中择优遴选形势政策教育课程骨干教师。要打造专业化和社会化相结合，以精干的专职教师为骨干，以思想政治教育工作者队伍为主体，专兼结合的教师队伍。选聘党政领导干部、社科理论界专家、企事业单位负责人、社会各行各业的先进人物担任特聘教师，形成一支政治坚定、业务精良、专兼结合、数量充足的形势政策教育课程教师队伍，改变单打独斗的模式，转向建立体现学科交叉、结构多元、内外协同的教育教学团队。

（二）加强形势政策教育教研工作

重点研究中国化时代化马克思主义形势观和政策观等基本理论、基本观点，研究学员关注的热点、难点问题，密切关注国内外大事，及时准确把握动态，不断增强教育教学的敏锐性和时效性。鼓励和组织教师开展科学研究，对国家、地方、高校、有关企事业单位、社区，可以下达相关研究科研课题，在工作上予以物力财力支持，并为研究成果的发表提供平台。同时，各高校普遍设置"形势与政策"课教研室，定期组织任课教师开展集体备课，确定教学专题、明确教学重点、研制教学课件、规范教学要求。教育部组织力量、协调资源，建设了"全国高校思想政治理论课教师网络集体备课平台"，各高校积极参与、共建共享，共同打造"形势与政策"课教学优质资源。

（三）加强教学团队建设

形势政策教育教学的独特性，迫切需要组建教学团队，组织专家加强教学指导。加强教学团队建设，可以从观摩试讲严选机制、集体备课制度、首讲公开观摩课制度、专家示范课、线上线下专题研究性教学、兼职教师专职化培养、明确的教学质量标准、教学科研激励制度等方面考虑。[①] 通过开展集体备课会、制作时事学习课件等，加强教学经验交流和重点难点问题研讨。由于教学目的和任务的特殊性，有时课程会延伸到课堂之外，可以邀请理论造诣深厚、实践经验丰富的理论工作者或专家给予指导，以专题的方式组织开展集中教育，用专家的聚集，信息的聚集、资源的聚集，达到有理有据有效的目的。可以邀请校内外各类宣讲团、生产一线人员等进校园、工作场所，用身边人讲身边事，用身边事教育身边人，拉近距离感，增强知识获取和情感认同，推动转化为思想自觉和行为自觉。

四、加强教师培训工作

（一）建立健全形势政策教育教师培训机制

要创造条件开展形势政策教育教师培训。各级党校、行政学院、干部学院、各高等院校要为形势政策教育教师培训和进修提供方便；要创造条件，有计划地安排他们进行国内外学习考察，使教师不断开阔眼界，丰富教学素材；要充分考虑形势政策教育课程难度大、变化快、备课耗时多的特点，合理计算专兼职教师

---

① 罗英，罗玉洁，黄艳. 大力推动"形势与政策"课高质量发展——新时代高校"形势与政策"课教师队伍建设学术研讨会综述 [J]. 思想政治工作研究, 2022, (11): 44-47.

的教学工作量。

（二）加强教师队伍和专门力量建设

要提升教师思想政治素质，加强教师思想政治工作，加强师德师风建设，增强教师的责任担当；要完善教师评聘和考核机制，增加课堂教学权重，引导教师将更多精力投入到课堂教学上，完善教师职业道德规范，实施师德"一票否决"，形成专职为主、专兼结合、数量充足、素质优良的工作力量。

（三）举办骨干教师培训班等各级各类专题学习培训

定期举办骨干教师示范培训班，通过交流沟通，相互学习借鉴，不断加深对教学要求、教学内容的理解和认知，提升教师队伍业务水平，加强教学研究力度。形势政策教育教学具有鲜明的政治性和强烈的时代性，必须根据国内外形势的变化、党和国家方针政策的调整，及时研究教学重点、突破教学难点、强化学理阐释，努力推动党的理论创新成果入脑入心、见行见效。主动运用教学新技术新方法，通过混合式教学、探究式学习等，做到"大水漫灌"与"精准滴灌"相结合，宏大叙事与个体化叙事相结合，教师主导与学员自学相结合，现代化教学手段与传统教学手段相结合，引导学员学会独立思考，强化责任担当意识，在研究中持续创新和改进教学方法，以达到理想的教育目的。

第七章　形势政策教育的领导体系和管理机制

　　形势政策教育是一种全民教育，从根本上说是做人的工作。它是对国民进行思想政治教育的重要组成部分，它运用科学的世界观和方法论，运用马克思主义的形势政策观，分析阐释形势和政策"热点"问题，帮助人们树立正确的历史观、大局观，了解世界正经历百年未有之大变局，我国仍处于发展的重要战略机遇期，引导人们清醒认识国际国内形势发展变化，把思想和行动统一到党中央的决策部署上来，凝聚起强国建设、民族复兴的磅礴力量。高质量形势政策教育需要建立健全科学完备的领导体系和管理制度，包括以领导职权形态表现的领导体制、以组织系统形态表现的管理体制、以系统流程形态表现的运行机制、以思想观念形态表现的政策法规。本章重点阐述形势政策教育的领导体系和管理机制。

第一节　形势政策教育的领导体系

　　形势政策教育的领导体系,是中国共产党在领导中国革命、建设、改革的长期实践中逐步建立起来的，与党的宣传工作、教育工作、思想政治工作的领导体制和组织架构密切关联。《中国共产党宣传工作条例》把全党动手抓思想政治工作的理念要求，进一步转化为加强党对思想政治工作全面领导的制度规定，清晰界定了思想政治工作机关和队伍的政治责任。站在新的历史起点上，要构建党委统一领导、党政齐抓共管、宣传部门组织协调、有关部门和人民团体分工负责、全党全社会共同参与的包含形势政策教育在内的思想政治工作大格局，推进形势政策教育工作高质量发展。

一、形势与政策的系统属性

2021年7月，在中国共产党成立100周年之际，中共中央、国务院印发了《关于新时代加强和改进思想政治工作的意见》，明确提出"把思想政治工作作为治党治国的重要方式"，"构建共同推进思想政治工作的大格局"，"加强党史、新中国史、改革开放史、社会主义发展史和形势政策教育"。我们可以从形势与政策的系统性入手，对构建形势政策教育"大格局"的领导体制进行分析。应该说，"形势"的整体属性非常突出，局部的因素会影响整体形势的走势，整体的形势走势又会强烈作用于局部形势的变化。"政策"是因形势需要而制定，它也会反作用于形势，从而影响形势的变化。政策会因形势的局部与整体的联动关系而产生联动，人们常说的牵一发而动全身就是这层意思，我们将形势与政策及其教育的这种属性称之为系统性。

（一）系统性理论要素

系统性理论产生于19世纪，作为一种崭新的综合性理论在规模化工业生产和复杂的社会管理中得到了广泛的应用。系统理论的基本原则一般包括以下几个方面。

1.整体性原则。即系统、要素和环境之间的辩证统一。首先，系统与要素、要素与要素、系统与环境之间存在着有机的联系，它们相互作用、相互影响，构成一个整体。其次，系统的性质和规律，只有从整体上才能充分显示出来，整体可以出现在部分未有的新功能，整体功能不是各部分功能的简单叠加。再次，系统内部各要素或部分的性质和行为，对其他要素或部分的性质和行为有相关性，并对整体的性质和行为有影响。整体性原则是系统论的基本出发点，它要求人们在认识和处理系统对象时，都要从整体着手进行综合考察，以达到最佳效果。

2.结构功能原则。即系统的结构与功能的辩证统一。首先，结构是功能的基础，功能是结构的属性；结构不同，一般说功能也不同，结构决定功能。其次，同一结构可能有多种功能；结构不同，也可获得异构同功。它要求人们在分析研究各种系统时，必须把握好系统结构和功能的辩证发展规律。

3.相互联系原则。即系统的整体性是通过各要素间的物质和能量的相互交换、转换及守恒的规律，还有信息的传递、交流等多种形式加以实现的。研究系统整体性时，必须搞清系统内外部物质、能量、信息的流动状态。

4.有序性原则。即系统都是有序的、分层次的和开放的。一般都由低级有序状态向高级有序状态发展。系统有序程度用熵度量。

5.目的性原则。即在反馈机制的作用下，系统能保持内部的稳定以及与环境的协调的一种特性。要掌握系统发展的趋向，必须把握它的这种机制。

6.动态性原则。即现实系统都是变化、发展的，应当在动态中协调系统各方面的关系，使系统达到最优化。

（二）形势的系统属性

形势是一个时期社会政治经济发展的大势和大局。这里"大"按系统理论的观点就应该是由许多"小"所组成，这也是马克思主义辩证唯物观的体现。

1. 形势的系统属性主要体现于形势的整体性和相关性。形势的整体性要求我们在观察某个时期社会变化的大势时必须从整体看，否则就很容易出现偏差，得到与客观现实不相符合的结果。形势的相关性主要表现在影响形势的各种要素与要素之间互为影响、互为制约、互为因果。整体形势不是各局部影响因素的简单叠加，而是各种因素相互作用以后的一种综合表现。整体形势变化趋势可以受局部因素影响，而局部因素又会受到整体形势的强烈制约。比如当今世界要和平要发展不要战争，要全球化多样化不要霸权单极化，这种大的时代趋势不会改变，但我们也应该看到在和平与发展的大趋势下存在着搞"脱钩""单极化"霸权的逆流，虽然这些逆流有时会影响大趋势的进程，但改变不了历史总体发展方向，最终会被大趋势的洪流荡涤干净。

2. 形势的多变性源于影响形势变化因素的多样性。因素与因素之间、因素与环境之间、环境与人之间、人与人之间的影响等都会干扰或影响整体形势变化的进程和变化的方向。比如，2019年年底以来发生在世界各地的新冠疫情，它时而让人感觉猝不及防，时而让人轻松释怀、时而让人紧张焦虑、时而又让人悲观沮丧，为什么会有如此多的变化？很重要的一个原因就是抗疫形势受到的影响因素太多太复杂。

3. 形势与政策的相关性。形势是制定政策的客观依据，只有正确分析形势才能制定出与之匹配的正确政策。政策必须随着客观形势的变化而变化，政策是促进形势发展的重要手段，制定政策的目的在于统一认识、统一行动及发展有利形势。检验政策的标准是客观形势的发展，形势既是制定政策的基本依据，也是检验政策的客观标准。因此，我们认识形势，需要结合政策一起来认识，才会形成科学的形势与政策观。

二、形势政策教育的系统属性

形势与政策的系统属性前面我们已经有所描述，关于形势政策教育的系统属性实际上涉及两个方面的问题，一个是教育的系统性，另一个是教育活动自身的系统性，下面就这一问题作一简要分析。

（一）教育的系统性

什么是教育？教育实际上是教育者有目的、有计划、有组织地对受教育者的心智发展进行教化培育的活动。对照系统理论关于整体性、结构功能、相互联系、有序性、目的性和动态性等六大要素原则，我们不难发现教育活动的系统属性。在现实教育实践中，我们确实是按照系统性思维去设计教育活动的，无论大小教育活动往往都会注重设定教育培养目标、教育培养方案、教育实施计划、教育成效与总结等环节，从而在组织领导和机制制度上有效保证教育活动的高效运行。

（二）形势政策教育的系统性

形势政策教育本质上是一种统一人们思想意志和行为的活动，通过形势政策教育让人们树立正确的形势政策观和大局观，能够系统地分析和观察形势。形势具有广泛性，涉及范围可大可小，大可以是世界形势、国家形势，小可以小到省市形势、地区形势，甚至小到一个经营单位的形势。形势内在的各种影响要素之间具有相关性，所以我们分析形势时，一定要站在全局的角度看出形势表象下面的各种影响要素之间的内在的逻辑关系，所以说科学的形势教育必须充分体现教育的综合性和社会的系统性。

与形势政策教育的社会系统性相适应，形势政策教育的领导也必须是具有社会系统性的领导体系，这是领导体系的科学客观要求。形势政策教育领导体系的建立具有主观性，是主观见之于客观的行为，因此，建立科学、高效的社会形势政策教育领导体系必须主观符合客观，必须遵循形势政策教育领导体系的客观规律。

三、形势政策教育领导的系统性

习近平总书记指出："要树立大宣传的工作理念，动员各条战线各个部门一起来做，把宣传思想工作同各个领域的行政管理、行业管理、社会管理更加紧密地结合起来。"[①] 形势政策教

---

① 习近平. 论党的宣传思想工作 [M]. 北京: 中央文献出版社, 2020: 18.

育领导体系的建立健全是开展形势政策教育的重要组织保证和机制制度保障。为此，要树立大宣传的工作理念，以系统思维和系统化举措，高度重视形势政策教育领导体系的建设。

（一）领导体系是系统性必然要求

领导体系指独立的或相对独立的组织系统进行决策、指挥、监督等领导活动的具体制度或体系，它用严格的制度保证领导活动的完整性、一致性、稳定性和连贯性。它是领导者与被领导者之间建立关系、发生作用的桥梁与纽带，对于一个集体的发展具有重要意义。形势是一个时期社会政治经济发展的大势和大局，政策是国家管理者为实现自己的管理目标，在特定形势下所采取或规定的行为准则。要在特定的形势环境条件下，通过形势政策教育这一社会活动引导人们看清隐藏在形势表象下各种制约因素之间的逻辑关系，从而对错综复杂的形势作出正确的把握和预判。为了推动形势政策教育这项综合性活动有效、有序、高质量地进行，领导者组织者需要整合社会各方面的资源，形成一个强而有力的领导体系来把握教育正确方向，引导教育活动持续、稳定地按照计划向前推进，组织适合的教学人员和其他辅助人员，调配适当的经费以保证活动开支所需，添置必要的教学设施、设备，以满足正常教学活动所需。

比如，党刚刚成立时中央组织机构尚不健全，但立即设立了组织与宣传部门。而后又成立中国劳动组合书记部，负责领导对工人的宣传组织工作；黄埔军校首次设立党代表、政治部、宣传队、指导员和专职政工人员，形成了较为健全的组织机构。大革命时期党在湖南、湖北、广东、广西、江西、河南等省普遍建立了农会组织，政治宣传普及乡村，农会的思想政治教育和形势政策教育功绩显著。工农红军进一步建立党的组织和政治工作机构，特别是从三湾改编起，党支部建在连上成为共识，奠定了人民军队的基础。古田会议规定，红军的军事机关与政治机关在前委的指导下平行地执行工作。1930年3月中央军事委员会首次设立政治部，各级政治工作组织系统逐步健全，从上到下形成了结构严谨的工作网络。抗战时期，包含形势政策教育在内的思想政治教育组织机构趋于完备。改革开放以来思想政治教育、形势政策教育组织机构自上而下更为完备和成熟，有一系列党的宣传和组织网络，对人民群众进行丰富而深刻的思想政治教育和形势政策教育。①

（二）党领导形势政策教育的核心要素

党的全面领导是坚持和发展中国特色社会主义的根本保证，也是新时代新征程上搞好形势政策教育的根本保证。党历来重视形势政策教育，形势政策教育也离不开党的全面领导，离不开党组织在形势政策教育体系中发挥领导核心作用，离不开党组织为活动把握方向，为活动调动各方资源，使形势政策教育真正成为团结人民、凝心聚力，成为推动中国特色社会主义事业不断取得新成就的重要载体和途径。党对形势政策教育工作的领导是与党对思想政治工作的领导是一体的，或称为一体两面。

---

① 刘建军. 中国共产党思想政治教育的理论与实践 [M]. 北京：中国人民大学出版社，2008：394.

1.强化党委（党组）主体责任，完善党领导形势政策教育工作的体制机制。各级党委（党组）要高度重视思想政治工作"生命线"地位，把思想政治工作作为治党治国的重要方式，将思想政治工作和形势政策教育工作贯穿到坚持和发展中国特色社会主义的各项工作当中。中央、地方和基层单位党委负起政治责任和领导责任，建立健全包含形势政策教育工作在内的思想政治工作责任制，明确落实措施和推进步骤。中央宣传思想工作领导部门负责思想政治工作和形势政策教育工作宏观政策制定和对地方、基层单位思想政治工作从上到下的指导。地方党委及宣传思想工作管理部门根据中央要求，结合地方实际制订本地区思想政治工作和形势政策教育工作的实施方案，并指导基层单位实施到位。各基层单位党委负责领导本单位思想政治工作及形势政策教育，单位行政负责人及有关部门在党委统一领导下，分工负责，完成好各项任务，确保思想政治工作及形势政策教育在本单位有效开展。

2.完善党委统一领导、党政齐抓共管、宣传部门组织协调、有关部门和人民团体分工负责、全党全社会共同参与的形势政策教育工作机制。做好思想政治工作和形势政策教育工作，必须全党动手。党委要切实负起统一领导责任，加强对宣传思想领域重大问题的分析研判，进行科学决策，统筹指导好思想政治工作和形势政策教育工作各项任务完成。要树立大工作理念，构建大工作格局，动员各个部门各个方面一起来做思想政治工作和形势政策教育工作。通过组织全员参与，把思想政治工作和形势政策教育工作同本地区本单位的业务工作、管理工作和群团活动结合起来，同解决人民群众实际困难、满足人民群众合理需求结合起来，取得实效。比如，2016年山东省制定出台《关于进一步加强全省高校"形势与政策"课建设的意见》，2017年省委、省政府印发《关于进一步加强和改进新形势下高校思想政治工作的实施意见》，这些文件都明确要求高校党委书记是第一责任人，书记、校长和分管校领导要切实担负起政治责任和领导责任。2017年起，还推动建立省委领导联系高校、上讲台作形势政策报告制度。①

3.建立健全形势政策教育工作保障制度。加强和改进形势政策教育工作，关键在队伍。各级党织要从夯实思想政治工作基础出发，配齐配强思想政治工作和形势政策教育工作干部，充实优化兼职工作人员，有计划有步骤地组织全员培训，打造专兼结合的高素质思想政治工作队伍。关心思想政治工作和形势政策教育工作人员的工作、生活状态，深化关系他们切身利益的专业技术职务评聘等制度改革，多层面调动他们的工作积极性，全方位促进他们的职业发展。加大思想政治工作和形势政策教育工作的投入，加强各级各类文化设施和阵地建设，加强各级各类党员教育培训基地、爱国主义教育基地建设，加强互联网、融媒体中心建设，不断改善思想政治工作和形势政策教育工作条件。建立科学有效的包含形势政策教育工作在内的思想政治工作评价考核体系，构建内容全面、指标合理、方法科学的工作测评体系，把

---

① 黄琦. 牢牢抓住三个重要环节 积极推进"形势与政策"课规范化建设. 思想教育研究, 2019, (2): 87-89.

"软指标"变为"硬约束",为新时代形势政策教育工作守正创新提供坚实保障。[①]

(三)党领导形势政策教育的基本原则

党领导形势政策教育的原则,是开展形势政策教育的领导准则。中国特色社会主义制度决定了我党必须统揽全社会舆论宣传工作,党的各级组织必须主动承担起舆情宣传教育工作,必须用社会主义文化和价值观教育广大人民群众,做社会主义社会的守法公民。贯彻好党领导形势政策教育的原则,具有特殊重要意义。

1.政治把关性原则。形势政策教育在我国现有制度下,本质上是传递党的方针政策深入民心,培育具有社会主义觉悟的守法公民。形势政策教育需要从青少年抓起,需要走进校园深入课堂,在广大青少年心中埋下一颗爱党爱国爱民族种子,将来能够成为社会主义事业的接班人。教育形式可以灵活多样,应该更多采用群众特别是青少年喜闻乐见的方法,如课堂教学、专家讲座、影视影评、电台广播、参观交流等。教育内容必须坚持政治正确,坚持传播党的方针政策不动摇,坚持宣传贯彻习近平新时代中国特色社会主义思想,深刻领悟"两个确立"的决定性意义,增强"四个意识"、坚定"四个自信"、做到"两个维护"。要宣传社会主义核心价值观,通过摆事实、讲道理,讲清楚马克思主义为什么行、共产党为什么能、中国特色社会主义为什么好,让人民群众自觉地凝聚在党中央周围,齐心协力地将中

---

① 万美容. 优化思想政治工作的管理体制和工作机制 [M]. 中国党政干部论坛, 2021, (10): 46-49.

国的事情办好。

2.思想引导性原则。要将形势政策教育这项社会活动变成广大群众喜闻乐见的社会活动，就必须坚持思想引导原则。毛泽东同志曾经说过："凡属于思想性质的问题，凡属于人民内部的争论问题，只能用民主的方法去解决，只能用讨论的方法、批评的方法、说服教育的方法去解决，而不能用强制的、压服的方法去解决。"[①] 思想引导原则，就是在形势政策教育中，凡属于思想认识问题、属于争论问题，都要采用思想疏导的方法，以事实为依据，实"事"求"是"和循序渐进地开展形势政策教育，切不可搞强制和压服。

3.组织畅通性原则。组织畅通是教育畅通的前提条件，是整个社会形势政策教育系统做到目标一致、有效运作、实现系统目的性的重要保证。从理论上讲，组织畅通是保证形势政策教育系统运作畅通的重要保证。组织畅通就是要从中央到地方只有一个总目标、一个总要求，我们的形势政策教育就是要用马克思主义的形势政策观教育人民群众正确认清形势，正确把握形势的变化规律，从而坚定道路自信、理论自信、制度自信和文化自信，紧密团结在以习近平同志为核心的党中央周围，推进中华民族伟大复兴。只有在组织畅通的基础上，才能实现社会舆论导向一致和教育培养目标统一，才能使党管舆论、党管教育落到实处。

4.资源保障性原则。资源保障就是要从源头上保障形势政策

---

① 毛泽东著作选读(下册)［M］．北京：人民出版社，1986：762．

教育这项社会活动从一开始就能够朝着正确的方向向前推进。首先要选择适合的人。我们要选择那些具有正确政治观念和立场，同时具有一定理论功底的人，让他们从事形势政策教育工作；其次，我们要保障从事形势政策教育人员的知识更新，避免出现教育者比受教育者信息更新还慢的现象，要为从事此项工作的人提供信息更新的官方渠道，使他们始终处于舆论引导的有利地位；第三要有充足的经费保障，各级党组织是形势政策教育工作责任方，有义务督促教育行政部门做好年度经费预算，做到专款专用；第四要为教育活动配置必要的设施设备，以保障教育活动能正常开展。

（四）党领导形势政策教育的方法

党是中国特色社会主义事业的领导核心，这就决定了党组织在领导形势政策教育时所扮的角色一定是把方向、管大局、保落实，具体要在以下四个方面凸显党的领导作用：

1.以方向定内容。党领导的形势政策教育是用马克思主义形势政策观教育和引导广大群众正确认识形势和把握形势，目的是要统一大家思想意志，凝聚大家的力量，使大家团结在党中央周围，共同将中国特色社会主义事业建设好。也就是说在形势政策教育活动中各媒体，新闻、广播、电台、电视台及学校的课堂给受教育者讲什么是有方向性要求的，对于一切不符合方向性要求的内容应该坚决舍弃，各级党组织负责人要担当起第一责任人的责任。过去有些地方曾出现讲座者为了吸引听课学员，将一些未经核实的花边新闻，有些甚至严重违反党的"四项基本原则"的内容给学员们宣讲，在群众中造成严重的不良影响。所以在形势政策教育活动中各级党组织对自己所辖范围内教育宣传内容要主动承担起监督责任，对宣传的内容要明确宣传口径，以方向定内容，确保宣传不走样。抓好原则定好调，是党对形势政策教育实施领导的主要方法，是排除不和谐音，确保形势政策教育这个交响曲得以顺利合奏的保障。

2.以创新找方法。 今天我们处于一个高速发展的时代，传统的方法和节奏许多情况下已经不能适应时代的要求，只能通过创新促发展。形势政策教育也是这样，教育的内容需要根据形势的变化而不断调整，教育的手段随着新媒体技术出现也需要引进新的教学技术，比如在线互动式教学，情景剧式自我教学，现场走访式教学等等。党组织在创新教育活动中的作用是什么呢？党组织应该立足自己是领导核心，应该引领和推动教育团队不断创新，只有这样才能不断完善和提高形势政策教育的质量。有些人会觉得前面讲的以方向定内容，党组织要抓舆论统一宣传口径，与这里的以创新找方法好像是矛盾的，这里我们必须要弄明白，党组织抓舆论导向与创新形势政策教育不仅不矛盾，而且要大力促进创新，鼓励主动创新。党组织抓舆论导向主要是抓方向，是要求我们媒体宣传的内容必须符合党的方针政策，符合社会主义核心价值观，在政治正确的前提下大力鼓励形势政策教育的创新提质。

3.以资源强效果。 资源是做任何事情的基础，巧妇难为无米之炊，再好的项目离开了资源也将一事无成。党组织具有强大的整合资源能力，我们可以用足够多的优质资源来提升形势政策教育的效果。首先我们可以选择最适合的人从事形势政策教育工作。其次，我们可以为项目提供充足的预算经费，为项目开展提供经费支撑。另外，我们可以为形势政策教育项目提供比较完善的硬件设施，为项目开展提供硬件支撑。

4.以人才固成果。 任何时候人才都是成事的关键因素，我党历来重视人才队伍建设，战争时期是如此，和平建设和改革开放时期更是如此。综合国力竞争说到底是人才竞争。人才是衡量一个国家综合国力的重要指标。国家发展靠人才，民族振兴靠人才，形势政策教育高质量发展也要靠人才。我们必须增强忧患意识，更加重视人才自主培养，加快培育人才资源竞争优势。形势政策教育工作要在新时代新征程上有新成效，培养、壮大从事形势政策教育的专业队伍是关键。应该将更多政治立场坚定、理论素养水平高、创新意识能力强的人才充实到这支队伍中来，特别要重视年轻同志的培养做到后继有人。

第二节　形势政策教育的管理机制

形势政策教育这项社会活动的开展，因内在功能的关系会涉及到社会的方方面面，就是在一个单位内也会涉及单位内的多个部门，为此必须要有一套成熟的管理机制来进行协调。建立健全形势政策教育的管理机制，不仅可以做到目标明确、职责分明、有章可循，而且有利于各部门间协调合作解决问题，有利于增强授课教师的职业认同感。如果对形势政策教育工作不给予足够的重视, 没有建立起强有力的领导体制与完善的工作机制, 就会导致这项工作疏于建设与管理, "形势政策"教育最终流化为"形式"教育, 那么坚持和巩固马克思主义意识形态领域的指导地位, 用党的创新理论武装头脑的任务就会落空。

一、机制与管理机制

(一) 机制

机制是"原指机器的构造和动作原理, 生物学和医学通常类比借用此词。生物学和医学在研究一种生物的功能时, 常说分析它的机制, 这就是说要了解它的内在的工作方式, 包括有关生物结构组成的相互关系, 以及其间发生的各种变化过程的物理、化学物质和相互联系。"[①] 它是机器内在的构成要素, 以及一系列要素之间产生的关系和作用。

(二) 管理机制

管理机制是"管理要素之间的相互作用、相互耦合、相互联系的制约关系和功能体系。"[①] 其功能是为了增强管理活动的实效性。

首先, 管理机制在现代管理实践活动中是极其重要的环节, 它遵循一定规律产生一定的因果关系, 并且影响特定事物的发展, 不同的管理机制有不同的作用, 其目的就是为了增强管理的时效性。其次, 管理机制是管理体系的内在关系、功能体系和运行体系。管理的内在各个要素所产生的关系和作用, 把它有效地

---

① 赵志军, 于广河, 李晓元. 思想政治教育管理学. [M]. 北京: 中国社会科学出版社, 2009: 160.

组织起来，又加以规范化，使得它符合管理目标，从而产生相应的作用。它是管理活动内在的规律的体现，是管理要素间的固有关系。这种管理要素之间的固有关系的综合形成功能系统，这个系统可以调整和优化，以适应新的情况和新的问题符合社会发展和经济建设的需要。形势政策教育管理机制在不同的地方有不同的运行形式，比如在高校党校，均由校党委统一领导，分管领导将党委的要求落实到各个职能部门，教务部门负责计划，教学部门组织实施，后勤部门提供保障，督导督学部门负责监督评价等。比如在国有企业，均由党委统一领导，分管书记配合党委书记，通过党委工作部门和基层党组织，落实年度和阶段性形势政策教育计划和任务。鉴于高校和国企是开展形势政策教育的主阵地，本章着重研究高校和国企形势政策教育的管理机制及案例。

二、高校形势政策教育的管理机制

推进新时代高校形势政策教育工作规范化发展，必须建立健全形势政策教育工作的相应管理机制。比如，成立形势政策教育领导小组，设立形势与政策教育教学办公室，明确党政各部门在形势与政策教育中的分工与责任，形成党委宣传部门全面统领，教务部门规范管理，思想政治理论课教学部门精心施教，学生工作部、团委密切配合，教学督导委员会强化督评，人事、科研、财务部门积极保障的联动工作机制，这样才能真正保证高校形势政策教育获得持续有序的发展。

部分高校经过探索与实践，建立了学校党委统一领导、职能部门分工合作的领导体制和专业机构具体负责、有关部门协调配合的工作机制，形成以"形势与政策"课教研室为课程建设主体、各学院党总支负责日常教育的运行机制，从领导体系和管理机制上保证了形势政策教育的正常教学，具体情况[①]介绍如下：

（一）党委统一领导、职能部门分工合作的领导体制

部分高校确立了党委统一领导，分管教学工作的副校长和分管学生工作的党委副书记共同主管，学校思想政治理论课教学指导委员会具体指导，马克思主义学院、宣传部、教务处、学工部分工合作的领导体制。把形势与政策课纳入学校总体的教学计划中，统一安排，核定学分，安排课时，与其他课程一样进行考核考评。实践证明，这种统一领导下的分工合作的领导体制，有利于把形势政策教育工作与学校的思想政治教育工作统筹考虑，协调解决教育教学实践过程中出现的问题，从而保证形势与政策课教学的各个环节落到实处。

（二）马克思主义学院具体负责落实的工作机制

多年来，各高校形势与政策课的教学管理机构不尽相同。教学实践充分证明，课程建设确实是一门科学，与管理职能部门的其他工作有着很大的不同。教育部2022年11月印发的《高等学校思想政治理论课建设标准（2021年本）》（教社科〔2021〕2号），在"机构建设"二级指标中明确要求："独立设置直属学校领导的、与学校其他二级院（系）行政同级的思想政治理论课教学科研组织二级机构，承担全校本、专科学生和研究生思想政治

---

① 文军. 大学生形势与政策教育研究 [M]. 成都: 西南交通大学出版社, 2016: 101-103.

理论课教学任务，统一管理思想政治理论课教师。有马克思主义理论学科点的机构同时应作为马克思主义理论学科点的依托单位，承担马克思主义理论科学研究、学科建设、研究生培养等工作。"① 这就为本课程的归属明确了政策依据。这样既可以充分依赖马克思主义学院的师资，挖掘相关专业特色优势，还可以提升"形势与政策"课的学术水平，进而保证"形势与政策"课能得到长期而稳定的发展。

（三）以教研室为课程建设主体、各学院党总支负责日常教育的运行机制

2006年开始，一些高校党委根据上级有关文件精神，就进一步加强形势与政策教育工作专门发布了《关于加强大学生形势与政策教育工作的实施意见》，进一步明确了形势政策教育的指导思想和主要任务，建立完善形势政策教育教学的工作机制和教学组织，提出切实改进形势政策教育教学方式，要求进一步加强师资队伍建设。为加强形势与政策教育教学和研究工作，这些高校将原"形势与政策教研组"从思想政治理论课教研室中分离出来，单独成立"'形势与政策'课教研室"或"形势与政策教育教研室"，负责全校学生形势政策课的教学组织工作与日常的形势政策教育，并在经费、人员等方面予以相应落实，在一定程度上改变了过去那种教研室(组)"无经费，无人员，无场地，

---

① 文中华人民共和国教育部. 教育部关于印发《高等学校思想政治理论课建设标准（2021年本）》的通知 [EB/OL]. (2021-12-14)[2023-08-13]. http://www.moe.gov.cn/srcsite/A13/moe_772/202112/t20211214_587183.html.

无组织"的状况，努力将教研室建设成为"课堂教学的示范者，教学研究的引领者，课程建设的组织者，教学改革的探索者"。同时，明确了"二级学院党总支书记是'形势与政策'日常教育的第一责任人"，加大了学院党总支书记的责、权、利，在形势与政策教育的时间、场地、人员等方面予以最大的保证。第一课堂与第二课堂紧密结合，功能互补，全校统一与各学院自主相结合，大量的课外专家讲座、形势报告会等形成对课堂教学有力的支撑与补充。

三、国企形势政策教育的管理机制

国有企业是中国特色社会主义的重要经济基础、政治基础，是党执政兴国的重要支柱和依靠力量。抓好国企党员干部和员工队伍思想政治建设对于国企高质量发展显得尤为重要，而形势政策教育则是助力企业思想政治工作的重要载体和行之有效的途径方法。

（一）国企形势政策教育管理机制的结构

1.管理目标

国企形势政策教育管理目的是保证形势政策教育活动能够有序、有效地开展。国企开展形势政策教育一方面是让企业员工了解党的方针政策、了解国内外政治经济形势的变化，从而对企业所处经营生产环境有一个清醒的认识，增强使命感和紧迫感，激发员工工作的积极性和主动性。另一方面通过形势政策教育使大家将思想统一到中央的要求上来，拥护"两个确立"，做到"两个维护"，为企业改革发展和社会稳定贡献国企员工的力量。

2.管理结构

管理结构是建立在组织结构基础上的，管理机制的产生与管理结构密切相关。国企员工思想教育是企业党组织主抓的一项工作。党的十八大以来，党对国有企业的全面领导得到明显加强，国企党组织坚持把方向、管大局、保落实，积极推进和落实领导干部"交叉任职""一岗双责"，有力促进了企业党建思想政治工作和形势政策教育的落地落实。随着国企党委领导作用的充分发挥，国企管理结构趋于"扁平化"，管理机制和管理制度日益"复合化"，为企业开展形势政策教育活动创造了有利条件。

（二）国企形势政策教育管理机制的要素

形势政策教育管理的主体、客体、目的、环境、结构和信息等都是管理机制要研究的对象，要使得这些对象能够得到良好的运行，必须形成完备的以导向机制、激励机制、协调机制和约束机制为要素的形势政策教育管理机制体系。

1.引导方向

管理机制是按照一定引导方向运转，带有一定的目的性，引导方向建构成型后即成为导向机制。从它的需要和价值层面来说，管理机制不能随心所欲运行，它必须按照设定的目标引导管理者和管理资源协同发展，从而发挥出它自身的功用。引导方向具有目的性、普遍性、可调性的特性。企业党组织根据中央和上级党委指示精神，运用政策引导、目标引导、行为引导和领导引导等手段建构引导方向，从而统一员工思想、凝聚员工人心、激发员工的生产工作热情。

2.内在动力

管理机制自身具有内在推动力，它是通过管理要素的相互联系、相互作用和状态改进实现组织活力，从而发挥出它的功能作用。在引导机制作用下，企业各基层党组织、工会、团委和生产单位都想做好自己所辖范围内员工的思想政治工作，借助形势政策教育手段调动员工积极性，由此内生动力就会出现，就会推动形势政策教育活动在企业内部蓬勃展开。

从管理机制的研究角度来看，内在动力主要有整体性、多样性、公平性和民主性等特性，企业可以结合实际，运用物质激励、文化动力、奖惩规定、机构职能动力和个人职场发展等不断强化和调整、改进、优化内在动力，从而使企业形势政策教育活动搞得有声有色。

3.工作协调

工作协调是指管理者对管理要素关系的处理协调，工作协调是企业党委的职能之一。工作协调建构成型后，即成为协调机制。工作协调主要是对管理要素之间产生的关系、问题的优化改进，通过管理分工、任务分化、关系处理等形式，完成对管理要素的协调处理。企业在开展形势政策教育过程中最常见的是遇到各种冲突，如时间冲突、场地冲突、人员冲突等，这时就需要及时启动管理协调，将冲突消除在萌芽状态。工作协调除了可以消除矛盾冲突外，还可以增进部门与部门、员工与员工之间的交流沟通，增进情感达到企业内部和谐的目的。开展工作协调时还要注意党政关系和党群关系的协调，可以采取商谈协调、会议协调、政令协调、请示协调和领导协调等举措，达到工作协调目的。

4.约束监督

约束监督是指按照一定的条件或规定对管理机制进行约束的过程，是对全部管理要素、全部过程进行的监督和约束，以保证管理机制的运行不脱离运行目标。形势政策教育是政治性政策性很强的一项活动，参与的人不能乱作为，不能想说什么就说什么，更不能为讨好活动对象而不着边际地将一些未经核实的花边新闻作为教育内容进行宣讲。约束监督建构成型后，即成为约束机制。约束监督要注意依法性、适度性，必须是在企业党组织领导下进行，决不能自行其是。

四、形势政策教育机制成功运行的案例

形势政策教育是开展思想政治工作常见的载体之一，其形式灵活多样，长期以来各系统各行业各单位创造和积累了不少好的经验和做法，本书附录部分将呈现很多成功案例。这里只介绍几个成功做法，供相互学习借鉴。

（一）独特的形势政策教育"优秀学会"——上海形研会

上海市形势政策教育研究会创立于1988年12月，是本市唯一、全国独特的以形势政策教育为主要研究方向的学术性社会团体，由上海市社会科学界联合会主管。30多年来，形研会始终坚持正确的政治方向，立足服务基层服务社会服务会员，积极主动做好形势政策教育宣传工作。坚持每月面向全市会员单位举办一次形势政策"每月谈"专题讲座，出一期反映国内国际形势政

策热点的专业学习资料《观点》，根据会员单位要求不定期送教上门，为企业广大员工宣传国内外最新形势和中央方针政策。形研会通过开展形势政策教育的理论探讨，举办学术讲座、学习调研、专题培训、青年论坛和专委会等活动，总结和交流形势政策教育经验，努力探索形势政策教育的内在规律，积极探讨加强和改进形势政策教育的路径方法，从而不断增强了形势政策教育的针对性开创性有效性，逐步实现了管理的"系统化制度化规范化信息化"。2021年首次荣获"上海市优秀学会"称号，历时30年的"每月谈"讲座获评上海市"学会品牌活动"。

30多年来的实践与探索，上海形研会积累了形势政策教育实践和理论研究的丰富资源，形成了行之有效的为广大会员和社会公众服务的公共平台和工作机制，获得了良好的社会声誉和广泛的影响力吸引力。在所参加的全市性科普活动周、理论征文和学术活动月等活动中硕果累累，连续多年获得"优秀组织奖"，成为上海市最具活力、最为亲民、最有影响力的学会之一。

(二)以创新求突破的形势政策教育——"三条路径"

上海海洋石油局作为新中国第一支海洋油气勘探队伍，是中石化唯一专门从事中深海油气勘探开发和工程服务，唯一实行"三位一体"管理模式的上游企业。该局党委在开展形势政策教育过程中，形成了三条"基本路径"。

一是打造"红橙蓝绿"特色品牌。将上海局"奉献绿色能源，保护蓝色海洋"双色企业核心理念、石油精神、石化传统内嵌于形势任务教育品牌设计中。以中央、集团公司重要部署安排、重要讲话精神为主线，在重要节点、重大事件、重磅会议中提取丰富教育元素，编入形势任务教育手册，推动形势任务教育进机关、下基层、入船舶、到班组。"石化红"突出政治引领，通过领导干部专题党课、新媒体平台等方式把形势任务讲清讲透。"石油橙"强化使命担当，下发"三基"工作手册，在海陆双线推进文化墙建设。"海洋蓝"锚定增储上产，传达宣传党组领导对上海局加快推进大突破大发现，实现高质量发展的要求。"低碳绿"聚焦安全环保。面向基层配发安全口袋书、制作安全幸福墙、签订安全家属协管责任书、推行帽贴文化，提高全员安全意识。

二是完善"海陆双线"基层党建工作模式。各相关涉海基层党组织结合行业特点，创新工作模式，开展了"海陆双线"基层党建工作模式，真正将"一切工作到支部"的要求落到实处，取得了较好的成效。通过"海陆双线"党建模式，解决海上平台、船舶党支部因远离陆地、流动分散导致的组织生活薄弱化、活动开展不正常等问题，倒逼责任落实，促进发挥基层党支部的战斗堡垒作用，为各项生产经营顺利开展提供保障。"海陆双线"是一种具有行业特点的工作模式，不是具体的工作内容。一方面要与支部建设的具体内容相结合，如基层党支部的班子建设、队伍建设、"三会一课"组织生活等，最大限度发挥基层党支部"抓班子、带队伍、强三基、保稳定、促发展"五项职能。另一方面要与当前正在开展的各项学习教育和主题实践活动相结合，例如"两学一做"学习教育、"转观念、勇担当、创效益"专题讨论、"强党固基、达标升级"主题活动等，确保目标一致，协力发展。

三是开展"一人一事思想政治工作"。为进一步贯彻落实《新时代加强和改进思想政治工作的实施方案》，强化"三基"管理，坚持"抓生产从思想入手、抓思想从生产出发"，充分发挥一人一事思想政治工作为员工群众释疑解惑、解难帮困、化解矛盾、理顺情绪、调节心理的关键作用，将人这一"关键变量"转化为推进海域油气高发展的"最大增量"，发布《加强和改进新形势下一人一事思想政治工作的指导意见》，各党支部结合员工民情档案建立员工思想档案，各党支部定期向上级党委（党总支）报送员工思想政治工作开展情况，主要反映员工在工作生活、职业成长、心理健康等方面的相关情况，实现员工思想动态实时掌握，主动发现问题，及时提供帮助。建立"三联系"工作机制（支部书记联系支委、支委联系党员、党员联系群众）。按照"人人都有联络员""事事都有宣传员"的要求，坚持"简便、灵活、实效"的原则，通过"一联一""一联多"的形式，实现党员干部联系党员、党员联系群众全覆盖。建立"三必知、四必访、五必谈"机制。及时了解分析所在单位员工思想状况，关注员工情绪波动，有的放矢地做好人文关怀和心理疏导，有计划、有步骤地安排支委、结对人等相关人员，通过面对面、电话、视频、微信等形式开展线上线下访谈工作。通过一人一事思想政治工作使每个员工融入团队，调动广大员工的工作热情和积极性，引导员工树立拼搏进取、无私奉献的价值观，为加快打造石化上游一流企业提供有力思想保证和强大精神动力。

（三）青年价值引领的互动式平台——"六人谈"党课

"六人谈"党课是国有企业党组织及其负责人创新探索的一种互动式党课"新形式"，是为提升新时代国企党建针对性有效性、积极开展形势政策教育而主动搭建的一座与青年心灵沟通的"新桥梁"，是适应当代青年自主意识强并渴望平等交流特点而创设的具有人文情怀的价值引领"新平台"。"六人谈"交流的主题非常广泛，凡是青年关注的形势和政策热点问题都可以谈，还有生活中、网络上、国际上的热点问题等也都可以谈。

2013年1月起，时任中交第三航务工程勘察设计院有限公司党委书记的沈明达，主动创设了"六人谈"党课这一新形式，每周一中午利用午休1小时与六位青年员工在本院九楼"阅览咖啡吧"里沟通交流，五年内先后与占全院青年96.19%的404位青年员工"面对面"恳谈互动。2018年4月26日，应中央组织部邀请，沈书记率领"六人谈"党课团队赴京在全国"国有企业基层党支部书记示范培训班"上进行45分钟的情景剧形式展演和介绍，得到中组部和国资委有关领导的充分肯定。之后还应邀赴中国浦东干部学院等作介绍和展演。这一党课新探索成为影响广泛的全国党建品牌，在全国众多企事业单位和党政机关得到传播和借鉴。

青年"六人谈"本质上是在构建国企党组织及其负责人"面对面""小众化"联系、服务青年和开展"点对点"调查研究的"新载体"，是提升"针对性、开创性、操作性、有效性"高质量党建的"新探索"，是引领青年认清形势、把握方向、坚定信念跟党走的"新途径"，同时，也可以直接、直观、及时了解青年的所思所想所需，以便更好地服务、激励和引领青年。"六人谈"深受青年的欢迎和好评。从中引发对于新形势下做好思想政治工作和形势政策教育的四点启示：

其一，党建工作和形势政策教育要适应新形势搭建新平台。沟通信息、交流思想、话题广泛、坦诚互动是"六人谈"平台的显著特点。

其二，"六人谈"的思想性要寓于轻松感亲近感之中。沈书记与青年员工在"阅览咖啡吧"里的"六人谈"平台作交流，边品茶、边喝咖啡、边自由交谈，都是一个轻松愉悦的过程。无论是进单位10年以上的老员工，还是刚进单位不久的新员工，都能就任意话题畅所欲言。气氛自然热烈，彼此都能有收益。沈书记认为，走近青年只是第一步，了解青年、引领青年、服务青年是要花功夫的。要想真正进入青年的心灵深处，真正对青年产生激励和引领作用，没有对青年成长的殷殷关注之情，没有助人成才的真情实意投入，是难以做到的。

其三，党委书记要以平和的心态与青年谈心交心。讲形势谈政策说观点作引领，关键是要让参加活动的青年员工想谈、敢谈、乐谈、畅谈，作为平台组织者召集者的党委书记或其他领导人员，则要以平和的心态真诚的态度多听、善问、恳谈、互动，应该学会倾听，乐于倾听，善于倾听。

其四，新时代新征程需要创设更多联系服务青年、开展形势政策教育的"新平台"。党课和形势政策教育的形式不是一成不变的，创新应当"永远在路上"。"六人谈"党课的创新意义不仅仅在于党课形式的创新，更在于高质量党建的探索与创新。随着互联网"微时代"的到来，沟通青年、引领青年的渠道日益"信息化""智能化"了，但面对面的谈心交流和思想政治工作是永远不可被取代的。作为肩负民族复兴重任的新时代党委书记、党政领导者、党务工作者，只要愿意倾听，善于沟通、互动，青年"六人谈"党课所开创的党课和形势政策教育创新之路必将越走越宽广。

第三节 形势政策教育的管理制度

为了保证形势政策教育有序、高效开展，需要为此项工作的开展建立必要的管理制度。以高校的形势政策教育管理制度发展为例，改革开放以来，党中央与教育主管部门先后印发了《关于对高等学校学生深入进行形势教育的通知》（[86]教政字014号）、《关于改进和加强高等学校思想政治工作的决定》（中发[1987]18号）、《关于高等学校思想教育课程建设的意见》（[87]教政字015号）（"87方案"）、《关于高等学校开设〈形势与政策〉课的实施意见》（[88]教政字002号）等一系列重要文件。进入上世纪90年代以来，针对社会迅猛发展的新形势，中宣部、教育部颁发了《关于普通高等学校"两课"课程设置的规定及其实施工作的意见》（教社政[1998]6号）（"98方案"），进一步明确了形势与政策课的性质和地位，并就其设置和基本内容等做出了具体的规定；之后陆续印发了《中共中央国务院关于进一步加强和改进大学生思想政治教育的意见》（中发[2004]16号）、《中宣部教育部关于进一步加强高等学校学生形势与政策教育的通知》（教社政[2004]13号）、《中宣部教育部关于进步加强和改进高等学校思想政治理论课的意见》（教社政[2005]5号）、《〈中宣部教育部关于进步加强和改进高等学校思想政治理论课的意见〉的实施方案》（教社政[2005]9号），再次强调了对高校本、专科学生开设形势与政策课的具体要求。[①] 进入新时代，先后出台《中共中央办公厅国务院办公厅关于进一步加强和改进新形势下高校宣传思想工作的意见》（2015年10月）、《中共中央 国务院关于加强和改进新形势下高校思想政治工作的意见》（2017年2月）、《中共中央 国务院关于新时代加强和改进思想政治工作的意见》（2021年7月）等一系列涉及形势政策教育的文件制度。比如，教育部2022年印发的《高等学校思想政治理论课建设标准（2021年本）》明确规定：" '形势与政策'课要根据教育部下发的教学要点组织教学，选用中宣部和教育部组织制作的《时事报告（大学生版）》和《时事》DVD作为学生学习辅导资料。"下面主要对形势政策教育的管理制度作概述分析。

一、构建形势政策教育管理制度的目标与原则

构建形势政策教育管理制度的目标就是要根据形势政策教育活动特点和要求建立一套系统性制度，以保证形势政策教育活动能够有序、高效开展。其构建原则是：

---

① 刘建军. 建立健全形势与政策教育教学领导体制及工作机制探微 [M]. 天水师范学院学报, 2008, 28(3): 117-120.

（一）把握方向原则

形势政策教育活动是为了宣传党的方针政策，用习近平新时代中国特色社会主义思想和马克思主义的形势政策观，教育引导广大党员干部和群众，所以构建制度的方向原则必须与形势政策教育活动方向相一致，这是坚持正确的政治方向的必然选择。其次要坚持科学管理，注意方向原则与管理目标、管理方法、管理项目等有机结合，以完整准确把握形势政策教育的方向原则。

党章是党的总章程，是全党必须共同遵守的根本行为规范。《党章》第18条规定，"党的中央、地方和基层组织，都必须重视党的建设，经常讨论和检查党的宣传工作、教育工作、组织工作、纪律检查工作、群众工作、统一战线工作等，注意研究党内外的思想政治状况。"加强和改进形势政策教育工作，要牢固树立党章意识，把党章作为指导党的形势政策教育工作的根本依据，把党章各项规定落实到行动上、落实到形势政策教育工作中。[①]

（二）区分层次原则

首先，形势政策教育是面向人民大众的，面对的对象有领导干部、普通群众，有党员、非党员，有高学历和低学历等层次差别，所以，制度制定不能一刀切，要能够确保不同层次的人都能得到有效管理和服务。其次要考虑制度使用范围的层级，无论是全市性的还是集团的公司的单位的相关制度，都要考虑上位与下位兼容，下位要主动接轨上位制度等。

---

① 韩华. 中国共产党思想政治工作制度的基本形态 [M]. 思想政治教育研究，2021，(7): 105-110.

（三）民主集中原则

管理制度是为管理活动和解决矛盾问题服务的，"凡属于思想性质的问题，凡属于人民内部的争论问题，只能用民主的方法去解决。"[22]民主集中原则的方法是先讨论，广泛征求意见。在制度形成过程中要广泛听取方方面面的意见，由决策者根据方向性原则结合多数人的意见做出选择，这样的制度就可以为大多数人所接受，执行起来矛盾就会少很多。

（四）便利运转原则

管理制度的制定不是为了装门面摆花架子，而是为了发挥实实在在的作用，形势政策教育管理制度就应该保障和推动教育活动规范有序开展，这就要求制度表述要简单明了，通俗易懂，便于广大群众理解和使用。制度要做到便利运转还需对制度进行不断完善，要定期对制度进行修订，以使制度能够与时俱进。另外，为使制度为多数人所熟悉，还要经常组织学习和宣传活动，以便大家更精准地使用制度。

（五）服务大局原则

形势政策教育要坚持"围绕中心服务大局"。为了不偏移这个大方向，制度建设应该突出服务功能，注重服务基层、服务社会、服务群众。制定制度的人要有一种强烈的以人为本的服务大局的意识。

二、形势政策教育管理制度的主要内容

形势政策教育管理制度的制定应该根据形势发展和实际情况认真制定。各单位可以根据自己的实际情况，结合问题导向、目

标导向，依据自己在操作中关注的问题而确定管理的内容和相关的制度。

（一）教育内容

形势政策教育是属于对人们进行思想政治教育的，所以制度中规定政治取向是必不可少的。我们必须坚持马克思主义观点、坚持中国特色社会主义道路、坚持习近平新时代中国特色社会主义思想指导、坚持社会主义核心价值观。根据教育对象的类型和层次规定内容取舍范围。

（二）讲课师资

形势政策教育的师资不同于一般文化课的师资，应该有特殊的要求。从事形势政策教育的人要有鲜明的政治态度和坚定的政治立场，熟悉党的方针政策，能够帮助群众厘清在变幻莫测的形势表象下那些错综复杂影响因素之间内在的逻辑关系。可以指定职能部门按照一定要求和程序选择师资，以满足教育活动的要求。

（三）教学组织

教学组织涉及教材、教学计划、教案编写、集体备课等可以在制度里作出明确规定，以保证活动的有序规范。另外，指定职能部门负责学员编班，根据学员的类型、层次、人数合理编班，以保证活动质量。鼓励职能部门和讲课老师通过一定审批流程采取灵活多样教学手段开展教育活动，比如线下线上教学、现场讲解教学、角色扮演教学、影视影评教学等，以提高教学效果。

（四）教学管理

教学管理涉及教学计划和教案审批管理、学员出勤考核管理、教师互相听课和督导督学管理等。严格执行教学管理制度是抓教育活动质量的十分重要的环节，组织者一定要重视教学管理有关制度的做实落地。

三、形势政策教育管理制度的完善

制度建设是一件十分重要的事情，特别是进入新时代全社会已经将制度建设提到一个新的高度。与其说制度是约束他人的工具，不如说制度是自我约束、自我提高的手段。为了更好地自我提高，制定制度必须与时俱进，不断修订与完善。

（一）定期修订

定期修订就是以制度形式将完善制度的工作固化下来。之所以要定期修订制度，是因为世上没有最完善的制度，只有更完善的制度。因为人的认知是有局限性的，人的认知受到所在环境的限制，使得所制定的制度不可能做到十全十美。人的认知会随着社会实践而提高，而且复杂多变是形势政策的基本属性，所以，使用一段时间后的管理制度就应该进行修订。

（二）及时补充

制度是需要修订与完善的，但修改的频率不能太高。要把握好一个度，不能朝令夕改。如何解决制度缺陷与修订周期不匹配的矛盾呢？现在通常的做法是适当缩短修改周期，这种方法可以解决一部分问题，但如果遇到急需修改制度才能解决问题时就无能为力了。如果出现这种情况我们应该怎么办呢？那就采取一种应急做法，就是按制度修订程序启动制度的补充规定。补充规定与原制度具有同等法定地位，与原制度同步执行，等到修订周期到了可以产生新制度时再取消补充规定。

总之，制度修订与完善是一项科学而严谨的工作，来不得半点马虎和随意，我们要坚持制度需要认真落实，制度需要不断完善，只有这样才能让制度发挥出最大的效能。

第八章 形势政策教育的 行业特性与要求

党的十八大以来，党中央把党的宣传思想工作摆在全局工作的重要位置。尤其是党的二十大的胜利召开，提出了"全面建成社会主义现代化强国，实现第二个百年奋斗目标，以中国式现代化全面推进中华民族伟大复兴"的宏伟蓝图，凝心聚力开启新征程，万众一心建功新时代，党的思想政治工作和形势政策教育的重要性、紧迫性显得尤为突出。

世界正经历着百年未遇之大变局，人类社会进入大发展、大变革的新时代。世界多极化、经济全球化、社会信息化、文化多样化持续发展，新一轮科技革命和产业变革蓬勃兴起，加快了推动高质量发展、创造高品质生活的时代步伐。面对时代环境、工作状况、生活方式、思维理念等的深刻变化，需要我们开展针对性更强的形势政策教育工作，要求我们根据不同行业、不同类别、不同单位的特征特点开展形势政策教育工作，从实际出发抓问题、想办法、办实事、见实效，帮助不同行业的从业人员了解实情、把握全局、拓宽视野、增强信心，从而破浪前行，抵达胜利的彼岸。

237

本章尝试择取几个不同的行业，进行业态特性分析，有针对性地提出开展形势政策教育工作的一些路径和建议。

第一节 国有企业

一、国有企业的特性

国有企业是中国特色社会主义的重要物质基础和政治基础，是党执政兴国的重要支柱和依靠力量。国有企业是国有经济的重要载体、公有制的重要实现形式、社会主义制度属性的重要保证，做强做优做大国有企业对于坚持和完善社会主义基本经济制度、坚持和发展中国特色社会主义意义重大。

新中国成立以来特别是改革开放以来，国有企业的发展取得了巨大成就。国有企业已成为坚决贯彻执行党中央决策部署的重要力量，成为贯彻新发展理念、全面深化改革的重要力量，成为实施"走出去"战略、"一带一路"建设等重大战略的重要力量，成为壮大综合国力、促进经济社会发展、保障和改善民生的重要力量，成为党赢得具有许多新的历史特点的伟大斗争胜利的重要力量。国有企业为我国经济社会发展、科技进步、国防建设、民生改善作出了历史性贡献，功勋卓著，功不可没。

习近平总书记就国有企业改革发展和党的建设发表的一系列重要讲话、作出的一系列重要指示批示，是习近平经济思想的重要内容。特别是2016年10月10日，习近平总书记出席全国国有企业党的建设工作会议并发表重要讲话，深刻回答了国有企业还要不要、国有企业要不要加强党的建设、怎样加强党的建设等重大理论和实践问题，精辟阐述了为什么要做强做优做大国有企业、怎样做强做优做大国有企业这个重大时代命题。习近平总书记关于国有企业改革发展和党的建设的重要论述，系统宣示了新时代我们党领导和发展国有企业的大政方针、根本原则和重大举措，是新时代国有企业改革发展和党的建设的科学指南。①

要坚持建设中国特色现代企业制度。习近平总书记指出："坚持党对国有企业的领导是重大政治原则，必须一以贯之；建立现代企业制度是国有企业改革的方向，也必须一以贯之。"②坚持"两个一以贯之"，把加强党的领导和完善公司治理统一起来，建设中国特色现代企业制度，深刻总结了党领导国有企业长期实践的宝贵经验。中国特色现代企业制度，"特"就特在把党的领导融入公司治理各环节，把企业党组织内嵌到公司治理结构之中。要明确和落实党组织在公司法人治理结构中的法定地位，确保国有企业党委（党组）领导作用发挥组织化、制度化、具体化。要坚持加快建设世界一流企业。习近平总书记强调："加快建设一批产品卓越、品牌卓著、创新领先、治理现代的世界一流企业，在全面建设社会主义现代化国家、实现第二个百年奋斗目标进程中实现更大发展、发挥更大作用。"③现代经济发展表明，企业强则国家强，加快建设世界一流企业是全面建设社会主义现代化国家的重大任务，是新时代国有企业的战略目标。要坚持加强国有企业党的建设。习近平

---

① 王郝鹏. 新时代国有企业改革发展和党的建设的科学指南 [J]. 求是, 2022, (13).

② 习近平. 习近平谈治国理政：第二卷 [M]. 北京：外文出版社. 2017: 176

③ 2022年2月28日，习近平主持召开中央全面深化改革委员会第二十四次会议时的讲话.

总书记强调："在深化改革中，要坚持和落实党的建设和国有企业改革同步谋划、党的组织及工作机构同步设置、党组织负责人及党务工作人员同步配备、党建工作同步开展，实现体制对接、机制对接、制度对接和工作对接，确保党的领导、党的建设在国有企业改革中得到体现和加强，坚决防止以深化改革为名，在一片加强声中弱化党的领导、削弱党的建设。"[1] 加强党的建设是提升国有企业党组织领导力、增强国有企业内部凝聚力、激发国有企业活力和创造力、推动国有企业做强做优做大的重要法宝。

长期以来，国有企业党组织普遍比较重视开展形势政策教育，创造和积累了一系列成功经验和做法，成为全社会开展形势政策教育的主阵地之一。新时代新征程，国有企业应当继续守正创新，结合行业和企业特点，高质量开展形势政策教育，推动党的理论创新成果进企业、进车间、进班组、进头脑，引领职工群众听党话、跟党走，把解决思想问题同解决实际问题结合起来，多做得人心、暖人心、稳人心的工作，为国有经济和国有企业的做强做优做大作出新的贡献。

二、国有企业开展形势政策教育的路径选择

（一）完善形势政策教育工作机制

新形势下，国有企业的员工队伍呈现出复杂化、多样化的特点，需要进一步创新和优化开展形势政策教育的工作机制。要完善党群工作机构设置，健全岗位人员配置，配强形势政策教育干

---

[1] 习近平. 论坚持党对一切工作的领导. 北京：中央文献出版社. 2019: 149-150.

部力量，加强日常人员选拔和培训，不断提升形势政策教育工作者的思想觉悟和个人能力，促使他们既有坚定的政治站位和党的事业的忠诚度，又有开阔视野和党的政策的领悟力，从而能够切实承担起宣传教育引领党员干部和职工树立正确的形势政策观和坚定的理想信念，激发员工参与企业建设的主观能动性、提升企业应对激烈市场竞争，促进企业高质量发展的使命和重任。

（二）构建"互联网+形势政策教育工作"新格局

随着互联网技术的迅速发展，群众了解国际国内形势已经不仅仅看电视、读报纸、听广播了，一部手机足以每天接收所需的各种信息。为此，开展员工宣传教育不能简单停留于沿用传统的工作方式，需要构建"互联网+"的新格局，充分利用互联网的优势，为企业增加创新活力，赋予时代内涵，同时打破传统的开展形势政策教育工作的时空限制，提升工作效率。企业可以搭建信息共享平台，可以借助企业官网、微博、抖音、微信公众号、微信工作群等互联网路径，向群众宣传最新的时政要闻，国家政策、行业动态、企业信息等。可以利用企业微博、微信工作群等，采用点赞、跟帖等形式，吸引员工发表自己的观点，提出参与企业管理和文化建设的意见和建议，方便员工之间相互传递和分享宣传教育工作的相关信息。此外，通过互联网交流平台，及时了解员工的思想情况，并根据不同情况给予不同的思想教育和心理疏导，以提升形势政策宣传教育工作的针对性与实效性。

（三）宣传形势政策、讲好企业故事、弘扬员工闪光点

开展形势政策教育，要注重对员工的国情教育、行业以及企

业发展史的教育。有条件的企业可以设立企业发展陈列室、展示馆，让员工了解企业的演化进程，增强民族自立感和责任感，提高劳动者素质，进而增强国企发展的综合实力。

开展形势政策教育，要引导员工正确认识所从事岗位工作的重要性。要通过持续努力，让员工感觉到自己平凡的工作已经融入强国建设民族复兴的伟大事业之中，党的事业已经成为中国人民追求高品质美好生活的组成部分，同时积极弘扬员工的闪光点。这样，爱党爱国爱企业，就会成为员工的思想自觉和行动自觉，促使员工的工作积极性、创造性与国家振兴、企业发展、职业晋升融合在一起。

第二节　金融行业

一、金融行业的特性

金融行业指的是银行与相关资金合作社，还有保险业，除了工业性的经济行为外，其他的与经济相关的都是金融业。金融行业主要包括三大类，银行、投资、保险类。具体则很多：银行、证券、保险、财务公司、租赁等，买卖资金则是间接融资。金融行业是服务业中的一个重要部门。金融业是国民经济发展的晴雨表，具有指标性、垄断性、效益依赖性、高风险性和高负债经营性的特点，其中指标性是指金融的指标数据从各个角度反应了国民经济的整体和个体状况。金融是国家重要的核心竞争力，金融安全是国家安全的重要组成部分，金融制度是经济社会发展中重要的基础性制度。党的十八大以来，我国金融改革发展取得新的重大成就，金融业保持快速发展，金融产品日益丰富，金融服务普惠性增强，金融体系不断完善，人民币国际化和金融双向开放取得新进展，金融监管得到改进，守住不发生系统性金融风险底线的能力增强。[1]

习近平总书记在党的二十大报告中从全面建设社会主义现代化国家、全面推进中华民族伟大复兴的高度，作出"深化金融体制改革""健全资本市场功能"等重要部署，为新时代新征程做好金融工作指明了前进方向。习近平总书记强调，"防范化解金融风险，特别是防止发生系统性金融风险，是金融工作的根本性任务，也是金融工作的永恒主题。"[2] 金融是现代经济的核心，金融安全是国家安全的重要组成部分，是经济平稳健康发展的重要基础。维护金融安全，是关系我国经济社会发展全局的一件带有战略性、根本性的大事。

随着经济全球化的不断推进，大量的国外银行纷纷进入中国市场，给国内银行业发展带来强大的冲击。同时，在我国经济体制改革的不断深化推进中，我国金融主体的中国银行、农商银行、工商银行、建设银行四大国有银行也顺利完成了股份制改革，走上了商业化经营的道路，我国银行业内外部经营环境发生了巨大的变化，这些内外部环境的变化必然引起一些新的矛盾和问题，因此加强金融行业形势政策教育工作显得尤为重要。

---

[1] 王庆. 推动金融高质量发展 [N]. 人民日报, 2023-07-19(09).

[2] 中共中央党史和文献研究院 编. 习近平关于防范风险挑战、应对突发事件论述摘编 [M]. 北京: 中央文献出版社. 2020: 59.

二、金融行业开展形势政策教育的路径选择

由于金融行业在国民经济中地位的特殊性，对金融行业从业人员开展形势政策教育重点在以下四个方面。

（一）加强国际国内同业竞争的危机意识教育

我国金融业的市场竞争，是伴随社会主义市场经济体制改革的过程而逐步形成的。随着我国金融体制改革的不断深化，国有银行商业化进程加快推进，"入世"后遵守有关承诺而对外资银行的市场开放，彻底打破了原有金融业的市场垄断。

金融业的开放是我国经济自身发展的需要。如外资银行的引入，其凭借在资金、技术、管理等方面的优势，在市场空间、潜在市场、客源、高素质人才等方面，与国内银行展开全方位、高层次的竞争。外资银行的进入，不仅带来了资金的经营管理经验，而且带来了外资企业的投资和出口市场，以及创新金融工具的使用，这些对推动中国传统银行经营方式的变革发展起到了积极的促进作用。

金融行业开展形势政策教育，要以"他山之石可以攻玉"的积极心态迎接挑战。既要清醒认识我国金融行业参与国际竞争和国内同业竞争的严峻形势，又要正确把握大局，理性研判趋势，帮助企业制定正确的竞争策略，提升抵御风险的抗击能力和驾驭市场的竞争能力，进一步促进我国金融体系的健全和完善，推进我国金融业的高质量发展。

（二）加强锐意进取的创新意识教育

面对激烈的市场竞争，企业发展的生命力在于创新。而创新

的主体是高素质的人才队伍。要以形势政策教育为手段，善于捕捉创新闪光点，培育一支勤于学习、锐意进取、勇于创新，敢于破局的高素质人才队伍，助力金融行业加快发展。

一是要增强创新意识，推动学习型团队建设。要通过形势政策教育，不断提高员工队伍的思想认识，找准自身定位，克服消极心态，锐意进取，承优立新；要勤于学习，提高知识层次，不断丰富知识储备，提升专业技能；要善于思考，活跃创新思维，提高战略思维能力、综合决策能力、驾驭全局能力；在实事求是的基础上解放思想、与时俱进、开拓创新，增强工作的原则性、系统性、预见性、创造性。

二是要发扬实干精神，踏踏实实干事创业。通过形势政策教育，要引导群众发扬实事求是、求真务实的优良作风，要以百尺竿头更进一步的良好精神风貌，不断研究新情况，主动解决新问题，善于总结新经验、新方法，使工作不断提档升级；要敢于实践，把理论知识应用到实际工作中去，提高破解难题，解决实际问题的能力，实现理论观念和实践的统一。在全面建设社会主义现代化国家、实现中华民族伟大复兴中国梦的征途上真抓实干，破浪远行。

（三）加强合规经营的法律法规教育

合规，简单地理解就是符合规定，不符合规定就是违规。合规操作是金融业稳健运行的内在要求，是每一个金融工作者必须履行的职责，同时也是保障自己切身利益的有力武器。

要通过形势政策教育，加强金融行业员工合规操作的意识。

重点是开展以有效防控合规风险为目的，以提升依法合规经营管理水平为导向，以企业经营管理行为和员工履职行为为对象，开展包括建立合规制度、完善运行机制、培育合规文化、强化监督问责等有组织、有计划地管理活动和教育培训。

要通过形势政策教育，教育员工把合规操作养成习惯。合规操作是必须一以贯之、常抓不懈的，合规不是一日之功，违规却是一念之差。近年来，金融业违规操作案件的发生，都是金融业工作人员合规意识淡漠、合规执行不到位导致的。合规操作也是防范金融风险的必要前提。勿以恶小而为之，勿以善小而不为。珍惜这份平凡而不平庸的工作岗位，严格遵守合规工作底线。

（四）加强员工爱国爱企的忠诚度教育

金融行业里高学历、高智商的知识分子、专业技术人员相对较多，白领意识强烈，思想活跃度高，表现在：一是独立思考能力强，借助互联网获得各种信息的渠道不断增多，他们对上级、组织和领导不会盲从和听信，对某个事件的报道、传闻和评判不大会人云亦云。二是选择性强，由于知识储备和专业能力的特殊性，员工的流动性也是高于其他行业的。三是多变性强，互联网时代，各种思潮传播速度快，新事物的出现，新技术的应用，新模式的问世，新矛盾的产生等等，一切都在变化中，需要人不断应对，不断适应。

员工对企业的忠诚度，是企业稳健发展的基石，对于企业弥足珍贵，忠诚的员工必然在工作中释放出最大的潜能，为企业创造更大的价值。金融行业开展形势政策教育，重点是强化对员工忠诚度的教育。只有高度忠诚的员工，才能表现出强烈的主人翁意识，才能自动自觉地做好岗位工作。

强化忠诚度教育，还要建立公平的竞争机制，建立良好的人际关系和上下级关系，要打破企业内部的等级界限，使每个员工都有发展的机会。同时，要健全激励机制，完善绩效考核机制，承认员工对企业的贡献。

忠诚是效率，也是竞争力。员工的创造性思维和高效执行力是企业发展的根本驱动力。要着眼于人的素质的全面提升，把社会主义核心价值体系融入形势政策教育全过程，追求与企业价值观相一致的理念认同，让员工有归属感、使命感。把爱党、爱国、爱企、爱岗转化为员工的自觉追求。

第三节 "两新"组织

一、"两新"组织的特性

"两新"组织，是新经济组织和新社会组织的简称。新经济组织是指在发展社会主义市场经济过程中，我国内地公民私人、港澳台商、外商等所有或绝对控制的新出现的经济组织形态。亦是指私营企业、外商投资企业、港澳台商投资企业、股份合作企业、民营科技企业、个体工商户、混合所有制经济组织等各类非国有集体独资的经济组织。我国非公有制经济，是改革开放以来在党的方针政策指引下发展起来的，几十年来，我国民营经济从小到大、从弱到强，不断发展壮大。

新社会组织，是指社会团体和民办非企业单位的统称。社会团体，指按《社会团体登记管理条例》的规定，由中国公民自愿组成，为实现会员共同意愿、按照其章程开展活动的非营利性社会组织，包括学术性社团、行业性社团、专业性社团和联合性社团等。民办非企业单位，指按《民办非企业单位登记管理暂行条例》的规定，由企业事业单位，社会团体和其他社会力量以及公民个人利用非国有资产举办的，从事非营利性社会服务活动的社会组织。

民营经济是高质量发展的重要基础，是推动我国全面建成社会主义现代化强国、实现第二个百年奋斗目标的重要力量。习近平总书记高度重视民营经济发展，围绕加强新时代民营经济工作多次作出重要指示批示，提出一系列新思想新观点新论断，党中央作出一系列重大战略部署，指引新时代民营经济实现了新发展。《中共中央国务院关于促进民营经济发展壮大的意见》，对促进民营经济发展壮大作出新的重大部署。

一是明确坚持基本经济制度、坚持"两个毫不动摇"。党的十八大以来，以习近平同志为核心的党中央多次重申坚持社会主义基本经济制度，坚持"两个毫不动摇"。党的十八届三中全会提出："公有制经济和非公有制经济都是社会主义市场经济的重要组成部分，都是我国经济社会发展的重要基础。"党的十八届四中全会提出："健全以公平为核心原则的产权保护制度，加强对各种所有制经济组织和自然人财产权的保护，清理有违公平的法律法规条款。"党的十八届五中全会强调："鼓励民营企业依法进入更多领域，引入非国有资本参与国有企业改革，更好激发非公有制经济活力和创造力。"党的十九大把"两个毫不动摇"写入新时代坚持和发展中国特色社会主义的基本方略，作为党和国家一项大政方针进一步确定下来。党的二十大强调："坚持和完善社会主义基本经济制度，毫不动摇巩固和发展公有制经济，毫不动摇鼓励、支持、引导非公有制经济发展"，提出"促进民营经济发展壮大"，还强调"加强新经济组织、新社会组织、新就业群体党的建设"。[①] 我国社会主义基本经济制度写入了宪法、党章，"两个毫不动摇"写入了党章。支持民营企业发展，是党中央的一贯方针，这一点丝毫不会动摇。

二是明确民营企业和民营企业家是自己人。2018年，习近平总书记在民营企业座谈会上指出："民营经济是我国经济制度的内在要素，民营企业和民营企业家是我们自己人。"2023年"两会"期间，习近平总书记在看望参加政协会议的民建工商联界委员时强调："党中央始终坚持'两个毫不动摇'、'三个没有变'，始终把民营企业和民营企业家当作自己人。"[②] 这些重要论述，进一步明确了民营经济和民营经济人士在我们党治国理政和社会主义事业中的重要地位和作用，清晰表明了促进民营经济发展壮大的必要性、必然性和长期性。

三是明确在社会主义制度下规范和引导资本健康发展。习近平总书记指出："资本是社会主义市场经济的重要生产要素""资本是带动各类生产要素集聚配置的重要纽带，是促进社

① 中国民营经济研究会. 促进民营经济做大做优做强. 人民日报. 2023-09-21(09).
② 中国民营经济研究会. 促进民营经济做大做优做强. 人民日报. 2023-09-21(09).

会生产力发展的重要力量""在社会主义市场经济条件下规范和引导资本发展，既是一个重大经济问题、也是一个重大政治问题，既是一个重大实践问题、也是一个重大理论问题""正确处理不同形态资本之间的关系，在性质上要区分，在定位上要明确，规范和引导各类资本健康发展"等等。[①] 这些重要论述，为正确处理资本和利益分配问题、更好发挥资本的功能等提供了根本遵循。

新时代党对民营经济的政策保护和鼓励，为调动民营企业家创业积极性、促进民营经济发展创造了有利条件。结合新的形势任务，加强"两新"组织形势政策教育，是一项必须加以重视的思想教育工作。

二、"两新"组织开展形势政策教育的路径选择

形势政策教育是"两新"组织工作的重要组成部分，也是"两新"组织增强市场竞争力的重要保障，加强"两新"组织的形势政策教育工作是提升竞争的内在需求。"两新"组织的形势政策教育工作，应重点从以下几个方面着手：

（一）健全开展形势政策教育的组织体系

要结合"两新"组织共同特征和自身特点，按照属地管理原则，对有条件的群体建立临时党支部或者流动党支部，选派党建、业务等指导员，特别是要加强对外卖、快递等服务行业的关心关爱，让他们感受到组织的凝聚力和归属感，切实通过定期开

---

① 中国民营经济研究会. 促进民营经济做大做优做强. 人民日报. 2023-09-21(09).

展形势政策教育，把党建工作做到每个从业人员的心里。通过抓组织建设、抓行业融合，树立典型，推动党的组织和形势政策教育工作全覆盖。

（二）加强行业自律的法规政策教育

随着互联网的发展和应用，新业态的发展如雨后春笋蓬勃兴起，一些民营企业家在党的政策扶持下遇到了大展身手的好时光。由于好些新业态是过去从来没有的，行业政策也相应重新制定和补充完善，因此新政策的宣传教育尤为重要。市场监督、工商、交通运输等部门要对"两新"和新业态新就业群体进行严格规范管理，同时要加强思想宣传工作，不定期对员工组织开展形势政策教育工作，从思想上提高对党的领导的高度认同，在抓经济效益的同时，确保在党的掌舵引航下，企业发展不偏航道，得到快速和长久的发展。

（三）加强对员工的教育培训和生活关爱

在"两新"组织中开展形势政策教育，要更加注重实际效果，要建立员工的交流沟通渠道，以服务新业态和新就业群体为依托，属地主管部门要主动对接，按照需求，坚持整体的效益性，切实解决新业态和新就业群体的生产生活困难，提高"两新"组织对党组织战斗力和凝聚力的感受度，从而为企业和员工带来更多的效益和获得感。

（四）引导民营经济人士健康成长

全面贯彻信任、团结、服务、引导、教育的方针，在健全民营经济人士思想政治建设机制、培育和弘扬企业家精神、加强民营经济代表人士队伍建设、完善民营经济人士教育培训体系、全面构建亲清政商关系方面下功夫，用务实举措稳定人心、鼓舞人心、凝聚人心，引导民营经济人士弘扬优秀企业家精神，增强家国情怀，做到富而有责、富而有义、富而有爱，做爱国敬业、守法经营、创业创新、回报社会的典范。

第四节 院校

一、院校的特性

院校是"学院"和"学校"等具有学校性质的教育机构的统称和俗称，根据等级、规模、性质等区别，一般有"中小院校""大专院校""高等院校""师范院校""军事院校"等等。院校并非具有严格范畴的定义性词汇，它可以被用来指代各种教育教学机构，相对来说，常用的"院校"多用来指代大学、学院等本专科高等教育体系的学校。

高校是指大学、专门学院和高等专科学校的统称，简称高校。从学校类型上讲，包括普通高等学校、成人高等学校、民办高等学校等。从学历上讲，包括专科、本科、硕士研究生和博士研究生四个层次。从教育对象和学习形式上的不同，有全日制教学形式和成人、业余、函授、开放大学等形式。建设教育强国，龙头是高等教育。院校是我国社会主义现代化建设人才的重要培养基地。

建设教育强国，是全面建成社会主义现代化强国的战略先导，是实现高水平科技自立自强的重要支撑，是促进全体人民共同富裕的有效途径，是以中国式现代化全面推进中华民族伟大复兴的基础工程。党的十八大以来，党中央坚持把教育作为国之大计、党之大计，作出加快教育现代化、建设教育强国的重大决策，推动新时代教育事业取得历史性成就、发生格局性变化。我国已建成世界上规模最大的教育体系，教育现代化发展总体水平跨入世界中上国家行列。据中国教育科学研究院测算，我国目前的教育强国指数居全球第23位，比2012年上升26位，是进步最快的国家。[①]

党的二十大报告把教育科技人才单独成章进行布局，吹响了加快建设教育强国的号角。党的二十大报告指出，"要坚持教育优先发展、科技自立自强、人才引领驱动"；"坚持为党育人、为国育才，全面提高人才自主培养质量，着力造就拔尖创新人才，聚天下英才而用之"。同时提出了"教育、科技、人才是全面建设社会主义现代化国家的基础性、战略性支撑"的重要论断。这为我们在全面建成社会主义现代化强国新征程上加快建设教育强国、科技强国、人才强国指明了方向，也为加强院校形势政策教育指明了方向。高校是教育、科技、人才的交汇点，要把握好科技第一生产力、人才第一资源、创新第一动力的最佳结合点，让高等教育在现代化强国建设中提供强有力的支撑引领作用。

培养什么人、怎样培养人、为谁培养人是教育的根本问题，也是建设教育强国的核心课题。建设教育强国的目的，就是培养

---

① 习近平. 扎实推动教育强国建设 [J]. 求是, 2023, (18).

一代又一代德智体美劳全面发展的社会主义建设者和接班人，培养一代又一代在社会主义现代化建设中可堪大用、能担重任的栋梁之才，确保党的事业和社会主义现代化强国建设后继有人。习近平总书记指出："浇花浇根，育人育心。要坚持不懈用新时代中国特色社会主义思想铸魂育人，着力加强社会主义核心价值观教育，引导学生树立坚定的理想信念，永远听党话、跟党走，矢志奉献国家和人民。要坚持改革创新，推进大中小学思想政治教育一体化建设，提高思政课的针对性和吸引力。网络已成为广大青少年学习生活的重要空间，要提高网络育人能力，扎实做好互联网时代的学校思想政治工作和意识形态工作。"[①] 在经济全球化背景下，随着社会的不断发展变革，多种意识形态在我国程度不同地影响着青年学生的价值取向，人们开始习惯于通过网络了解国内与国际上的热点新闻、政治文化，院校的学员和领导干部接受新闻的渠道更广，但更容易受到其影响，客观上增加了院校思想政治和形势政策教育工作的难度。为此，必须采取针对性开创性更强的举措加强院校的形势政策教育。

二、院校开展形势政策教育的路径选择

面对复杂多变的国际形势，建设高质量教育体系要承担的时代使命十分艰巨。2021年中共中央印发的《中国共产党普通高等学校基层组织工作条例》，在"第七章 思想政治工作"中明确："高校党组织应当把理想信念教育放在首位，对师生员工进行马

---

① 习近平. 扎实推动教育强国建设 [J]. 求是, 2023, (18).

克思列宁主义、毛泽东思想和中国特色社会主义理论体系的教育，推动习近平新时代中国特色社会主义思想进教材、进课堂、进头脑，做好党的基本路线教育，爱国主义、集体主义和社会主义思想教育，党史、新中国史、改革开放史、社会主义发展史教育，中华优秀传统文化、革命文化、社会主义先进文化教育，国情教育、形势政策教育、社会主义民主法治教育、国家安全教育和民族团结进步教育。"① 这为高校开展针对师生员工的形势政策教育和思想政治工作提出了明确要求。

（一）坚持以事实为依据进行形势政策教育，让受教育者相信教育内容的真理性

过去在开展形势政策教育的过程中，容易受到来自"左"的或"右"的影响，要么形式化地用"形势一片大好"来下结论，要么哗众取宠传递所谓的"内部信息"抹黑局势，让院校学生对真实的形势产生怀疑。我们党提倡实事求是的工作作风，在院校开展形势政策教育，更应当注重"度"的把握，从正面引导，而不能当"糊涂郎中""吃瓜群众"。认清形势是顺应形势、把握形势的前提。面对当前"黑天鹅""灰犀牛"时而出现的国内外形势，我们要善于辨别真伪，勇于认清方向，提高政治素养。葆有"乱云飞渡仍从容"的淡定、涵养"不畏浮云遮望眼"的从容、锤炼"任尔东西南北风"的坚定，不以一时之得失论成败，不因一地之荣辱比长短，时刻保持对党忠诚、政治坚定的政治定

---

① 中共中央印发《中国共产党普通高等学校基层组织工作条例》[EB]. http://www.moe.gov.cn/jyb_xwfb/s6052/moe_838/202104/t20210422_527716.html. 2021-04-21.

力，把准追随党和国家事业永续发展的大方向，才能于变局中更好地分清主流与支流，辨识大势与小局。

（二）坚持以启发式为主导进行形势政策教育，让受教育者体会教育方式的亲近感

强教必先强师，形势政策教育要为培养造就一支师德高尚、业务精湛、结构合理、充满活力的高素质专业化教师队伍作出应有贡献。院校教职员工具有文化水平高、思想活跃的特点，开展形势政策教育工作，要避免形式主义的教育方式，在坚持正面宣传引领、正面理论灌输的同时，更加注重运用启发式教育方法。要坚持用"真实、客观、理性"的方式开展形势政策教育，用启发式教育方法加强理论武装，使院校教职员工感受到教育内容的客观性，让他们自己从客观情况作出判断，从而更容易接受教育内容，引导他们坚定理想信念、陶冶道德情操、涵养扎实学识、勤修仁爱之心，自觉做中国特色社会主义的坚定信仰者和忠实实践者。

（三）坚持以实话实说进行形势政策教育，让受教育者感受教育内容的现实性

开展形势政策教育，要把受教育者当成自家人，敢于向群众"亮家底"，让群众感知"形势逼人，不进则退"的现实性。要用多元化的宣传媒体主导形势政策教育。定期召开形势政策教育报告会，帮助群众了解和把握国家、地区、本单位的经济形势及发展趋势。如疫情期间国务院、地方政府召开的新闻发布会、记者招待会，把群众亟须了解的社会热点问题作及时发布，作客观分析，使大家对形势的把握更加准确。

第五节　党校

一、党校的特性

党校（行政学院）是党领导的培养党的领导干部的学校，是党委的重要部门，是培训党的各级领导干部的主渠道，是党的思想理论建设的重要阵地，是党和国家的哲学社会科学研究机构和重要智库。党校是传承党的精神血脉的殿堂，是广大党员干部十分向往的地方。

中央党校从1933年创办至今，已经走过90多年光辉历程。新中国成立后，党校顺应党的中心工作由农村转向城市、由革命转向建设，形成了由高级党校、中级党校、初级党校构成的覆盖全国的党校教育体系，广泛开展马克思主义基本理论和文化知识培训，为社会主义革命和建设培养了大批人才。改革开放初期，中央党校开风气之先，成为真理标准问题讨论的重要策源地和重要阵地，为推动全党解放思想、重新确立党的实事求是思想路线、实现指导思想上的拨乱反正发挥了独特作用。党的十八大以来，中国特色社会主义进入新时代，党校事业也迎来大发展。党校根据党的事业发展新要求，优化教学布局，增强教育培训的针对性实效性，有力促进了党员干部政治素质、理论素养、党性修养和履职本领的提高，为新时代坚持和发展中国特色社会主义培养了大批优秀干部，在推动贯彻党的政治路线、思想路线、组织路线、群众路线，推进党的事业和党的建设中发挥了重要作用。

习近平总书记指出："回顾历史，党校始终不变的初心就是为党育才、为党献策。新时代新征程，各级党校要坚守这个初心，锐意进取、奋发有为，为全面建设社会主义现代化国家、全面推进中华民族伟大复兴作出新的贡献。"① 为党育才，就是要做好新时代的传道、授业、解惑工作，传好马克思主义真理之道，授好推动改革发展稳定之业，解好改造主观世界和客观世界所遇之惑。为党育才，是党校的独特价值所在。同时，面向未来，党校要做好理论研究、对策研究这个探索规律、经世致用的大学问，在党的创新理论研究阐释、推进党的理论创新、为党和政府建言献策等方面推出高质量成果，这也是党校不同于一般学校的独特价值所在。

党校是干部教育培训的主阵地，对学员开展理论教育、党性教育和能力培训。各级党校需要坚持系统观念，注重统筹谋划、协同发力，努力使理论教育更加系统深入、党性教育更加触及灵魂、能力培训更加精准高效，真正把党校打造成领导干部掌握看家本领、提高党性修养、弘扬优良作风、增强履职本领的重要基地。在这个过程中，党校应当特别注重把开展形势政策教育工作融入党校日常教育培训和理论研究、对策研究之中。

二、党校开展形势政策教育的路径选择

习近平总书记深刻指出，从中央到地方建立党校体系，专门

---

① 习近平. 在中央党校建校90周年庆祝大会暨2023年春季学期开学典礼上的讲话 [J]. 求是, 2023, (7).

教育培训干部，是我们党的一大政治优势。[①] 习近平总书记对党校工作作出的一系列重要论述和指示批示，为党校工作提供了根本遵循，也为党校开展形势政策教育工作指明了方向。

（一）坚持党性锻炼，注重党的理论学习的系统性

伟大的实践需要伟大的思想引领。行进在新时代建设中国式现代化、向着第二个百年目标进军的新征程上，要更加注重加强马克思列宁主义、毛泽东思想、邓小平理论、"三个代表"重要思想、科学发展观、习近平新时代中国特色社会主义思想的系统学习，加强对党史、新中国史、改革开放史、社会主义发展史、中华民族发展史的学习教育，增强党员干部的党性意识，解决好世界观、人生观、价值观问题，自觉做共产主义远大理想和中国特色社会主义共同理想的坚定信仰者和忠实实践者。要始终把习近平新时代中国特色社会主义思想作为理论教育的中心内容，坚持学思用贯通，知信行统一，将习近平新时代中国特色社会主义思想转化为坚定理想、锤炼党性和指导实践、推动工作的强大力量，为前瞻性思考、全局性谋划、整体性推进党和国家各项事业提供科学思想方法。

（二）坚持大局意识，提高正确看待形势的辨识度

当前，意识形态领域的斗争仍然尖锐复杂，需要全党以敢于斗争的精神、善于斗争的本领主动应战，牢牢掌握主动权。党校是党的意识形态工作的重要前沿阵地，国内外都高度关注党校发

---

① 孙少龙，王子铭，张研.让党的旗帜高高飘扬——以习近平同志为核心的党中央关心中央党校及党校工作纪实 [N]. 新华网. 2023-02-27.

出的声音。党校要用好平台优势，积极发声、正确发声，宣传党的主张，有针对性地批驳各种歪理邪说，当好党的创新理论的积极宣讲者、马克思主义在意识形态领域指导地位的坚定维护者、用党的意识形态引导社会思潮的可靠排头兵。要充分利用现代媒体的各种手段，开办线上线下多形式、多渠道的各类形势政策教育讲座、报告会、沙龙等，帮助党员干部充分认识党的十八大以来我们党带领全国人民所取得的改革开放、社会主义现代化建设的巨大成就，看到我国经济发展、政治稳定、民族团结、社会进步、综合国力显著增强、人民生活不断改善、国际地位日益提高等这些形势的基本面，同时看到一系列长期积累及新出现的突出矛盾和亟待解决的问题，做好攻坚克难的思想准备。还要帮助了解世界百年未遇之大变局加速演进的国际形势及带来的不确定性，不断增强斗争精神，提升斗争本领和辩证思维能力，努力开创各项工作的新局面。比如，中央党校坚持开设"形势与任务"报告，并在每学期的教学安排意见中对此提出具体要求。2023年秋季学期，就明确要求："调整和优化'形势与任务'报告讲题。聚焦党的二十大精神和经济社会发展面临的新形势新任务，注重回应学员普遍关注的热点难点问题。"①

（三）坚守初心使命，增强担当尽责向上的进取心

党校要用制度化的形式确保形势政策教育活动见实效。要结合中国共产党的历史使命、马克思主义的理想追求和中国特色社

---

① 中央党校（国家行政学院）教务部. 中央党校（国家行政学院）2023年秋季学期教学安排意见 [N]. 学习时报（党校（行政学院通讯））. 2023-09-15(1).

会主义的发展目标开展宗旨教育。"为什么人的问题，是检验一个政党、一个政权性质的试金石"。中国共产党的宗旨就是始终坚持"为中国人民谋幸福，为中华民族谋复兴"的初心使命，人民性是马克思主义最鲜明的品格，我们党的百年奋斗史就是为人民谋幸福的历史。要切实将民心作为最大的政治，切实守护好人民的心。开展理想信念和宗旨教育，让党员干部焕发出更为强烈的历史自觉和主动精神，做到知信行的统一，始终保持高尚的品行和追求，通过持续不断的形势政策教育，使广大党员干部呈现形势任务更认清，理想信念更坚定，工作作风更转变，服务意识更增强，创新思维更激发，党群关系更密切的生动局面。

此外，各级各类党校的教员应当牢记"党校姓党"这个立校办学之本，对党的路线、方针、政策先学一步，学深一层，从而通过自身的理解力，带动学员认识、理解党和国家的相关政策，提高贯彻党和国家相关政策的自觉性，推动党和国家战略方针政策的落地落细。

第六节　社区组织

一、社区组织的特性

城乡社区组织的概念比较宽泛，一般而言，城乡社区组织动员体系是以基层党组织为核心，村（社区）自治组织为主体，社区社会组织和其他组织为补充。社区社会组织是指城乡社区服务类社会组织，是由社区居民和驻区单位为主发起成立，在城乡社区开展为民服务、公益慈善、邻里互助、文体娱乐和农村生产技术服务等活动的社会组织。截至2022年底，全国社区社会组织超过175万家，其中，约10%的社区社会组织符合社会组织登记条件，在县级民政部门登记；约90%的社区社会组织由街道办事处、乡镇政府或社区党组织、基层群众自治组织等进行指导管理。[①]

2016年，中共中央办公厅、国务院办公厅下发的《关于改革社会组织管理制度促进社会组织健康有序发展的意见》专门用一个章节强调要"大力培育发展社区社会组织"，明确在社区内活动的城乡社区服务类社会组织，直接向县级民政部门依法申请登记，对达不到登记条件的社区社会组织由街道办事处(乡镇政府)实施管理。《中共中央关于制定国民经济和社会发展第十四个五年规划和二〇三五年远景目标的建议》提出，要加强和创新社会治理，发挥群团组织和社会组织在社会治理中的作用，畅通和规范市场主体、新社会阶层、社会工作者和志愿者等参与社会治理的途径。2017年12月，民政部印发了《关于大力培育发展社区社会组织的意见》，提出了培育发展社区社会组织的总体要求，明确了充分发挥社区社会组织积极作用的发展导向、加大社区社会组织培育扶持力度的具体措施和加强社区社会组织管理服务的具体要求。2020年12月，民政部办公厅印发了《培育发展社区社会组织专项行动方案（2021—2023年）》，明确提出了从2021年起，用3年时间开展培育发展社区社会组织专项行动，推动社区

---

① 李昌禹. 全国社区社会组织超过175万家 [N]. 人民日报. 2023-07-17(04).

社会组织高质量发展，在基层治理中更好发挥作用。[①]

党的十八大以来，以习近平同志为核心的党中央就社会治理现代化提出了一系列新理念新思想新战略，蕴含着完善社会治理方式的新要求，主要体现为政治引领、法治保障、德治教化、自治强基、智治支撑。[②] 近年来，随着城市社区建设的深入发展和人民群众生活水平的不断提高，社区社会组织已成为社区建设的一支重要力量，业务内容包括社区养老、再就业、城乡环境、幼托、体育健身、生活帮扶等。从邻里和谐相处的鸡毛蒜皮小事，到下岗再就业的关乎民生的大事，在整合社会资源、提高居民参与意识、丰富居民精神生活、拓宽社区建设渠道等方面发挥着重要作用。由于社区社会工作的发展受多方面的因素影响，需要党和政府从政策上予以倾斜，努力解决社区社会组织在发展中遇到的经费、人才、场所、从业人员社会保障等困难。作为社区党组织更要主动担当起对社区群众形势政策教育的重任。

二、社区组织开展形势政策教育的路径选择

社区社会组织的工作直接影响着居民的生活感受度和幸福指数，在社区社会组织开展形势政策教育，重点在于充分认识社区社会组织工作的重要性，引导社区社会组织为建设居民自治、管理有序、服务完善、治安良好、环境优美、文明祥和的新型社区

[①] 陕西省民政厅. 社区社会组织工作指南 [EB]. https://www.shiquan.gov.cn/Content-2418454.html. 2022-06-22.

[②] 陈一新. 完善社会治理体系：认真学习宣传贯彻党的二十大精神 [N]. 人民日报. 2023-01-11(09).

做出积极贡献。

（一）培育问题导向意识，建立对需服务的工作机制

要通过调查研究、召开各类座谈会和广泛听取群众意见和建议，做到三个"摸清"：一是摸清社区社会组织服务对象的数量、类型、分布等具体情况；二是摸清辖区群众的实际需求；三是摸清影响和制约影响本辖区社区社会组织发展的突出问题。通过摸家底，明实情，建立"全面性需求调查、个性化服务标准，系统化资源管理"的工作机制和服务体系。

（二）增强价值引领意识，搭建宣传教育的活动平台

各类社区社会组织要积极开展群众性的形势政策教育活动，积极组织、引导群众了解党的政策方针，营造有利于社区发展的良好氛围，同时搭建各种平台，吸引和组织群众参与如"情系灾区"、"为残疾人献爱心"等爱心救助公益活动，为社区建设的健康发展创造良好环境，并借此充分展示社区社会组织在社区建设的价值和作用，提升社区社会组织的影响力。

（三）强化创新驱动意识，发挥社区服务的功能优势

随着老龄化时代的加速到来，社区社会组织的业态也呈现快速发展的趋势，不少工作都是开创性的。社区社会组织参与社区建设方方面面的工作，在开展形势政策教育工作中，要注重示范引领和典型推广，将社区社会组织在"整合社会资源、凝聚社会力量、完善社会服务、缓解社会矛盾、满足社会需求、促进社会互动"等方面的创新性做法优秀案例挖掘整理出来，用榜样的力量激励鼓舞，从而推动社区社会组织的整体发展。

　　通过形势政策教育，进一步强化社区社会组织的服务功能、协调功能、自律功能，大大提升其辖区参与度、社区和谐度、社会美誉度。营造社区社会组织的生存和发展的宽松环境，推动可持续发展，为经济社会的健康、和谐、有序发展提供强力支撑。

第九章 把握规律推进形势政策教育高质量发展

作为党的思想政治工作的一个重要组成部分，形势政策教育是一项政治性、政策性、实践性很强的工作。为了推进新时代形势政策教育的高质量发展，有必要对形势政策教育的活动规律作深入的理性思考，有必要运用辩证唯物主义的观点和方法，对形势政策教育中经常涉及的十个方面的关系问题作一些方法论探索和研究。

第一节 处理好形势政策教育中"接天线"与"接地气"的关系

中共中央、国务院2021年印发的《关于新时代加强和改进思想政治工作的意见》，对包括形势政策教育在内的思想政治工作指明了"为人民服务，为中国共产党治国理政服务，为巩固和发展中国特色社会主义制度服务，为改革开放和社会主义现代化建设服务"的重要任务，[①] 这为在形势政策教育中处理好"接天

---

① 中共中央国务院印发《关于新时代加强和改进思想政治工作的意见》[N]. 人民日报，2021−07−13(1).

线"与"接地气"的关系提供了基本遵循。

一、"接天线"是形势政策教育的生存之本

形势政策教育，作为党的思想政治教育特别是政治教育的重要组成部分，首先就必须要"接天线"——以《中国共产党章程》和《中华人民共和国宪法》为依据，以马克思列宁主义、毛泽东思想、邓小平理论、"三个代表"重要思想和习近平新时代中国特色社会主义思想为指导，按照党和国家对国内外形势的总体判断，以及对内对外政策，遵循形势政策教育的规律，提高形势政策教育的针对性和有效性。

《关于新时代加强和改进思想政治工作的意见》中明确指出："要推动新时代思想政治工作守正创新发展。巩固壮大主流思想舆论，坚持正确政治方向、舆论导向、价值取向，把思想政治工作融入主题宣传、形势宣传、政策宣传、成就宣传、典型宣传，落实到党报党刊、电台电视台、都市类报刊和新媒体等各级各类媒体，不断提高新闻舆论传播力、引导力、影响力、公信力。"这里，中央直接对形势宣传、政策宣传提出了"接天线"的相关要求，形势政策教育工作者要特别引起重视。

形势政策教育具有政治性、政策性、针对性和时效性等的鲜明特点，它的内容又往往多样和多变。一方面，教育涉及的内容十分广泛；另一方面，国际和国内形势经常处于动态发展变化之中，特别是近年来国际形势的发展更是瞬息万变。党和国家的对内对外政策，也会根据形势和任务的发展变化而进行相应的调整和优化。为此，形势政策教育工作者必须提高政治鉴别力和政治

敏锐性，时时按照"天线"发出的最新指令，调整和校正形势政策教育的具体观点、素材等内容。这涉及到政治方向、政治原则的问题，来不得半点的疑惑和动摇。

二、"接地气"是形势政策教育的活力之源

形势政策教育同时必须要"接地气"——就是要切合广大受众的思想实际和需求，运用受众喜闻乐见的形式和语言，结合来自受众的生动实践，开展生动活泼的形势政策教育，回答受众对于国际、国内，经济、政治、社会、文化、生态等领域的各种热点问题，从而形成思想共识，鼓舞广大群众为实现党和国家的目标任务而齐心协力、不懈奋斗。

细加分析，"接地气"大体包括三层含义：

一是形势政策教育的"题目"，要从群众中来，切合广大群众的实际需求，防止自我欣赏、漫无目的地建"空中楼阁"。要切实落实中共中央、国务院《关于新时代加强和改进思想政治工作的意见》中的明确要求："坚持以人民为中心，践行党的群众路线，把人民对美好生活的向往作为奋斗目标，组织群众、宣传群众、教育群众、服务群众，强信心、聚民心、暖人心、筑同心。"[1]

二是形势政策教育讲授的"内容"，要符合广大群众的思想实际，解决群众的思想问题和实际问题，防止自说自话地放"空炮"。

三是形势政策教育的"语言"，要尊重广大群众的习惯，

---

[1] 中共中央 国务院印发《关于新时代加强和改进思想政治工作的意见》[N]. 人民日报，2021-07-13(01).

要让普通群众听得明白，入耳入脑入心入行。八十多年前，毛泽东同志在《反对党八股》一文中曾指出："当你写东西或讲话的时候，始终要想到使每个普通工人都懂得，都相信你的号召，都决心跟着你走。要想到你究竟为什么人写东西，向什么人讲话。"[①] 在《反对党八股》中，毛泽东对"空话连篇，言之无物""装腔作势，借以吓人""无的放矢，不看对象""语言无味，像个瘪三""甲乙丙丁，开中药铺""不负责任，到处害人""流毒全党，妨害革命""传播出去，祸国殃民"等党八股"八大罪状"的声讨和抨击，形象生动而又一针见血，诙谐幽默而又耐人寻味，通俗易懂而又以小见大，并一一提出了解决的方法。因此，《反对党八股》本身就是一篇反对"党八股"，用"大白话讲大道理"的典范之作。[②] 至今仍是我们切实转变文风、有效开展形势政策教育的经典文献。

第二节　处理好形势政策教育中唱响主旋律与兼容多样化的关系

在新的历史条件下，形势政策教育必须正确处理唱响主旋律与兼容多样化的关系。就是既要大力唱响主旋律，又兼容多样化，达到二者高度统一，这才有利于社会主义宣传思想文化事业的繁荣发展。

---

① 毛泽东. 反对党八股 [M]. 北京：人民出版社，1953：22.
② 吴荣生. 用大白话讲大道理——重读毛泽东《反对党八股》[N]. 学习时报，2018-08-01(05).

一、唱响主旋律是形势政策教育的题中应有之义

唱响主旋律，就是要强调一元化的指导思想；提倡思想文化多样性，是一切优秀文化成果和形式都可以为社会主义文化服务，两者相辅相成。唱响主旋律的科学内涵，是国民对自己国家的荣誉感与归属感；以此凝聚力量，开拓奋进，去实现社会主义现代化。

唱响主旋律，就是要在建设新时代中国特色社会主义理论和党的基本路线指导下，大力倡导一切有利于发扬爱国主义、集体主义、社会主义的思想和精神，大力倡导一切有利于改革开放和现代化建设的思想和精神，大力倡导一切有利于民族团结、社会进步、人民幸福的思想和精神，大力倡导一切用诚实劳动争取美好生活的思想和精神。这些与兼容多样化是并行不悖的。

我们是中国共产党领导的社会主义国家，把弘扬社会主义核心价值观作为舆论宣传的最强音，自然是题中应有之义。

二、兼容多样化是形势政策教育的客观要求

形势政策教育在弘扬主旋律的同时，还要兼容多样化，坚持主旋律和多样化的辩证统一，使我国的宣传思想文化事业既坚持社会主义方向，又始终保持百花争艳的态势。

有研究者分析文艺作品的思想内容，认为一般有四个层次：一是主旋律，必须弘扬；二是多样化，应当提倡；三是通俗的，只要政治上无害，艺术上有创造，老百姓喜闻乐见，就可以允许；四是低俗的，也就是有害的，必须坚决抵制和反对，决不能让低级庸俗的东西充斥市场。这虽然是对文艺作品而言，但对形

势政策教育也有一定的借鉴作用。[①]

在现代社会中，随着互联网渗透到社会生活的方方面面，舆论场上必然会出现多样化信息并存的情况，这是形势政策教育必然会遇到的一大挑战。对此，我们是勇敢地直面挑战，还是消极地闭目塞听、回避矛盾？

1. "种牛痘"的启示

毛泽东同志在1956年12月决定《参考消息》改版的意图值得思索。大家知道，《参考消息》刊登的内容都是直接摘引西方国家媒体的报道，有相当一部分是"反面的"，甚至是"敌视我们、攻击我们的内容"。这在20世纪50年代西方信息基本禁绝的中国媒体，可谓是石破天惊的创举。毛泽东同志1957年1月在省市自治区党委书记会议上讲到《参考消息》的作用时说："为什么要种牛痘？就是人为地把一种病毒放到人体里面去，实行'细菌战'，跟你作斗争，使你的身体里头产生一种免疫力。发行《参考消息》以及出版其他反面教材，就是'种牛痘'，增强干部和群众在政治上的免疫力。"[②] 他还说："现在，我们决定扩大发行《参考消息》，从2000份扩大到40万份，使党内党外都能看到。这是共产党替帝国主义出版报纸，连那些骂我们的反动言论也登。为什么要这样做呢？目的就是把毒草，把非马克思主义和反马克思主义的东西，摆在我们同志面前，摆在人民群众和民

---

① 朱虹．用文艺精品反映和塑造伟大时代——学习习近平总书记在文艺工作座谈会上重要讲话的体会[N]．光明日报，2015-03-01(1).

② 中共中央文献研究室 编．毛泽东文集：第七卷 [M]．北京：人民出版社，1999: 196.

主人士面前，让他们受到锻炼。"① 1957年3月，毛泽东同志在天津市党员干部会议上谈到《参考消息》扩大发行时说："这是为了锻炼我们。党内外都应该受锻炼，应该见世面，知道一点世界上的事情：敌人怎样骂我们，敌人家里的事情是怎样的。"②

毛泽东同志把这种用"反面教材"教育干部群众的作用比作"种牛痘"，"增强免疫力"。这就启示我们，在形势政策教育中，不能忌讳多元信息，也不能回避与主流观点相违的观点和信息。尤其是对各级党员干部开展的高层次形势政策教育，"种牛痘""增强免疫力"，更为必要。

2.冲破"信息茧房"的束缚

社会学中有一个名词，叫作"信息茧房"，即公众只注意自己选择的东西和使自己愉悦的信息领域，久而久之，会将自身桎梏于像蚕茧一般的"茧房"中。③ 当个体获取信息、交流观点更多从圈子出发，由算法推送，久而久之，就好像将自己包拢在一个个"信息茧房"之中，逐渐窄化且内向，最终的结果也许和技术进步的初衷大相径庭。而多样化的信息，正有利于受众兼听则明，扩大视野，避免心理惯性，避免"无形中造成的一种趋同性群体压力"，进而在繁杂的信息丛林中抽丝剥茧、去芜存菁，"通过独立思考，把接受信息的主动权掌握在自己手里，提高对信息的甄别判断能力。"④ 为

---

① 中共中央文献研究室 编.毛泽东文集:第七卷 [M].北京:人民出版社,1999:196.

② 罗海岩.用"独一无二"的报纸来"种牛痘"[N].参考消息,2021-09-09 (1).

③ 张雨昂.跳出"信息茧房"[N].解放军报,2022-07-19 (6).

④ 张音.打破"信息茧房" 压实媒体担当[N].人民日报,2017-01-26 (14).

此，要多渠道接受多方面信息，防止信息的单一性片面性。……只有广涉多种渠道各种信息，拒绝做"信息偏食者"，特别是多从主流媒体平台获取和印证信息，才能防止偏听偏信、受骗上当。[①] 这对广大受众是如此，对于形势政策教育工作者来说，更要避免并冲破"信息茧房"的束缚。

三、唱响主旋律要与兼容多样化相互协调

习近平同志在哲学社会科学工作座谈会上的讲话中指出："面对社会思想观念和价值取向日趋活跃、主流和非主流同时并存、社会思潮纷纭激荡的新形势，如何巩固马克思主义在意识形态领域的指导地位，培育和践行社会主义核心价值观，巩固全党全国各族人民团结奋斗的共同思想基础，迫切需要哲学社会科学更好发挥作用。"[②] 在多元信息广泛流传的今天，形势政策教育需要探索的一项新课题，就是如何把唱响主旋律与兼容多样化相互协调，促使形势政策教育取得更好的实际效果。这里有几个要点需要把握：

1．唱响主旋律，坚持正面教育是主要的。 在形势政策教育中，不能用"兼容多样化"来淡化、冲击"唱响主旋律"。如何切实把握好"唱响主旋律"与"兼容多样化"的分寸，本章第六节《处理好形势政策教育中弘扬"真善美"与鞭笞"假恶丑"的关系》中也有相关的探讨，可以参阅。

2．兼容多样化，要尊重群众的合法权利。 在人民内部，认

---

① 吴铭. 警惕陷入"信息茧房"[N]. 解放军报，2021-03-15 (7).

② 习近平. 在哲学社会科学工作座谈会上的讲话[M]. 北京：人民出版社，2016: 6.

识有高低，觉悟有先后，属于时刻存在的正常情况。何况有些观点一时确实也很难说有高下优劣之分。因此，对于部分受众持有与主流观点不一致的想法，如果不涉及到政治立场、政治原则，不触犯法律，一般允许其存在，允许保留意见，可以适当讨论和引导，不要随意上纲上线，批驳批判。这应当成为"全过程人民民主"的一项内容。

3. 兼容多样化，不能违反政治纪律。尤其是不准发表与党中央精神不一致的言论；不准听信和传播谣言。形势政策教育工作者尤其要把握好"理论探索无禁区，舆论宣传有纪律"的尺度。

第三节 处理好形势政策教育中
"成就"与"不足"的关系

形势政策教育通常围绕着形势和政策两个主要方面来开展。简略地说，如果是针对某个时段某个方面工作的判断，就常常表现为"成就"与"不足"——这在形势政策教育中是常常出现的一对概念。如何正确地把握"成就"与"不足"之类的问题，这对于形势政策教育工作者来说，既是一项基本的素质要求，又是时常会遇到的现实考验。

就形势政策教育的实践来说，正确地把握"成就"与"不足"的关系，需要思考和把握以下几个要点：

一、面对客观实际，实事求是地认识"成就"与"不足"

1."成就"，通常处于主流

实现中华民族伟大复兴是近代以来中华民族最伟大的梦想。

在一百多年波澜壮阔的历史进程中，中国共产党团结带领人民完成了新民主主义革命，推进社会主义建设，进行改革开放新的伟大革命，开辟了中国特色社会主义道路，使中国大踏步赶上时代。特别是党的十八大以来，党的面貌、国家的面貌、人民的面貌、军队的面貌、中华民族的面貌发生了前所未有的变化。中国特色社会主义进入新时代，意味着近代以来久经磨难的中华民族迎来了从站起来、富起来到强起来的伟大飞跃，迎来了实现中华民族伟大复兴的光明前景。这些举世瞩目的伟大成就，应当充分肯定。具体到一个地方、一个单位，也常常是这种情况。

2."不足"，一般毋庸讳言

然而，建设中国特色社会主义的任务不是一朝一夕就能够完成的，也不能指望一帆风顺，必须经过长期的，也可能是曲折的艰苦努力。其根本原因，就是党的十九大报告强调的："我国仍处于并将长期处于社会主义初级阶段的基本国情没有变，我国是世界最大发展中国家的国际地位没有变"。这些重要论断，坚持辩证唯物主义和历史唯物主义的方法论，指明了党和国家事业发展所处的时代坐标，为我们认清基本国情、把握新时代赋予的新使命提供了根本遵循，也是我们正确认识并解释"不足"的根本指引。

对于"不足"的正确态度是：不遮掩，不回避。中国共产党是全心全意为人民服务的政党，勇于自我革命是中国共产党区别于其他政党的显著标志。有缺点、有错误不怕别人批评指出，敢于为人民利益坚持正确的、改正错误的。一个马克思主义政党对自己的错误所抱的态度，是衡量这个党是否真正履行对人民所负责任、是否真正有力量的重要尺度。面对错误，我们党始终体现出马克思主义政党和一个大党应有的格局、风范和担当，实事求是，襟怀坦白，赢得了人民的理解和拥护。①

习近平总书记在中国共产党第二十次全国代表大会上的报告中指出："在充分肯定党和国家事业取得举世瞩目成就的同时，必须清醒看到，我们的工作还存在一些不足，面临不少困难和问题。对这些问题，我们已经采取一系列措施加以解决，今后必须加大工作力度。"② 这为我们在形势政策教育中实事求是地讲述"不足"提供了典范。

二、分清主流支流，恰如其分地讲述"成就"与"不足"

按照唯物辩证法的原理，要正确认识一种宏大的历史事物和社会现象，必须首先要分清主流支流。毛泽东同志常常用"九个指头和一个指头的关系"来比喻成绩与不足哪个是主要的，哪个是次要的。③ 这种思想方法揭示了事物的性质主要是由取得支配地位的矛盾主要方面决定的，引导人们抓住主要矛盾和矛盾的主要方面，从而帮助人们在观察和处理问题时分清主流与支流、整体与局部、本质与现象。

必须明确，对于形势政策教育工作而言，判断形势政策、评

---

① 张志君. 对待问题的态度和做法[N]. 光明日报，2023-03-29 (1).

② 习近平. 高举中国特色社会主义伟大旗帜，为全面建设社会主义现代化国家而团结奋斗[N]. 人民日报，2022-10-25 (1).

③ 罗平汉. 发动"大跃进"的1958年南宁会议[EB/OL]. (2014-12-15)[2023-04-05]. http://dangshi.people.com.cn/n/2014/1215/c85037-26210862.html?from=singlemessage.

价形势政策，也是必要的，但并不是最主要的任务。要记住，形势政策教育的目标任务就是把人民群众的思想和认识统一到党和政府对于国内国际形势的正确判断，以及所制定的正确政策措施上来。"聚民心，就是要牢牢把握正确舆论导向，唱响主旋律，壮大正能量，做大做强主流思想舆论，把全党全国人民士气鼓舞起来、精神振奋起来，朝着党中央确定的宏伟目标团结一心向前进。"①

形势政策教育，就是要让人民群众知形势、明责任、尽职责，增强主人翁意识，充分发挥投入中国特色社会主义建设的积极性、主动性、创造性。从这个角度来说，形势政策教育中所要表述的"成就"与"不足"，就不是平铺直叙，也不是"对半开"，而是要在分清主流和支流的基础上，掌握好"成就"与"不足"的比重，突出宣传"成就"，适度解释"不足"，让受众因"成就"而受到鼓舞，因了解"不足"而有所理解，并增强齐心协力弥补"不足"的热情和信心。

还要澄清一个"成就"与"不足"犹如"孪生兄弟"的误解。在形势政策教育中，对于有些"不足"，一般不必主动提及，也不是每当说到"成就"时都要说"不足"。而只是当教育内容自然联系到"不足"时，受众对"不足"有所反映时，尤其是在群众对某项"不足"意见比较集中时，就必须对此"不足"加以阐述，解疑释惑。

---

① 习近平. 在全国宣传思想工作会议上的重要讲话[M]. 北京: 中央文献出版社, 2020: 339.

三、针对具体问题，讲清"不足"的由来和原因

针对"不足"加以阐述和解释，重点是要讲清"不足"的由来和原因。一般可以从几个要点入手：一是地域条件的限制；二是历史的背景；三是资源的限制；四是相关机构和人员的因素；五是具体工作中的失误。要按照具体的实际情况，根据有关的事实依据，实事求是地讲清这些"不足"。

还有一点需要说明的，有一类"不足"，反映了受众未能得到充分满足的需求。现阶段我国社会主要矛盾是人民日益增长的美好生活需要和不平衡不充分的发展之间的矛盾。要知道，近年来人民的"美好生活需要"增加了许多内涵，不仅包括既有的"日益增长的物质文化需要"这些客观的"硬需求"，而且包括在此基础上衍生出来的获得感、幸福感、安全感以及尊严、权利、当家作主等等更具主观色彩的"软需求"。原来的"硬需求"并没有消失，呈现出升级态势。而新生的"软需求"则呈现多样化多层次多方面的特点，从精神文化到政治生活，从现实社会地位到心理预期、价值认同等方面，对公平正义、共同富裕甚至对人的全面发展与社会全面进步都提出了相应要求。[①] 与这些"日益增长的美好生活需要"相比，"不平衡不充分的发展"状况就相对显得"不足"了。这不难通过日常生活中的一些小事就可以解释清楚，如脱贫标准的不断提高。

此外，凡是涉及管理权限和保密事项的，未经授权，可以适

---

① 中国发展的不平衡不充分体现在哪里？[N]. 人民日报，2017-10-30 (2).

当地回避一些提问。形势政策教育工作者要知之为知之，不知为不知，不能"强不知以为知"，这也是一种实事求是的表现，相信能够获得大多数受众的理解和谅解。

四、增强受众信心，展望未来的发展趋势和前景

正确发现"不足"，坦然承认"不足"，是采取措施弥补"不足"的必要前提。因而，在讲述"不足"时，要让受众感受到：有"不足"，有问题，并不可怕，可怕的是不知道问题、"不足"的存在。这就像医生看病一样，看不出什么病是最麻烦的，查出了病症，治疗就有了希望和方向。

讲述了"不足"，分析了由来和原因，同时还要依据具体的事实情况尽可能讲清楚：这些"不足"已经引起了相关部门的重视，已经制定了哪些整改的具体方案或措施，已经出现了哪些局部改进的好苗头，已经展现了良好的发展趋势。要通过这些讲解，让受众看到希望，看到光明的前景。

第四节 处理好形势政策教育中"纵向比较"与"横向比较"的关系

广义地说，在人类的教育实践中，"比较"都是一个基本的方法。在形势政策教育中更是不可或缺的表述手段。

一、比较的科学含义及作用

什么是比较？通俗说来，比较就是将不同事物按照同一标准，提取某一属性蕴含的效能、效率以及效应等参数进行定性、定义以及定向的评估、评价以及判断，从而得出某种性能的优劣

境况。所谓"比"，就是将同类的事物放在一起进行差异化的辨别核对。而所谓"较"，既有着"校对"的意思，更有着"较量"的挑战意识。因而，"比较"就是将同类事物各种数据放在一起进行丈量和核对，以示区别。概言之，比较是指确定对象之间差异点和共同点的逻辑方法，是人类认识事物的一种基本思维方法。人们根据一定的需要和标准，把彼此有某种联系的事物加以分析、对比，从而找出它们的内在联系、共同规律和特殊本质的方法。通过比较就会发现比较对象的品质中蕴含的优劣性等级以及问题所在。这是因为通过比较会将比较对象内涵、本体以及外延中各种各样参数差异化的凸显出来。[①]

在人类认识事物的过程中，"比较"有着十分重要的作用。"有比较才有鉴别。"[②] 比较是"确定对象之间差异点和共同点的逻辑方法，是人类认识事物的一种基本思维方法"，马克思曾高度评价比较方法，称它为："理解现象的钥匙。"[③]

二、纵横比较的运用

形势政策教育中，"比较"更是一种有效的手段。通过纵横比较，可以彰显出形势、政策在时间、空间等方面的差异性，让受众获得更为直观、生动、深刻的印象。科学有效地运用这一教学方法，"有利于提升学生的学习兴趣，促进学生对理论知识的

---

① 韩妙第.《比较学》理论介绍. [EB/OL].(2014-10-06) [2023-05-08]. http://www.360doc.com/showweb/0/0/1081802910.aspx.

② 毛泽东. 在中国共产党全国宣传工作会议上的讲话[C]. 北京：中央文献出版社，1994.

③ 冯契. 哲学大辞典[M]. 上海：上海辞书出版社，1992.

理解和掌握。"①

横向比较，是以空间为坐标，对同类的两个或两个以上的事物进行的比较。如国家与国家、地区与地区的横向比较。例如：2008年GDP比上年同期增长：中国9.0%、德国1.3%、美国1.1%、日本—0.3%。

纵向比较，是以时间为坐标，对同一个事物的历史、现状乃至未来进行的比较。比较同一事物在不同时期的形态，从而认识事物的发展变化过程，揭示事物的发展演变规律。例如：中国国家统计局发布的数据显示，按不变价计算，2020年中国GDP比1978年增长约40倍，占世界经济比重从1.7%上升到17%左右。②

就总体而言，横向比较注重比较对象之间的异同，主要目的在于使人们明察同类各项事物现象之间的联系，了解它们之间的差异和影响，从而在更大范围内揭示出一般规律；还可使人更清楚地认识自己的长处与不足，避免认识上的局限与狭隘，从而准确地确定各自的特点和特性。而纵向比较注重比较单个对象的发展和进步，主要目的在于分析它们的发展趋势和发展阶段，并在较长时间和宏观层面上了解对象的发展历程和原因，了解事物自身运动的规律，从而更好地认识过去与把握未来，防止割裂历史。

三、形势政策教育中运用纵横比较方法的要点

形势政策教育中运用纵横比较的方法，要注意以下几个要点：

① 范丽丽. 纵横比较：思政课教学的主要方法[J]. 北京科技大学学报（社会科学版），2021（2）：113-118 .
② 中国GDP总量首破百万亿大关：经济复苏力道强劲[N]. 参考消息，2021-01-19（1）.

（一）要按照形势政策教育的具体目的确定比较基准和分类属性

任何事物的属性都可以分为特有属性和偶有属性。所谓特有属性是一事物和与它同类的事物共同的属性，偶有属性是一事物单独具有的属性。通过比较，找到共同点，才能识别事物的特有属性，建立起分类的基础。由于事物存在于普遍联系之中，在某一关系层次上是偶有属性的东西，在另一个层次上就可能是特有属性，反之亦然。这就决定了我们必须从形势政策教育的具体目的出发确定特定的层次，方可认识事物的特有属性和偶有属性。

（二）要注意事物的可比性

在对事物进行纵横比较分析时，一定要将比较建立在统一的标准之上，否则比较就会失去实际意义。尤其是在运用横向比较分析时应注意对不同对象进行比较的前提条件。例如，简单地横向比较传统农业国家与盛产石油国家的国民生产总值，并没有多少实际意义，因为这两大类国家由于资源禀赋等原因，在许多方面都缺乏可比性，并不存在简单进行横向比较必要的前提条件。

（三）要善于发现和比较事物本质上的不同

事物之间的相同点和不同点都是相对存在的。在比较分析中，要善于抓住事物本质的东西"同中求异"或"异中求同"。对于表面上差异极大的现象要能发现其中可能存在的共同本质，"异中求同"；对于表面上相同或相类似的现象要能发现其中隐含的本质差异，"同中见异"。

（四）要注意比较的科学性

运用纵横比较方法的态度和方法要严谨，表述要规范。

1. 要选择最能反映形势特点的项目进行比较，不能简单处之，信手拈来，哪个好用就用哪个，"拉到篮里都是菜"。

2. 要注意比较方法的严谨严密，考虑到比较可能产生的各种实际效果，主动消除可能发生的各种误解，不能"顾头不顾尾"，使比较产生不良的副作用。

3. 要保持逻辑上的自洽。对于纵横比较可能出现的偏颇，要有预计，并且适当予以弥补，如在纵向比较了国内人民生活水平和福利水平逐年提高的数据之后，可以用发展时间、人口众多等因素的限制，说明同世界上的某些福利国家还有一些差距。在运用纵向比较讲述了近年来脱贫攻坚的丰硕成果之后，可以实事求是地说明脱贫的标准还不是很高，各地的发展水平还不平衡，等等，防止因表述的粗疏而授人以柄。

4. 要注意纵向比较与横向比较的协调统一。纵向比较与横向比较，各有其长处和用途，两者又是相辅相成的，应当结合起来运用。最理想的比较，应当是纵横两个方面能够互相配合、互相印证、互相补充，从而获得充足的说服力、感染力。邓小平同志当年谈到坚持社会主义道路的必要性时就综合使用了纵横比较方法，论述得全面、严谨、深刻，是我们学习的典范。通过纵横比较综合分析，邓小平不仅从根本上廓清了当时社会上存在的一些模糊认识，坚定了人们对社会主义制度的信心，而且在方法论上给我们以深刻启示。

纵横比较不是含混地比，而是精确地比较；不是抽象地比，而是具体地比。形势政策教育工作者应有的放矢地搜集相关的事实、案例和素材，从不同角度、基于不同切入点运用比较的方法，引导受众深入事物的本质进行对比，以联系的、发展的观点来分析问题。通过生动、深入、具体的纵横比较，给予受众的不只是抽象的概念，而是观察和认识当代世界、当代中国的立场、观点和方法。

第五节　处理好形势政策教育中"盆景" 与"风景"的关系

良好的形势政策教育，能够激发起受众的共识、共情、共鸣、共勉。而说服群众，影响群众，最根本的是依靠真理的力量、真实的力量。马克思曾说过："不真实的思想必然地、不由自主地要伪造不真实的事实，因此也就会产生歪曲和撒谎。"[①]列宁也说："我们需要的是完整的和真实的情报。而真实性不应取决于情报该为谁服务。"[②] 因此，真实性同样是形势政策教育必须遵循的一项重要原则。

一、莫把"盆景"当"风景"

形势政策教育所要求的真实性，是指在形势政策教育中所列举的每一个具体事实都必须有根有据，合乎客观实际，所述的时间、地点、人物、事件、原因和经过等要素都应经得起审核。

---

① 马克思恩格斯全集: 第一卷 [M]. 北京: 人民出版社, 1956: 202.
② 列宁全集: 第五十一卷 [M]. 北京: 人民出版社, 2017: 257.

这个要求看上去相当简单，但到了基层形势政策教育的具体实践中有时就会出现偏差，其中时而可见的是摆不正"盆景"与"风景"的关系。

"盆景"与"风景"，这个来源于基层干部的形象化说法，概括的是这样一种现象：在一座几近荒芜的园林中，还是不难装扮出几个含苞欲放、姿态优美的盆景。如果错把硕果仅存的"盆景"误当作满园春色的"风景"，或者用枝残叶凋的"盆景"去概括全园的"风景"，进而去评价整座园林的状况，就会出现以偏概全、以点"代"面的失误。

二、以偏概全、以点"代"面的由来

形势政策教育工作者在教学中有时错把"盆景"当作"风景"，既有信息提供方夸饰、轻信失察的客观因素，也有主观上贪图方便、论证不严的问题。曾有媒体报道：有的地方把抓试点工程变成"秀亮点"，一味向上级领导推荐介绍"试点"的好，变成了以点"代"面，表面上好像抓得有声有色，实际上工作是"雷声大雨点小"。那就是本末倒置，让点上的示范作用失去了对面上的指导价值。[①] 更有甚者，为了吸引领导的注意力，各地都在想方设法造点，把具有试验性的示范点，变成了展演性的典型。[②] 这正是中央一再强调要整治的形式主义、官僚主义的问题。

---

① 许玲智. 以点带面, 不能以点"代"面[EB/OL]. (2022-08-10) [2023-06-13]. http://www.sinopecnews.com.cn/xnews/content/2022-08/10/content_7044584.html.

② 吕德文. 当前基层治理的十大怪现象[EB/OL]. (2023-04-06) [2023-07-08]. https://new.qq.com/rain/a/20230406A07TZH00?no-redirect=1.

另据官媒报道，为推进农村改革发展，一些地方集中大量资源打造了诸如小康村、美丽乡村、农业合作社、家庭农场等示范性样板，一个县市、一个乡镇往往都有几个点，专供上级领导、新闻媒体考察参观。只看"点"，足够漂亮，让人赏心悦目；但要看"面"，"风景"就大相径庭了。基层群众对这种以"点"代"面"的做法颇为反感。值得注意的是，有些基层干部急功近利，把"以点带面"的工作方式，曲解成"以点代面"，不大愿意做深入细致的基础性工作，指望三招两式就一炮而红。在实际工作中，只注重在"点"上大做文章，总结汇报专讲"点"，调查研究只去"点"，优惠政策照顾"点"，资金扶持保证"点"，不惜人力物力财力把"点"搞得红红火火，让其在检查考核评比中闪亮登场，让检查者观"点"而窥"面"，从而完成检查考核任务，屡屡能"出奇制胜"。靠"以点代面"来搞工作，省钱省力，其实质是一种彻头彻尾的形式主义。可以说，这样的试点越多，则扰民越甚，害民越深。①

三、要做到局部真实和整体真实的统一

形势政策教育工作者在遴选讲课素材时，对于一些突出的局部案例要细加辨识，联系当时当地的普遍状况加以考察，最好能求得宏观数据的支撑和印证，不受少数"点"上的片面信息的误导，更不能"合理想象"，避免把单个真实而没有代表性的现象夸大为整体的状况，防止出现以偏概全、以点"代"面的偏差。

---

① 杨明生. 以"点"代"面"当纠偏[EB/OL]. (2015-03-20) [2023-07-08]. http://www.banyuetan.org/chcontent/zc/ms/2015320/129022.shtml.

尤其要注意和善于从总体上、本质上以及发展趋势上去把握事物的真实性，做到局部真实和整体真实的统一，杜绝片面性和绝对化的认识与转述，以免因受众对这种以点"代"面做法的反感，而影响到形势政策教育的声誉和效果。

以偏概全、以点"代"面的欺骗性、危害性不一而足。以偏概全的手法，是少数网络媒体常用的一种吸引眼球的伎俩。除此之外，类似的手法还有"片面信息""虚假归因""无中生有""移花接木""指桑骂槐""皮里阳秋"等。对此，形势政策教育工作者应当明察。

第六节 处理好形势政策教育中弘扬"真善美"与鞭笞"假恶丑"的关系

形势政策教育当然要弘扬"正能量"。可是在形势政策教育中围绕着弘扬"正能量"也存在着两种不同的理解和认识。为此，我们有必要围绕着褒扬"正能量"，厘清褒扬"真善美"与鞭笞"假恶丑"的关系。

一、"正能量"的来源及含义

能量，原是物理学的专用术语。能量作为物质运动转换的量度，本来无所谓正、负。关于"正能量"的出现和流行，有几种说法。比较可信的是源于英国心理学家理查德·怀斯曼的专著《正能量》一书。他认为"正能量指的是一切予人向上和希望、促使人不断追求、让生活变得圆满幸福的动力和感情。"书中将人体比作一个能量场，通过激发内在潜能，"可以使人表现出一个新的自我，让我们变得更加自信，充满活力，也更有安全感。"①

概括起来说，"正能量"指的是一种健康乐观、积极向上的动力和情感。于是，网络文章常常为那些积极的、健康的、催人奋进的、给人力量的、充满希望的人和事，贴上"正能量"的标签。"正能量"一词也就此在中国城乡走红，连续入选2012—2020年历年汉字中国评选（国内词）。

二、惩恶扬善都是"正能量"

然而，在许多人的认识中，片面地觉得"正能量"就只是褒扬"真善美"，并且不自觉地把褒扬"真善美"与鞭笞"假恶丑"对立起来，似乎水火不容。于是，有些人对形势政策教育中出现的鞭笞"假恶丑"的内容就表现出排斥情绪，认为是"负能量"。

众所周知，人类社会是纷繁复杂的，既存在大量的真善美，也存在无数的假恶丑。真善美常常是在与假恶丑的对立、对抗中体现其价值的。

打个比方说，农田里杂草丛生，可以看作是一种"负能量"；而农民的除草行为，就是"正能量"。不能说因为农民除的是"草"，就成了"负能量"。

同样，脏乱差的环境带给人们的是"负能量"；而人们通过整治脏乱差、建设整洁优美的文明环境，就是"正能量"。

"黄、赌、毒"给人们带来的无疑是"负能量"；而打击、惩治、制止"黄、赌、毒"等丑恶现象，就是"正能量"。

---

① 理查德·怀斯曼. 正能量[M]. 长沙：湖南文艺出版社，2012.

充斥着恐怖、暴力、凶杀等血淋淋场面的图片、影音等带给人们的是"负能量";而收缴、查禁这类毒害人们心灵的非法出版物,就是"正能量"。

某些地方出现的愚昧、丑恶、荒诞的无知举措、犯罪行为,当然是"负能量";而揭露这些现象,"引起疗救的注意",引导人们与之作斗争,从根本上加以改变,就是"正能量"。鲁迅先生的作品中大量揭露过这类消极、愚昧的人物和现象,几十年来谁都没有说是"负能量"。

因此可以说,惩恶与扬善,都是"正能量"。两者只是切入的角度不同而已。评价是不是"正能量",不能光看所用素材的属性,更要看引用的目的、态度和实际效果。譬如,同样是说朝鲜战场志愿军的故事,如果是赞颂,当然是"正能量";如果是恶意贬低嘲讽,就像网上的那些抹黑邱少云、亵渎"冰雕连"的言论,就是"负能量"。因此,不能简单地划分,更不能把褒扬"真善美"与鞭笞"假恶丑"对立起来。有这样一段话说得特别完整、周全:"所有符合社会主义核心价值观的积极、健康的、感化人性、催生健康的政治和经济秩序的新闻和消息,就是'正能量'。若从行为角度去观察,只要是为着善的结果,推进事物向着公平、法治、民主的方向,有益于公众、集体利益的行为,都是有正能量的行为。"

三、形势政策教育中鞭笞"假恶丑"的注意点

在形势政策教育中,鞭笞"假恶丑"与褒扬"真善美"一样,都可以发挥其积极的作用,不必避忌。同时需要指出,由于

形势政策教育具有"以正面教育为主"的特性，为防止出现不必要的副作用，在运用鞭笞"假恶丑"的方法时，有几点需要特别注意。

（一）在部分受众对某些"负面"信息十分关注的时候，形势政策教育要及时予以回应。一般不要主动地将偶发的、人们并不太注意的社会新闻、治安案件、个别的"负面"现象作为形势政策教育的素材。

（二）鞭笞"假恶丑"，要把重点放在"鞭笞"上，激发受众的正义之情，引导受众支持并参与整治，或"引起疗救的注意"，意在消除"假恶丑"现象；而不能过多地描述"假恶丑"的过程、细节，过多地展示血淋淋的"伤口"，尤其是在对青少年的教育中。

（三）鞭笞"假恶丑"，最终是要传播社会主义核心价值观，提高受众对于形势政策的认识，促进社会向着公正、法治、民主的方向前进，并且从中看到光明的前景。无论是褒扬"真善美"，还是鞭笞"假恶丑"，都要按照宪法和法律的要求，推动物质文明、政治文明、精神文明、社会文明、生态文明协调发展。

第七节　处理好形势政策教育中"灌输式" 与"启发式"的关系

在学校课堂教学中，通常采用讲授法和讨论法等两种基本的教学方法。讲授法是教师借助于一定的展示材料，通过简明、生动的口头语言向学生传授知识、发展学生智力的方法。它常通过叙述、描绘、解释、推论来传递信息、传授知识、阐明概念、论证定律和公式，引导学生分析和认识问题。讨论法是在教师的指导下，受众以班或小组为单位，围绕教学的中心问题，各抒己见，通过讨论或辩论活动，获得知识或巩固知识的一种教学方法。其优点在于，由于全体学生都参加活动，可以培养合作精神，激发学生的学习兴趣，提高学生学习的独立性。一般在高年级学生或成人教学中采用。[①] 在很多时候，两者并行不悖，互相配合。

一、"灌输式"教学与"启发式"教学的由来及评价

在形势政策教育过程中，常常将"讲授法""讨论法"形象化地称为"灌输式"教学与"启发式"教学，似乎是两种完全不同的教学方式。最近若干年来，一些人认为，灌输式教学已不能适应当前形势政策教育的要求。

灌输式教学，又称为注入式教学，一般是指教师主观地决定教学进程，在教学中将现成的知识结论灌输给学生的一种教学方法。与之相对应的启发式教学，则注重调动学生学习的主动性，在教学进程中启发学生独立思考，发展学生的逻辑思维能力。通过提问、激疑，启发受众的思维，不仅启发学生理解知识，还要理解学习的过程，掌握获取知识的方法。

从我们多年来接触到的形势政策教育实践来看，"灌输式"的形势政策教育具有组织快捷、时间紧凑、见效迅速的优点，常

---

① https://baike.baidu.com/item/%E8%AE%A8%E8%AE%BA%E6%B3%95/9909011?fr=aladdin.

常能够在有限的时间内对受众关于形势政策的认识形成有效的影响，一定程度上达成形势政策教育的目标，因而至今仍然是形势政策教育最常用的主流方法，不宜轻易否定。这大约与形势政策教育早期形成时的战前动员、班前读报等形式有一定的关系。

二、克服"灌输式"教学方法的不足

客观地分析，"灌输式"教学方法确实也存在一定的不足。这就需要我们在坚持"灌输式"教学方法的过程中，防止和克服以下不足：

比如，灌输式的理论层面更新较慢，无法适应现在的社会节奏。尤其是在教学过程中，人们都是在被动地接受，没有自己主动地去接受这些知识，在实践中的运用也需要很长时间的磨合。比如，灌输方法具有一定的强制性。这对于受教育者是一种强制的接受，使他们缺少了自主性与自由性。又比如，有些灌输形式比较教条化、单一化，缺乏创造性和思想的活力等。[①]

三、更好地运用"启发式"教学方法

"启发式"教学正好作为"灌输式"教学的一种合理弥补，正被越来越多的形势政策教育工作者重视，并在实践中运用，体现了现代学习方式的主动性、独立性、探索性、体验性等特征，能有效提高教学质量。针对如何搞好"启发式""讨论式"教学，组织好课堂提问和课堂讨论，有学者总结出以下方法可供参考：

（一）选择好讨论的主题。要切合形势政策教育的具体内

---

① 张宏书，冯金丽. 浅析高校思政课"灌输式"和"启发式"的融合[J]. 科教导刊，2012(12上): 19.

容，直接为教学服务。讨论的主题要难易适中，既不要因为太难使受众无话可说，也不要因为太易使受众不屑于说。讨论的主题要新颖不落俗套，或逆向思考，或附加故事，或设置对立面，让受众跃跃欲试。讨论的主题或是社会热点问题，或是受众普遍关注的问题。

（二）**把握好讨论的时机**。教师在教案中预先设计的必经程序，前阶段教学已为讨论作了充分的铺垫。教学过程中有受众提出问题，教师认为让受众讨论比自己直接讲出结论更好时。受众在教学过程中进入一种"愤悱"（积思求解）状态，让受众讨论可使思考更全面，通过恍然大悟得出结论更高兴。

（三）**分配好讨论的角色**。可采取分成讨论小组的方式。要选好讨论主持人、中心发言人、讨论记录人，要使人人积极参与，也要让讨论小组处于一种有组织的状态。

（四）**安排好讨论的程序**。一般可以分为三步：（1）观点交流：小组内各人对这个问题有什么看法，分别说出来。（2）观点改进：小组成员表示对其他人观点是否接受，提出改进、完善彼此观点的看法。（3）观点总结：小组内部达成比较一致的看法，向全体受众表述本组观点。在讨论的过程中，教师的巡回指导、参与讨论、鼓励表扬也很重要。

（五）**使用好讨论的结果**。一般有这样几种做法：（1）让讨论结果返回到教学流程，成为下一步展开的资源要素。（2）将讨论题布置成书面作业。受众写出来之后更能使思维缜密化，使观点经得起推敲。（3）允许受众进一步发挥，鼓励受众课外探究。精心设计的讨论主题，也是进行研究性学习的好材料。

第八节　处理好形势政策教育中时效性
与准确性、稳定性的关系

在形势政策教育中，内容的时效性与准确性、稳定性，有时会形成一对矛盾，需要从教学的实际效果出发，统筹考虑，妥善处理。

一、形势政策教育要讲求时效性

时效性本来是新闻学的名词，指新闻事实的发生和作为新闻予以报道的时间，与新闻在传播后引起受众接触和产生社会效果之间的相关性。新闻引起的受众接触和产生社会效果具有一定的时间限度。一般来说，事件性新闻较短时间内可能失去时效，非事件性新闻可能在较长时段才失去时效。时新性是时效性的基础，时新性差的新闻不可能有理想的时效性。[①]

时效性的使用范围逐渐扩展到社会生活的许多领域，一般是指同某件事物在不同时间发挥的作用具有很大的差异，人们把这种差异性叫时效性。时效性影响着某项事物在特定时间内是否有效，或效果大小。

时效性对形势政策教育效果的影响比较直接、比较明显。现代社会瞬息万变，信息传播热点切换频繁。从理论上说，形势政策教育要敢于及时回答广大受众关心的热点、难点问题，亮明自

[①] 童兵. 新闻传播学大辞典[M]. 北京：中国大百科全书出版社，2014.

己的观点，正确地宣传党和政府的正确主张，发挥引导群众的作用。形势政策教育要提高针对性、有效性，就要跟上信息传播的热点变化，抓住受众的兴奋点，及时地开展教育。往往有这样的情况，在热点持续的期间，受众对形势政策教育的内容比较感兴趣，能够激发起受众的共情、共识和共鸣；但当热点切换之后，哪怕准备得再充分、论证再有力，也难以吸引受众。时过境迁，受众兴趣索然，教育效果也就可想而知。

二、形势政策教育要力求时效性与准确性、稳定性的统一

然而，对于有些瞬息万变的热点，要想都能在第一时间予以正确的解读、分析和引导，也常是难以完全做到的。这既有事态发展多样性的因素影响，又有难以及时占有第一手资料的客观限制。这些都与形势教育工作者所处层面、获取信息及认识水平等局限有关。

因此，形势政策教育要力求时效性与准确性、稳定性的统一，两者不可偏废。在有些热点事件动态发展的起始阶段，要耐心地"让子弹再飞一会儿"，静观其变，综合各方的信息和专家的评论作出判断，而不要匆忙作出结论，避免出现以毛相马、以虚为实、以偏概全等弊端。2022年2月俄乌冲突发生之后，中央电视台国际频道每晚邀请专家分析战况及进展态势，对战场发展趋势的预估往往失误，引起受众的诟病。形势政策教育工作者要引以为鉴，因为较大的判断失误所影响的不仅仅是个人，还有教育平台乃至主办方的声誉。

当然，某项具体形势的演变时而具有某种程度的不确定性，当尚未尘埃落定之际，形势政策教育工作者也不需要过于谨小慎微，什么都不敢说。有经验的形势政策教育工作者往往会这样做：（1）在具体分析形势的动态热点时，适当提示事态发展、演变可能出现的几种态势，而不轻易、简单地断言一种结局；（2）对一些细枝末节的问题，用"据个人分析""个人倾向于""有未经证实的消息透露"等方式，来说明信息有待进一步证实，不作定论。平心而论，在基层一般的形势政策教育中，只要在总体原则正确的前提下，即使在程度和细节表述上出现细微的失误，受众也是会谅解的。

考虑到形势政策教育的时效性与准确性、稳定性的统一，可以更加注重关于对形势政策的观察角度、分析方法等能力的传授，结合当时的形势热点，帮助受众提高对于形势政策的分析、认识水平。

鉴于形势政策教育的具体内容往往是多样和多变的，我们强调形势政策教育的时效性还有一项要求，就是形势政策教育中要尽量采用最新的案例、数据等素材，以增强教育内容的新鲜感说服力，防止出现故步自封、胶柱鼓瑟、"一份讲义讲几年"的情况。

第九节　处理好形势政策教育中生动性、趣味性与针对性、引导性的关系

在形势政策教育的实践中，生动性、趣味性是直接影响到形势政策教育吸引力、感染力，关系到形势政策教育引导性、有效性的重要因素。

一、生动性、趣味性在教学中具有重要作用

在基层的形势政策教育中，不难发现有两类现象：一种现象是不大注意教学内容和形式的生动性、趣味性，形式单一，照本宣科，单调乏味，缺乏应有的活力。就像毛泽东在《反对党八股》中所批评的："空话连篇，言之无物；装腔作势，借以吓人；无的放矢，不看对象；语言无味，像个瘪三；甲乙丙丁，开中药铺……"另一种现象恰好相反，片面追求生动性、趣味性，教学中过多地穿插了社会案例、市井故事，甚至是道听途说的秘闻逸事，绘声绘色，炫人耳目，却遗忘了形势政策教育的主旨，把报告会开成了"故事会"。出现这两种现象的原因，都是没有把握好形势政策教育中生动性、趣味性与准确性、引导性的关系。

正确处理形势政策教育中生动性、趣味性与准确性、引导性的关系，首先就应当明确本次形势政策教育的主题和目的，形成一系列鲜明的观点，帮助受众了解什么、树立什么、提高什么、反对什么，要传导什么样的正能量，不能似是而非，模棱两可。要知道，生动性、趣味性是为准确性、引导性服务的，是为了让受众能够更好地接受所述的主要观点。

二、前期准备，保证教育的针对性、引导性

要达到形势政策教育的目的，保证传递观点的准确性、引导性和教学过程的生动性、趣味性有机结合，就必须要在前期准备方面狠下功夫，不断创新形式，丰富教学内容，提升教育质量。这可以从下列几个环节入手。

（一）要确定适宜的选题

形势政策教育的选题要有针对性，既要紧密结合当前的形势任务，也要把握受众的实际需求，联系受众的思想和工作实际，充分考虑受众的文化层次、年龄结构、行业和工作背景等，将形势任务发展的需要同受众最关心、最直接、最实际的现实问题结合起来，讲大家听得懂、听得明白的道理，避免出现"曲高和寡"的情况。一般来说，选题宜小不宜大，可将某一个问题或者一个问题的某一方面作为切入点，讲深讲透。设置选题，一是要围绕关系改革发展和国家前途命运的重大问题；二是要围绕社会普遍关注的热点问题；三是围绕促进受众自身发展的实际问题。①

（二）要提炼鲜明的观点

要根据每一堂课程的具体情况，安排好教学的逻辑结构，精心提炼出相互关联的主要观点，条分缕析，层层深入，以实现本次形势政策教育的任务目标。重点讲述的观点要有针对性，要紧密结合中心工作和受众的思想实际，做到有的放矢，解疑释惑，澄清受众的一些模糊认识。

（三）要选用丰富的材料

要在平时大量地阅读、积累的基础上，讲课前再有针对性地查阅、搜索、整理相关资料。尤其是要在充分占有素材的前提下，精心选取最能说明事实、证明观点的典型材料，兼顾形象生动的

---

① 努力增强党课教育的吸引力、感染力[EB/OL].(2013-07-02)[2023-08-05]. https://www.12371.cn/2013/07/02/ARTI1372746468366767.shtml.

要求。根据不同的需要，可以有正面的素材，也可以有反面的素材；可以详细地讲述，也可以扼要地提及，把握好其中的分寸。并且要把所采用的观点和材料融会贯通、烂熟于心。只有把收集的素材消化了，才能获取珍贵的精华部分，走上讲台时才能底气十足，厚积薄发，引经据典，侃侃而谈，才能更具说服力、感染力。[①]

三、教学现场，增强语言的生动性、趣味性

语言的生动性、趣味性也是提高形势政策教育准确性、引导性的一个重要方面。因为，使用生动的语言，可以引发受众的兴趣，引起受众对讲课内容的思索，形成有利于接受讲课观点的良性心理效应。对此，一位党建工作者传授了自己的经验和体会：

（一）重视修辞，增强语言的吸引力

修辞可以使语言变得生动、形象。修辞运用得当，不仅可以使枯燥的话语变得生机盎然，而且富于感染力。比如，在讲述国家发展的成就时，曾运用了老百姓生活的变化这一事实来做例证，用了10个"动词（形容词）＋了"的排比句："我们大伙儿的钱袋鼓了、恩格尔系数降了、吃得精了、寿命长了、住房宽了、衣着靓了、文化高了、旅游热了、通信快了、车子多了。"然后，再就这十方面内容通过数据加以说明，使大家对这些年来我国改革开放所取得的重大成就有了具体直观的认识。

（二）妙用俗语，增强语言的亲和力

俗语也称流行语，由于它来自生活，生动形象、通俗易懂，

---

① 俞一松. 如何上好党课增强党课的生动性和吸引力[J]. 中小企业管理与科技(上旬刊) 2016(3): 35.

因此为人们所喜闻乐见。形势政策教育中适当地运用俗语，可使教学生动活泼起来。如在讲"与时俱进"时，就引用了"争上游，辛苦；落下游，受苦；居中游，舒服"这一俗语，然后指出这种思想同与时俱进的要求格格不入，必须加以改变和修正。在讲党的宗旨时，又用了"私心重、骨头软"、"裙带长了绊脚，私心重了折腰"等俗语，来形容私心对人的危害和全心全意为人民服务的重要性。

（三）引用名言，增强语言的穿透力

名言具有"权威效应"。所以，恰当地运用一些名言名句，可以增强形势政策教育的说服力和感召力。如，在一次讲课时引用了车尔尼雪夫斯基的名言："爱国主义的力量多么伟大呀！在它面前，人的爱生之念，畏苦之情，算得了什么呢！"同时还引用了裴多菲的著名诗句："我是你的，我的祖国！都是你的，我的这心、这灵魂；假如我不爱你，我的祖国，我能爱哪一个人？"这些优美而富有激情的名言名句，不但强烈地吸引了受众的注意力，更使大家内心升腾起一股爱国主义的激情和力量。①

四、与时俱进，提高教学的吸引力感染力

随着社会的发展，互联网等新科技推动社会高速发展，人们的思想变得复杂多样，传统的上面讲下面听的授课模式已逐渐不能适应新的形势。形势政策教育的形式要多样化，就要与时俱进，大胆创新，更多地让受众身临其境，增进切身感受。

---

① 语言生动：增强党课教学效果的一剂良方[EB/OL].(2013-12-14)[2023-08-05]. http://www.sirt.edu.cn/a/2013/12/14/20131214112050149l.html.

（一）调动情感的力量

情感是最深沉的力量。形势政策教育要在以理服人的基础上，辅之以以情动人，就能充分激发受众心底的能量，对教育的内容入耳入脑。调动情感的力量，应注意讲好三类故事：一是讲好正面故事，弘扬正能量；二是讲述反面实例，引以为镜鉴；三是讲好身边故事，增强亲切感。要善于发现、挖掘、传播这些真实、生动的感人故事，遴选具有代表性的案例，从而提升教育的亲和力和针对性。[①]

（二）创新教学的方式

随着社会的发展，互联网等新科技推动社会高速发展，人们的思想变得复杂多样，传统的上面讲下面听的授课模式已逐渐不能适应新的形势。形势政策教育形式要多样化，就要大胆创新，更多地让受众身临其境，增进切身感受。

1.充分运用现代化教学方法和手段。尽量运用幻灯、图片和小视频等多媒体教学手段，图文并茂，情景交融，形成强烈的视觉听觉冲击，扩大教育的覆盖面，增加教育的吸引力和感染力，提升形势政策教育的实际效果。

2.尽量引入启发式教学。针对灌输式教学的不足，可以通过现场提问、话题讨论、对话交流、实物展示等方式，包括近年来出现的情景剧模式，吸引受众参与，声情并茂地叙述、点评人物和事件，潜移默化地把受众带入特定的情境之中，在思想上产生

---

① 陈万球，欧彦宏. 弘扬伟大抗疫精神，让思政课更有说服力、感染力、吸引力[N]. 湖南日报，2020-04-30(2).

共鸣，形成共识，进而引导受众自己做出正确的结论。

3.尝试"微"课模式。运用微信、抖音、网上会议等网络工具，把需要开展的教学内容适当分解，小步快走，一次讲清一个道理，优点是占用时间短，便于在小范围开展，也便于通过网络传播。①

第十节　处理好形势政策教育中形势政策背景与现实工作任务的关系

在形势政策教育中，形势、政策常常是与任务相提并论的。众所周知，形势政策教育要围绕国家的大政方针，也要结合本单位的工作实际来开展，为实现本单位的目标任务发挥积极的作用。

一、着眼大局，准确理解为实现中心任务服务

习近平总书记指出："中国式现代化是分阶段、分领域推进的，实现各个阶段发展目标、落实各个领域发展战略同样需要进行顶层设计。进行顶层设计，需要深刻洞察世界发展大势，准确把握人民群众的共同愿望，深入探索经济社会发展规律，使制定的规划和政策体系体现时代性、把握规律性、富于创造性，做到远近结合、上下贯通、内容协调。"② 这段话深刻阐明了洞察形势、制定政策的关系，也为各单位把握形势、制定政策继而开展好形势政策教育提供了方向指引。我们说，形势政策教育要为实现本单位的目标任务发挥积极的作用，主要是指：要通过形势政

---

① 俞一松. 如何上好党课增强党课的生动性和吸引力[J]. 中小企业管理与科技(上旬刊) 2016(3): 35.

② 习近平. 推进中国式现代化需要处理好若干重大关系 [J]. 求是. 2023, (19).

策教育，让广大干部群众明确当前的形势特点和政策要求，明确本单位目标任务的形势政策背景，从而从大局出发，围绕党和国家的大政方针，齐心协力，实现本单位的工作目标。

然而，有些基层形势政策教育工作者片面强调"直接服务于本单位的工作任务"，简单地将形势政策的要点，与本单位的工作任务——对应，结果出现了事与愿违的结果。譬如，2015年12月中央经济工作会议提出，供给侧结构性改革主要是抓好"三去一降一补"：去产能、去库存、去杠杆、降成本、补短板等五大任务。有的单位就针对"去产能、去库存、去杠杆、降成本、补短板"逐条提出了相应的落实措施，结果有些措施严重脱离企业实际，联系牵强生硬，因为本单位基本上没有超过实际需求的"产能""库存"可以去除，部分教育内容成了无的放矢。

事实上，形势政策教育所讲的政策要求，是对全国全社会而言。一般基层企业应当遵循这些政策导向，将主要精神落实到实际工作部署之中。不必每条都对应地贯彻。尤其是在形势政策教育中，更要把握好这一尺度，重在传播好形势政策背景，为落实本单位的目标计划塑造舆论氛围，提供智力支持。

二、把握导向，富有成效地为实现中心任务服务

导向，是行动的指引和方向。形势政策教育要落实塑造舆论氛围的工作任务，帮助受众坚持"三个导向"是不可或缺的经常性工作。

（一）坚持问题导向

坚持问题导向，就是以解决问题为指引，集中全部力量和有

效资源，攻坚克难，全力化解工作中的突出矛盾和问题。

坚持问题导向，首先要学会发现问题。习近平总书记在党的二十大报告中强调："必须坚持问题导向……增强问题意识，聚焦实践遇到的新问题、改革发展稳定存在的深层次问题、人民群众急难愁盼问题"，① 习近平总书记在另一次重要讲话中还引用马克思的名言："主要的困难不是答案，而是问题。"② 问题其实就是矛盾，而矛盾无时无处不在。哪里存在矛盾，哪里就有问题。发现了问题就等于抓住了事物的矛盾。坚持问题导向，就是要抓准主要矛盾和矛盾的主要方面，然后切中矛盾的要害，抓住化解矛盾的着力点，找到解决矛盾的突破口。

坚持问题导向，其次要准确分析问题。问题意识蕴含着一种洞见古今的能动的批判精神、忧患意识和超前眼光。这就需要大兴调查研究之风，需要深入思考和潜心研究，准确研判形势政策，找准问题发生的源头和规律，谋势而动，顺势而为，应势而变，从而制定出解决突出矛盾和问题的思路和办法。③

（二）坚持目标导向

坚持目标导向，就是以实现目标为方向，制定实现目标的行动方案和实施步骤，持之以恒、一步一步地朝着既定目标奋

---

① 习近平. 高举中国特色社会主义伟大旗帜，为全面建设社会主义现代化国家而团结奋斗[M]. 习近平新时代中国特色社会主义思想专题摘编. 北京：中央文献出版社、党建读物出版社，2023：269 (1).

② 习近平. 在哲学社会科学工作座谈会上的讲话[N]. 北京. 新华社. 2016-05-18 (1).

③ 特约评论员. 谈谈坚持问题导向目标导向结果导向[N]. 北京. 学习时报. 2019-12-26 (1).

斗前行。

在形势政策教育中坚持目标导向，必须深刻把握目标内涵。形势政策教育就是要引导受众自觉地以目标为指引，理顺工作思路，瞄准目标抓落实，切实增强工作的前瞻性和方向性。目标导向不是虚的，既不是嘴上空喊的口号，也不是挂在墙上的规划，而是必须贯彻落实到本单位各项具体工作之中。因而，必须具体地讲明实现目标的行动方案，明确科学、合理的实施步骤，让受众感到可信、可行，从而同心同德地共同促进各项目标的有序推进，顺利实现。

（三）坚持创新导向

在形势政策教育中的创新导向，其主要途径是培育创新意识和创新精神。创新意识是指人们根据社会生活发展的需要，引起创造前所未有的事物或观念的动机，并在创造活动中表现出的意向、愿望和设想。它是人类意识活动中的一种积极的、富有成果性的表现形式，是人们进行创造活动的出发点和内在动力，是创造性思维和创造力的前提。[①]

创新精神是开展创新活动必须具备的一种心理特征，包括创新意识、创新兴趣、创新勇气、创新决心以及相关的思维活动。创新精神是一种敢于抛弃旧观念和旧事物，勇于创造新观念和新事物的精神。

创新导向要抓住创新的本质属性来展开。"创新意识就是

---

① 孙敬全,孙柳燕. 创新意识[M]. 上海:上海科学技术出版社. 2010.

根据客观需要而产生的强烈的不安于现状，执意于创造、创新的要求的动力。"[①] 创新意识又包括问题意识、发现意识、怀疑意识、捕捉机遇和灵感的意识、抗挫折的风险意识、独立意识、自主意识、合作意识等。[②] 由此可见，创新导向是具体的，而非抽象的。在形势政策教育中，创新导向大有可为。

创新是一个民族进步的灵魂,是国家兴旺发达的不竭动力。创新是社会和企业发展的火车头，也是解决所有问题的金钥匙。形势政策教育中要结合授课内容，积极贯彻创新导向，适当地引导受众克服惰性心理，培养捕捉机遇、灵感的意识；克服依赖和盲从心理，培养独立意识和自主意识。从而以勇于创新的姿态，创造性地落实国家的政策要求，以丰硕的创新成果，来实现好本单位的目标任务。

形势在发展，政策在演进，形势政策教育在路上。创新源自实践，创见源自研究，形势政策教育学的构建同样源自实践探索和理论研究。我们坚信，有习近平新时代中国特色社会主义思想的科学指导，有具有中国特色的形势政策教育的丰富实践和规律性总结，有广大形势政策教育工作者和党务思想政治工作者的不懈努力，形势政策教育学一定能够创立、完善并推进形势政策教育工作奋进新征程、跃上新台阶、实现高质量、建功新时代。

---

① 张奇. 创造思维与训练创造性思维与训练[M]. 北京：华艺出版社. 1999：25.

② https://www.baihuawen.cn/fanwen/daquan/30459.html

形势政策教育和党建思想政治工作经验与案例

【案例一】

思政铸魂邮轮项目 党旗映红逐梦征程
——"123445"大项目思政工作模式案例

上海外高桥造船有限公司

一、背景介绍

习近平总书记指出："大力发展邮轮产业是一件利国利民的好事。要大力发展邮轮产业，还要建造我们自己的邮轮。"外高桥造船党委把摘取"皇冠上最后一颗明珠"——造好国产首制大型邮轮作为贯彻习近平总书记重要指示批示精神、落实国家战略、满足人民美好生活需要的重大举措。

大型邮轮是"漂浮在海上的城市"，浓缩了现代工业与文化艺术的结晶，融合了先进装备制造业和现代服务业，是工业领域的集大成者，也是我国船舶工业"由大到强"转变的重要标志。邮轮建造涉及制造、机电、建筑、装饰、文化、艺术等诸多方面，是深度定制的巨系统工程。作为全球最复杂的单一机电产品，首制国产大型邮轮整船零部件约2500万个，是LNG液化天然气船的25倍、复兴号高铁的13倍、919大飞机的5倍；覆盖造船、造房、造娱乐场三大行业，涉及500余家配套供应商，调试阶段超过4000人同时作战。项目呈现出"四多两高"的特点：即工程总量多、协调界面多、协同作业多、参建单位多，技术创新要求高、标准质量要求高。这对项目管理水平、组织力和战斗力带来前所未有的挑战。

习近平总书记强调，坚持党的领导、加强党的建设，是国有企业的"根"和"魂"和独特优势。实现党在新时代新征程的使命任务，党建思政工作要有新担当新作为。越是复杂工程系统，越需强化党组织统揽全局协调各方的领导作用；越是重大攻坚项目，越需发挥思想政治工作引领保障的独特优势。自项目启动以来，外高桥造船党委从国际竞争大形势看项目，从国家战略大目标明任务，注重形势政策教育，把抓好重大项目任务作为检验思想政治工作质量的试金石和磨刀石，把探索邮轮大项目思政作为提升党建工作质量的创新实践，用一面党旗、一本党章，把跨地区、跨行业、跨组织的党员职工凝聚起来，确保项目工程人员听指挥、拉得出、冲得上、打得赢，全力打造大型邮轮专业生产线，为中国高端智造贡献央企的智慧和力量。

二、具体做法

国之重器铸就于党，造福于民。外高桥造船党委坚持以习近平新时代中国特色社会主义思想为指导，一体贯彻落实习近平总书记关于党的建设的重要思想和习近平总书记对邮轮产业的重要指示批示精神，弘扬伟大建党精神，聚焦"党建铸心、使命传承、邮轮启航"系统构建"123445"邮轮大项目思政工作模式，引领党员职工自觉把思想和行动统一到矢志摘取船舶工业"皇冠上最后一颗明珠"的初心和使命上。

围绕1个目标：以高质量思想政治工作服务国家战略，引领保障大型邮轮项目高效率建造、高质量交付。

遵循2个规律： 思政工作规律、项目管理规律。

聚焦3大重点： 职工思想问题的堵点、大型邮轮项目推进的难点、跨组织协同的连接点。

着力4维创新： 创新党建理念和思路、创新组织形式和内容、创新运行机制和模式、创新实践载体和品牌。

实施4项机制： 谈心谈话机制增强使命感、过程服务机制增强责任感、攻坚揭榜机制提高价值感、创先争优机制提高荣誉感。

打造5大工程： 突出组织保障打造固本工程，突出凝心聚力打造铸魂工程，突出作用发挥打造攻坚工程，突出同心同向打造文化工程，突出纪律约束打造干净工程；切实把党的思想政治优势转化为铸造大国重器、树立大国名片的生产力、加速度。

1. 突出组织保障打造固本工程，把好项目航行舵

创新组织方式，项目治理"全方位"。坚持党的组织机构设置与大型邮轮生产建造模式高度匹配、有机融合，项目建造伊始就成立邮轮大项目思政工作领导小组和工作组。领导小组组长由邮轮工程项目总经理、外高桥造船党委书记、董事长担任，组员由邮轮工程现场总指挥、总设计师、总建造师、人事总经理、总监督等构成，根据项目进展和合作单位的进出动态调整组员；领导小组发挥思政工作把关定向"火车头"作用，靠前指挥、迅速行动、果断决策。下设工作组，工作组组长由邮轮工程总建造师、首制船项目经理担任，根据项目建造进度和合作商不同动态调整组员；工作小组按照领导小组决策部署，落实具体实施方案。弘扬支部建在连上的光荣传统，在国产首制大型邮轮出海试航前夕，结合海试工作组设置情况及参试人员队伍实际，坚持"临时党总支建在邮轮项目上、党支部建在协同功能组织上、党小组建在关键作业单元上"，成立大型邮轮海试临时党总支，下设试航操船、技术支持、检验调试、内装应急、安全保障等5个临时党支部。为决战决胜海试项目、确保邮轮顺利交付提供强有力的组织保障。坚持临时党总支班子与海上指挥体系管理团队"一肩挑"、高度重叠、一岗双责，由正式党员身份的海上指挥管理人员担任临时党总支委员，确保协同治理领导力。临时党支部委员由专业工作组组长、各部门海试领队、协作方代表等构成，确保对支部所辖领域项目各合作方的组织力。书记优先由具备履职经验的支委成员担任。

创新机制模式，作用发挥"全过程"。发布《邮轮大项目思政工作方案》《海试临时党组织工作方案》等十余项制度文件，明确了思想政治引领邮轮项目的指导思想、工作目标、运行模式，聚焦大型邮轮关键核心技术攻关、人才打造、廉洁风险防控等领域明确思政工作着力点和切入点。结合项目推进需要，创新设置"党建工作站"，联动设计院所、建设监理、配套服务等党组织协同联动，破解邮轮建造、船坞工程改造、海事关键技术攻关等难题，把思想政治工作推向项目最前沿，构筑党员职工建功新领域和新阵地。

2. 突出凝心聚力打造铸魂工程，擎起项目奋进帆

邮轮初心讲堂，打造担当"加油站"。坚持用理念信念镌刻忠诚，打造邮轮初心大讲堂。建立每月一场主题论坛、每季一次专题研讨、每年一个红色基地现场教学"三个一"机制。深入学习贯彻习近平新时代中国特色社会主义思想主题教育，组织邮轮项目建造人员重温习近平总书记对邮轮产业的重要指示批示精神，把建设制造强国、海洋强国的使命感转化为高质高效建造大型邮轮的责任担当。开工4年来，举办"使命传承·大型邮轮中国造""数字化转型中的邮轮设计与建造"等主题论坛30余场，聚焦"学贯二十大·践行新思想，砥砺摘明珠""学贯习近平总书记'七一'重要讲话精神·加速国产大型邮轮工程""学史力行·勇做邮轮攻坚顶梁柱"等专题研讨30余次，为大型邮轮建造凝智聚力。连续4年组织大型邮轮项目骨干赴红旗渠、遵义、西柏坡开展初心使命教育，用红色基因点燃高质量建造大型邮轮的信念信心。

项目行走党课，学做结合"出硬招"。 把破解大型邮轮项目瓶颈难点问题作为理论学习的出发点和落脚点，突出微主题、微行动、微思考开展"党课+承诺践诺"动力现场行走党课，让党课走进邮轮分段建造、分段总组和船坞建造现场。通过党员带头学（聚焦问题导向学习微主题）、带头想（聚焦目标导向进行微思考，承诺）、带头干（聚焦效果导向实施微行动，践诺）"三带头"机制，切实把党课的政治功能转化为解决大型邮轮项目实际问题的政治担当。自项目开工建造以来，各支部聚焦"学贯二十大·践行新思想·岗位建新功""学史担当·确保邮轮下坞节点""弘扬伟大建党精神，完胜首轮海试项目"等主题，学做结合开展行走党课100余场。

3. 突出作用发挥打造攻坚工程，荡起项目动力桨

内外共建提升堡垒"战斗力"。 协同邮轮产业链上下游、供应链前后端，聚焦大型邮轮薄板加工制造、重要生产节点保证、内装技术研究等跨组织协同重点和技术难点，深化内外共建联建60余次，提升攻坚合力释放"1+1＞2"的效应，凝聚攻坚合力。如围绕大型邮轮薄板平面分段生产线安装调试，与十一所开展中心组联学，深化认识凝聚共识，确保了节点进度；针对TURNKEY（项目产出阶段"交钥匙"）管理难点，与上海建工安装集团开展共学共建，共同探索机电安装施工管理模式。这种思路共创、资源共享、难题联解、党员联管的机制和模式，成为大型邮轮项目党建工作引领工程建造的一张名片、一道风景。

以学促干种好攻坚"责任田"。 坚持项目攻坚在哪里"用力"，思政工作就在哪里"加油"。2022年，面对上海疫情对企业生产造成的严重影响，全面升级邮轮大项目思政工作体系，组织开展第一轮"全力以'复'，奋战120天"邮轮攻坚主题活动，围绕推舱、舾装Turnkey、完工管理转段等节点，实施领导挂帅、攻坚揭榜、挂图作战，"抢"回了疫情损失，追赶上了项目进度。此后，聚焦大型邮轮区域完工和系统调试的全流程贯通等目标，连续开展了4轮次邮轮项目"奋战120天"攻坚行动，多轮次压缩项目完工周期。创新实践的邮轮大项目思政案例获评中国文化管理委员会党建强企优秀案例一等奖、上海市形研会一等奖。

主题教育打造建造"加速度"。 2023年3月，党委组织召开"学贯新思想　砥砺摘明珠"首制国产邮轮保交船誓师大会，举

行大型邮轮"打赢决胜战，誓师保交付"青年突击队授旗仪式，引领党员干部和全体项目参建人员忠诚践行"国之大者"，勇闯项目"深水区"，确保大型邮轮出坞节点和年内交付目标。2023年4月起，组织开展"深学笃行新思想，砥砺奋进摘明珠"主题实践活动，吹响了项目攻坚冲锋号。通过立体调研着力打通项目堵点瘀点难点，通过90余个（建造全周期累计300余个）邮轮工程党员突击队、党员示范区、党员先锋岗和全员专题劳动竞赛等方式，切实把新思想伟力转化为首制大型邮轮建造加速度，邮轮项目跨越了系统完工、内装工程和关键技术控制三大关口，确保了大型邮轮6月6日出坞节点和7月份首次海试节点。7月24日，中国首制大型邮轮"爱达·魔都"号试航凯旋，这一里程碑节点的圆满实现，是主题教育转化为发展成效的又一次生动实践。

4.突出同心同向打造文化工程，筑牢项目聚力缆

邮轮工匠，打造匠心磁力场。作为"浮动的海上城市"，大型邮轮质量要求高，精细化程度要求高、建造周期长，特别需要精益求精、严谨细致的工匠精神。通过建立邮轮季度工匠、年度工匠，每年一次劳模工匠道德讲堂宣讲机制，让"匠心文化"成为了项目党员职工项目建功的内生动力。4年来共培育公司级邮轮工匠100余名，省部级劳模工匠集体和个人15个。2023年5月，邮轮项目部荣获"全国工人先锋号"。开展"'1+N'手拉手，争做邮轮先锋"结对竞赛活动，通过1名党员工匠带动多名职工群众，将指标和措施分解到各道工序、关键岗位，设置竞赛排行榜。共评选邮轮标兵、邮轮能手、邮轮达人220人，激发了项目建功、干事创业的强大动力。

积分管理，模范作用指标化。搭建谈心谈话积分管理体系，邮轮项目各级党组织书记、委员每月至少与3名参与项目建造的职工深度谈心，了解所思所想，谈心情况纳入党员先锋积分。让谈心的过程成为思想引领、凝聚发展共识的过程，成为答疑解惑、服务联系群众的过程。发布实施《党员先锋管理办法》，搭建党员先锋积分体系，设置基础分、先锋分、倒扣分三大类，40项具体指标，催生内在成长原动力。并将先锋积分体系对接星级党员常态化评审机制，通过积分拉动，合理设星、激励争星、严格评星，引领党员在公司改革发展中创先争优。

邮轮精神，凝聚奋进大合力。传承船舶红色基因，弘扬"中国船舶三大精神"，初步提炼"勇于吃苦、敢于战斗、善于攻关、甘于奉献"的邮轮精神。2021年12月17日，在国产首制大型邮轮起浮仪式现场，邮轮工程现场总指挥、总经理、党委副书记陈刚带领千余名项目参建成员进行宣誓，深刻诠释邮轮精神内涵。举办"心心我船，馨馨我家"职工家庭日活动，来自邮轮内装部、JVPC及总包商等40多个家庭的100多名职工和家属参加，增进爱企爱家情怀。

5. 突出纪律约束打造干净工程，夯实项目定力锚

完善体系机制，穿上廉洁"防护甲"。坚持理想信念是"主心骨"，纪律规矩是"顶梁柱"，结合大型邮轮项目特点和敏感领域，聚焦权力运行全链条、盯住权力运行全轨迹，系统构建与项目管理相适应、相衔接、相匹配的廉洁防控体系。发布《廉洁

风险防控体系5.0版升级暨邮轮项目"干净工程"实施细则》，重点突出邮轮项目权力清单/责任清单/负面清单的管理，发布实施《大型邮轮项目建造制度汇编（工程篇、采购篇）》，扎牢项目廉洁风险防控"笼子"。开展大型邮轮"干净工程"责任书签约，实现参建人员全覆盖，织密责任网络。

坚持分层分类，教育提醒"全链条"。把邮轮项目"干净工程"作为强化政治担当、推动全面从严治党落地落实的具体举措。区分项目管理、项目技术、项目建造"三个群体"，划分项目启动前、设备采购谈判阶段、项目建造阶段"三个阶段"，分层分类开展廉洁教育。实施专题教育+常态教育的链式教育模式，通过上廉政专题党课、参观教育警示基地、观看警示教育片和日常谈心谈话等方式，筑牢不想腐的思想堤坝。向包含邮轮供应商在内的1500余家合作单位发出《廉洁倡议书》，全面确保"工程优质、干部优秀"。

三、成效反响

1. 确保了项目设计建造高效率

首艘国产大型邮轮实现里程碑节点，于2019年10月18日顺利开工建造，于2023年6月6日顺利实现出坞、7月17日出海试航、7月24日提前完成首次试航任务凯旋。第二艘国产大型邮轮于2022年8月8日开工建造，标志着中国船舶工业已初步掌握大型邮轮设计建造关键技术，迈入"双轮"建造时代。人民日报、新华社、中央电视台、解放军报社等300余次竞相报道大型邮轮建造积极进展，引发社会热烈关注。

2. 创造了思政引领大项目新样本

项目党员职工提升了打造大国重器的使命感和责任感，建好大型邮轮、服务国家战略的奋斗姿态更加高昂、担当精神更加强劲、信念信心更加坚定。思想政治工作引领邮轮项目的立体实践和探索，形成了较为系统的思路模式和实践路径，为思政引领保障大项目提供了借鉴和启发。

3. 锻造了船舶产品建造钢铁军

大型邮轮重大项目的高效建造培育了一支爱国奉献、忠诚担当、创新拼搏的邮轮铁军。邮轮项目部荣获2023年全国先锋号、邮轮现场调试副经理马玲荣获2022年上海市五一劳动奖章、邮轮项目设计副经理李嘉宁荣获2022年上海杰出工程师（青年）、邮轮薄板分段质量负责人洪刚荣获国资委央企楷模、邮轮焊接技术工程师李勇荣获上海市"劳模年度人物"……省部级以上先进集体和个人60余人，成为一面面迎风飘扬的旗帜。

四、经验启示

1. 精准把握规律特点是思政引领保障大项目的基本前提

坚持从服务保障上发力，把"融入项目、价值创造"作为党建思政工作的导航仪，精准把握思想政治工作和大项目建设规律，搭建相互连接的桥梁。要把思政工作和项目建造的重叠区域作为工作的主攻方向，找准思政工作和项目推进的最佳结合点和共同价值点，将"务虚"和"务实"结合，以"有为"换"有位"，切实把思想优势转化为项目加速度。

2. 精心策划体系模式是思政引领保障大项目的有力保障

坚持从体制机制上发力，把党的建设同重大项目任务落地同研究、同部署、同推动、同落实，规范组织架构和运行体系，是党建引领保障大项目的重要保障。要注重顶层谋划、系统构建思政工作引领保障重大项目的工作体系，搭架构、理流程、建制度、明责任，形成一套高效运转的思政管理模式和运行机制，做到思想领航把方向、政治领航管大局、作风领航保落实。

3. 创新理念机制载体是思政引领保障大项目的核心关键

坚持从方法载体上发力，针对思想问题的堵点、大项目推进的难点、跨组织协同的重点，持续创新党建理念和思路，是思政引领保障大项目的魅力所在。要坚持在项目最需要的地方找阵地、在攻坚最急迫的时刻当堡垒，结合项目实际升级思政工作理念和机制载体，将思想政治教育"软实力"化为项目"硬支撑"。

（撰文：彭程、朱高嵩、梁伟娟）

【案例二】

"活力党建"激发思想政治工作新动能
赋能全要素交易市场稳步发展

上海联合产权交易所

产权市场是改革开放大背景下的"中国创造"。经过多年的赓续奋斗,上海联合产权交易所(以下简称"上海联交所")已经发展成为中国交易量最大、覆盖面最广、影响力最大的产权和要素交易平台,在全要素市场化配置和全国大市场建设中发挥着日益重要的作用。近年来,上海联交所党委在市委、市政府和市国资两委的坚强领导下,切实践行"牢记使命、深化改革、守正创新、服务发展"上海国资国企核心价值理念,紧紧围绕服务国家战略、服务上海"五个中心"建设,结合形势政策教育,以"引领、凝聚、赋能"为宗旨,积极构建"活力党建"新格局,成功创建"上海国企党建品牌",荣获市国资系统企业文化建设优秀案例,持续激发党员、员工干事创业的能量和活力,奋力跑出创新发展"加速度",努力打造全要素交易市场新高地。

一、工作探索

活力是指旺盛的生命力,即行动上、思想上或表达上的主动性,组织的凝聚力正是基于组织活力,而激发组织活力的关键是为员工创造积极向上、充满激情的环境。面对日新月异的产权和要素发展新形势新要求，如何有效发挥党建工作在激发组织活力中的作用尤为重要。基于此，"活力党建"格局的构建旨在激发党员干部员工内生动力，勇立潮头，主动作为，守正创新，为打造全要素交易市场新高地贡献智慧和力量。

（一）提炼丰富实践内涵

在深入调查研究的基础上，明确"一三三四"党建工作模式，即一个目标、三级党建体系、三个特色载体、"四型"基层党组织建设，实现"政治、战略、组织、文化、能力"等"五个引领"。坚持不懈用习近平新时代中国特色社会主义思想武装头脑，积极引导党员、干部和员工牢固树立担当意识和责任意识，增强工作积极性、主动性和创造性，切实把党委的领导作用、基层党支部的战斗堡垒作用和党员的先锋模范作用融入攻坚克难项目建设的动员、组织、实施和保障全过程全环节。

（二）确立清晰分层目标

围绕"活力党建"，建立"融入式党建""功能型党支部""党员示范岗"三级党建体系，打造特色基层党组织。其中，推进"融入式党建"，激发各类主体的积极性，推动党建与业务同频共振、协同发展；建设"功能型党支部"，持续筑基强垒，构建上下贯通、执行有力的组织体系，提升组织力和执行力，把"服务党员、服务群众、成就客户"的要求落到实处；争创"党员示范岗"，细化党员创先争优标准，深入开展"党员岗位承诺"活动，发挥党员先锋模范作用。

（三）打造具象表现形式

聚焦党建品牌着力抓好"三个特色载体"。开展"沪联先锋"立功竞赛活动，线上线下推进"沪联先锋、赋能共创""奋斗有我、追光逐梦"团队专题学习，细化党员创先争优标准，有效变"机械执行"为"敏捷共创"。建好用好上海联交所"党群服务站"，以凝聚员工团结协作的家园文化为支撑，着力构建员工的快乐家园，定期开展"活力课堂""苏河漫话"等员工喜闻乐见的活动。依托上海联交所企业文化卡通形象"沪小易"，以"上海产权市场周年庆"为契机，举办内容丰富、精彩纷呈的企业文化主题日等活动，大力弘扬"公平公正、客户至上、创新卓越、团结协作"的核心价值观和"敢于拼搏、勇于创新、乐于担当、善于协同"的企业精神。

（四）设定可行落实途径

上海联交所党委着力打造"四型"基层党组织，全面增强基层党组织政治功能和组织功能。标准型，即夯实基层党组织工作基础，深化"一支部一品牌"，坚持党建带群建。学习型，即线下依托普陀区图书馆建好"心愿书屋"，线上依托喜马拉雅"轻学堂"，构建全天候全方位的员工学习交流平台。共建型，即打造"专业互对、能量互输"新机制，加强与业务相近、区域相邻、发展联动的先进基层党组织联建共建，探索奋进"全要素资源配置"新征程的"吸星大法"，进一步形成党建共建活力圈。构建上海联交所"活力党建"智慧云平台，打破时空壁垒，线上线下同步推进"四型"基层党组织建设。

二、赋能实践

上海联交所始终坚持党建引领，全面实施"一体两翼多平台"业务发展战略，始终坚持以人为本，鼓足昂扬之气，汇聚奋进之力，推动上海产权和要素市场跨越式发展。

（一）营造"比学赶超，争当达人先锋"的浓厚氛围

坚持不懈用习近平新时代中国特色社会主义思想凝心铸魂，切实引导党员、干部和员工牢固树立担当意识和责任意识，增强工作主动性和创造性，勇于担当，把忠诚拥护"两个确立"、坚决做到"两个维护"落实到工作中、体现在行动中，把初心和使命转化为锐意进取、开拓创新的精气神和埋头苦干、真抓实干的自觉行动。紧紧围绕中心工作、重点任务、重大活动开展形势政策等专题宣传，在有效扩大宣传力度和社会影响的同时，将核心价值观和企业精神潜移默化地向员工渗透，强化团队精神，提升企业凝聚力、向心力。

（二）形成"以客户为中心，全力成就客户"的价值理念

以"资源共享、优势互补、业务共振、发展互促"为目标，深入践行"专业互对、能量互输"党建共建新机制，围绕企业中心工作，建立党组织互帮互学、共创共赢的新机制，促进交流合作，引领企业高质量发展。积极对接市场需求，对内苦练内功，不断提升服务能力和响应效率。如：发挥上海产权和要素市场作用，助力东方电气氢燃料电池科技、欧冶链金再生资源、岚图汽车科技、华润环保科技等几十家能源环保、节能增效、低碳交通领域先行先试的央企国企，开展增资引进战略投资、产（股）权

转让、存量资产盘活等运作，助推国资国企在绿色战略上全面深化改革、创新发展。

（三）构建"互联互通、和合共生"的家园文化

以共同的愿景和使命将广大员工凝聚成团结和谐、拼搏奋进的大家庭。践行"企业文化大家建"理念，持续组织开展"活力课堂"，以"上海产权市场周年庆"为契机，举办内容丰富、精彩纷呈的企业文化主题日等活动，开展形式多样的人文关怀活动，用心打造为员工充电减压的"欢乐书屋"、职工驿站等人文关怀阵地，不断增强员工的认同感和归属感。

三、探索启示

党建赋能的本质是将党建工作的政治优势转化为推进项目的发展优势和竞争优势，上海联交所党委始终围绕全所中心工作，创新党建工作载体，凝心聚力、强根铸魂，激发组织活力，促进党建与业务深度融合。

启示一：持续驱动"活力党建"引擎，不断形成"党建和业务共建活力圈"

所党委积极谋篇布局，探索党建引领业务发展、行业协同的新路径、新引擎。"比学赶超、达人先锋""以客户为中心、成就客户"和"互联互通、和合共生"，是"活力党建"引擎的三个核心要素。其中，"比学赶超、达人先锋"是激活的核心，即以奋斗者为本，注重精神激励与物质激励双轮驱动、激发正能量，激励全体员工在市场开拓和创新发展中担当作为。"以客户

为中心、成就客户"是激活的目的，即构建客户导向的企业文化价值观，通过"专业互对、能量互输"新机制，提升服务能级，做大做强做优产权和要素交易市场。"互联互通、和合共生"是激活的路径，即拓宽视野，放大格局，建立"开放式、多层次、立体化"的党建新模式新联盟，探索奋进"全要素资源配置"新征程的"吸星大法"，形成合作共赢的"市场平台生态圈"。如：2023年7月18日，在全国生态文明大会召开之际，上海联交所党委与市建设交通系统中央在沪9家单位党委共同举办"党建引领高质量发展，助力碳达峰碳中和战略目标实现"联组学习活动，围绕"党建引领、绿色发展"主题，共同助力碳达峰碳中和战略目标的实现，努力成为建设绿色低碳高质量发展先行者，下好绿色低碳高质量发展先行棋。

启示二：持续创新"活力党建"载体，不断激发干事创业新动能

所党委坚持强基固本和创新突破相结合，依托上海联交所"党群服务站"，借助"活力党建"智慧云平台及全媒体多样化的传播载体，线上通过"键对键"的联系到线下"面对面"的交流，找准党员、员工的关注点，激发兴趣点，把"有意义"的事情做得"有意思"。坚持典型引路，强化"我要干""主动干""干成事"的正面导向，常态化开展"两优一先""沪联先锋"立功竞赛评选表彰活动，通过官网、官微、宣传短片等展示先进风采，弘扬正能量，让党员干部员工在基层学习进步有"想头"、成长发展有"盼头"，如上海联交所"沪联先锋"宣讲团微党课视频《胸怀大局、锐意进取，勇当改革开放排头兵》荣获"上海·奋进中国式现代化新征程"上海市国资委系统微宣讲活动二等奖（团体）。

启示三：持续创新文化表达和传播模式，不断推动企业文化有形有效

所党委在深入诠释、宣贯、践行企业文化上用劲聚力，推进企业文化传播IP化、视觉化。上海联交所企业文化卡通形象"沪小易"正式发布，广大员工积极参与卡通形象征名与投票；"沪小易"商标成功注册且辐射力日益增强。组建"沪小易"文创工作室、"沪小易"学习委员团队和各类达人社团。如：2022年国家网络安全宣传周走进上海联交所活动中，创新推出以"沪小易"命名的宣传平台，文化和业务双向赋能，强化了传播效果，不断提升企业文化辐射力。

"党建做实了就是生产力，做强了就是竞争力，做细了就是凝聚力"。打造上海联交所"活力党建"金字招牌是一项系统工程，需要持之以恒、久久为功。党建"组织力"赋能"生产力"，需要切实推动党建工作融入业务发展全过程各环节，积极构建"党建引领、资源共享、优势互补、业务共振"党建体系，进一步将党的政治优势、组织优势转化为高质量发展的优势，为打造全要素交易市场新高地提供坚强保障。

（撰文：朱华、王佩媛、饶国婷）

【案例三】

以嵌入式党建引领海洋石油高质量发展

中国石化上海海洋石油局

习近平总书记强调，坚持党对国有企业的领导是重大政治原则，必须一以贯之；坚持现代企业制度是国有企业改革的方向，也必须一以贯之。总书记更进一步指出，中国特色现代国有企业制度，"特"就特在把党的领导融入公司治理各环节，把企业党组织内嵌到公司治理结构之中，明确和落实党组织在公司法人治理结构中的法定地位。总书记的讲话为国企党建工作提供了基本遵循和实践路径，为国有企业党组织发挥领导作用，把方向、管大局、保落实，提供了坚强支撑。

上海海洋石油局（以下简称上海局）是新中国第一支海洋油气勘探队伍，自诞生之日起就承担着为国找油的责任使命。60年来，奋战在渤海、黄海、东海、南海和全球各大海域，足迹踏遍南极、北极，为国家的海洋油气事业作出了突出贡献。2018年，习近平总书记站在维护国家能源安全的高度，作出了加大国内油气勘探开发力度的批示，2021年，习近平总书记视察胜利油田，再次指出"能源的饭碗必须端在自己手中"。在这种背景下，上海局认清形势任务，提高政治站位，强化使命担当，把党建工作的重心放在加快建设海上能源接替阵地、保障国家能源安全上，对嵌入式党建作了积极的探索，把党的领导融入公司治理各环节中，做到融入不消失；把党组织内嵌到公司治理结构中，做到嵌入有保障。

一、聚焦高质量党建，在顶层设计上嵌入

国企党建工作会议后，中央陆续出台了一系列法律法规，从顶层架构上为国企党建工作指明了方向，提供了制度支撑。上海局坚持党的领导不动摇，坚持服务生产经营不偏离，把党建工作放到保障国家能源安全的大势下去谋篇布局，从顶层设计上确立党建工作把准方向、管好大局、保证落实、引领发展的定位，把企业发展目标放到是否符合中央精神下去考量，确立了"油气是核心、工程是支撑、矿区是保障"的发展战略。制定了《党建工作提升方案》，以"强基固本、融合互促、人才强企、蓝海清风、创新创效、幸福海洋"六大行动，建设"三个一流生态"体系，深入推进中石化集团"1355"党建工作思路在上海局落实落地，引领保障"蓝海战略"，从源头上、构架上为党建工作定下基准线。

二、聚焦系统集成，在体制机制上嵌入

上海局从体制机制上着手，把党的领导作用发挥和党组织嵌入公司治理显现化、具体化。**一是推进党建入章**，把党组织的定位、机构设置以及主要职责写入公司章程，使党组织在企业发挥作用有法可依、有章可循。**二是完善领导体制**，按照《中国共产党国有企业基层组织工作条例》要求，实行党委书记、董事长

（执行董事）由一人担任的"一肩挑"模式，党员总经理担任党委副书记，形成"双向进入、交叉任职""党政共抓、责任共担"的责任体系，进一步提升"抓不好经济会误大事、抓不好党建会出大事"的责任和意识。**三是健全配套制度**，修订了"三重一大"决策制度实施细则、党委讨论和决定重大事项清单、执行董事、分公司代表专题会议制度、总经理工作规则等"1+6"公司治理制度体系，做到了与内控体系有效衔接，推动了公司治理体系更加高效合规，实现了党委、执行董事、分公司代表、经理层各治理主体的高效规范运行。

三、聚焦"海陆双线"，在工作模式上嵌入

海洋石油行业具有远离大陆、独立作战、点多面广、流动性强等特点，人员实行轮换制，即一半人员在海上，一半人员在陆地，集中比较困难。上海局紧密结合行业特点，创新实施"海陆双线"党建工作模式，将支部建在船上，支部书记配在船上，作用发挥在船上。

1.责任双线压实。主线海上"前方"，通过"党员责任区""党员突击队"，亮身份、亮承诺，党徽上帽、责任上肩，保证一线海上生产安全，提高质量效益；辅线陆地"后方"，通过集聚群众智慧，远程提供支持，为海上生产提供信息技术支持，通过党员结对群众、休假人员结对出海员工，定期联系，定期家访，为出海员工家庭排忧解难，稳定前方将士军心。

2.活动双线开展。海上工作实行两班倒，员工即便是同在船

上也难以碰到，党支部利用倒班间隙，见缝插针、因地制宜开展组织生活，活动在工地，活动在现场。陆地休假员工分布在全国各地，集中同样困难，党支部制作党员活动记录卡，以就近方便原则，依托机关、社区开展组织生活。重大事项须全员参与时，采用"云党建"模式，线上开展，海陆连线，实现党建工作无界化。

3. 人才双向培养。针对机关人员缺乏基层经历、海上一线人员缺乏机关管理经验的现状，实施骨干人才双向流动、双向培养机制。选拔机关优秀青年党员赴海上锻炼，熟悉一线工作流程，并规定必须在海上工作一定时间；选拔海上一线优秀青年在机关挂职，增强管理和综合协调能力，缺什么补什么，为员工成长成才提供了锻炼的舞台。

4. 考核双向进行。对支部进行考核时，既注重海上部分作用发挥，也关注陆上方面支持保障。海上以保障生产经营、安全环保、降本增效、技术创新等目标完成情况为主要考评指标；陆地以传达上级精神、服务职工、后勤保障等目标完成情况为主要考评指标。两方面统筹兼顾，加权评分，使支部考核更加务实有效。

四、聚焦"五带五融"，在中心工作上嵌入

习近平总书记强调，基层党组织能力强不强，抓重大任务落实是试金石，也是磨刀石。上海局聚焦建设海洋油气能源接替阵地，把党建工作作为生产经营的"推进器"和"润滑剂"，推动

党建工作嵌入管理流程链条，实现党建和中心工作齐头并进，无缝连接。

1. 以政治引领带生产经营，推动目标融合。紧扣不同阶段公司生产经营目标，有针对性地制定基层党建工作目标，细化分工，压实责任，凝聚同抓共管合力。**一是长远目标同向聚合引领方向**。聚焦总书记重要指示批示精神、集团公司高质量发展行动、上海局"蓝海战略"等长远目标，组织党支部以换届选举为契机，制订届期工作规划，明确基层党建、生产经营共同奋斗目标。**二是年度目标同向聚合统一行动**。以"生产经营指标全面完成、安全环保无事故、基层党建晋档升级、员工队伍团结和谐"为年度目标，坚持党建与生产经营同谋划、同推进、同考核，以年度目标完成推动长远目标实现。**三是目标分解同向聚合压实责任**。组织班子成员签订党建、生产经营、安全、廉洁等责任书，党员签订党员目标管理责任书，实现压力层层传递、动力级级提升。

2. 以"三基本"带"三基"工作，推动过程融合。充分发挥党支部在基层建设中的引领作用、在基础工作中的促进作用、在基本功训练中的带动作用。**一是基本组织引领基层建设**。不断巩固"支部建在船上、支部书记配在船上、支部作用发挥在船上"的基层组织工作思路，坚持党的基层组织和工作机构同步设置，配齐配强党支部书记，推动党务人员与经营管理人员双向交流，在管理和专业技术序列中完善党务职位设置。**二是基本制度促进基础工作**。完善《基层管理手册》《岗位操作手册》《党支部议事规则》等基本制度，制作党建制度汇编，以党支部标准化规范化促进"三标"建设。**三是基本队伍带动基本功训练**。开展专业培训、岗位练兵、劳动竞赛、技术比武,注重"双培养",通过同步加强,实现党的政治优势与基层管理独特优势有机融合,基层基础更加夯实。

3. 以"堡垒先锋"带"岗位建功",推动载体融合。坚持抓党建从生产经营出发、抓生产经营从党建入手,把解决生产经营中的难点问题作为党组织工作的重点,加快政治优势转化。**一是强化勘探开发科技攻关和理论创新,推动油气效益建产上产**。研究院党支部建立《党员成长档案》,成立党员攻关团队,为新入职员工制定"125培养"即1年参与项目,2年承担小型项目,5年承担大型项目,年轻人的成长明显加快,高效开发工作稳步上升。**二是提升工程技术服务支撑能力,推动海上绿色安全发展**。钻井分公司开展"三有三无"大行动,实施"党员责任区+党员定制管理",每名党员列出攻坚清单并做出承诺,建设了一支关键时刻听指挥、危急关头冲得上的员工队伍。**三是持续做强矿区综合保障能力,推动美好家园建设**。聚焦"服务提质,经营增效",常态化开展党员示范岗、党员承诺践诺等有效方式,动员党员"亮身份、亮标准、亮承诺、亮行动",引导党员创先争优、攻坚克难,推动党员先锋模范作用有效发挥。

4. 以"指挥棒"带"责任田",推动考核融合。注重发挥考核"指挥棒"作用,推动支部分类定级考核与经营业绩考核、党员考评与员工业绩考核内容相衔接、结果相印证、激励相挂钩。**一是履行党建责任与完成生产经营目标同步压实**。围绕单位(部门）生产经营和党建工作目标，坚持"党政同责、一岗双责"，明确支部书记和行政正职的工作分工和党建责任，将党建工作的"一岗双责"同质量效益、安全生产、环境保护、党风廉洁、队伍稳定统筹谋划、一体推进。**二是党建考核与经营业绩考核双向挂钩。**坚持考核党建看业务，考核业务看党建，在支部分类定级考核和党建考核中将生产经营完成情况、安全生产、稳定发展等作为重要指标，在经营考核中确保党建工作的权重，按照不低于15%的权重，纳入班子成员个人绩效考核。**三是民主评议党员与年度绩效考核相互印证。**每年开展民主评议党员，年度员工绩效考核为"B"档及以上，民主评议可评为"优秀"档次。向上级推优原则上从上年度民主评议为"优秀"的党员或绩效考核为"A"档的员工中产生。民主评议、绩效考核同时与干部推荐、人才培养等挂钩，充分发挥考核激励作用。

5. 以党建平台带动资源整合，推动理念融合。开展党建共建，共享党建资源，提高思想政治工作的质量与效果，增强企业文化认同，发挥群团作用，凝聚干事创业合力。**一是党建搭台，经营唱戏。**聚焦主责主业，采取联合专题党课、专家论坛等方式，组织勘探、开发党员技术骨干协同推进工作，根据海上施工特点，推动协作方党组织开展党建共建。**二是以文化人，凝聚共识。**大力宣传"奉献绿色能源、保护蓝色海洋"的核心价值理念和"勇争第一、勇立潮头"企业精神，将企业核心价值观和安全、环保、法治、廉洁、人才、党建等理念融入基层管理中，局企业文化展馆获评中国石化"红色教育基地"。**三是带动群团，**

打造桥梁。大力支持基层工会、共青团组织立足生产经营主战场开展工作，做优导师带徒工作，传授专业技能、传播知识经验、传承企业文化，加强一人一事思想政治工作，完善"四加"模式，积极开展"走基层、访万家"等工作，及时排查化解矛盾纠纷，维护队伍和谐稳定。

五、聚焦"学悟讲宣"，在入脑入心上嵌入

牢牢把握好意识形态阵地的主动权，以"学悟讲做"模式探索和完善思想政治工作，为海域油气高质量发展提供有力的思想基础、舆论保证和文化支撑。

1. 积极主动"学"，提升理论武装。**一是紧跟理论创新**。年初印发中心组学习计划，建立"第一议题"规范化机制，重点领悟习近平总书记最新重要讲话精神，做到及时跟进学与深入研讨学的有效衔接。**二是紧跟重大战略**。制定《加强党委理论学习中心组学习措施》，在编排学习内容中设置"第一议题""中央精神""国资动态""党组声音""前沿科技""蓝海清风"等主题栏目，在持续跟进学习中对标对表。**三是紧跟形势发展**。坚持从政治上把握大局，内容上紧扣集团公司重点工作，每期中心组印发纪要，每季度下发"红橙蓝绿"形势任务教育手册，内嵌中心组重要研讨成果，有效指导基层开展工作。

2. 聚焦问题"悟"，推动学用相长。**一是深化研讨**。中心组提前确定研讨主题，提前下发学习资料，提前撰写发言材料，为专题研讨做好准备，确定每月第一周为中心组集体学习研讨日，

在深入探讨中凝聚思想共识、分享理论成果。**二是抓实调研**。印发领导调研规范，既注重开展"靶向式"调研，推动调研形成机制，使学习的过程成为破解发展难题、推进改革创新、提升工作水平的过程。**三是转化实效**。制定《中心组学习落实解决问题清单》，对学习过程中达成的共识问题，转交职能部室办理，每季度进行反馈，实现了学习践行成果化。

3. **创新方式"讲"，贯通形势任务**。注重发挥"关键少数"的引领作用，层层立标杆、逐级作示范，打造"蓝海讲堂"。**一是用好"主课堂"**。班子成员带头赴基层单位宣讲党的二十大精神，在内外部媒体刊发重要学习成果，聚焦重大主题，邀请外部专家学者作辅导报告。**二是用活"微课堂"**。班子成员利用参加基层党委民主生活会、基层调研等时机"送学上船"，组建宣讲团"海陆双线"开展宣讲，制作宣讲"微视频"，推进政策理论直达一线。**三是用足"云课堂"**。积极探索"互联网+学习"模式，用好"学习强国"和"石化党建"平台，在"奋进海洋石油"开设中心组学习专栏，每月同步刊发局党委中心组学习资料，打造随时在线的"云上党校"。

4. **服务大局"宣"，讲好"蓝海故事"**。坚持"对内提神鼓劲，对外塑造形象"，完善新闻宣传"四每"沟通机制，每周碰头梳理热点，每月指导线索方向，每季部署重点任务，每半年开展通气总结。先后印发新闻宣传优秀评选、新闻舆论管理等制度，调整基层单位新闻宣传考核指标，大力推进集团融媒体平台使用力度，优化工作机制为基层松绑减负。加强对涉外船舶的管理和国际传播能力建设，搭建"国传新媒体团队"，组织外派员工积极对外宣传中国优秀文化、讲好石化故事。聚焦中心工作，坚持把镜头对准生产，笔尖触及一线，内外宣传影响力不断提升。

（撰文：马腾）

【案例四】

发挥"大项目党建"优势
为"两栖先锋"注入最强战力

沪东中华造船（集团）有限公司

一、背景

党的二十大报告提出，如期实现建军一百年奋斗目标，加快把人民军队建成世界一流军队，并作出一系列战略部署。近年来，新时代强军故事吸引了无数网友目光，尤其像国产航母、两栖攻击舰等的建造，频频登上网络热搜榜。在习近平强军思想指引下，曾十年铸剑，勇摘造船业"皇冠上的明珠"LNG船（液化天然气船）的沪东中华造船（集团）有限公司（以下简称"沪东中华"），再次勇挑重担，牵头两栖攻击舰系列船建造。面对周期紧张、设备新研、企业排产，以及新冠疫情持续影响、配套设备纳期滞后等诸多难题，特别是参与系列船首舰试航的单位有100余家，人数达到近千人（含接舰部队），党员占比近25%。如何协调管理船厂、研究院所、军代表、配套服务单位、接舰部队等参建（参试）人员，如何有效聚合各方力量攻坚克难，推动系列船首舰试验试航项目完成，助力实现高标准开工、高质量建造、高水平调试目标，成为沪东中华通过党建引领促进重点产品按期优质交付的重要课题。

二、做法

（一）组建现场临时党委，构建"123456"重大军工项目党建工作体系

公司党委高举习近平强军思想伟大旗帜，认真履行军工央企政治使命与保军首责，按照"项目推进到哪里，党组织就建在哪里"原则，在系列船首舰现场建造、试验试航期间探索组建现场临时党委，下设9个临时党支部，由沪东中华党委书记兼任临时党委书记，研究院所党委书记、接舰部队政委等兼任临时党委副书记，加强顶层设计，通过军地共建、厂所联建，深入推进"大项目党建"，激发"党建+管理"的顶层引领力，"党建+业务"的核心战斗力，"党建+服务"的可靠保障力，以高质量党建成果强有力推动两栖攻击舰现场建造、试验试航任务顺利完成。

现场临时党委坚持把党建工作和项目推进的重合区域作为融合的主动方向和突破重点，以"党建铸魂、两栖攻坚"为牵引，系统构建"123456"重大军工项目党建工作体系，引领党员群众自觉把思想和行动统一到高质量高效率建成大国利器、主战舰艇的目标任务上。

坚持一个理念：坚持"军品就是精品"理念，抓实抓细现场党建工作，按期优质完成军工项目任务。**构建"两位一体"联动机制：**现场临时党委、试航领导小组合力攻坚突破。**聚焦三个目标：**提质量、促进度、保交船。**强化四"线"工程：**党旗飘在一线、支部建在一线、党员战在一线、人才育在一线。**突出五大保障：**政治保障、思想保障、组织保障、人才保障、服务保障。**抓

好"六联六共"活动：组织联建、机构共组；目标联保、决策共议；党员联管、队伍共建；活动联办、资源共享；平安联创、和谐共处；经验联享、平台共筑。

（二）坚持党建工作融入中心发挥作用，促重大项目按期优质交付

1. 突出组织保障，强化政治领导力

结合重大军工产品特点，精准贯彻党的建设和国有企业改革发展同步谋划、党的组织及工作机构同步设置、党组织负责人及党务工作人员同步配备、党建工作与业务工作同步开展的"四同步"原则，创新党的组织体系建设，实现了党组织设置与大项目生产运行模式高度匹配、有机融合，建立了以党的领导为核心的项目治理架构，为重大项目高质量交付提供坚强的组织保障。

坚持"三跨"原则成立现场临时党委。 在重大项目建造、试验试航前，跨地区、跨企业、跨行业成立现场临时党委，下设临时党群工作部。临时党委主要功能是针对重大军工产品工程量巨大、参建单位超多、协调工作庞杂的特点，聚焦"统揽全局、协调各方、统筹资源、促进落实"精准发力，以坚强有力的组织体系来引领保障重大军工项目建造任务，尤其是海上试验试航阶段的攻坚任务。同时，形成试航领导小组和现场临时党委"两位一体"的运行模式，现场临时党委与试航领导小组共同研讨决策试验试航期间重要事项、重大问题及突发事件，引领推动舰船现场建造。

坚持"支部建在船上"原则传承党建优良传统。 以"支部建在船上"为鲜明特征的党建工作优势，是沪东中华党委多年来积累的党建工作成功经验，也是企业不断发展壮大的重要动力。除了现场临时党委书记、副书记由建造单位、研究院所党委书记，部队政委兼任外，一些配套企业、参建研究所、后勤保障单位等的分管领导也都兼任现场临时党委委员等职务，进一步强化了现场临时党委把方向、管大局、保落实的领导作用。

坚持全过程保障原则提高党的组织路线运行效能。现场临时党委聚焦"大项目党建"的运行机制、经费保障、表彰激励，以及主要节点攻坚、宣传保密要求等，建立《×××舰现场临时党委党建工作方案》《×××舰现场临时党组织两级中心组学习计划安排》等一系列党建工作制度和文件。始终牢记"国之大者"，不断提高政治判断力、政治领悟力、政治执行力，通过清单化推进，闭环式管理，持续有效发挥现场临时党组织"指南针""定盘星""压舱石"作用。

2. 突出理论武装，发挥党建引领力

两栖攻击舰首舰是人民海军转型发展的重点标志性装备，该舰首航意义非凡，举世瞩目。为此，沪东中华党委认真学习贯彻落实习近平总书记关于"三个强国"和"两个一流"的重要论述，将其作为增强工作本领、破解发展难题、服务国家战略的"思想库"，坚持小切口、大纵深，坚持在试验试航过程中开展"三会一课"，并把学习教育同解决思想顽疾、破解科研建造难题结合起来，敲准思想教育的"鼓点"、打通瓶颈问题的"堵点"，在来自五湖四海的人员之间架起连心桥，画好同心圆。

始终把强化政治站位作为第一要求，一贯到底，落实到位。在即将启动试验试航任务前，在机库隆重举行党员大会暨千人试航誓师大会，通过宣誓和授旗等仪式感极强的活动，引领全体党员在铿锵誓言中统一思想、凝聚共识，以更高的政治站位、更强的政治责任感和使命感，投身到军工重大工程的建造之中，团结带领党员群众以舍我其谁的斗志和志在必胜的决心投入到项目试验试航。

始终把讲学习、聚共识、强自觉作为第一要务，知行合一。强国的关键是强军，强军的关键在强装，能战方能止战。现场临时党委坚守"质量强装"是军工人的使命，实战化导向是装备建设的根本。要努力打造精品工程、标杆舰船，必须坚持思想先行，为兴装强军作出更多贡献。为此，先后召开党委扩大会3次、党委理论学习中心组学习2次，组织临时党委负责人上专题党课3次，举行军地双方党建工作联席会议45次，全面阐释军工人的初心使命和责任担当，激发基层组织战斗堡垒作用、党员先锋模范作用的发挥。

始终把实现"拢指合拳""军民共建"作为第一目标，让党建"红"和船厂"蓝"熠熠生辉。建立党建工作例会机制，夯实基层临时党支部战斗堡垒作用，现场临时党委每天召开例会，推进工作、汇集情况。同时，以党建共建联建、"帮学促"、主题党日、党内主题活动等方式赋能科学建造、完备调试，构建重大事项、关键问题及突发情况的协商平台，为优质高效完成试验试航任务提供组织保障。

3.突出作用发挥，打造过硬战斗力

深入贯彻《中共中国船舶集团有限公司党组关于党建工作与中心工作深度融合的指导意见》要求，以及关于"大项目要有党员领着、关键岗位要有党员顶着，争取完成一个项目，培养一批干部和人才，发现和表彰一批优秀党员"的重要指示精神，把落实重大项目任务作为检验党员先进性的主战场，在用好党建工作传统品牌的同时，注重方法、手段、模式、功能的创新，为大项目克难奋进再谱新篇。

注重发挥临时基层党组织和党员的两个作用。成立4支"党员突击队"，创建20个"党员示范岗"，在试验试航一线配置、锤炼最优秀的党员、最得力的骨干团队，做到重点项目有党员攻关、关键岗位有党员值守。围绕各系统联调、项目验收、风险防控等课题开展工艺改进、技术创新，不断推动各项任务质量提升、安全可控、周期缩短，把难题点作为攻关点，把攻关点作为创新点，使创新点成为价值点，让党旗在试验试航第一线高高飘扬，为按期"交付战斗力"奠定坚实基础。

充分发挥党员骨干"传帮带"和示范引领作用。一以贯之凝练、形成项目育才、事业聚才、待遇留才的成果经验，以"岗位实战"磨砺人才、以"军工荣耀"激励人才，不断为人才成长创造有利条件，培养和造就一支召之即来、来之能战、战之能胜的高素质军工人才队伍。深入挖掘、全面选树试验试航期间涌现的生产、管理、安全、质量、保密、服务保障等各方面先进集体及个人的优秀事迹，以党建引领、思想指引为主线进行宣传报道，

对表现突出的优秀团队及个人进行表彰并奖励。

形成"工作项目化、项目责任化、责任具体化"机制。临时党支部、全体党员带头，优质落实现场临时党委及试航领导小组各项工作部署，围绕"党建+业务"汇聚强大执行力，推动了试航任务的顺利进行，全体参试人员"白加黑""5+2"顽强拼搏，创下主动力系统试验一次成功，主机长跑零故障，实现大型舰船平台航行试验航次最少、周期最短、效率最高全新纪录。

4.突出文化牵引，增强项目凝聚力

组织开展形式多样的"强军杯"系列文体活动，丰富参试人员海上生活，增强试验试航团队的凝聚力和向心力。编制12期《试航简报》，厚植军工文化，牢固树立"打造精品舰、样板舰、标杆舰"意识，并认真落实到每一项实际工作中。在一系列高质量党建活动的引领下，全体参试人员在试验试航任务中争做表率，勇当典范，高质量完成首舰交付任务，受到了海军首长和各级领导的高度评价，真正做到党建引领航向、党员岗位建功、党旗猎猎飘扬，党建成果真正转化为试验试航工作战果。

以协调解决问题为导向，主动关心参试人员及其家庭情况，切实做好关怀慰问。同时，强化党员间良好沟通协作关系。加大对一线员工的服务力度，配合有关工作组做好参试人员的食宿安排及各项生活保障工作。及时帮助参试人员排除后顾之忧，努力提高生活、工作质量。特别是在疫情防控期间，慎终如始不松懈、严格执行不走样。协助相关工作组全面落实网格管理，压实主体责任，落实严密监测，有机统筹疫情防控要求与试验试航任务，确保万无一失。

以党员群众需求为导向，积极筹划各项互动交流，丰富参试人员业余文化生活。 充分利用任务间隙菜单式推出的一系列"强军杯"系列文体活动，既丰富了参试人员的海上生活，也增强了试验试航团队的凝聚力和向心力。举办的集体生日会、心理沙龙、露天电影、漂流书屋、文体比赛等活动，让参试人员感受到了"项目大家庭"的温暖，他们发自肺腑为现场临时党委和临时党支部点赞。

以党建工作"军民一家亲"为导向，全面把握交接双方的联系与沟通。 全体参试人员和接舰部队等始终秉持"一盘棋"思想，工作中密切合作、有机协调，生活中相互支持、相互帮助，活动中一起策划、组织、参与，生动展示了"军爱民、民拥军"的军民鱼水情。

三、成效

（一）出业绩，创造"沪东中华奇迹"，实现按期优质交付目标

全体参试人员接力"敢为人先，争创一流"的奋斗壮举，发扬善于"啃硬骨头"精神，与时间赛跑，向管理要效率，把一系列不可能变为可能，创造了海军装备建造史上的"中国速度"和"沪东中华奇迹"。建造当年即启动系泊试验，开展航行试验，完成最终质量验收三项重大节点，创下大型舰船最短建造纪录，部队对首舰成功建造专门发来贺电。2021年4月23日，在海南三

亚某军港，两栖攻击舰首舰交接入列。习近平总书记出席交接入列活动，并在码头亲切接见了沪东中华部分舰船科研、生产人员。2022年12月9日"×××舰工程"获得"全国质量奖卓越项目奖"。

（二）出经验，形成丰硕党建成果，打造军工央企党建品牌

沪东中华十分重视成功经验的及时梳理和归纳总结，第一时间落实专班专人，将首舰党建工作融入中心的普遍有效做法用文字、图表，甚至影像等方式予以全方位记录下来，一方面汇集成一套科学流程，为后续舰船建造、试验试航提供可复制、可借鉴、可推广的样板模式；另一方面，通过规范化、标准化的方式，将实践所验证的一系列制度文本等进一步优化、固化。此外，采取召开事迹报告会、拍摄党课视频、编写理论课题文章、制作文创产品等形式，内树精神，外塑形象，在企业内外引起较大反响。

（三）出人才，锤炼军工骨干，造就一支勇往直前团队

两栖攻击舰首舰建造、试验试航任务的现场成为锤炼人才、识别人才和选拔人才的考场。由于是首舰，许多难题瓶颈没有先例方案可供借鉴破解，研发设计人员冲锋在前，站在一线迎战"强敌"，一批年轻骨干脱颖而出，以优良作为印证了"铁是愈炼愈硬的"至理名言。有船界"焊神"之称的全国劳动模范张翼飞主动请缨，领题攻难关，几支"党员突击队""青年突击队"更是在关键时刻发挥了中流砥柱作用，团结一致攻坚克难。其间涌现了"国防科技先进个人"钱春翔、"全国优秀共青团员"王学宇、"全国优秀农民工"刘鹏鹏等一批模范人物。可以说，一艘船的建造，凝练了一股精神，培养了一支能吃苦、能战斗、能奉献的坚强队伍。

（四）出口碑，赢得广泛赞誉，传播党建真情

"大项目党建"开展以来，基层党员群众反响也相当热烈。随船试航的上海交通大学船舶振动专家饶柱石教授在参加"造舰强军、你我同行"主题党日活动后，深情地说："我参与军舰试航几十次，此次试航领导之重视、党建工作之规范，得人心，令我深表敬佩。"首航期间，累计播放9部励志电影，观看人员近2000人次。漂流书屋累计借阅达300人次。来自各参试单位的100余名羽毛球爱好者还挥拍参加羽毛球比赛，另有乒乓球和扑克牌比赛，等等，都引起党员、群众浓厚兴趣，受到了参建参试人员的极高评价。同时，从一个个侧面反映了茫茫大海上依然有爱有温度。

四、探讨

支撑国防建设、服务国家战略是沪东中华的首要政治责任和核心使命，公司更是将"造舰强军、造船兴国"铭刻在企业的旗帜上、融入到全体员工的血脉里。首舰现场临时党委是在习近平总书记关于把人民军队全面建成世界一流军队和坚持党对国有企业的全面领导等重要指示的大背景下应运而生，是新时代党建融入中心、实现"上船""上舰"的有益探索与尝试。

一是执行重大项目任务坚决贯彻落实"党领导一切"要

求，在思想"融入"、方式"融通"、氛围"融洽"、行动"融合"、资源"融汇"上下功夫，敢探索，让党建工作引领在前，内嵌其中，全力支撑，贯穿于重大项目建设的全过程，做到哪里任务险重，哪里就有党组织坚强有力的领导，哪里就有党员当先锋作表率。

二是始终聚焦党建工作弱化、淡化、虚化、边缘化的突出问题，坚持党建与业务工作目标同向、措施同定、工作同步，发挥自身独特优势，重点发力，精准突破，将"难点"变成"亮点"，将"军品"成就"精品"，使党建工作更具引领力、感召力、影响力和战斗力，舰船建造、试验试航更有原动力和推进力。

三是充分发挥党组织的战斗堡垒作用和党员的先锋模范作用，坚持以人为本，激发党员、干部能动性和活力；坚持依靠职工办企业，建立企业与员工利益共同体、事业共同体、命运共同体，持续不断提升员工幸福指数和微笑曲线。把无数个个体价值聚合成组织集体的智慧，把胜任力转化为持续创造力，在建造"大国重器"的征途中行稳致远。

（撰文：柳颖、姚韵琴、谈炯）

【案例五】

用好党的创新理论"金钥匙"
打造高质量发展"新引擎"

中国太平洋保险(集团)股份有限公司

作为唯一一家总部设在上海的国内综合保险集团,中国太保肩负大型国企的使命担当,牢固树立以人民为中心的发展思想,准确把握形势任务,始终把自身高质量发展融入时代大势、国家大局和人民大任之中。自今年4月启动学习贯彻习近平新时代中国特色社会主义思想主题教育以来,中国太保集团党委深入贯彻落实中央和上海市委的决策部署,深刻把握"学思想、强党性、重实践、建新功"的总要求,用好党的创新理论"金钥匙",探索破解难题的"最优解",不断把主题教育成果转化为推进公司高质量发展的"新引擎"。

一、以理论学习为"指南针",深学细悟推动实践

当今世界正处于百年未有之大变局,我们既赢得了难得的历史机遇,也面临着一系列重大考验。集团党委以先进理论为武装,坚持金融向实、保险为民的理念,围绕服务国家战略、服务社会民生、服务实体经济开展深学深悟,客观分析形势、主动把握大势、积极构建优势,在繁复问题中把握规律、在苗头问题中把握趋势、在偶然问题中把握必然。

主题教育期间，集团党委通过党委班子集中学、联系实际结合学、专家辅导深入学、行走党课沉浸学、专题课程系统学、推荐书目全面学、线上平台跟进学等丰富形式，全面推进述学会、读书班、专家辅导、主题党日、个人自学、专题党课等一系列理论学习活动。

紧紧抓住领导干部这一"关键少数"，建立"1+3+X"每周述学制度，坚持读原著学原文悟原理，并结合公司中心工作，确定大健康、大区域、大数据、高质量发展三年规划、太保服务、清廉文化、风险管控等保险主业专题开展集中学习研讨，强化互学互鉴吃透精髓要义，不断增强学习的系统性和彻底性，以集体智慧推动理论学习走深走实。

通过举办主题教育暨高质量发展专题读书班，深入学习习近平新时代中国特色社会主义思想的科学体系、核心要义与实践要求，努力回答好坚持长期、应对竞争、创新发展的"太保之问"，在深学细照中固稳行业高质量发展引领者的核心内涵。

充分发挥公司自研"太保学习"线上平台的技术优势和数字化党建载体"先锋队APP"的功能优势，聚焦学习培训和舆论宣传，开辟主题教育专区，面向全系统党员和干部共享主题教育音视频课程，通过报名制、学时制等方式，实现对全系统各级党组织和全体党员学习情况的全方位了解、全时段监测、全过程记录。

截至7月中旬，集团党委、各子公司党委和集团各直属党委共组织读书班、中心组述学会110次；领导班子讲授专题党课49次，"太保党员话'七一'"专题声音党课收听量2万余人次；

共推出线上课程285门，线上学习总人次超过348万，总时长超过91万小时。

二、以调查研究为"显微镜"，真抓实干破解难题

集团党委紧紧围绕"建设行业高质量发展引领者"的目标，念好"深、实、细、准、效"五字诀，聚焦主责主业抓好调查研究，通过内外联动、聚类推动，用好调查研究这个"显微镜"来看清问题，找到根结，跨前一步解决真问题、深入一步解决难问题、领先一步回答新问题。

根据中央和上海市委统一部署，集团党委及时制定《大兴调查研究实施方案》，进一步细化12个方面调研内容，明确工作机制和组织保障。下发《关于求真务实推进调查研究工作的相关提示》，积极落实"四不两直"，严明调研纪律，力戒形式主义。集团和各子公司党政班子成员紧扣健康中国、长三角一体化、乡村振兴、数字中国等国家战略，确定了86个调研课题，以高质量选题聚焦痛点、难点问题开展高质量调研。积极推动联手调研，集团和子公司共有53个课题确定了联动单位，召开聚类调研课题会商会，有效推进同题共答。

集团党委牢固树立"以人民为中心"的发展理念，坚持边调研、边推进、边整改，真正做到开展一次调研、解决一个问题、推动一项工作。如与市医保局、行业专家、医院等开展联手调研，通过民生保障专题研讨，广泛听取和吸收人民群众的意见建议，把"惠民"作为产品迭代方向，把"便捷"作为服务提

升目标，进一步彰显"沪惠保"普惠金融特点，更好地满足市民多层次、多样化保险需求。截至目前，"沪惠保"今年累计承保550余万人。此外，在调研基础上制定完善公司高质量发展规划，明确新三年发展的"施工图"和"路线图"；聚焦集团大区域战略，深入掌握战略落地过程中的痛点、难点、瓶颈问题，制定《中国太保成渝地区建设专项工作三年行动方案（2023—2025）》，明确成渝地区建设七方面重点工作、20个攻坚课题，并推动落地实施；把握客户需求，发布大健康"352"服务蓝图，助力"健康中国"战略实施。

截至7月中旬，集团和各子公司党政班子共开展各类调研320余次，累计收集问题500余项，已推动解决问题200余项。

三、以推动发展为"度量尺"，聚焦中心保险为民

集团党委紧扣高质量发展主线，聚焦公司战略全局和发展大局，一体推进主题教育工作开展、成果转化和跟踪问效，做深做实"大健康""大区域""大数据"三大战略，以实干作出实绩、以实绩检验实效。

中国太保积极推进大健康战略，以保险保障为中心，顺应时代而变，明确大健康战略的经营逻辑，打造覆盖客户全生命周期健康管理生态圈。同时，不断通过靶向发力，推动战略规划取得实效：6月16日，成立太保蓝公益脑健康认知体验馆，打造普及脑健康知识的崭新社会责任阵地；7月8日，成立青少年健康促进中心上海体验馆，打造上海青少年健康促进的示范和样板；7月

19日，与华西医院举行战略合作签约仪式，重点区域布局及服务覆盖面实现重要突破。

积极参与杭州亚运会、陆家嘴论坛、世界人工智能大会、碳博会、全国保险公众宣传日等大型展会、赛事、活动，全力答好"服务国家战略、护航美好生活、提升太保服务、探索新兴领域、构建品牌高地"的综合"考卷"。

今年上半年，中国太保坚持价值主线，坚持问题导向，主营业务在关键领域形成领先优势：产险保费增速领先主要同业，新能源车险、绿色保险等新兴业务领域实现快速发展；寿险保费增速持续提升，个险新保保费增速创近年新高；专业化投资能力不断强化，投资收益及资产管理规模保持稳定，风险总体可控。作为行业头部企业，公司稳健标签不变、创新多点领先、治理形成优势、党建特色突出、实现多方共赢，高质量发展的基础不断得到巩固。

四、以检视整改为"放大镜"，精准施策靶向发力

中国太保集团党委和各子公司党组织积极发扬自我革命精神，坚持分类整改与集中整治相结合，深入查摆不足，共梳理主题教育问题清单70个，明确整改措施147项，确定10个专项整治方案。

召开全面从严治党暨警示教育会议，深入贯彻落实中央指示要求和上级会议精神，坚持以案示警、以案明纪、以案为鉴，推动全系统党员干部在"学思想"上有深化，始终保持从严治党的

政治清醒；在"强党性"上有提升，始终保持清正廉洁的品格操守；在"重实践"上有作为，始终保持正风肃纪的责任担当；在"建新功"上有实效，始终保持健康持续的长期追求，着力推动全面从严治党走到基层、走进一线、走向深入。

针对问题清单中的民生关切问题，集团党委集中力量开展消费者权益保护专项整治工作，升级推出2023年度"服务人民、服务客户、服务基层"主题党建行动，全面深化"消保人人有责、消保贯穿始终"的文化理念，建立健全消保工作体系，着力推进全程消保和全员消保。研发推出消保智能审查工具，推进营运流程变革和数智驱动，切实践行人民至上的服务理念和金融国企的责任担当。

五、以精准施策为"万花筒"，纵深推进有声有色

作为全国性综合保险企业，中国太保目前在全国拥有5800余家机构、2000余个党组织、2.4万余名党员。针对全系统党组织点多、面广、链条长的特点，集团党委建立"7+2"部署督导机制，2个指导组分别对7家子公司党组织和2个集团直属党委进行全流程指导，9家单位党组织根据各自实际，制定个性化实施方案，确保一级抓一级，层层抓落实，切实做到"规定动作"不走样，"自选动作"有亮点。

主题教育期间，各子公司党组织坚持从实际出发，因地制宜、分类实施、精准推进，主题教育开展有声有色，各具特点，各显成效，具体来看：**产险公司党委**划分七大区域，实行"双领

导挂帅"负责制，对调查研究和冲刺季工作进行"双督导"，推动主题教育与高质量发展同频共振，保费收入首次半年度突破千亿元。**寿险公司党委**探索"营销+消保"的党建融合模式，举办第三期营销员党员培训暨消保专题培训班，推动主题教育与"赋能型总部、经营型机构"建设和"太保服务"提升有机结合、高效贯通、一体推进。**资管公司党委**坚持问题导向，针对监管数据报送存在的错报漏报等风险问题，认真梳理、深入研讨、扎实破题，积极推进监管数据标准化工作。**健康险党总支**深入践行四联工作法，联合行业协会、销售渠道和战略客户，共同探讨加强服务民生、创新经营模式、完善渠道协同和开拓市场客源的方式方法，并取得积极成效。**长江养老党委**坚持"班子出题、成员领题、集体破题"，班子成员深入市场、机构、客户和同业开展调研，集思广益研究对策措施，做深做实总分结合、上下协同的联动调研机制。**科技公司党委**在上海、成都、武汉三地职场开展科技文化周特色活动，打造"科技文化家园"，着力营造青春活跃的科技文化氛围，团结凝聚起干事创业的正能量。**太保资本党支部**聚焦前沿创新领域，与上海生物医药基金开展联手调查研究，探索提升大健康产业投资能力的有效路径。

（撰文：陈柯宇）

【案例六】

党建引领筑堡垒　勇担使命争先锋

上药康希诺生物制药有限公司

习近平总书记指出，"生命安全和生物安全领域的重大科技成果也是国之重器，疫病防控和公共卫生应急体系是国家战略体系的重要组成部分"。在重大突发公共卫生事件下，疫苗是战胜疫情的战略性利器，上药康希诺作为上海首家新冠疫苗生产企业，为保障人民生命健康和服务上海生物医药产业战略布局的使命而生，实施开展"上海产"重组新型冠状病毒疫苗的生产合作，在上海医药集团党委的领导下，第一时间成立疫苗重大项目临时党支部，推动基层党建与重大任务落实深度融合，在项目快速推进过程中实现多个"从无到有""从零到一"，成为国内唯一疫苗全线委托的疫苗生产企业，为保障人民健康和生命安全提供了有力支撑。

党的二十大报告提出"完善科技创新体系"，强调"以国家战略需求为导向"，进一步"健全新型举国体制"的重要意义。面对疫情反复的严峻形势和"时间紧、任务重、标准高"的重重挑战，上药康希诺持续推动形势政策教育与服务国家重大战略深度融合，坚持传承好思想政治工作这个"传家宝"，在攻坚一线提炼理想信念元素，充分发挥党支部战斗堡垒和党员先锋模范作用，在成立当年即建成国内一流的生产与质量管理体系，拥有行业领先的大规模病毒载体药物产业化规模制备技术平台和成熟经验团队，荣获"上海市五一劳动奖状""上海市三八红旗集体""上海市创新型疫苗链主企业"等20余项表彰。

一、在学思想中突出政治站位强定力

习近平总书记多次强调要"加快治疗药品和疫苗研发，加快建立疫苗产业化体系"。干事创业，思想先行。在重大突发公共卫生事件下，上药康希诺以新冠疫苗重大任务、重大需求为牵引，在融入大局、融入精神、融入实践的实战过程中突出政治站位强定力。

一是融入大局展现担当。坚持不懈用习近平新时代中国特色社会主义思想凝心铸魂，将高标准完成疫苗项目作为一项重大政治任务，以"第一议题"学习带动"第一行动"落实，创建支部中心组学习材料《上康前沿》线上学习阵地，按月进行发布，对重要讲话、重要文件、重要行业政策学习，专题策划习近平新时代中国特色社会主义思想主题教育特辑，推动重点工作落实落细，将政治自觉、思想自觉、行动自觉体现在任务落实的实践中。

二是融入精神感悟使命。让目标共识、价值认同在潜移默化中得到升华，将"三牛"精神放至醒目位置，激励广大党员愿做"孺子牛"，争做"拓荒牛"，甘做"老黄牛"，时刻保持"越是艰险越向前"的必胜信念。找准党建融入中心工作的切入点，把大力弘扬伟大建党精神、抗疫精神与深入理解项目重大意义结

356

合起来，开展"建党百年"、抗疫先锋分享交流会等主题党日活动，以"3+"模式（领学+自学、线上+线下、常态+专题），推动学习与实践有机融合、同频共振。

三是融入实践锤炼初心。 在项目建设初期办公环境紧张，500多人集中在简陋的临时办公区工作，工厂远离市区不便的交通，人均三个多小时通勤时间，火热的攻坚一线成为党员干部锤炼初心，锤炼党性最好的课堂，党支部通过重温入党誓词，发布《攻坚决战书》，以初心提振信心，推动党组织的核心功能在量的积累中，实现质的飞跃。

二、在强党性中突出担当作为强动力

习近平总书记指出，"基层党组织组织能力强不强，抓重大任务落实是试金石，也是磨刀石"。滚石上山、爬坡过坎要齐心协力，思想上合心，行动上才能合拍。上药康希诺以党建为引领，筑牢"根""魂"优势，聚焦疫苗产业重大战略部署，紧紧围绕疫苗生产基地建设任务成立临时党支部，牵引凝聚支援单位的各条线专业力量和支部49名党员先锋迎难而上，冲锋在前，把战斗堡垒作用融入项目建设的动员、组织、实施、保障和运用全环节，在细化、深化、强化、固化中突出担当作为强动力。

一是细化工作机制。 按照职能条线划分党小组，实现组织机构和工作机构融入设置、有机结合，推动党建与业务目标同向、工作同步、责任同担；每日动态更新工作进度，每周总结工作落实情况，运用"每日午餐会"等工作机制，以"发现问题不过时，研究问题不过夜，解决问题不过日"的工作作风，全周期挂图作战，全环节定人定责，全天候搭建体系，全覆盖跟踪保障，全速度推进建设。

二是深化示范带动。党员在核心业务、关键岗位、特殊时段精准认领岗位，发挥好示范引领作用，制作党员"领跑"承诺墙，实施"三亮行动"（亮身份、亮承诺、亮标准），一个支部一个堡垒，一个党员就是一面旗帜，有的是不能回家看望父亲的女儿；是忘记孩子在家等饭吃的妈妈；是明天举办婚礼、今天还在加班的新郎；是项目期间只在三岁女儿生日那天陪娃吃顿饭的父亲，党员带头，示范带动，大家在关键时刻敢于亮剑、敢于担当，拿出攻山头的精神和毅力，吹响把"不可能"变"可能"的"集结号"，按下疫苗生产基地建设"一天一个样"的"快进键"。

三是强化氛围营造。紧紧围绕疫苗生产基地建设的这条主线，以"四进五上"为抓手，（进展厅、进食堂、进电梯、进车间、上墙面、上屏幕、上版面、上横幅、上展板），深化拓展宣传阵地建设，建设文化活动中心；开展主题摄影比赛、专题策划"攻坚进行时"系列主题宣传，发布33期《上康简讯》，制作"我们的八十天"等6部视频，持续营氛围、鼓干劲。在人民网、新华网、《解放日报》等中央媒体刊稿210余篇，持续擦亮企业品牌。

四是固化文化理念。从攻坚一线中提炼主题、萃取素材，找准奋斗逐梦的"关键词"，凝练"至正、至慎、至臻、至善、至悦"的"五至"文化理念，加快"参战人员"从"物理整合"向"化学反应"转变。

三、在重实践中突出攻坚克难强合力

为学之实，固在践履。习近平总书记强调，"要自觉践行新时代中国特色社会主义思想，用以改造客观世界、推动事业发展。"疫苗生产基地建设与生产技术转化是一个系统工程，技术含量高，监管要求严格，特别是针对新冠疫苗的生产制造，从生产到流通的每个环节都有着极为复杂的管控标准。上药康希诺聚焦重大突发公共卫生事件状态下国家战略和产业发展的关键需求，实践探索任务导向的高效协同模式，在推动同向发力、提升效力、齐心协力中突出攻坚克难强合力。

一是推动科学决策与使命引领同向发力。基于对新冠疫苗战略价值的深刻认识，上药康希诺项目组把人民生命安全和身体健康放在首位，在短时间内敏锐研判疫情形势，系统评估技术路线，最大程度承接调动长期积蓄的已有资源优势，依托上海医药集团的全产业链优势，对组织动员、体系建设等进行系统性布局。

二是推动要素集成与枢纽协同提升效力。以上药康希诺为枢纽，形成目标导向下的"任务型"组织，成为整个体制运作的核心载体，采用挂图作战、交叉节点等模式，有力打破决策、信息、人员要素的"孤岛"，凝聚起集团所属25家单位专业力量，创新的组织模式持续赋能重大任务"加速跑"。

三是推动有为政府与有效市场齐心协力。企业在应急组织过程中发挥创新主体作用，积极与上下游产业链近20家单位精准对接、及时联动，协同相关政府部门靠前介入，集中力量保障项目的快速推进，赢得社会广泛赞誉。

四、在建新功中突出服务功能强活力

习近平总书记多次强调，"要把惠民生的事办实、暖民心的事办细、顺民意的事办好。"对于企业来说，就是要依靠职工办企业，办好企业为职工，在做实、做细、做好中突出服务功能强活力。

一是做好成长平台。发布《知识产权奖励办法》《导师带教管理办法》等制度，分级分类梯次搭建上康新小侠、上康少侠系列疫苗特色人才培养体系，围绕产业需求提升职业素养，帮助职工努力实现从"工"到"匠"的蝶变。聚焦一线班组，邀请专家"走进来"，打造"臻·享"培训品牌，以"现场管理"等实际场景鼓励职工学习提升；推出"云学堂"主题系列课程，将"学时"计入"工时"，3482人次参加学习；逐步搭建内训师队伍互讲互学，牵引疫苗行业特色人才不断成长，并深度参与上海人社局和上海生物医药行业协会组织的上海市生物制品技能员工等级标准制定工作，选拔推荐13名员工认定为上海市首批疫苗高级工。

二是做细关爱举措。从职工最需要、最关心的实际问题入手，搭建文化活动中心，建设完善职工运动健康场所，成立瑜伽、羽毛球职工社团，每周定期组织活动。积极协调筹措住房159套，完成公租房申请保障，满足职工的租住需求；开展"倾听"谈心谈话，建立"心语"实体信箱，组织"青听"恳谈会，重点了解职工群众思想动态，实现党员联系群众全覆盖，梳理45条"急难愁盼"问题，分类分层逐一制定解决措施。持续落实关爱员工工作，冬送温暖、夏送清凉、节日送慰问、职工家庭重大事项送关怀等关爱活动，关爱慰问职工5000余人次。让"建新功"成为职工看得见、摸得着、享受到的实惠。

三是做好主责主线。聚焦中心工作的重难点，持续创新"质量放大镜""岗位啄木鸟""师课共建"等活动载体，推动党建与业务工作同步。组织开展"坚定跟党走 喜迎二十大"庆祝建党101周年暨抗疫先锋分享交流会、中秋DIY活动、元宵喜乐会、后备箱集市等活动，为职工文化生活增添色彩，丰富职工的精神文化生活，得到职工群众普遍好评。

特别是疫情期间，通过发布攻坚书、动员令、慰问信、形势短评等举措，充分动员凝聚党员职工，策划"战疫进行时"专题宣传，制作《我们的八十天》《支援云健康》《夜空中最亮的星》等5部视频，创新开展"上康相伴、云过端午"线上直播，1200多人在线观看，营造暖人心、聚人心的氛围，先后号召7批次160余人进入"战斗状态"，报名参加疫情防控相关工作，积极动员"红色先锋"冲锋在云健康、社区志愿、临港方舱和吸入加强保障等急难险重第一线，让党建工作的"软实力"转化为项目建设、疫情防控、企业经营的"硬支撑"。

　　坚持党的领导、加强党的建设是企业的"根"和"魂"。"根"深则叶茂、"魂"聚则力强。上药康希诺聚焦学思想、强党性、重实践、建新功，奋力把习近平新时代中国特色社会主义思想转化为坚定理想、锤炼党性和指导实践、推动工作的强大力量！

（撰文：苏政和）

【案例七】

讲授高校"形势与政策"课的几点体会

同济大学党校　范灼华

一、"形势与政策"课的指导思想

"形势与政策"课是高校思想政治理论课的重要组成部分，是大学生的一门必修课，是对学生进行形势与政策教育的主渠道和主阵地，是思想政治素质教育的重要载体。

这门课程以马克思列宁主义、毛泽东思想、中国特色社会主义理论体系和习近平新时代中国特色社会主义思想为指导，以高校培养目标为依据，紧密结合国内外形势和学生的思想实际，进行系统的党的路线、方针和政策教育。

二、开设"形势与政策"课的目的

使学生的人生观、世界观、价值观更符合客观规律和科学规律的要求，更加坚定拥护党的路线、方针和政策，自觉运用理论指导实践，不断提高新时代坚持和发展中国特色社会主义的信心和能力。深刻领悟"两个确立"的决定性意义，增强"四个意识"、坚定"四个自信"、做到"两个维护"，自觉在思想上政治上行动上同以习近平同志为核心的党中央保持高度一致。把马克思主义中国化的最新成果，转化为推动实现"两个一百年"奋斗目标的强大动力，增强实现中华民族伟大复兴的信心。使学生在实现中华民族伟大复兴进程中，有坚定的立场、较强的分析和实践能力。

三、"形势与政策"课的任务

1.国际形势。通过实时的国际经济、政治、文化、军事，国家之间、各种国际组织之间关系等各方面基本知识的教育，帮助学生在学习好相关文化知识和专业知识的同时，理解"百年未有之大变局""构建人类命运共同体"的深刻含义，及时关注、了解我国重大外交政策，开阔视野、拓展思路，素质得到全面的发展。

2.国内形势。紧密联系党和国家事业发生的变革，紧密联系中国特色社会主义进入新时代的新实际，紧密联系我国社会主要矛盾的重大变化，紧密联系"两个一百年"奋斗目标和各项任务，认识党和国家面临的形势和任务，新时代大学生应承担的义务与责任。

四、"形势与政策"课的主要内容

1. 教学内容。不断丰富"形势与政策"课的教学内容，是深入贯彻习近平新时代中国特色社会主义思想，切实加强大学生思想政治教育工作的重要组成部分。"形势与政策"课的教学内容，可以分为基本形势和热点问题两个部分。

2. 基本形势。基本形势对于学生深入理解和把握基本理论，掌握形势分析的基本方法十分重要。人类社会是发展的，在一个时间段内，基本形势相对稳定，但是不排除会发生突发性事件，二者是对立统一的辩证关系。形势发展有其规律性和必然性，如当代世界格局、主要大国之间的关系、国内改革开放的总趋势等，把握好国际形势、国内形势中稳定和发展的辩证关系，同时又密切关注突发事件的发生，可以构成对基本形势的判断。

3. 热点问题。热点问题是形势发展变化中必然性与突发性的辩证统一。基本形势有时受突发性因素影响而发生突然性的较大变化，由这种变化引发的、产生一定程度影响的问题，我们称之为热点问题。这一部分内容也遵循形势发展变化的大趋势和总的变化规律，但由于时间的不确定性，在一段时期内有其自身的特点。

4. 基本形势和热点问题是对立统一关系。让学生深入理解和把握基本理论，掌握形势分析的基本方法十分重要。在一个时期内，形势的发展有其规律性和必然性，如当代世界格局、主要大国之间的关系、国内改革开放的总趋势等等，在一段时间乃至更长时期都是相对稳定的，但又有可能发生突发情况。在教学中对其必然性和规律性进行归纳，可以构成对基本形势判断的框架。

五、"形势与政策"课的主要教学方式

"形势与政策"课的教学方式，可以采取课程系统设计讲授与形势报告、专题讲座相结合，请进来与走出去相结合，课堂教学与课外讨论、交流相结合，集中教育与日常教育相结合，灌输教育与学生自我教育相结合的方式。主要方法有理论教育法、实践教育法、新闻分析法、案例教育法。主要途径包括课程建设和管理、报告会制度建设、开掘节日纪念日等教育资源、社会实践

活动和实践基地建设以及新媒体技术载体的运用和发展等。

形势政策教育的教学要守正创新，与时俱进，努力从国际与国内、历史与现实、理论与实践的综合视野出发，对马克思主义形势观和政策观、对形势政策教育问题进行系统的研究。

六、"形势与政策"课的意义

1. 社会意义。当今世界正处在"百年未有之大变局"中，全球治理体系发生深刻变化，国际格局和国际体系深刻调整，国际力量对比正在发生近代以来最具革命性的变革。

世界范围呈现出影响人类历史进程和趋向的重大态势，"世界向何处去""和平还是战争""发展还是衰退""开放还是封闭""合作还是对抗"是摆在我们面前的时代之问。以信息科学、信息技术、人工智能为主要内容的世界新技术革命正在形成新的高潮，世界正走向第四次工业革命、知识经济时代。经济社会的发展越来越依赖于知识和科学技术的发展，特别是依赖于高科技的发展和新知识的创造，世界各国抢占知识经济制高点的竞争日益激烈。这些都是形势与政策课研究和宣讲的课题。

面对这一切，当代大学生要充分认识到自己在民族复兴事业中的重要地位和作用，要在前人已经取得伟大成绩的基础上，承担起这个事业赋予自己的重任。勇于竞争，大胆创新，充分发挥生力军的作用，努力成为历史的开拓者、完成复兴大业的实干家，为世界科学技术的发展和中华民族的伟大复兴做出应有的贡献。

2. 个人意义。社会存在决定社会意识。社会历史的发展决定个人的发展，决定着可选择度，决定着成功的几率。形势是制定政策的依据，政策影响形势的发展，二者的关系是辩证的。因此，应学会认识和把握形势与政策的变化，要了解政策的原意，懂得灵活变通，守正创新。同时，还要顺应形势与政策的变化，发展自我，结合自己的优势，找准自己的发展目标，定准自己的发展方向，制定切实可行的方案，构建知识结构体系，拓展素质，不断提高个人能力，增强对形势与政策的敏锐洞察力和深刻理解力，顺应形势与政策的变化，培养超前的把握形势与政策的胆识，树立远大理想，努力奋斗，实现自我发展，为实现中国式现代化、中华民族伟大复兴事业作出自己的贡献。

七、高校形势政策课的资源可以为社会各行各业服务

当今世界飞速发展。随着世界的不断变化，社会上每天都发生着各种各样的新情况、新事物，对形势与政策的了解，成为社会广泛需求。社会各界都认识到，要跟上时代，与时俱进，在这方面，高校形势政策课的资源可以为社会各行各业服务。社会的大发展决定了每个单位和个人发展的环境，深刻地影响着社会各界。形势与政策左右我们的发展，对我们具有重要意义。与此同时，每个单位和个人应顺应形势与政策发展，找准自己的发展目标，结合自己的优势，定位自己的方向及发展地位，依据目标，制定切实可行的方案，努力奋斗，构建知识结构体系，拓展素质，不断提高能力，形成对形势与政策敏锐的洞察力和深刻的理解力，培养超前把握形势与政策的胆识，实现自我发展，树立

远大理想，坚定信念，振奋精神，努力学习，报效祖国，为实现"两个一百年"伟大目标而奋斗。

八、《形势政策教育学概论》编著的三大成果

1. **本书是新时代形势与政策教育开拓性、系统性研究的成果。**本书深刻地把握了形势与政策教育的创新性，用解惑针对性、教育引导综合性的功能特征，充分认识形势与政策教育的战略地位和价值，科学地阐述了形势与政策课程本质，不断适应新时代、适应学生、适应社会，理论联系实际，把道理讲深、讲透、讲活。在此基础上，统筹规范与发展，以师资队伍、教学方法等为重点，积极推进形势与政策课改革创新。通过改革探索与实践创新，切实提升形势形势与政策课的教学效果。

2. **本书是学习贯彻党的二十大精神，深入开展形势政策教育基础建设和规律性研究成果。**本书的研究成果对于全面贯彻落实党的二十大精神，对于推进新时代新征程的形势政策教育具有重要意义。

3. **本书是主题教育+大兴调查研究的成果。**2023年，主题教育+大兴调查研究工作全面展开，本书紧跟形势，对此课题作了研究，是主题教育+大兴调查研究的成果。

以上课题研究，为形势与政策教育展开了广阔的空间，形势与政策教育大有可为。

【案例八】

"六人谈"党课的创新探索与启示

上海市形势政策教育研究会　沈明达

"六人谈"党课是国有企业党组织及其负责人创新探索的一种互动式党课"新形式"，是为提升新时代国企党建针对性有效性而主动搭建的一座与青年心灵沟通的"新桥梁"，是适应当代青年自主意识强并渴望平等交流特点而创设的具有人文情怀的价值引领"新平台"。

随着2018年4月26日应中央组织部邀请赴京在全国"国有企业基层党支部书记示范培训班"上用45分钟的情景剧形式展演和介绍"六人谈"党课经验后，这一得到中组部和国资委充分肯定和推广的党课新探索成为影响广泛的全国党建品牌，在全国众多企事业单位和党政机关得到传播和借鉴。

2013年1月起，时任中交第三航务工程勘察设计院有限公司党委书记的我，主动创设了"六人谈"党课这一新形式。原则上每周一中午利用午休1小时与6位青年员工在本院九楼"阅览咖啡吧"里沟通交流，具体人员由公司团委协助随机分期安排，5年内先后与占全院青年96.19%的404位青年员工"面对面"恳谈互动。2018年4月26日，我率领"六人谈"团队专程从上海来到北京作汇报展演。我们三航院党委这一"六人谈"党课创新品牌，得到中组部和国资委有关领导的充分肯定和现场培训班成员的热烈欢迎与好评。

5年的创新探索，我深切体会到"六人谈"创建的虽然是党课的新形式新品牌，但本质上是在构建国企党组织及其负责人"面对面""小众化"联系、服务青年和开展"点对点"调查研究的"新载体"，是提升"针对性、开创性、操作性、有效性"高质量党建的"新探索"，是引领青年认清形势、把握方向、坚定信念跟党走的"新途径"。青年们欢迎这样的党课"新平台"，我也"乐此不疲"地愿意通过这个新平台，"走近青年，了解青年，引领青年，服务青年"，通过直接、直观、及时了解青年的所思所想所需，以便更好地服务、激励和引领青年。

青年"六人谈"党课的创新实践，对于面临百年未有之大变局的新形势下做好青年思想政治工作，对于新时代新征程路上开展好青年理想信念和形势政策教育，对于坚持不懈地用习近平新时代中国特色社会主义思想武装青年头脑，开展好有吸引力、感染力、有温度、有活力的党课和日常党建工作，具有重要而宝贵的感悟和启示。

感悟和启示之一：党建工作要适应新形势搭建新平台。"六人谈"是2013年1月起我主动搭建的一个与青年员工面对面沟通交流的平台。平时无论工作再忙，我都坚持抽出时间与青年"六人谈"，即使党委书记、董事长"一肩挑"之后工作更忙的情况下，"六人谈"也从不间断。默默探索近5年时间后，上海《宣传通讯》、解放日报《上观新闻》等主流媒体对此予以了宣传报道，由此产生了较为强烈的社会正面反响。中组部加以肯定和推广后，影响面辐射到全国。中国浦东干部学院等众多单位邀请展演和介绍。

沟通信息、交流思想、话题广泛、坦诚互动是"六人谈"平台的显著特点。这也许就是这种恳谈式平台受到青年欢迎的一个重要原因。每次恳谈时我都会因占用了大家的午休时间而表示歉意，但青年们都以饱满的情绪和愉悦的表情回应了我的歉意，他们常说："你是党委书记、董事长，工作这么忙，还主动抽出时间和我们青年'六人谈'，你不是也放弃了午休时间了吗？""我们能与书记这么近距离地交流与恳谈，好荣幸啊！"有的新员工说"我刚进单位不久就与书记'六人谈'了，我在大学里硕博连读10多年，连系的党总支书记都没有与我恳谈过，更不要说是校党委书记了，我们好珍惜'六人谈'啊！"多好的互动与理解！这成了我坚持"六人谈"的一个重要精神动力。

感悟和启示之二："六人谈"的思想性要寓于轻松感亲近感之中。每次与青年员工在"阅览咖啡吧"里的"六人谈"平台作交流，边品茶、边喝咖啡、边自由交谈，都是一个轻松愉悦的过程。不论是进单位10年以上的老员工，还是刚进单位不久的新员工，都能就各自的话题畅所欲言。不论是谈到企业、职业、人际、工作、生活、休闲，还是当今最热门的国内外形势和网络热点话题，都可以无拘无束、畅所欲言地探讨交流，往往都能形成符合时代正能量的共识，而且气氛常常是那么自然与热烈。记得党的十九大召开后不久，我与青年们聊起学习十九大的话题，从"通过什么渠道关注了解开幕式和十九大精神"，到"学了十九大精神最深的感受是什么，最大的收获是什么"，大家交谈得很热烈。我从如何理解和把握"新时代新思想新论断新征程新要求"，如何辩证思维"看形势、把方向、明任务、强信心"，如何回答好"新时代与青年的使命责任"角度与青年们交流，在轻松愉快的氛围中对青年进行了十九大精神的辅导和价值观引领，既体现了思想性，又不乏亲近感。这样的交流彼此都能有收益。

走近青年、了解青年是服务青年、引领青年的重要前提。"六人谈"是一个好平台，但这只是可供选择的平台和途径之一。只要党委书记、党支部书记、党务工作者有主动作为的使命感责任感，只要党政领导有深入青年服务青年引领青年的主观能动性，就可以创出更多的有本单位特色的"六人谈"或"六人谈"的升级版，就可以形式多样地走近青年了解青年服务青年引领青年。当然，走近只是第一步，要想真正进入青年的心灵深处，真正对青年产生激励和引领作用，没有对青年成长的殷殷关注之情，没有助人成才的真情实意投入，是难以做到的。有些事光有形似没有神似是难以达到预期效果的。

感悟和启示之三：**党委书记要以平和的心态与青年谈心交心。**要想使"六人谈"活动取得好的效果，关键是要让参加活动的青年员工想谈、敢谈、乐谈、畅谈，作为平台组织者召集者的党委书记或其他领导人员，则要以平和的心态真诚的态度多听、善问、恳谈、互动。只有这样，"六人谈"才能真正成为增进了解的平台，交流成长的平台，提出建议的平台，形成共识的平台，催人奋进的平台。

"六人谈"的一个鲜明特征就是大家一起"谈",而且主要是让参与恳谈活动的青年谈。让他们谈谈自己的经历学历,谈谈自己的工作感受和体会,谈谈自己的想法意见和建议,谈谈自己的所见所闻,谈谈自己希望了解的情况和想要探讨的热点。总之,是要让青年们主谈、多谈、善谈。为此,作为与青年沟通的党委书记或单位部门的领导者,应该学会倾听,乐于倾听,善于倾听,切忌居高临下、俯视傲慢、官气十足。现在单位里的青年员工越来越多,学历学位越来越高,在企业里发挥的作用也越来越大了。看到青年们的健康成长,我这位当年做过6年团委书记,担任30年党委书记以来一直分管青年工作的老团干,由衷地感到高兴。当代青年是有历史使命感和时代责任感的!"80后""90后""00后"同样是大有作为的!正如习近平总书记在党的二十大报告中所强调的"当代中国青年生逢其时,施展才干的舞台无比广阔,实现梦想的前景无比光明"。关键是全社会要关心青年信任青年,各级团组织要凝聚他们服务他们,各级党组织更要引领他们激励他们!

感悟和启示之四:新时代需要创设更多联系服务青年的"新平台"。随着党的二十大精神的深入学习贯彻,随着学习贯彻习近平新时代中国特色社会主义思想主题教育的深入开展和调查研究的务实推进,随着"以学铸魂、以学增智、以学正风、以学促干"的效果日益显现,越来越多的党员、干部尤其是党员领导干部会更加自觉地"不忘初心牢记使命",会更加主动地深入基层深入青年,关爱青年服务青年。但也要防止一哄而起、倾盆大雨、只求表面、不重实效。"六人谈"追求的是细水长流、和风细雨、民主和谐、常态长效。只有真心实意真情实感，才能真懂青年真有收获。作为国企党组织和党委书记，只要真正把青年放在心上，青年一定会把企业担在肩上！只要真正把青年引领好，青年一定会把事业成就好。

"六人谈"党课的创新意义不仅仅在于党课形式的创新，更在于高质量党建的探索与创新。"六人谈"搭建的是党委书记与青年谈心交流的平台，是党委书记开展互动式"党课"活动的平台，是党政负责人与青年沟通互动的平台，也是党组织直接听取青年意见建议的平台。虽然随着互联网"微时代"的到来，沟通青年的渠道日益"信息化""智能化"了，但面对面的谈心交流和思想政治工作是永远不可被取代的。从"六人谈"中使我更加直观地了解当代青年的所思所想，使我更加直接地听取了青年员工的所需所求，使我更加深切地感受到了青年们的朝气活力！从中我也向青年们学到了许多！"六人谈"搭建的其实也是密切党群干群关系、常态化开展调查研究的桥梁，应该成为长效机制并不断拓展完善。

联想到20世纪90年代我在担任三航局党委副书记期间，曾在上海全市首创了旨在提高党课规模效应和党课质量的"百人党课"并得到上级党组织的充分肯定，我深切体会到：党课的形式并不是一成不变的，创新应当"永远在路上"。如今我已将"六人谈"党课作为6种党课形式之一总结归纳进了我的新书《今天怎样讲好党课》之中，源于"六人谈"党课感悟的"用人文情怀温暖人"也成了我总结提炼的衡量党课质量的"五大功效"之一。

"强国建设、民族复兴"的伟大使命激励人心，"踔厉奋发、勇毅前行"的时代号角催人奋进。我觉得，作为肩负民族复兴重任的新时代党委书记、党政领导者、党务工作者，我们只要愿意倾听、注意倾听、乐于倾听，只要善于沟通、善于互动、善于引领，并努力寓思想性于畅谈之中，寓针对性于探讨之中，寓引导性于沟通之中，寓吸引力于轻松之中，青年"六人谈"党课所开创的党课创新之路、青年价值观引领之路、青年形势政策导航之路必将越走越宽广！

【案例九】

"上海高校思政课名师工作室"的创新与探索

上海杉达学院

2011年，上海民办党工委在上海杉达学院设立上海民办高校思政课名师工作室——游昀之工作室；2018年，上海市教委在上海杉达学院设立上海高校思政课名师工作室——游昀之工作室，成为上海民办高校首个思政课名师工作室。多年来，游昀之工作室努力提高站位、准确定位、守好本位，充分发挥在民办高校中的头雁作用，积极推动公办向民办高校资源引流，以及民办高校间抱团合作，从而推动民办高校思政课高质量发展。2022年，教育部主办的《中国高等教育》杂志第23期上刊登报道了游昀之工作室。

一、发挥纽带作用，充分集聚资源，促进民办高校思政课教育教学建设和发展

（一）推动高质量课程建设

1. 打造工作室团队，教学工作见成效。吸纳马克思主义学院中青年骨干教师作为名师工作室的成员，探索适应民办高校中青年教师能力提升的方式方法，并在实际工作中进行效果检验。带领团队取得了一系列成果，《思想道德与法治》《毛泽东思想和

中国特色社会主义理论体系概论》两门课程先后获批上海市一流本科课程，上海市高校思政"金课"等。团队成员中获上海市思政课教学大比武二等奖、上海市教学创新大赛一、二等奖，获优秀教学案例1个等一系列成绩。

2. **整合师资力量，共建思政课程。**工作室联动上海高校多个名师工作室及各民办高校马院或思政教学部门，策划并建设了多门思政课程：

（1）核心思政课程建设。2021年，学校试点开设《习近平新时代中国特色社会主义思想概论课程》，为确保首轮开课质量，工作室邀请了包括同济、华师大、东华等8所著名高校的9位专家进行授课，其中上海高校思政课名师工作室主持人共5位。为我校2022年秋季学期按照要求全面开设《习近平新时代中国特色社会主义思想概论课程》奠定了基础。

（2）形势政策课建设。配合马克思主义学院建设，根据《教育部关于加强新时代高校"形势与政策"课建设的若干意见》（教社科〔2018〕1号）对高校"形势与政策"课建设提出的具体要求，积极推动"形势与政策"课建设，多次邀请多位名师进校辅导、讲座，持续增强我校形势与政策教育的针对性和实效性，参与制定了既符合上级主管部门要求又符合校情学情的课程实施方案，充分发挥"形势与政策"课的育人功能。根据教育部和上海市教育委员会每学期下发的《高校"形势与政策"课教学要点》，结合大学生关注的热点问题和我校学生思想实际，制定"形势与政策"课的教学大纲和教学计划，努力加强任课教师集体备课，帮助大学生正确认识新时代国内外形势，以深入学习贯彻习近平新时代中国特色社会主义思想为核心，深入学习贯彻落实党的二十大、二十届二中全会精神，把强化制度自信教育作为主线，增强"四个意识"，坚定"四个自信"，做到"两个维护"，坚定前进信心，立大志、明大德、成大才、担大任，努力成长为堪当民族复兴重任的时代新人。

（3）思政线上共享选修课建设。工作室先后策划及牵头建设了《执政党与新中国》《中国共产党历史》《思想道德与法治》等线上共享课，邀请了包括交大、同济、东华等知名高校和建桥、天华、立达等民办高校的50位思政教师共同录制。全国各类选课院校包括哈尔滨工业大学、华东理工大学、贵州大学等累计达275所，累计选课人数达10.14万人。

（二）推动民办高校"大思政课"建设

1. 策划并参与"人民城市·上海"主题"大思政课"。2023年3月，我校获立上海市首批"大思政课"重点试验校。这标志着我校思政工作进入新阶段、走上新台阶。游昀之工作室全程参与了学校"大思政课"项目的策划申报和建设，积极对照教育部等十部门印发的《全面推进"大思政课"建设的工作方案》，以及上海市教委等十二个部门印发的《上海市"大思政课"建设综合改革试验区实施方案》，努力构建以"人民城市·上海"为主题主线的大思政课"知信行"系统，推动形成了完整的"大思政课"建设方案，谋划并开展了一系列工作，目前已有20多位社会各界专家学者进入我校"大思政课"师资队伍。

2. 开讲"脱贫攻坚 共赴小康"大思政课。早在2020年，游昀之工作室就与学校学生处、宣传处等共同合作，面向上海民办高校策划并开展了"时代·责任·使命——脱贫攻坚 共赴小康"的思政大课活动，现场气氛热烈，取得了良好的教育成效。获得上观、周到等多家网络媒体报道。

3. 红色纪念地的现场思政课。充分落实习近平总书记"大思政课，要善用之"的要求，策划和带领团队成员和学生赴上海新、老渔阳里，龙华烈士纪念馆等红色历史纪念地上现场思政课，同时于2023年暑期带领"大思政课"团队赴四川开展研学，先后在李庄抗战纪念馆、十二桥烈士陵园等革命历史遗迹留下了难忘的学习印记。

（三）组织开展形式多样的教研活动

1. 与马院协力开展学术研讨会。2021年，策划并召开上海民办高校"学决议 悟思想——党的十九届六中全会精神融入思政课研讨会"。2022年，召开长三角地区民办高校"党的二十大精神融入思政课研讨会"，本次会议集聚了中央马工程专家、上海高校思政课教指委专家、江浙沪皖民办高校思政课专家、教师共同研讨，取得良好成效，获得12家主要媒体的报道。

2023年，"3.18"座谈会召开四周年之际，游昀之工作室作为主要策划和承办单位之一，开展了全市民办高校《习近平新时代中国特色社会主义思想概论》课程的集体备课会，线上线下近百位民办高校思政课教师参加了会议。

2023年，先后作为主要承办单位，邀请大批名师专家召开了

"与人民城市同频共振 用大思政课铸魂育人"研讨会和用伟大建党精神引领民办高校"大思政课"建设研讨会两场全市范围的大型会议，并同时在《文汇报》发表"与人民城市同频共振，用大思政课铸魂育人"理论专版，成为上海民办高校首个在主流媒体发表理论专版的学校。学术研讨会获得了社会普遍关注，先后获得15家主流媒体报道。

2. 在民办高校广泛形成教学辐射与示范。民办高校青年教师居多，而民办高校的大学生又特别活跃，对于刚入职的思政课教师而言，教学的挑战和难度较大，因而，名师工作室积极帮助他们解决困难，游昀之曾多次受邀赴其他民办高校走进思政课堂做教学示范，课后还与青年教师就教学展开深入的研讨。此外，多次参加天华学院、立达学院、贤达学院、思博职业技术学院等校组织的教学研讨等活动。

3. 积极开展名师工作室之间的协作共建。游昀之工作室积极与上海多个名师工作室结对共建，工作室之间多次协作开展课程建设、教学研讨、学术交流活动。同时，还与多个名师工作室保持长期稳定的合作交流。

二、立足民办实际，坚持问题导向，积极开展民办高校思政课相关研究

（一）针对民办高校思政课教师队伍的研究

办好思政课，关键在教师。然而民办高校最大的痛点在"师资"。为了找到破解民办高校思政课师资队伍痛点的对策，带领

工作室团队跟踪研究民办高校思政课师资队伍达十年之久，以"上海民办高校思政课教师队伍策略体系研究"为题获批上海教育研究项目，期望能够为破解民办高校思政课教师职业困境，提出有价值的对策和建议，并力图在工作室开展工作的过程中有的放矢，帮助民办高校思政课教师拥有更多职业获得感。

（二）积极形成民办高校思政课教学成果

1. **教学成果奖。** 积极将多年来在教学方面思考及实践形成教学成果，2021年，作为主要完成人的成果"赋能强师 聚力育人——靶向破解民办高校思政课教师能力痛点的系统性实践"获批上海市教学成果一等奖，其中名师工作室的建设成果是非常重要的内容之一。2022年，基于名师工作室长期以来在民办高校积极开展协同联动的工作基础，联合上海建桥学院、上海师范大学天华学院共同申报并被上海市推荐参评国家级教学成果奖。

2. **发表理论文章。** 长期进行民办高校思政课教育教学研究，2022年7月，在《文汇报》理论版发表理论文章《打造民办高校思政金课》，从民办高校教学实际出发，论述了如何把思政课讲深、讲透、讲活。此外，还在《解放日报》上发表《坚持好、运用好新征程行动指南》等多篇文章，被光明网、《中国青年报》、学习强国等多家主要媒体全文转载。

（三）参与组织民办高校思政课师资培训

2018年以来，上海市民办党工委在上海杉达学院设立上海民办高校思政课教师研修基地，游昀之工作室积极参与每一期专题研修班的组织、策划和实施工作，通过名师工作室平台累计为研修班邀请百余人次专家开课，累计培训民办高校思政课教师2000人次。2022年12月，工作室作为承办单位之一推动华东师范大学与上海杉达学院合作举办2022年上海民办高校思政课教师研修班，共有来自上海13所民办高校的30余名思政课教师参加培训。

三、促进同向同行，破解"孤岛困境"，积极推动民办高校课程思政建设

（一）积极推进本校课程思政建设

2018年，我校开始推进课程思政建设，但是由于专业课教师早期对于课程思政建设理解上存在偏差，所以课程思政最初的推进工作并不是非常顺利。游昀之敏锐地感到这是民办高校破解思政课教师"孤岛困境"的重要机遇之一，因而率先在校内积极推动课程思政建设，以确定10门试点课程为突破口，克服了课程思政建设早期遇到的重重阻力，通过开展课程思政培训，推动工作室成员与专业课教师一对一结对，帮助专业课教师度过初始迷茫期。随着课程思政建设初见成效，越来越多的专业课教师自愿加入团队，工作室主持人数次在各学院开展课程思政讲座，多次组织开展课程思政交流研讨，帮助专业课教师拓展建设思路，形成教学设计方案。2020年，游昀之为主编，专业课教师和思政课教师共同编著的两部课程思政建设成果《专业育人教学设计精选集》《平面广告设计课程育人成果集》，由上海交大出版社公开出版，是民办高校最早的课程思政成果集。

这一系列扎实的建设工作推动上海杉达学院申报成功上海民

办高校唯一的课程思政领航学院。2022年，学校在此基础上又获批民办高校唯一的上海高校课程思政建设创新中心，2个示范团队，6门示范课程。

（二）广泛推动民办高校课程思政建设

多次赴贤达学院、立达学院、上海视觉艺术学院担任课程思政教学竞赛评委，参加课程思政研讨会，开展课程思政方面的讲座等等。为推动民办高校课程思政建设做出了一定贡献。

2021年，工作室作为主办单位之一，召开了上海民办高校课程思政建设研讨会，游昀之担任分会场主持人，会议不仅吸引了上海民办高校上百名专业课教师踊跃参加，而且通过线上线下会议，总参会人数达1500余人次，5家主要媒体进行了报道。2022年，学校获立上海市课程思政创新示范中心。

游昀之工作室成立以来，始终坚持立足民办高校思政课教育教学实际，明确建设定位，强协同、促共建、重辐射，充分发挥凝聚合力的纽带作用，广泛联动多所高校思政课名师工作室，积极推动从"独舞"到"领舞"的民办高校思政课师资队伍建设格局，努力成为民办高校思政课建设和发展的资源平台，形成了鲜明的建设特色。

（撰文：杉昀）

【案例十】

"南昌路的红色记忆"行走党课的教学探索与实践

中共上海医药（集团）有限公司委员会党校

引 子

习近平总书记多次强调"红色基因"的传承问题，他指出：要把红色资源利用好、把红色传统发扬好、把红色基因传承好。这是我们开展红色教育的重要遵循。2019年11月总书记在考察上海时特别强调，上海是我们党的诞生地，党成立后党中央机关长期驻扎上海。上海要把这些丰富的红色资源作为主题教育和形势政策教育的生动教材，引导广大党员、干部深入学习党史、新中国史、改革开放史，让初心薪火相传，把使命永担在肩，切实在实现"两个一百年"奋斗目标、实现中华民族伟大复兴的中国梦进程中奋勇争先、走在前列。

上海的红色资源具有鲜明的特色，建党初期的历史主要集中在上海发生，特别是上海的租界内（以法租界为多，主要是现在的黄浦区）。因此，对上海红色资源的进一步梳理和发掘，对了解和研究中国共产党的发端与成长有着极为重要的意义。为此，时任上海市委书记李强在给上海发展提出新要求时明确指出：在新时代坐标中坚定追求卓越的发展取向，着力构筑上海发展的战略优势，全力打响上海服务、上海制造、上海购物、上海文化四大品牌。其中，红色文化是上海打响"上海文化"品牌最重要的组成部分。上海作为中国共产党的诞生地和发源地，作为中国共产党梦想起航的地方，在深入挖掘中华优秀传统文化、继承革命文化、发展当代社会主义先进文化、讲好中国故事方面，有着得天独厚的文化资源和优势。

基于此，上海医药集团党校开始筹划并推出"南昌路的红色记忆"行走党课特色教育培训课程。

一、在"上海"讲述红色文化

红色文化在上海萌芽发展传播不是偶然的。20世纪初，便利的交通、发达的印刷业、频繁的国际交流，以及民族资产阶级和无产阶级的兴起，使上海成为思想舆论传播的重镇，各类思想学说争相登场、展开论战。陈独秀于1915年9月5日在上海创刊《青年杂志》月刊，从1916年9月1日第二卷第一号起，《青年杂志》更名为《新青年》，正是这份杂志的问世揭开了新文化运动的序幕，也成为五四运动的标志。当时，李达、李汉俊、陈望道、施存统等留学归国学生在上海开启了马克思主义的研究和宣传。1920年由陈望道翻译，陈独秀、李汉俊校译的《共产党宣言》在上海出版，上海成为当时宣传马克思主义的新中心。马克思主义知识分子作为一种桥梁，将马克思主义与工人运动结合了起来。综合人才、思想和阶级各种因素，上海成为中国共产党的创建地，奠定了上海在红色文化历史传承中的重要地位。

在建党百年之际，在开展党史学习教育过程中，上海医药集团党校充分依托周边红色资源，将红色旧址寻访作为党史学习教育的生动教材，探索把"点"连成"线"、形成"课"的教学模式，开发出"南昌路的红色记忆"行走党课，围绕党校所在的南昌路串联起行走党课线路，包括上海孙中山故居纪念馆、中国共产党发起组成立地（《新青年》编辑部）旧址、第一次国共合作国民党上海执行部旧址等建党前后的重要旧址遗迹，在讲述马克思主义在上海传播以及那时的建党往事的同时，让党员、干部在行走中寻访红色旧址、聆听红色故事、感悟初心使命，理解中国革命的复杂性，理解中国共产党诞生的必然性，以及中国革命道路经历曲折转变的特殊性。

二、以"行走"见证百年党史

行走党课"南昌路的红色记忆"从大历史的角度建构整体历史观，回顾百年党史的关键时刻。中国共产党在孙中山领导的资产阶级民主革命缺乏实效的关键阶段诞生和崛起，第一次国共合作虽然解决了联合革命力量、扩展政治舞台的问题，但面对国共合作中的种种问题，"年轻"的中国共产党开始关注并重视起（中共四大后）革命的领导权问题。行走党课穿越时空，所展现的那个年代正是中国寻求正确革命道路的年代，也是全阶层、全社会、全民族所共同经历的"觉醒年代"。

（一）共和之证：上海孙中山故居纪念馆

上海孙中山故居纪念馆位于上海香山路7号，这条小路上矗立的一幢小洋房，就是孙中山在上海最后的住所。孙中山和夫人宋庆龄于1918年入住于此，1925年3月孙中山逝世后，宋庆龄继续在此居住至1937年。抗日战争爆发后，宋庆龄移居香港、重庆，1945年底作为孙中山的永久纪念地。

孙中山在这里的居住可分为两个主要时段，即1918年6月26日至1920年11月25日，1922年8月14日至1923年2月15日；北上时，又在此小住了4日，即1924年11月17日至21日。他两次从广州来沪居住于此，又两次离沪去广州建政。更重要的是，他在这幢寓所中，最终完成了他的思想理论著作——《孙文学说》与《实业计划》，前者是后者的哲学基础，后者是前者的物质理想。此外，他还在这里促成了第一次国共合作，虽然和他的大多政治活动一样，以失败告终，但孙中山旨在实现民权与民生的共和思想，推动古老中国现代转型的理念，却终于深入人心，绵延至今。仅此一项之成功，便足以成就香山路寓所历史之厚重。

（二）初心始发：中国共产党发起组成立地旧址

中国共产党发起组成立地旧址位于南昌路100弄2号（老渔阳里2号），这里是宣传马克思主义的主阵地——《新青年》编辑部旧址，以陈独秀为代表的先进知识分子在这里出版刊物，翻译马克思主义著作，推动了马克思主义在全国范围内的传播。

这里也是中国共产党第一个早期组织的诞生地，由此推动了各地共产党早期组织的建立。1920年6月，陈独秀、李汉俊、俞秀松、施存统、陈公培5人在环龙路老渔阳里（今南昌路100弄）2号陈独秀寓所开会，决定成立共产党，明确建立的是共产主义的政党，初步定名为社会共产党。8月，陈独秀写信给李大钊，征求对于党的名称的意见，李大钊建议定名为"共产党"，陈独秀表示同意，于是不再称"社会党"或"社会共产党"。初建的组织，不是上海地方性的党组织，而是中国共产党发起组（简称中共发起组）。这里更是中国共产党第一次全国代表大会的发起地，在中国共产党的创建过程中，上海共产党早期组织实际上起着中国共产党发起组的作用。中共一大之后的一年多时间里，这里作为中共中央局机关，是当时中国共产主义运动的中心。

这里还是毛泽东初心始发之地，在这里他与陈独秀谈理想、聊信仰，最终转变成为一个马克思主义者。1920年5月，毛泽东到达上海，住在哈同路民厚南里29号。就是这次上海之行，成为毛泽东彻底转型为马克思主义者的转折点。5月初到7月初的2个月里，毛泽东频繁造访陈独秀及其《新青年》杂志社，与陈独秀讨论他读过的马克思主义著作以及组织湖南改造促进会的计划。毛泽东后来说，"陈独秀谈他自己信仰的那些话，在我一生中可能是关键性的，这个时期，给我留下了深刻的印象"，"他对我的影响也许超过其他任何人"，又说，"我一旦接受了马克思主义是对历史的正确解释以后，我对马克思主义的信仰就没有动摇过……到了1920年夏天，在理论上，而且在某种程度的行动上，我已成为一个马克思主义者了，并且从此我也认为自己是一个马克思主义者了"。

（三）道路求索：第一次国共合作时期国民党上海执行部旧址

第一次国共合作时期国民党上海执行部旧址位于南昌路180号，是一排坐北朝南三幢砖木结构西式楼房。

1923年的中共三大提出了"党内合作"的国共合作方式，解决了联合革命力量、扩展政治舞台的问题。次年1月，中国国民党第一次全国代表大会在广州举行。大会对三民主义作出新的解释，在事实上确立了联俄、联共、扶助农工的三大革命政策。大会选举共产党员李大钊、谭平山、毛泽东等10人担任国民党中央执委或候补执委，约占委员总数1/4。第一次国共合作正式形成。

1924年3月1日，国民党上海执行部在上海法租界环龙路44号（今南昌路180号）正式办公，统辖苏、浙、皖、赣四省和上海的党务。然而看似"友好合作"的开始，实则暗流涌动。而此时，历经3年多的艰辛探索，中共仍只是一个党员人数不足千人、政治经验相对缺乏的小党。中国的革命环境虽然推动实现了国共合作，但在联合战线中共产党仍是相对弱势一方，在合作中占主导权的仍是国民党；同时，随着共产党人在国共合作中逐渐扮演起重要角色后，统一战线内部的矛盾和分歧也不断扩大。

面对合作中的种种问题，年轻的"中共"又一次陷入了沉思：在坚持和发展国共合作统一战线的前提下，党又如何在各方势力的博弈中争取更多的话语权？面对国民党右派对革命领导权的争夺，党如何以正确的姿态予以有力回击？面对瞬息万变的革命形势，党如何加强对日益高涨的工农群众运动的领导？而对这些问题解答，在中共四大上逐一展开且趋于明朗。

三、用"感悟"赓续精神血脉

百年中国看上海。上海是中国近现代史的"缩影"，它承载着岁月沧桑，它见证了风云变幻。在它的历史肌理中，流淌着红色血脉，浸润着红色基因，积淀着红色底蕴。红色无疑是它的底色。作为党的诞生地和初心始发地，上海有着丰富的红色资源。闹市区的不少马路是上海红色文化的重要载体。其中，南昌路是这条历史文脉的起点。

漫步于南昌路，聆听着娓娓道来的革命往事，细数着发生在这条路上的人物故事和历史事件。当温暖的阳光透过法国梧桐洒在百年的法式洋楼和公寓上，你仿佛也穿越历史，身临其境地感知到历史真实的心跳。当看似零散的历史细节串联起来时，你会惊奇地发现，历史的走向绝非偶然，在偶然中蕴藏着必然。这里孕育出中国共产党第一个早期组织；这里孕育出毛泽东等一大批坚定的马克思主义者；这里孕育出关于中国革命的正确道路抉择，这些都是历史的必然。

（一）传承红色基因——以党史故事唤起初心使命

行走党课着重突显党建初期的革命者在上海的革命足迹与理想追求，从而感悟伟大人物为民族独立、人民幸福而奋斗的心路历程。"老渔阳里2号"是毛泽东初心始发地，在这里他"在理论上并且在某种程度的行动上，成为了一个马克思主义者"。"上海执行部"是毛泽东投入极大革命热情的地方，在这里他真正弄清了中国革命成功的根本动力。"大同幼稚园"是他三个孩子曾居住过的地方，父子四人虽身在两地，但却都共克时艰、为革命付出牺牲。这就是南昌路记录着的党史故事，这里有毛泽东等革命者曾经的足迹，也有他们辛酸的牵挂，这一切都是对共产党人初心使命的集中体现。

（二）赓续奋斗精神——以党课教学激发新时代豪情

行走党课的参训学员有来自国企的党组织书记和普通党员；也有来自街道的党务工作者和在校学生。他们有的分享说："行走过程中，每到一处，我们都认认真真地看、仔仔细细地听，不断从红色记忆中寻找党的历史足迹，感受革命先辈们无私奉献、追求真理、舍生忘死、砥砺前行的革命情怀。"有的评价道："近2公里的行走党课，把党课讲台搬到红色现场，让我们更加深刻体会上海这座城市的红色基因。这样的党课有意义、有新意。""南昌路的红色记忆"行走党课自开设以来，从内容到形式都受到了学员们的一致好评。

（三）延续红色体验——以文创产品丰富学员感知

为丰富学员对红色基因的"全方位"感知，通过行走党课不仅能让他们听得到、看得到红色历史，更能触得到、感受得到红色文化，党校设计并制作了"南昌路的红色记忆"行走党课系列周边文创产品。整套文创纪念礼盒以中国共产党发起组成立地（《新青年》编辑部）旧址的石库门为原型，刻画了第一缕阳光从东方升起缓缓映照在门楣之上的画面，寓意着这里是第一个中国共产党早期组织的诞生地。打开盒子后，映入眼帘的是以《新青年》杂志第八卷第一号为背景的会客厅，其中所出现的陈独秀、李达、俞秀松、毛泽东等人物先后与这里发生了密切联系，人物画的背面是"南昌路的红色记忆"行走党课手绘地图，文创产品还包括"不忘初心"书签、学员学习笔记、建党100周年U盘以及带有微缩版手绘地图的水笔。

（四）成果魅力初显——彰显行走党课影响力

"南昌路的红色记忆"行走党课作为上海市国资委"万名书记进党校"现场教学品牌课程已开展近百场、服务50余家单位、4000余名学员，获得《解放日报》、"上观新闻"等主流媒体的关注和持续报道，2021年9月参加上海市委组织部举办的"党课开讲啦"优秀党课展演活动，先后入选"先锋上海"、基层党建网等平台展播课程、人民日报《民生周刊》和中共中央党校共同发起"献礼建党百年"基层党建优秀案例集。

结　语

历史研究尤其是党史研究，有其更实际的功能——资政育人。而资政育人最有效的方式在于依托物质载体激发人的感性认识，从而产生并强化相应的价值观。南昌路上的红色旧址就是历史的、天然的红色文化的物质载体。身处这里，可以极大地激发学员内心深处的历史感来，这就是上海医药集团党校开发"行走党课"的初衷所在。

在党史学习教育过程中，探索把"点"连成"线"、形成"课"的教学新模式，将党校周围丰富的红色资源作为党史学习教育的生动教材，让学员在行走中寻访红色旧址，感受中国共产党初创时的艰辛与不易，在行走中传承红色基因，进一步筑牢理想信念根基。

在党员干部教育培训中，通过推出"行走党课"，从鲜活生动的红色故事中，使党员、干部领悟中国共产党为什么能、马克思主义为什么行、中国特色社会主义为什么好的深刻道理，弄清其中的历史逻辑、理论逻辑、实践逻辑，引导广大党员、干部"不忘初心、牢记使命"，真正做到学史明理、学史增信、学史崇德、学史力行。

作为党的诞生地和初心始发地，上海这座城市众多的红色旧址和密集的红色地标及其背后所蕴含的生动红色故事，其本身正成为最鲜活的党史教材。

（撰文：王豪斌）

【案例十一】

形势政策教育"三个落脚"见成效

上海柴油机股份有限公司

上海柴油机股份有限公司始建于1947年，是一家专注柴油机研发制造的国有企业。1993年改制为在境内外发行A、B股的国有控股公司，现隶属于上汽集团，主要从事发动机、零部件以及发电机组研发和制造。党委目前下设8个党总支，34个党支部，党员共604名，占从业人员总数的30%，实现党组织和党员在企业组织架构内的全覆盖。

近年来，公司党委着力通过形势政策教育引导领导干部、党员群众以"等不起、慢不得、坐不住"的紧迫感、责任感对待学习和工作，保证领导班子"高举旗子、走对方向"，党员干部"勤换脑子、创新实践"，职工群众"跟上步子、适应变革"，用科学理论之"矢"，射企业发展之"的"，使企业在良性循环中实现转型发展，向建设百年上柴的目标持续奋进。

一、落脚在企业战略地图里

在公司确定的经营工作战略地图里，公司党委找准党建发力点，以形势任务教育为抓手，在企业的成长发展过程中发挥党组织作用，力争把党建优势转化为企业竞争优势。

1. 确定企业愿景、使命和价值观。公司党委建立企业文化建设组织架构，根据企业发展规划，启动"企业新愿景、使命和价值观"的确立工作，从核心理念的形成与共识、形象识别设计和传播、制度机制优化等三个层面重塑企业文化。首先，召开"众筹智慧、共谋发展"企业文化建设专题研讨会，邀请公司管理干部和各业务条线骨干代表，分别采用"团队共创"和"世界咖啡"等形式讨论公司愿景、使命、价值观，以形成初稿。其次，通过领导单独访谈、业务骨干专题研讨、党团条线共议以及微信平台线上线下海选等方式，制定完成新愿景、使命、价值观。在此基础上，公司干部大会全新发布新愿景、使命和价值观，并通过文化上墙、宣传招贴、部门经理宣贯、班组"文化三分钟"学习、文化故事、文化案例、拍摄"心动未来"文化片等，深入宣传新的理念，统一员工思想认识，形成共同奋斗行动。

2. 推动企业人才高地建设。人才是最先进的生产力，是企业最核心的竞争力。公司党委从领导班子抓起，持续加大人才培养力度。一是加强领导干部中心组学习。公司成立党委和党总支理论学习两级中心组，采取集体学习与自学研究相结合、主题发言和互动交流相结合等多种形式，进行集体学习研讨、专家辅导、联组学习、专题调研、实地考察、个人自学等，确保每月组织一次集中学习。同时通过"干部下基层宣讲""党委委员作为编外委员在定点党支部学习辅导""每季与职工面对面沟通会"等，与员工共同学习、共同提高。二是加快后备干部培养步伐。建立领导力评价模型，通过"启航班、进取班、领航班"三个进阶式领导力培训项目的实施，助推后备人才成长；通过集团内、企业内挂职锻炼、岗位见习、轮岗交流、助理学习等，给后备干部赋重任、压担子，在实践中增长才干，尽快适应企业发展需要。三是加大核心骨干培育力度。公司制定三年培养计划，进行校企合作、脱产培训、行业技术交流、联办进修班等，花力气、下功夫深层次培养属于企业自身发展需要的岗位人才，把核心骨干培养成新能源、新智造、业务管理、产品质量、企业党建等各岗位上的业务专家、行业尖子、领军人物，在各自的业务领域中发挥带头作用，引领职工群众朝着企业的目标共同奋进。

3. 建好高素质的员工队伍。从企业长远发展需要出发，把员工队伍建设成能打硬仗、善打硬仗的坚强团队。一是每年组织万名党员进党校培训。党支部书记进党校培训，学理论、学精神、学操作、学经验，努力提升专兼职党务工作人员谋划和落实党建工作的能力水平。党员进党校培训，了解时事形势、上级要求、企业任务，把思想意志统一到企业的生产经营和未来发展上来。二是开展多样培训促进员工发展。组织专题业务培训，围绕质量、生产、营销开展质量管控、测量系统分析、六西格玛专题、精益生产、工业大数据、团建拓展等培训，邀请外部专家进行系统方法指导与问题诊断式能力培育等，打造高素质企业管理团队。组织员工岗位能力提升，开展多岗位技能培训、"拜师学艺，岗位成才"师徒结对带教，开办女工周末学校，多途径、多方法促进员工岗位技能提升，满足企业生产发展需要。

二、落脚在公司业务链上

企业面对新时代各种新技术、新理念、新方法层出不穷的形势，加快转型发展迫在眉睫，通过形势任务教育提升企业战斗力，不断推动企业实现产品突破、技术突破、业务突破。

1. **开展党支部联建共建。**在企业内，公司党委从组织层面打通系统瓶颈，把支部建在"内部客户链"上，以"问题导向"为切入点，通过党支部之间的交流会、现场会，共同制定解决问题方案措施，齐心协力攻克难关；通过党支部之间的相互结对、联合活动促进经验分享、资源共享、能力提升，为企业发展增能提效。在企业外，公司党委利用社会资源，鼓励党总支、党支部纷纷走出企业，开展与整车企业、业内业外相关单位、客户供应链、社区地方等党组织的结对共建活动，拓市场、学经验、开眼界，学习他们的成功做法，了解企业外的先进经验，在建强支部、增进友谊的同时，为企业的发展添把火、助把力。

2. **构建企业文化建设符号。**公司设计有形的文化符号——标志性的文化活动，推动企业文化建设，在潜移默化中引导干部员工深入践行生产经营理念、价值观念和行为规范。一是每月举行一次"四点下午茶"沟通交流。从2020年5月开始，公司在员工活动中心——动力源搭建公司领导与基层员工面对面的沟通平台"四点下午茶"，利用每月下旬某个工作日的下午4点，领导干部与普通员工敞开胸怀，分享业务知识、交流学习心得、讨论热点话题等，围绕业务拓展、企业发展达成思想共识，形成共同奋斗的合力。二是每年4月举办动力文化周。从2019年开始，每年4月举办动力文化周。文化周以"承压奋进、使命必达""我奋斗、我幸福"等为主题，通过发布总经理动员令、部门使命；发放目标任务书、共创文化墙、厂史知识问答；播放员工"高光时刻"短片等活动，营造共同努力、共同奋斗的工作氛围，实现夺高产、创新高，超额完成各部门每月目标任务。三是每年八月举办读书节。围绕业务创新、大数据、智能网联化、新能源化、产品标准化、产品平台化等，开设"智享论坛"，进行"新四化"序列无人驾驶、互联网思维、未来汽车中的智能网联技术、人工智能在汽车行业的应用、混合动力技术、新产品知识等系列技术讲座，让员工们了解行业趋势和前沿技术，更好适应未来发展。

3. 组织破解难题专题研修。公司党委组织党总支、党支部两级书记，从研究探索到剖析问题，再到谋划对策，不断探索破解企业发展难题的规律。一是举办党建研修班。每年上半年、下半年举办两期党建工作研修班，围绕"人本、制造、创新、服务、环境、品质"等方面，发挥党支部书记作用，策划设计"书香门第，学习强企""遇见智能制造""品质铸造未来"等党建主题活动，融入企业生产经营，在推动业务工作中凸显党员先锋模范作用。二是开展党建课题研究。聚焦"两服务一加强"和"发展瓶颈"，激发党组织创造力，通过科学的调查研究，发现和解决企业面临的问题、难点、痛点，建立党建创新课题，制订针对性的整改计划和措施，形成工作机制、制度流程和管理办法等，寻求解决问题最佳方案，并推动研修成果转化，直接用于指导基层工作实践，有效服务企业生产经营。

三、落脚在员工满意工作中

公司党委每年9月组织全员参加上汽集团员工满意度调研，

根据"员工满意综合指数""党建满意综合指数"两个主要评价指标，从"员工维度、组织维度、文化维度、党建工作维度"四方面，多角度、全方位分析员工满意情况，以问题导向制定整改方案，形成PDCA的问题解决方法。

1. **赋能员工促进自身发展**。科技进步推动知识更新换代加速，员工从自身发展出发，提出更多成长需求。公司坚持奋斗目标的引导，在员工共创"新四化"发展战略、"十四五"发展目标中，将个人发展与企业发展紧密结合。坚持开展全员"比技能、比效率、比贡献"专项立功竞赛，连续35年举办青年员工奥林匹克技能竞赛，在竞技中员工得到锻炼进步。坚持营造创新氛围培育创新能力，组织创新专题会议、创新项目技术交流、金点子项目表彰等多种活动，让员工成为"淘金客"，在实践中积累经验、增长知识。坚持办好廉政教室、读书协会、班组学习会、青年辩论赛、兴趣爱好者沙龙、管理会谈、头脑风暴等，员工参与不同的团队学习，提出不同的看法，寻求不同的意见，引发新的思想火花，形成更具洞察力的向上发展共识。

2. **搭建平台推动线上教育**。网络发展促进员工更多地喜欢在线上学习交流。公司积极打造在线服务平台，设立"上柴家园""上柴市场""上柴青年"等微信，分层分类不间断推出企业各类信息，让员工在第一时间掌握企业发展现状，参与企业发展建设。设置专属内部员工的"企业微信"系统平台，赋予平台更多的便捷功能，如员工信息公告、公司通知、E-TIME、打卡、工资查询等子系统，建设企业网上在线服务"社区"，实现员工在线学习教育查询。建立在线"动力魔学院""项目知识库""悦读购书平台",通过上线教育学习课程;梳理知识维度、部门门户需求、流程文档;开放买书看书渠道等,实现知识在线,便捷员工知识共享,形成"分享零门槛,学习零距离"的良好企业氛围。

3. 选树典型展示员工风采。围绕公司生产经营形势,公司党委每季深入挖掘在技术开发、市场营销、严格管理、夺取高产、抢修设备、严控质量、高效采购、辅助服务等方面的典型事例、感人故事,形成"季度故事汇",展现员工良好精神面貌。利用展板展出、荣誉榜上墙、电脑屏保展示、电子屏推送等,在3月重点宣传女工中的"三八"红旗手,5月宣传团员青年的"十佳青年""优秀团员",7月宣传"优秀党员""优秀示范岗",年底评选公司"十佳好事""优秀员工",在职代会上进行表彰,不断营造公司员工积极践行企业核心价值观的浓厚氛围。同时运用新媒体技术,拍摄劳模、技能大师、岗位明星、奋斗者、技术能手等微电影、短视频,放大图像视角、发散辐射效应,让更多的普通职工"上镜头、当主角"。

在激烈的市场竞争中,上柴公司把形势任务教育作为企业创新驱动、转型发展的战略任务来落实,推动全员时时学、处处学、终身学,筑牢思想之"魂"、提升创新之"能"、凝聚发展之"力",实现从"传统型"向"智慧型"转变,从"零部件"到"整车业"突破,在"十四五"发展道路上矢志前行。

(撰文:李国才、徐璟)

【案例十二】

党建引领创品牌 职业生涯双导航

中交第三航务工程勘察设计院有限公司

一、"职业生涯双导航"建设背景

三航院是中国交通建设股份有限公司的全资子公司，是一家集工程策划咨询、规划、勘察、设计、项目管理、工程监理、工程建造、总承包、项目系统集成、运营维护、投资等于一体的综合性技术服务公司。现有职工984人，其中35岁以下青年424人。青年中大多为工程技术人员，其中本科学历占44%，硕士及以上学历占55%。

2002年，上海团市委在全市15家单位试点青年职业生涯导航活动，探索人才培养新模式。三航院作为第一批试点单位，从2002年开始率先全面开展该活动，结合国有科技型企业特点和形势政策教育，开创了青年"职业生涯双导航"的党建品牌，致力于加快青年人才的全面成长，培养高素质人才队伍。

二、"职业生涯双导航"含义及原则

三航院的青年人才是国家和企业发展的宝贵财富，具有学历高、能力强、专业分散的特点，期待成才、成功。企业需要新员工历练成长、尽早担当重任，更负有把青年员工培养成为有社会责任感、符合社会主义核心价值观要求的政治责任。基于以上认知，公司党委定向把关，明确提出了职业生涯导航以思想政治素质和业务技能素质"双导航"为总体原则。公司团委根据党委的要求，在实践中注重把青年个人成长需求与企业发展需求紧密结合起来，满足青年成长的迫切愿望，使企业获取源源不断的创新发展动力。三航院的理念和做法得到上海团市委的充分肯定与推广。

三、二十年"双导航"的创新探索与成效

（一）把握"双导航"原则，完善青年人才培养机制

1. 完善活动机制。成立了由党委书记任组长，党委副书记、工会主席、总工任副组长，各部门负责人和各党总支（支部）书记、团委书记任委员的推进小组，形成党委领导、行政支持、推进小组指导、团组织操作的运行机制。将双导航活动纳入公司发展规划，打通青年人才库和干部人才库，确定其战略地位。以3年为一周期，每个周期内健全启动规划、过程指导、中期检查、及时纠偏、期末总结的工作机制，全过程跟踪掌握青年成长情况。及时跟进青年发展需求，每一个周期过程中都会进行调查研究，形成2-3份调研报告，并根据调研结果调整改进新一轮方案。

2. 确立培养目标。根据建设"国内一流、国际知名"的国际化工程咨询公司的战略目标，坚持面向全公司35周岁以下青年开展导航活动，建立健全自我激励与组织培养相结合的人才培养工作机制，全面提升青年职工的综合素质。

3. 科学考核评价。将入库青年按照其特点和发展方向分为不

同的层次，有针对性地对不同层次的青年提出不同的考核要求。三航院团委负责考核管理工作，力求公平、客观，确保考核贴近实际，正确引导青年人才努力方向。

（二）完善"双导航"具体措施，着力培养优秀青年人才

1. 以主题教育为载体，加强思想政治导航

自2001年以来，三航院团委每年4-10月在青年中开展主题教育。通过开展形势政策和理想信念教育、集中学习、团委委员讲授专题团课、青年团体和个人先进选树、优秀青年与团员座谈会、荐书读书、征文比赛、演讲比赛、知识竞赛、助学共建、爱心结对、志愿帮困、各类文娱体育等活动，有效引领和帮助青年以正确的价值取向，促进职业生涯健康发展。

公司开展了党委书记与青年"六人谈'党课活动。2013年1月起，公司党委书记坚持利用午休一小时，每次与六位青年恳谈，具体人员由公司团委安排。"六人谈"党课架设了党委主要领导与青年谈心交流的有益桥梁，适应了当代青年自主意识强、渴望平等交流沟通的特点，为党建和思想政治工作的创新进行了探索。这项活动多次在主流媒体宣传报道并得到中央组织部的肯定和推广，登上了中组部、国务院国资委联合举办的"国有企业基层党组织书记示范培训班"及中国浦东干部学院"情景展演"的讲台。

2022年，三航院开始实施青年精神素养提升工程。青年们深入贯彻落实习近平新时代中国特色社会主义思想，学好初心"思政课"，上好先辈"传承课"，讲好对标"讨论课"，练好担当

"实践课"，在思想上得到深刻淬炼，更加拥戴领袖、维护核心；在作风上得到有力锤炼，传承了先进精神和光荣传统，激发了为企业发展奋斗的内生动力；在精神上得到洗礼升华，对标先辈比奋斗找到了差距，有效抵御了"躺平、佛系"思想，增强了使命担当；在工作上得到强力推进，在岗位建功中增长了本领、创造了价值。

2. 以技术练兵活动为抓手，加强业务技能"导航"

创新技术练兵平台。团委每年主办勘察设计汇报比赛、科技论文征集、英语演讲技能比赛、工匠杯技能系列竞赛，为青年搭建施展才能的广阔舞台。通过比赛，使青年的汇报能力、科研实力、英语水平、试验操作技能得到锻炼提高。

拓宽育人渠道。三航院依托国内外重大工程建设平台，给青年压担子，选派青年参加各类锻炼、进修，人力资源部开设"项目负责人培训班""中青年骨干高级研修班"，组建研究中心和创建劳模创新工作室，为创新提供良好环境。

完善人才培养制度。制定实施了导师制、实习制、学分制等全方位培养考核制度。三航院给新入职员工配备一位德才兼备的导师，进行为期两年的带教，使老专家的才智和经验得以传承，使良好的职业道德和敬业精神得到弘扬，促进青年成长。升级版导师带教对象是"导航人才库"中优秀青年以及导航优秀出库青年，导师则为三航院中层干部或公司级总工。这样，一个优秀、上进的青年在入职的两年时间里由导师"扶上马"，两年后可进入"导航人才库"在合适的职业方向上被"送一程"，表现优秀的青年还可以有更高层级的导师"送上一程又一程",人才培养全流程无缝衔接。

(三)"双导航"久久为功成效日显

导航活动始终坚持对青年思想政治素质和业务技能素质实施"双导航",全面提高了广大青年的整体素质和综合能力。20多年间,导航活动培养了一大批靠得住、能干事、在状态、善合作的优秀人才。截至目前,三航院70后的主任级和中层领导干部中有90%以上均曾参加过青年职业生涯导航。其中还涌现出中央企业青年岗位能手、上海市青年岗位能手、中国施工企业管理协会青年创新拔尖人才等大量优秀人才。在诸如从总体设计到顺利建成的"上海国际航运中心洋山深水港"这一"世界级集装箱第一大港"等诸多实践的大舞台上充分彰显和检验了导航活动的积极成效。

20多年"双导航"的有力推进让党建带团建、党的人才培养工作找到了做实做细做强的有力抓手,员工素质普遍提升,企业竞争力不断加强。在公司党委的引领下,青年职业生涯导航已成为党管人才助人成才和三航院青年人才培养的有力抓手。在新时代新征程路上,"双导航"需要在"三个进一步"下功夫见成效:**一是要在进一步满足公司新领域人才需求上下功夫。二是要在进一步满足青年个性化发展需求上下功夫。三是要在进一步完善导航激励机制,提高青年积极性和获得感上下功夫。**

(撰文:陈佳莹、钱霖、陆菁妍、王玉龙、陈浙沪、宁赫)

【案例十三】

互联网+智慧党建
加快推动党建工作数字化转型

上海核工程研究设计院股份有限公司

一、构建智慧党建的主要思路与实践路径

数字化、智能化、现代化已成为党建工作的新要求。近年来，上海核工院党委在全面梳理新时期党建工作的根本职责和核心任务的基础上，充分应用互联网、智能化技术，建立了"互联网+智慧党建"的创新学习形式。

（一）主要思路

针对基层党建工作痛点，2018年起，公司开始在基层党支部中探索尝试基于互联网搭建"党员互动学习平台"，让党员们能够足不出户就可以沉浸式地体验到生动的党课教育，让出差的党员也可以随时随地通过手机或电脑端参与学习，用移动互联网点亮党组织生活现场互动、让每个人融入分享收获。2022年上海核工院党员优化升级"红色数字家园"——打造数字化党性教育基地，沿袭公司"互联网+智慧党建"基因，将实体党建阵地和红色资源、数字化深度结合，应用VR沉浸式学习、AR互动体验，突破传统党员教育手段的时空限制，让更多共产党员足不出户，身临其境接受党性教育洗礼。

（二）实现路径

1. 互联网+智慧党建互动学习——推动主题党日"五化"管理。依托"智慧党建互动学习平台"。党支部固定每个月最后一周周三为"主题党日"，推行工程化、项目化、数字化、信息化、模块化的"主题党日五化"举措，打造"互联网+"主题党日新模式，与互联网+创新训练营、互联网+宣传的思路一脉相承、相互依托。同时，党支部还制订了一套完整、详细的主题党日标准化流程，实行线上线下学习相结合的学习模式，使党员同志们爱上学习，出差在外的党员也可以随时随地通过手机、电脑端方便地进行学习。

在此基础上，党支部做好知识管理，通过微信公众号"主题党日"专栏、支部管理共享文件夹等载体建立完善党支部制度体系、流程体系、对标体系，实现标准化升级和共享，提高党建工作的效率和质量。每月的主题党日由支部内各位党员主动报名担任策划和主持，设置"重温入党誓词、政治生日祝福、时代的声音、榜样的力量、党员微讲堂、好书分享会"多个标准化模块，内容紧扣时代主题。邀请支部内党员带领大家学习党的理论知识和最新精神，向各位党员分享好书、好事，为每位党员提供交流分享的机会。党支部设立了线上的党性修养训练营，定期组织小测试，当场发布成绩，检验党员的学习成果，形成党支部学习的"闭环"。党支部组织全体党员"走出去"组织党建活动，提升主题党日的多样性，拓宽党员视野，真正实现主题党日"五个转变"（变单一为多样、变静态为动态、变灌输为互动、变封闭为开放、变统一为分散）。

2. 互联网+创新训练营——灵活应用"三步组织法"。为了上好每一次党课，开展好党务培训，上海核工院融合"互联网+宣传""互联网+培训""互联网+分享"的理念，依托一款名为"UMU互动学习平台"APP，结合党支部微信公众号，将传统模式的活动打造成线上线下结合，通过移动互联网技术提升传统党建活动的质量与体验，让活动主持人/主讲人可以更好地与参与人员进行互动，让活动参与人员获得更好的活动和学习体验，并且大大提升活动组织的效率。

党支部设立的每一次活动都会在UMU中生成一项对应的课程，每门课程都很方便可以通过二维码、链接、微信等各种方式进行分享和查阅，这样可以做到线上线下结合、宣传和活动结合，使得每一项类似的活动都可以标准化，模块化，可复制，可快速生成，提高宣传效率，节约人力。

（1）**课前预热：**内容预告—线上报名—需求调研—问题思考。

（2）**课程互动：**在线签到—知识竞答—投票评选—互动讨论—大屏展示—照片墙。

在党课后增加互动环节——给大家出几道考题，看看大家的培训效果，考题是事先在UMU中准备好的，现场通过大屏幕上投放UMU的考题二维码，所有学员开始实时测试，随后互联网技术可以实时展示积分排行榜。

测试现场紧张刺激，增加了趣味性和吸引力，这样的活动年轻人谁不爱？

（3）**课后分享**：扩展资料-线上评价-感悟交流-笔记分享-照片分享-课后作业-学习证书。

利用"UMU互动学习平台"，可向所有参与学员进行评价发放学习证书，并共享所有的培训讲义及相关此案例，供参加学员、非现场参加学员随时查阅、学习。同时训练营所有活动资料和照片均可进行留存，实时做到知识管理和分享。同时，依托学习平台组织策划模板可复制、可参考、可借鉴的优势，大大提升其他各党组织活动策划效率和质量。

3. **互联网+数字化党性教育基地——探索党建工作新路径。**在形成"互联网+"党员互动学习平台和标准化主题党日流程模式的基础上，上海核工院将数字化党性教育基地建设作为打造"红色数字家园"的又一次探索和尝试，通过VR技术手段，为党员提供了沉浸式体验，身临其境进行参观游览、革命历史知识学习、革命传统教育。这种方式能有助于打造更加完善的党员学习培训体系，有效激发学员对党员宣教内容的兴趣。

（1）**以"核心红"铸就企业发展精神高地**。通过AR党建阵地，一站式浏览公司党建阵地内丰富的数字化教育资源以及上海市红色资源，感悟"伟大建党精神""两弹一星"精神——"国之光荣"精神谱系。

（2）**以"温度红"打造意识形态坚固阵地**。按照"绿色核能·红色之旅"定位，以"引领-教育-凝聚-赋能"为主题，全方位打造集党性教育、党群服务、党员实践、党建创新为一体的党员学习教育阵地，通过"党建品牌巡礼"专栏，聆听基层党组织书记们的精品慕课，持续擦亮基层党组织品牌，成为促进公司高质量发展的"红色引擎"。

（3）**以"科技红"建设数字党性教育基地**。探索运用数字化、信息化、智能化技术将实体党建阵地与云端红色资源深度融合，通过720°线上AR党建阵地，一站式浏览党建阵地内丰富的数字化教育资源和上海红色资源；通过智慧融课堂，以VR+8K建党百年重大题材影视项目360°全景式呈现中国共产党百年奋斗历程；通过党建国史智屏，云上畅游全国红色景点，打造沉浸式互动体验；创新开展"5G+"融媒体主题党日活动，带来更多优质教育体验。科技赋能能够突破传统时空限制，让党员在交互体验中触摸历史脉络、感受时代脉搏、接受思想洗礼，进一步增强党性教育的吸引力、号召力、影响力。

（4）**以"映山红"构建核能科普生态领地**。作为全国核能科普基地、上海市建设交通系统组织生活开放点，上海核工院依托国家电投党校分校，结合党建阵地、企业展厅、科技展厅、建党100周年展览、人因工程实验室等优质资源，开展核能科普和人才培养活动，向社会公众充分展示科技创新成果，有效拓展受众"辐射半径"，实现更多资源开放共享，更好履行央企社会责任。

二、工作成效

1. 实现了基层党建内容"可视化"。依托"UMU互动学习平台"，实现基层党支部学习活动全局可视化指挥，构建基层党组织、党员管理"神经中枢"，为各基层党支部间互相借鉴学习提供交流平台，创建好的课程可以复制给其他党支部，也可以在此基础上修改形成下次的课程，提高了组织效率。同时，促进了公司党务工作进展成效，为实施精准研判、对症施策提供了第一手资料，有效提升了公司党建工作的积极性、互动性、实效性。

2. 实现了基层党建工作"移动化"。搭建智慧党建互动学习平台，打破了地域、时空限制，党员干部可以有效利用移动互联网特点，随时、随地、随身登录UMU互动学习平台APP或微信公众号、小程序，进行查资料、看新闻、参加学习考试、跟踪活动动态等，把传统模式的党员学习打造成线上线下结合，让学习形式更丰富，党员更有兴趣也更方便参与，提升了学习效果。

3. 实现了基层党建"情景化"。打造数字化党性教育基地，通过VR技术手段，为党员提供了沉浸式体验，身临其境进行参观游览、革命历史知识学习、革命传统教育，有助于打造更加完善的党员学习培训体系，有效激发学员对党员宣教内容的兴趣。VR+党建以身临其境的学习体验感，让党员穿越时空，让历史书本中的图画和文字"活"起来，让党员更加深刻感悟党的艰辛历程，达到凝心聚力、锤炼党性、提高素养的目的。

4. 实现了学习平台"多样化"。通过公司官微、OA门户"智慧党建"即可随时随地获取数字化党性教育基地各类学习资源，营造浓厚的学习氛围，使各基层党组织开展党建工作有了线上线下多样化选择。同时公司针对不同群体定制实施培训计划，包括党组织书记"头雁计划"、党务工作者"强基计划"和党员

"先锋计划"，将电影党课、音乐党课、知识竞赛等形式创新引入精品党课，不断丰富拓展党课内容内涵，推动党员学习教育往深里走、往心里走、往实里走。

三、经验启示

1. 强化"互联网+党建"思维是推动党建工作数字化转型的前提基础。"互联网+党建"的根本性思维是互联网思维。"互联网+"时代顺势而生多种高效工具，更容易实现资源整合、知识分享，从而达到共赢。在理念层面上，"互联网+党建"的根本出发点其实就是为了抓实支部标准化建设。它的思维模式就是把党建活动都看成是工程化和项目化，活动的策划和流程都以数字化、信息化和模块化来体现。本文中提出的主题党日"五化"和党课＆培训"三步组织法"是上述理念的一种实现方法和流程，而通过实践恰恰显示出这种"互联网+党建"的方法具有一定可行性、可推广性。公司始终坚持以政治建设为统领，牢牢把握姓党为党的政治属性，用活红色资源，讲好核能故事，教育引导党员筑牢信仰之基、补足精神之钙、把稳理想之舵，深刻领悟"两个确立"的决定性意义，切实增强"四个意识"、坚定"四个自信"、做到"两个维护"。

2. 促进"互联网+党建"与业务工作统筹融合是推动党建工作数字化转型的重要目标。在数字化转型时代背景下，基层党建工作要积极适应企业生产经营中心工作信息化发展的要求，进一步拓展"互联网+党建"与业务工作的融合，发挥"1+1>2"的作用。公司要顺应数字化转型大潮流，融入发展大局，提升党员教育的"高度"。探索建立党员教育学思践悟一体化推进的长效机制，充分挖掘公司改革攻坚过程中的精神富矿，鼓励号召党员干部着眼大局、融入大局、服务大局，勇攀核能科技高峰，支撑上海市和长三角打造具有国际竞争力的核电高端产业集群，为强化我国核能领域战略科技力量作出更大贡献。

3. 打造"互联网+党建"特色品牌是推动党建工作数字化转型的根本保障。"互联网+党建"作为数字化时代下的党建工作的一种创新模式，其营造的"创新文化"激励着广大党员群众提升能力、创造价值，真正打造一支一流的创新人才队伍，从而使党建工作在推动主线中心工作方面真正发挥了强大的政治保证和动力支持作用，有效提高了党支部的创造力、凝聚力和战斗力。公司要坚持打造特色品牌，挖掘党员教育的"深度"。聚焦"教"与"育"融合推进、"供"与"需"精准匹配，创新创造党员教育培训内容供给，在出精品、求实效、聚人心上下更大功夫，健全经常性教育与集中性教育协同机制，不断提升党的理想信念教育质量水平，切实将学习成果转化为奋进新征程、建功新时代的强大动力。

（撰文：张琳、张姗、顾诞英、周敏）

【案例十四】

践行"四个一线"工作法
激发党建新活力

上海上药新亚药业有限公司

一、背景介绍

上海上药新亚药业有限公司至今已有157年悠久历史。是上海最早的西药制药厂、中华民族医药工业最早诞生的企业之一、新中国成立后创建的第一家抗生素工厂、中国第一支青霉素钾盐、第一支链霉素等的诞生地，素有"中国抗生素摇篮"之称。产品涵盖了抗感染药物的众多门类，拥有"亚字""三花""四星"等名优产品和著名商标。上药新亚是世界500强上海医药产业不可或缺的重要组成部分，对实现医药发展战略起着举足轻重的作用。

公司党委坚持以习近平新时代中国特色社会主义思想为指导，把思想政治工作和形势政策教育贯穿于基层党建与企业治理的各方面各环节，全面推行用心、用行、用力、用情践行"四个一线"工作法，即：形象作风在一线树立、问题矛盾在一线解决、优秀人才在一线培养、情暖关爱在一线传递，充分发挥了基层党组织推动发展、服务群众、凝聚人心、促进和谐的作用。

二、主要做法

（一）政治引领，形象作风在一线树立

1. 加强理论学习，坚持送课到一线。公司党委坚持把思想政治教育放在首位，注重增进对党的创新理论的政治认同、思想认同、理论认同、情感认同。结合当前党员、职工关注的焦点、热点问题，每月策划编排党员组织生活学习内容，以"三会一课"、主题党日等有效的政治生活形式，利用《上海医药报》、"学习强国App""主题教育微信群"、网络视频等学习载体，集中时间、集中地点组织学习，将规定学习内容落实到车间、班组中的每位党员，激发党员的身份意识、担当意识、责任意识和奉献意识，进而转化为推动企业健康可持续发展的行动自觉，让党员形象在一线树立。

2. 深入调查研究，健全联系点制度。公司党委树立鲜明的问题导向，建立党政班子成员"联系点"制度和"月工作清单"制度。以领导干部"沉下身，走在前、做表率"为重点，明确每月任务和量化指标，建立相应的问题梳理和处理机制，及时到指定的联系点，深入调研剖析，落实各类问题的解决主体，对基层一线反映的亟待解决的问题"立即办"，对困难问题"主动办"，对暂时不具备条件解决的问题要"跟踪办"，形成高效快干的浓厚氛围。近两年，有效解决了如"突破生产瓶颈""激活休眠产品""优化工作环境""加速后备人才培养"等实际问题，为企业增加了收益、创造了利润。一件件事情的有效推动，一个个具

体问题的有效整改，切实让员工感受到了不同的变化。

（二）深究细研，问题矛盾在一线解决

1. **围绕经营难点，开展支部课题攻关。** 公司党委坚持围绕企业经营的重点难点，谋良方、找对策、出举措。多年坚持开展以党支部"降本增效"课题立项为主要内容的"创经济效益、创党建品牌，塑文化价值"——"双创一塑造"主题实践活动。各党支部纷纷结合岗位实际，秉持"降本与创新结合，增效与质量并重"原则，不断探索新方法、新的增长点，在管理创新、制度创新、技术创新上寻求突破，通过"奋战100天，提高制剂产能""改进操作流程，提高产品收率""优化设备工艺，提高一次性检验合格率"等课题攻关，切实将一线党员和职工群众"降本增效"主动意识和自觉行动，深层融入渗透到生产经营的方方面面，为企业实现了数千万的降本利润。

2. **围绕重点项目，构建维稳工作网络。** 对改革调整中的重大问题，特别是涉及职工切身利益的敏感问题，上药新亚党委始终坚持以"恳谈日"调研、"慰问日"走访等形式，了解员工思想、工作、生活等情况，在理顺职工情绪上多作解释、多做开导、多动真情，把矛盾和问题解决在基层。为响应国家科创中心建设，企业所在的部分场地需重新规划，为保证项目推进工作平稳有序，党政班子统筹考虑重大决策出台前各类风险的发生，多次专题研讨，迅速成立项目推进小组和工作小组，构建起以党委为核心的维稳工作网络，党委书记亲自挂帅，对项目迁建中涉及人员情况和不稳定因素，一人一表排摸，一对一家访，耐心细致

疏导，积极做好工作预案，明确重点、落实责任，有效防范不安全事件的发生，维护了职工群众的合法权益和职工队伍的稳定，更为市政府重大项目决策的顺利实施提供了有力保障。

（三）搭建平台，优秀人才在一线培养

1. 建设雁式团队，推行"百名人才库"计划。公司党委坚持厚植企业人才优势，健全完善青年干部选拔、成长的动态管理机制，持之以恒推进优秀青年干部的制度化常态化的系统培训、交叉轮岗、双向挂职，加强培养锻炼，提升综合能力。通过鼓励"百名"青年立足一线关键岗位、参与企业重大项目全过程管理，及时培养、储备、发掘、使用了一支作风过硬、思维敏捷、精力充沛、朝气蓬勃的后备力量，85后、90后年轻骨干纷纷走上企业、部门领导岗位，为企业健康可持续发展提供人才保障。

2. 选树劳模工匠，提升全员综合技能。公司党委注重员工岗位技能和综合素质的持续提升，不断丰富"抓服务，抓建功"的载体。以劳模、工匠评选表彰为契机，加大先进典型引领，提振劳模创新工作室的品牌效应，通过开展"匠心大师评审答辩会""全剂型劳动竞赛表彰""雏雁导航""百名精益绿带黑带进百个班组"等活动，激励员工发挥主力军作用，围绕产品研发、生产制造、服务经营的重点难点和关键环节，以精益理念开展创新创效活动。近年，"自动包装机设备改进""提高头孢替安成品率"等10多个项目获得上海市优秀发明选拔赛银、铜奖等奖项；一批上海市"劳动模范""上海工匠"脱颖而出，有效传播劳模精神、劳动精神和工匠精神，为员工建功立业，助推企业

高质量发展汇聚强大正能量。

（四）丰富载体，温暖关爱在一线传递

1. 推动民主管理制度，落实关爱职工的实事项目。坚持职代会提案工作制度和职代会巡视制度。为加大职工参与民主决策、民主管理、民主监督的力度，每次召开职代会前，都成立提案组，到基层班组征集提案，以提高职工民主参与的意识和提案质量。特别是每年需要进行的"工资集体协商"，党政班子在采纳职工合理提案的基础上，积极探索两个维护的最佳结合点，兼顾公平公正公开，因此"调资方案"连续多年实现100%的通过率，构建了共建共治共享、和谐稳定发展的劳动关系。同时每年定期开展职代会巡视，加强对食堂、浴室、医务室等生活服务的监督管理，使职工满意度由原先的68%提升到92%，大幅提升了职工的幸福指数。

2. 开展形式多样的职工文化活动，凝聚前行力量。公司党委不断深化"和合家"文化建设，以满足职工文化生活与身心健康需要为落脚点，针对职工的兴趣爱好，"以快乐、健康、团结、进步"为宗旨，有效实施"关注员工感受，重视员工需求"的创新举措。通过举办职工大生日祝福会、职工退休欢送会、员工春秋游、班组长午茶会、"拥抱幸福"关爱女职工活动、亲子家庭日、运动会、歌咏赛、职工艺术作品展等，不断增强企业精神文化力量，营造活力向上、互助团结、聚力前行的良好氛围。

三、取得成效

1.思想政治工作与基层党建工作紧密结合，以党组织主体责任有效发挥，化解矛盾、稳定队伍，进一步提升了办实事、解民忧的感召力；

2.思想政治工作与企业经营有机结合，以行之有效的活动载体，融入生产、研发、管理等重点、难点，进一步凸显了补短板、解难题的战斗力；

3.思想政治工作与人才培养有力结合，以"铸魂育人"为核心，激发员工推动企业发展创新创效潜能，进一步增强了有作为、敢担当的创造力；

4.思想政治工作与企业文化建设有效结合，以坚持"以人为本"的理念，更好地满足职工对物质、精神的需求，进一步提升了同目标共奋进的凝聚力。

（撰文：焦军健）

【案例十五】

以"重大项目+党建"
助推企业高质量发展

上海华建工程建设咨询有限公司

上海华建工程建设咨询有限公司（以下简称公司）是华建集团旗下从事工程项目管理、工程咨询、建筑设计、工程总承包的国有专业子公司。作为一家蝉联九届的上海市文明单位，公司党委结合承担上海市一系列标志性重点工程尤其是中共一大纪念馆项目及《1921》置景工程等"红色项目"建设任务，近年来积极探索"重大项目+党建"模式并取得可喜成效，先后创立"开放式组织生活"和"丹心·筑梦"等上海国企党建品牌。

结合开展学习贯彻习近平新时代中国特色社会主义思想主题教育和大兴调查研究，公司党委确立了《项目党建传统模式升级》的调研课题，围绕"重大项目+党建"核心主题，通过深入基层党支部和党员干部群众中开展座谈、研讨等途径进行调查研究，取得初步调研成果，尤其是在2023年上海市重点项目上海影城修缮工程的实践中探索积累了项目党建的新经验新成效，为"项目党建传统模式升级"提供了新素材新路径。

一、"重大项目+党建"的主要做法

在不断的探索和实践中，公司党委结合理想信念和形势政策教育，将党建工作不断向基层延伸，从党员干部带头干，到党组织下沉项目领头干，党建工作逐渐走出案头，融入企业发展中心工作，"重大项目+党建"模式顺势而出不断完善。

初步试水，党建融入项目中。"融入中心、引领发展"是党建工作的一个长期目标，但在实际操作中却面临不少困难。以往一些行政业务干部不太了解党建工作怎么做，不太理解党建工作和生产运营的相互关系。随着党政干部"一岗双责"的逐步落地，党建工作的逐步下沉，以及党建品牌的创新引领，"党建"与"生产"逐步融合，成为了推动企业发展的"双引擎"。通过双轮驱动加速了企业发展。2011年，公司在经历了"三合一"重组后，为了融合三种文化，促进企业转型发展，公司党委结合重大工程项目，创立"开放式组织生活"党建新模式，将党员和群众聚在一起，通过不断地相互探讨，在不断地提出问题、解决问题的过程中，拿到了打破壁垒的"金钥匙"，推动企业顺利走过过渡期。

经过三年的试水，2014年起，公司党委开始系统研究"开放式组织生活"党建品牌，通过课题研究等形式，确立了品牌的"四个开放"特色，即打破思维定式，主题策划开放，内容求"新"；打破组织壁垒，参与对象开放，对象求"广"；打破模式固化，活动形式开放，形式求"变"；打破评价单一，成效评估开放，评价求"效"。至此，"开放式组织生活"党建品牌初具雏形，新一轮的探索也逐步启动。

2015年，华建集团正式鸣锣上市，公司在次年3月正式中标了江湾社区A01B-04地块新建医疗用房项目（简称：彩虹湾医院项目），该项目是虹口区重点项目，同时也是集团上市后第一个投资规模超过10亿的EPC总承包项目。如何完成好这个项目？党员必须先带好头！在集团党委的牵头下，彩虹湾医院项目临时党支部应运而生。

随着项目的不断推进，项目党支部的作用逐步显现，2018年，公司党委携手合作单位华东总院在项目现场共同举办了党支部书记沙龙，通过党支部书记之间的经验交流和智慧碰撞，打造党建主题活动和专项突破行动的特色平台，提升基层党建工作水平。在活动中，两家单位的三位基层党支部书记纷纷进行了交流，他们从党组织在重大项目中发挥保驾护航作用的理念讲到通过搭建关键岗位平台加强"选苗育林"，从联建联讯讲到如何通过党支部工作打通内部产业链，整合优势资源。这不仅让临时党支部的党员得到了启发，也让项目党建工作得到了深化。

稳步探索，支部建在项目上。通过一次次的探索，基层党建与生产项目间的壁垒被逐个击破，公司通过不断提升"开放式组织生活"品牌影响力、激发支部活力、发挥党员的影响力的"三力"工程，为基层党建立心铸魂。公司党委提出了项目党员"双重身份、双向监督"的要求，要求项目到哪里，党组织就覆盖到哪里，党员到哪里，党旗就插到哪里，项目党员要同时接受所在支部与项目党支部（党小组）的双重领导，接受党组织和群众的双向监督，发挥党员先进性，在项目上建功，在困境中冲锋。

2013年以来，"一带一路"倡议不断朝着"和平之路""繁荣之路""开放之路""创新之路""文明之路"的方向顺利发展，华建集团在"一带一路"倡议的引导下也不断迈开大步、努力前行。2017年11月，华建集团成立了越南（胡志明市）办事处，新签合同额连创新高，陆续承接了加蓬奥耶姆体育场、萨摩亚法莱奥洛国际机场升级改造、中国港湾雅加达DAAN MOGOT项目、毛里塔尼亚医疗队宿舍楼项目、越南胡志明市ALPHA 3建设工程设计项目等海外重大项目。在办事处成立之时，项目党支部也同步成立，由集团经营部主任担任党支部书记，公司越南项目部负责人、公司第五党支部书记任党支部副书记。在支部成立大会上，时任集团党委书记、董事长秦云亲手为支部党员戴上党徽，带领与会党员重温了入党誓词，并为与会党员上了一次专题党课，为项目现场党员鼓足了干劲！这个党支部不仅是华建集团在海外的第一个党支部，也是公司在海外的第一个党组织，支部的党员中有很大一部分都来自于当时公司第五党支部，这也为我们进一步开拓新时代党建创新之路，探索"重大项目+党建"模式起到了重大的推动作用。

此后，项目现场党员找到了"归属感"，他们在党支部的带领下开展组织生活，第一时间在项目现场观看十九大开幕式；在"不忘初心、牢记使命"主题教育活动的感召下，在2018年全国人大、政协两会召开之际，携手工团组织观看了刚在越南上映的爱国主义影片《红海行动》；在中秋佳节之际，党员们放弃了回家与家人团聚的机会，与项目现场的同事们举办"包饺子，吃月饼，迎中秋"活动，暖了人心，聚了温情。

越南项目持续多久，党支部工作就持续多久。党支部带领党员冲锋在前，克服了常驻越南带来的文化冲突与思想情绪，将"中国建设"的智慧和方案留在了越南。这一次的探索，真正让项目党支部的模式生了根，在随后几年的重大项目上，"重大项目+党建"的模式被反复锤炼，并取得了更多新的成果。

随着越南党支部的顺利运行，公司党委逐步探索在重大项目上设立临时党小组，并为每一个党小组都分配了一位党小组长，明确了工作职责，细化制度及保障措施，由所在党支部全力支持，使党小组成为保障项目顺利推进的"战斗小堡垒"。2020年，随着新冠疫情的暴发，公司许多项目处在停滞状态，但复工复产却迫在眉睫。公司北京新机场东航基地项目当时正处在竣工结算阶段，党小组同志不惧疫情，在2月初便陆续返京，即使是在居家隔离期间依然想尽办法取得竣工资料，最终圆满完成各项任务。

在不断的磨炼中，公司的党员在慢慢蜕变，他们就像隐没在项目团队中一支生力军，他们召之即来、来之能战、战之必胜，成为带领团队冲锋的排头兵、企业发展的领航员。

展现优势，红色项目党旗扬。自觉承担起举旗帜、聚民心、育新人、兴文化、展形象是习近平总书记对新形势下宣传工作赋予的历史使命。2021年是中国共产党成立100周年的重要年份，公司始终不忘初心，所承接的中共一大纪念馆项目及《1921》置景工程陆续进入了冲刺阶段。在红色项目的感召下，党员的红色血脉被一次次地淬炼，公司的党建品牌得到了进一步提升。尤其在中共一大纪念馆项目的建设过程中，公司党委在项目开展之初便与兄弟单位开展"四史"联组共建，并牵头成立了一大项目临时党支部。

二、"重大项目+党建"的升级深化

在项目党建的不断推进下，公司党委创新性地提出了"加减乘除"四则运算法，将"重大项目+党建"模式进行了再一次升级。"加减乘除"四则运算法。即：

一是党建引领，做好组织建设的"加法"。在集团党委的牵头下，由公司牵头的一大纪念馆项目临时党支部于2020年8月11日由集团党委书记顾伟华亲自授牌，实现了"支部有牌子、组织有机构、一线有党旗"。8月18日支部召开誓师大会，集团内的三家参建单位的34名党员佩戴上印有姓名的徽章，"亮身份、亮形象、亮标准"，在组织建设中、在精神引领上做好加法。

二是防疫抗压，做好后顾之忧的"减法"。作为市委挂牌督战的重点工程，时间紧、任务重的特点无可避免，"百年工程、精雕细琢"的弦始终缠紧在每一位党员的脑中。临时党支部从细处着手，为项目现场职工心理"减压"、思想"减负"、安全"减忧"，贴身为每一位党员做好减法，让大家能及时卸下包袱，重整行装再出发。

三是涟漪效应，做好支部活动的"乘法"。临时党支部成立伊始便提出了组织生活"不断档"，党员队伍"不掉线"的原则，在"四史"学习教育如火如荼之际，临时党支部在项目工地召开现场学习会，邀请一大纪念馆副馆长作《起航之旅——中国共产党在上海》专题党课。授课人生动的故事，细致的解说，让项目党员明白心之所起，知晓心之所向。在日常建设中，大家通过研习党史激发对红色项目细节的雕琢，让每一个细节都能经得起时间检验，恰到好处地展现出百年大党的风采，让党支部在项目中的作用双效叠加。

四是精益求精，做好去芜存菁的"除法"。在这个项目中，有默默无闻的基层党员，有带头冲锋的精英干部，也有年近古稀的设计大师，但他们都有一个共同的身份，临时党支部的一名党员。市委李强书记在视察中共一大纪念馆项目时明确提出了要在"精"字上下功夫的要求，项目组以此为出发点，自我加压，项目总设计师邢同和大师作为临时党支部的"定海神针"，已是耄耋之年的他在病中依然执笔构图，在工地脚手架上爬高爬低，在选材比样中反复论证，在他的感召下，临时党支部的党员纷纷效仿，将"精"字发挥到极致。目前，中共一大纪念馆新馆项目已在党的百年华诞之际顺利建成隆重开馆，成为华建人和公司党员干部职工向建党百年献上的一份厚礼。此次项目党建的探索给公司下一步的党建品牌融合升级带来了更多的养料，取得了更多的经验。

2022年10月，经过对项目临时党支部经验的总结与项目党建工作的凝练，最终形成了公司第二块上海国企党建品牌——"丹心·筑梦"。

经过了多年的探索与实践，当项目党建被注入了红色灵魂后，更多的方式方法应运而生。上海影城修缮项目是上海市城市更新的又一重点项目，深受广大影迷的关注。项目自2022年开工后，要求在2023年6月上海国际电影节前全面完工，但工程刚刚起步就相继受到封控和极端高温的影响，本就吃紧的项目工期被"一压再压"。但面对"后门关死"的客观情况，项目部只能咬紧牙关向前冲。3月3日，上海影城修缮项目"决战60天，决胜430"誓师大会在项目现场举行，同步成立的还有项目临时党支部，公司及相关参建单位27名党员现场宣誓，竭尽全力完成项目，确保电影节如期举行。整个冲刺过程中，27名党员全体亮身份。在党支部的号召下，最难的地方党员上、"最后一公里"党员跑、最多的加班党员来，最难的时候，项目党员全体到岗，陪着施工人员上下班。公司党委副书记长期驻场、蹲点式调研，带领全体党员冲在一线，放弃了所有的节假日。经过近半年高强度的抢工，最终，上海影城修缮项目按期交付，获得了社会各界的赞誉，《解放日报》等主流媒体相继进行了报道。在这次实践中，项目党支部的党员得到了充分的锻炼，项目党支部的作用得到了充分的发挥，党员的形象再一次矗立起来，"先锋模范"成为了项目职工对他们最多的描述。在项目结束后，临时党支部党员组织一场项目回访主题党日活动，再一次对项目中党员的作用进行了梳理，并着力创建新的党建品牌。

三、从项目党建创新探索中引出的几点思考

项目与党建的融合过程，也是党建融入生产、服务大局的过程。近年来，随着"支部建在项目上"的制度化常态化、"开放

式组织生活"党建品牌的不断完善、党组织对项目管理助推作用的逐步增强,党建在企业高质量发展中的作用日益突出,党委的全面领导得到有力加强。在从红色项目汲取党建养料、深化党建品牌建设、推进项目党建高质量发展的探索过程中,获得以下五点重要启示。

一是支部建在项目上是搞好项目党建的根本保证。项目部是公司完成生产任务的责任主体,党支部是完成党建任务的基本单元。因此,哪里建项目部,哪里就需要在第一时间同步建立党支部;哪里有党员,哪里就需要有党建工作的全覆盖;哪里有群众,哪里就需要有党的思想政治工作来引领。作为项目部党员就要亮出"双重身份"、接受"双向监督",即接受党组织和群众的双向监督,从而发挥出"一个党员一面旗"的带头作用。

二是服务促进生产完成是项目党建的重要职责。围绕发展抓党建、抓好党建促发展是基层党组织的重要职责,也是项目党建的重要职责。只有充分发挥党支部在项目党建中的积极作用,充分发挥项目党支部在服务促进生产任务完成、推进党建工作与生产经营深度融合中的战斗堡垒作用,才能真正体现"重大项目+党建"的初衷。党建工作的触角越是深入基层深入项目管理,项目党建越是从生产一线出发,就越能发挥党建的引领作用,从而将党建工作真正落到实处。

三是立足基层立足项目是夯实党建基础的关键因素。党员是党建工作的主体和基石,有没有把工作覆盖到每一名党员是检验基层党建的关键因素。通过将支部建在项目上、将党建工作下沉到生产和项目一线，党员和群众就有"归属感""温暖感"，党员在项目中的积极性创造性就会被更好的激发，党员的责任心与使命感就会得到进一步提升。因此，加强国企党建要打牢基层党建的基础，通过下沉党组织将党建与项目建设紧密联系在一起，从而使我们的党员成为企业发展的排头兵和先行者。

四是发现问题自我革新是化解党建难题的重要抓手。曾子有云，"吾日三省吾身"，党建工作亦是如此。我们不能只顾低头研究埋头干活，也要抬头看路；不仅要向前看，也要时不时"回望"走过的路。从中发现问题，以问题为导向，通过自我革新来改进基层党建工作。只有在不断的探索过程中才能发现问题、解决问题，才能找出症结所在，配出一服"良药"。常言道"山不就我，我就山"，我们就是要把党组织建到党员和群众身边去，让我们的党建工作和企业手牵手，与党员、群众心贴心。

五是以变应变务实创新是激发党建活力的力量源泉。无论是"开放式组织生活"还是"重大项目+党建"，它之所以成功的根本原因在于以变应变顺势而为，在于务实创新追求实效，也在于结合项目实际，注重从红色项目中汲取党建养料。我们的党建工作不应是"学究式"的理论研究，也不是"简单重复"式的日常工作，而是要在紧跟时代的基础上让红色精神发挥出更大能量的创新实践。

（撰文：沈怡琳）

【案例十六】

"四个一"延伸党建阵地
"五实五创"筑牢党建堡垒

上海城投水务集团污水公司石洞口污水处理厂

石洞口污水处理厂现有职工228名，党支部现有党员39人，设有5个党小组。党支部深入学习贯彻习近平新时代中国特色社会主义思想和党的二十大精神，注重形势政策教育，加强标准化规范化建设，通过"四个一"延伸党支部阵地建设，"五实五创"筑牢党建堡垒，为保障石洞口厂生产任务完成和稳步发展提供了坚强政治和纪律保障，为守护城市水环境和保障水质高标准排放作出了积极贡献。

一、主要做法与特色

（一）不忘初心，着力建设"四个一"支部阵地，筑牢党建之基

打造"一室一角一点一端"的"四个一"基层党建阵地。推进党支部规范化标准化建设，筑牢党建基础。

1."一室"，建设"党员活动室"。集中开展组织生活和教育学习。做到"三有三上墙"：有固定场所、有党建标牌、有宣传栏，党旗上墙、入党誓词上墙、党支部工作制度上墙。同时在党员活动室和一楼大厅设置党务公开栏和党风廉政建设专栏，是

党建工作宣传主要阵地，建设统一标准配置的"党员之家"。

2."一角"，设立"党员读书角"。实现党员教育读书学习常态化。把党史书籍、文化书籍、党风廉政读本和党建宣传等送到各党小组，开展车间党员学习阅读和读书交流，提升党员自身的综合素质和政治觉悟水平，提高党员参与组织生活、民主评议、志愿活动等主动性和积极性，强化党员自我监督和群众监督，积极营造"强学风，明党纪，增锐气"的学习氛围。

3."一点"，设置"党建服务点"。把党建阵地延伸到车间班组，建在职工身边。通过思想动态月月谈、实事项目年年办、志愿服务人人做，以党员群众满意为标准，强化服务功能，凝聚群众，建立班子联系车间、党小组联系群众机制，为职工服务解难题办实事。开设"书记接待日"，从固定时间的接待日，逐步形成书记在天天都是接待日，直接涉及群众利益，关心职工无小事，有针对性地做好思想工作和党风廉政工作。

4."一端"，开启"手机移动端"。充分运用QQ、微信、线上视频等网络平台，推送"微党课""廉政微课""三会一课"学习资料，加强"学习强国"理论学习，加强"党员来了"党建APP宣传学习和党员网上教育管理，建设"线上红色阵地"，建立党员每日学习微信群打卡，形成线上线下有机结合新格局。

（二）规范标准，着力建设"五个实"工作法，激活党建之力

1. 建实一本手册。按照公司党委统一编制的《党支部工作手册》，使党支部工作手册、党小组会议记录和党员学习笔记本等统一标准格式，健全一套基层党建规范化建设制度。从党内组织活动、党员教育、三会一课等工作内容做好规范化建设。

2. 抓实二项作用发挥。打造一支过硬的党员队伍，把好发展党员的质量关，同时加强党员队伍建设，明确党员责任，勇于担当。着重抓实党员的责任担当作用和先锋模范作用的发挥，做到平常时候看得出来、关键时刻站得出来、危急关头豁得出来。

3. 落实三个主题日。将入党集体宣誓日、集中学习日、组织生活民主评议日"三个主题日"与开展红色教育学习参观活动、收听收看实况和专题教育影片、党员志愿服务实践、社区党建联建、微党课、讨论座谈建言献策等结合起来，不断强化党员"四个意识"。

4. 充实"四进"党课内容。实行由党支部书记、班子成员、先进党员与技术能手进车间、进项目、进工地、进劳模工作室上党课，充实丰富现场党课内容，转变"灌入式听讲"为"互动式交流"党课模式，联系实际，以学促做。

5. 做实"五学"载体。针对厂区车间班组多、郊区项目分散、车间翻班作业党员较难集中的情况，采用"集中+分散"模式开展学习。通过支部大会集中学习、党小组分组学习、网上平台同步学习、个别党员结对学习、走进车间项目现场轮流学习，教育引导党员加强思想交流，不断增强党员学习成效。

近年来，开展了"不忘初心、牢记使命""坚守入党初心、坚定行业信心""跨越时空的井冈山精神""马克思诞辰200周年""不忘初心，与梦同行，争当生态治理标兵""进博先锋、党员行动""纪念五四运动100周年""垃圾分类，党员先行""垃圾分类新时尚，城投党员作表率""我和祖国合个影，我为祖国送祝福""升国旗，歌唱祖国""学总书记讲话精神、学前方'战士'感人事迹、学身边先进典型""抗击疫情，带头学先进、带头筑防线""四史"学习教育、"奋战'疫'线""全力以'复'""坚定跟党走，喜迎二十大""学习二十大精神，奋进新征程"等主题党日、党课和党员学习活动，开展学习贯彻习近平新时代中国特色社会主义思想主题教育。

（三）勇于担当，着力建设"五个创"工作模式，践行党建之心

创建"责任区、示范岗、突击队、攻坚组、工作室"，即党员责任区、党员示范岗、党员突击队、党员攻坚组和劳模工匠创新工作室，引领党员亮身份、践承诺、履责任，干在实处，冲锋在前。

一是通过党员定点联系、分块负责、结对服务的方式，在部门车间班组分别设立党员责任区。二是在党员较多的车间班组岗位开展争创评选党员示范岗。三是在破解技术重点难题和应急抢修排除故障，成立党员技术攻坚组。四是在重大建设项目调试运行和急难险重任务面前，组建党员突击队。五是以科技攻关提升创新水平，创建污泥干化焚烧创新工作室。党支部负责服务指导工作室，从工作室职责、目标及任务着手，建立了工作流程、学习培训、技术攻关等制度，以创新管理模式推动技术优化。车间式模型实训场地、电脑三维教学体系培训场地、技术优化创新课题研究室和科技创新成果展览室，形成专业的污泥干化焚烧工作室。

近几年，石洞口厂污水提标改造、污泥焚烧完善工程、老线改造、二期新建等重大项目，相继开工建设、试运行和接管运行，在边运行边建设边调试状态下，党员突击队坚守关键环节重点区域，保安全保水质。进博会期间，污泥运输时间调整至夜间，工作量比原来增加了一倍以上，车间党员冲锋在前，确保进博会夜间污泥作业。2020年春节期间，第一时间组建疫情防控保障生产"党员突击队"。落实厂区防控保障各项措施，保障生产稳定，加强对进出水样检测和数据动态变化分析，守好污水治理的最后一道防线。2022年3月，上海疫情形势严峻，在急难险重任务面前，引领党员冲锋在前，发挥党员排头兵作用，让党员的身份亮出来、把肩上的责任扛起来。迅速组织集结石洞口厂疫情防控保障战疫党员突击队，形成应急值守到岗和后备人员梯队轮流值守岗位，落实宣传引领、保障生产、后勤服务、防控安全检查，从严从细抓好人员管控。25名党员参与驻厂轮值，8名党员参与社区疫情防控志愿服务工作。组织开展2次主题党日活动，召开1次专题组织生活会,党员们纷纷在《倡议书》上签下自己的名字，自愿加入石洞口厂疫情防控党员突击队，充分体现了一线党员们对抗击疫情的信心和决心，树立了艰难时刻党员队伍冲锋在前、率先垂范，争做战"疫"排头兵，全力以赴打赢防疫阻击战的决心。

二、主要收获与成效

1. 打造"四个一"支部阵地，延伸党建阵地，教育党员服务群众"零距离"。通过"一室一角一点一端"阵地建设，让基层党组织建设得到不断加强，党支部政治功能得到不断强化，党支部的组织力得到全面提升。党建阵地实现拓展延伸，教育党员服务群众"零距离"。党员读书角和手机线上打卡学习使党员教育读书学习常态化。"党建服务点"设在车间建在职工身边，推进党务公开和厂务公开，凝聚职工群众，强化服务功能，发挥"党员联系群众、党员服务群众"作用，有针对性地做好思想政治工作和心理疏导，让温暖人心的"最后一米"畅通无阻。

2. 建立"五实五创"工作法，规范标准创新模式，筑牢新时代党建堡垒。规范工作机制、规范组织生活、规范党课教育、创新主题党日，推进基层支部标准化、规范化建设。通过"责任区、示范岗、突击队、攻坚组、工作室"的创建，引领党员立足岗位做贡献，攻坚克难当先锋，解决生产上难啃的"硬骨头"，提升专业队伍的"软实力"。在安全运行保障、在重大建设工程、在郊区项目集约化管理、在破解技术重点难题时，在急难险重任务面前，发挥党员排头兵作用。

3. 持续创新发展、持续攻坚克难，获得一系列成果和荣誉。历经十年打造污泥干化焚烧创新工作室，为破解生产技术难题和重点，开展技术攻关和技术创新，积极推动优化创新，提升企业核心竞争力。编写行业内第一部标准和污泥处置职业教材，填补了行业标准和教材的空白。技术创新项目先后获得全国职工技术创新类奖项、上海市优秀发明金奖等、上海市一线职工发明专利银奖，以及十多项国家专利等。培育"创新技术型"领军人才宣建岚，先后荣获第九届上海市"十大工人发明家""上海市劳动模范"和首批"上海工匠"称号。培育新一代工作室接班人金浩，获得污水公司首席技师、城投集团青年岗位能手和城投水务集团"水务工匠"等称号。工作室先后被评为城投集团"劳模创新工作室""城投水务集团品牌大奖"、上海市"技能大师工作室""劳模创新工作室""技师创新工作室""全国工人先锋号"和首届"中国长三角地区劳模工匠创新工作室"。同时，积极发挥工作室解决生产难题作用，对设备进行优化，2个项目获得实用新型专利，推荐一个项目申报上海市职工合理化建议。今年重点对《污泥干化载气净化装置的研究及优化改造》项目进行推广运用实施，完成科研项目申报各项准备，待专家评审。该项目已形成论文一篇，正在排期发表中。编制完成污泥干化载气冷却技术范例集1套，完成优化改造方案1套，提出《关于石洞口污泥处置项目蒸汽系统平衡分析及其余热利用可行性研究》《桨叶式干燥机旋转接头国产化及其优化可行性方案》项目建议书2份。近年来，石洞口污水处理厂党支部先后获评为水务集团、城投集团党支部建设示范点、市水务局"治水管海先锋"示范党组织、市建交委"建设先锋"党组织示范点、市国资委"党支部建设示范点"、上海市委组织部"党支部建设示范点"、排水行业"一支部一特色"示范点。

（撰文：姜晓峰）

【案例十七】

以军工特色党建品牌引领企业卓越发展

中国人民解放军第四七二四工厂

习近平总书记在党的二十大报告中指出，要坚持大抓基层的鲜明导向，把基层党组织建设成为有效实现党的领导的坚强战斗堡垒。中国人民解放军第四七二四工厂作为一支重要的军队保障性企业，承担着极其重要的使命任务，工厂组建于1958年4月，原名海军八〇一厂，又名上海海鹰机械厂，1985年纳入全军企业化工厂编制序列，是适应海军航空装备特点的综合性维修保障企业。工厂党委始终坚持以习近平新时代中国特色社会主义思想、习近平强军思想为指导，紧跟海军航空装备建设步伐，创新党建工作模式，坚持把品牌建设的理念植入海鹰党建工作中，坚持党建工作与中心工作深度融合，全力打造"海鹰党建"品牌，让党建的软实力成为引领企业卓越发展的硬支撑。

"海鹰党建"品牌诠释

海鹰党建的使命：为企业发展保驾领航。诠释：（1）坚持以习近平新时代中国特色社会主义思想为指导，贯彻党中央的决策部署，把企业党组织的政治优势、组织优势和群众优势转化为企业的核心竞争力，把准企业发展的方向，为企业科学发展提供思想保障、政治保障和组织保障。（2）坚持党委"围绕中心、融入管理、服务职工、引领发展"的工作方针，建立"姓军为兵、服务部队、工厂发展、职工幸福"的企业发展大格局。

（3）加强党组织建设，发挥基层支部战斗堡垒作用和党员先锋模范作用，确保企业各项工作全面落实。

海鹰党建的愿景：致力于打造一流的国企卓越党建。诠释：（1）打造党群工作管理体系、卓越党建绩效指标（管理）体系，有序推进党建工作制度化、标准化和规范化建设，提高党建工作科学化水平。（2）打造党建工作一体化宣传展示平台、多元化学习交流平台、信息化管理系统平台、常态化服务实践平台，提升党建工作效率、效能。（3）推进党建工作融入企业文化管理、融入企业战略管理、融入企业中心工作、融入企业队伍建设、融入企业品牌塑造，引领企业持续健康发展。

海鹰党建的价值观：凝聚职工、锻造队伍、守正创新、引领发展。诠释：（1）以人为本，关心职工，促进职工身心健康；发挥企业文化导向、激励、教育和凝聚作用，塑造职工的思想观念与企业发展相适应。（2）提高全员的理想信念、思想道德、品行修养；提高干部政治能力、理论素养、工作作风、专业素质；提高职工作风意志、知识技能。（3）围绕企业中心工作，找准党建工作切入点，融入企业管理；创新党建工作理念，引入科学管理模式；构建行政+党工团的"大党建"工作格局；创新党建工作绩效管理，增强党建工作的实效性；以符合企业工作实际的科学的党建管理，引领企业发展。

"海鹰党建"品牌建设方法及路径

强化顶层规范设计,构建"海鹰党建"品牌。工厂党委把"海鹰党建"品牌建设融入企业党建发展战略,制定工作计划加以分解落实。在品牌建设战略策划中,顶层设计了"四有"品牌框架和定位,即"有源于党建文化、企业文化的品牌底蕴,有突出核心价值及差异化的个性品牌名称与标志,有运用科学方法实施党建管理的品牌内涵,有体现海鹰党建特色的品牌影响力"。品牌的定位就是为国企党建打造一流的管理模式,有序推进"三化"建设(标准化、规范化、科学化),搭建四个平台(一体化的宣传展示平台,多元化的学习交流平台,信息化管理系统平台,常态化服务实践平台),实现五项融入(融入企业文化管理,融入企业战略管理、融入企业中心工作,融入企业队伍建设,融入企业品牌塑造)。

聚焦企业科学发展,夯实"海鹰党建"品牌。"海鹰党建"伴随着企业成长发展的整个历程,其价值特征就是"凝聚职工、锻造队伍、守正创新、引领发展"。从企业60多年的发展历程看,重视党建工作是我们的优良传统,党建工作也一直聚焦主责主业,发挥着引领企业发展的积极作用。工厂党委围绕中心工作,实施党建品牌建设,关键点是创新。我们将党建工作与管理理念、管理工具融合,突出工作策划、过程管理、量化考核,对基层党建工作向高质量发展进行了积极探索和有益尝试。我们创新地运用ISO9001质量管理理念构建了党建工作管理体系,编制了《党群工作管理手册》，将党工团建设的100余项管理业务流程进行标准化、规范化梳理，增强了党群工作体系化运行的管理韧劲并取得成效。

围绕企业影响力提升，深化"海鹰党建"品牌。在打造"海鹰党建"品牌识别系统方面，我们按照理念识别、视觉识别和行为识别三个维度，组织全厂党员干部职工共同总结提炼了海鹰党建工作管理的核心文化理念体系，明确了海鹰党建管理工作的使命、愿景和价值观。向全厂党员干部职工进行征集，筛选和颁布了"海鹰党建"品牌LOGO最佳设计方案，并确定为我厂"海鹰党建"品牌的文化形象。随着信息化时代的到来，我们又同步构建了"海鹰党建管理信息化系统"，推动"海鹰党建"跨入"一屏能管，一网能办"的信息化管理阶段。我们将"海鹰党建工作管理"的全项目、全流程和关键绩效指标嵌入信息化管理系统，在一个平台上对"海鹰党建"各项管理工作进行集成化、协同化、闭环化处置，为实现企业高质量发展提供了有力的政治和组织保证。

"海鹰党建"品牌建设成效

目前，"海鹰党建"已融入企业60余年的发展历程，为满足企业"打造一流的新型航空装备综合保障中心"的发展新要求，工厂党委将不断探索卓越绩效模式在企业党建管理中的综合运用，持续深化"海鹰党建"品牌建设，进一步推进国企党建工作的创新发展，引领企业发展走向更加卓越。

打造"海鹰党建"的主品牌和子品牌项目。如在党委层面，我们重点打造"海鹰党建"的主品牌。而在支部层面，则以主品牌为头部，向下延展做好子品牌的建设。目前，我们已建成了7个隶属于"海鹰党建"的子品牌项目。如"海鹰文化"是建立独具海鹰特色的四级文化理念体系，规范企业文化建设的工作品牌；"海鹰智慧党建"是建立依靠信息技术展现"海鹰党建"工作全景全貌的党建管理信息化系统，提升党建管理工作效率效能的工作品牌；"海鹰党建管理绩效评价"是将党建管理工作分类划块，设定具体指标，实现党建工作的量化评价体系的工作品牌；"海鹰实景党课"品牌是采取"理论+实景"的模式，"6+X"的内容板块，丰富党课形式的工作品牌；"海鹰一体化宣传"是注重整合企业资源，打破部门壁垒，提高宣传工作实效性的工作品牌。"海鹰发展党员登高体系"是将发展党员的过程资料、工作表现、业绩成果以指标数据显现出来，提升发展党员质量的工作品牌；"海鹰实事工程"是每年开展服务职工10件（类）实事工程，共享海鹰发展成果，提升职工幸福指数的工作品牌。"海鹰国防教育课堂"是利用工厂的主营业务资源，履行社会责任，开展国防教育，营造浓厚社会氛围的工作品牌等。这7项子品牌与"海鹰党建"品牌一脉相承，又自成体系，形成了富有海鹰党建管理特色的"一牌多品"架构。后续，我们还将不断深化品牌建设工作，总结提炼、宣传推广，发挥好党建品牌示范引领作用。

提升企业的对外影响力。充分挖掘的"海鹰党建"品牌的社会影响力，展示国企党建的规范性管理体系，输出的是引入科学方法的可复制的管理模式。工厂党委坚持参加上海市委组织部、上海市经信工作党委开展的党建课题研究活动，连续三年入选《上海市产业党建课题研究文集》。我厂运用质量管理标准、卓越绩效模式夯实党建工作的具体做法，为工厂持续推进党建工作守正创新坚定了信心。随着企业党建品牌的培育和传播，逐步形成了企业党建"三化"建设的品牌效应。许多行业内单位、中央企业和上海市政府机关来厂开展了党建工作交流，提升了工厂的影响力和美誉度。

"海鹰党建"品牌建设启示

通过对品牌建设过程进行总结，我们体会到：

聚焦业务是基础。"海鹰党建"品牌建设坚持聚焦党委工作目标，把党的思想、组织优势融入企业发展需求，让党组织的先进性在具体的岗位和工作中体现出来，使企业党组织发挥领导核心作用由软指标变为硬约束。

党委重视是关键。创建党建品牌是新时代党建工作遇到的新课题，党委班子必须高度重视党建品牌建设工作，关注品牌建设的全过程，控制品牌建设的关键节点，在实践中不断提高党建品牌的效应。

全员参与是前提。工厂党建品牌建设涵盖了"党工团+行政"的所有中心工作。在打造过程中，既要有党委的决策，又要有职能部门的策划、实施，更要有全员的积极参与，要体现在引领企业发展的具体行动上。

持续改进是根本。党建品牌建设需要持续运行，不断维护。要意识到品牌建设犹如逆水行舟，不进则退，一定不能满足于现状。"海鹰党建"品牌建设，也应按PDCA循环来不断改进提高，不断探索以品牌创建来带动基层党建工作的创新，增强党建工作主动性和实效性。

（撰文：耿超）

【案例十八】

用好党建联建　促进企业发展

上海环境集团股份有限公司

党建联建，即着眼增强各领域基层党组织政治功能，充分调动各方力量参与，采取结对互助、优势互补等方式，推动聚力互促，从而发挥最大效能。它如同一条条红色丝带，将相关党组织串联在一起，成为提高基层党建工作质量的"关键一招"。

作为国有上市企业，为有效提升基层党组织的组织力、战斗力，以高质量党建引领企业高质量发展，上海环境党委自公司上市以来，就着眼企业发展实际，打破各类党组织地域、层级、隶属关系壁垒和条块分割，探索通过开展常态化、多样化的党建联建，着力破解资源整合、力量集中、协同联动等方面存在的问题，把不同业态、行业、领域的党组织有机联结起来，着力实现组织互联、资源互享、阵地互通、难题互解，推动基层党组织在上海环境改革发展进程中结成"一家人"、拧成"一股绳"。

一、内部间横向联动，携手共进促改革

为全面提升基层党建引领力，上海环境所属基层党组织在集团党委的统一部署下，聚合多方力量，以联建促了解、以联建促合作、以联建促发展，构筑了"组织建设互促、党员干部互动、党建资源互用"的良好工作格局。

（一）"1+1"共建新未来

随着"十四五"进程和新兴业态的发展，上海环境的组织架构在近年发生了调整，新组建成立了六大事业部。为不断增进基层支部党员间的了解互动，提升组织凝聚力，各事业部通过经常性内部共建活动，实现资源共享、队伍共建，着力解决业务痛点难点问题。比如，上海环境下属生态事业部是一家成立不到2年的新单位，由工程公司和土壤修复公司组建而成。两家公司人员结构、主营业务、管理模式不尽相同，为加快磨合、形成合力，事业部党总支充分发挥党的组织优势和政治优势，以党的二十大召开为契机，开展"学习贯彻二十大精神，业务互通融创新生态"主题活动，组织两家公司党员共学党的二十大报告、新党章，共同实地参观安亭项目现场，进一步加快两家公司之间的业务交流与融合，努力实现党建工作与生产经营互融互促。

（二）"1+N"共担新使命。

上海环境所属基层党组织存在点多面广的特点，且业务类型多样，涵盖污水污泥处理、垃圾焚烧、医废危废收运处置等不同业态。为共谱企业高质量发展的新篇章，上海环境党委以可学、可看、可借鉴为目标，探索设立"跨地党建平台"，以"1家党组织牵头举旗，N家参与"的党建"1+N"模式，把上海环境分散的、点上的党建资源捏成"小拳头"，实现分享工作资源、交流工作经验、解决实际问题，助力企业发展。近年来，随着事业版图的不断壮大，上海环境持续深化党建"1+N"区域化模式新内涵，发挥党委统一指挥、统筹调度作用，通过在市场拓展、项目建设等方面深化合作交流，进一步理顺业务关系、搭建业务平台、共谋业务发展，全面提升上海环境核心竞争力，以优质运营保障能力和服务能级在"人民城市"建设中担当作为。

二、行业间团结协作，合作共赢谋发展

近年来，上海环境始终坚持行业发展"一张图"，加强与系统内兄弟单位、行业相关单位间的沟通交流，动员一切积极因素、利用一切有利条件、发挥一切潜在力量，以联建共建，实现资源共享、工作共推、品牌共育，更好履行社会责任。

（一）统筹下好"一盘棋"

作为城投下属专业环境板块单位，上海环境与城投环境、城投老港具有业务互补、人员互通的优势。近年来，在城投党委的统一部署下，三家单位党委以中心组学习、互访互动等形式，组织开展形式多样、独具特色的联建活动，用党的创新理论来领航，形成"共建、共享、共赢"的良好合作格局。通过联建互促、联合共赢，充分发挥"1+1+1>3"的叠加效应，在党建工作、项目建设、市场拓展、人才交流、品牌建设等方面加强沟通协作，凝聚起建功"十四五"的磅礴力量，努力打响上海城投环境板块"金字招牌"。尤其在2022年的大上海保卫战期间，上海环境在城投环境、城投老港等共建单位的大力支持下，以党旗为战旗，在医废收运最前沿构筑起坚强战斗防线，以远超极限运能保障了涉疫垃圾日产日清、动态清零，守牢了疫情防控安全底线。

（二）合力织好"一张网"

为更好发挥党组织战斗堡垒作用，上海环境所属党组织与行业相关单位积极开展共建联建，发挥各自优势，在产学研方面密切合作，最大程度调动各方资源，实现行业凝共识、促合作、聚合力、同发展的目标。比如，上海环境党委与上海郊区的城投集团以党建联建为载体，以项目业务和资本纽带为抓手，共同探索在建设和运营环卫一体化、固废资源化项目，工业危废、土壤修复市场，市政污泥协同和独立焚烧处理的技术和商业体系等新兴领域的项目合作，汇集、融合双方优势，以垃圾分类网和再生资源回收网"两网融合"为契机，推动形成垃圾处置全产业链，致力打造"红色引擎、两网融合、美丽城乡、生态环保"党建联建的示范标杆，为今后上海环境开创新的业务领域凝聚智慧力量，为加速推动生态松江、美丽松江的建设步伐凝聚合力。

三、区域间多点连线，强强联合求突破

党建工作不仅要做好"自转"，还要做好"公转"，才能有效实现"内外联动"、合作共赢。为此，上海环境下属各党组织因地制宜，主动加强与周边社区、同一地区其他国资企业党组织间的对话连线，形成左右贯通、领域联动的大党建格局。

（一）"小循环"发挥大作用

作为功能保障类企业，上海环境下属各单位立足使命职责，主动融入区域化党建格局，通过与属地政府、周边村居的党建联建，增进地方与企业的相互了解和理解，努力变"邻避效应"为

"迎臂效应"，营造有利发展的良好环境，实现"让城市生活更美好"的企业愿景。比如，上海环境下属天马园区内的三家党支部，借助区域化党建载体，分别与松江区佘山镇卫家埭村党支部、陆其浜村党支部、松江区佘山消防救援站党支部、武警六中队党支部签订《党建联建、文明共建协议书》，通过与各参建单位、属地政府、村镇加强党建互动，实现"思想共育、资源共享、责任共担、难题共解"的良好局面，不但促进园区业务高质量发展，也进一步密切与各级政府、企事业单位的合作关系，以优质服务赢得群众信任，有效扩大上海环境党建品牌的影响力。

（二）"大循环"彰显大作为

目前，上海环境沪外企业已遍布全国9个省份17个城市，为更好地融入当地，争取更多资源和支持，上海环境在努力将沪外企业较为集中的区域党建力量凝聚起来的同时，也进一步拓展"朋友圈"，加强对外统筹协调，在把分散的、点上的党建资源捏成"小拳头"的基础上，再放到市国资系统区域化党建联建的"大拳头"中，推动"走出去"企业在企业文化、经营管理、业务发展等方面稳步推进，释放出强劲发展动力。比如，上海环境固废事业部下属沪外党组织充分发挥区域化党建联建优势，积极响应上海国资委系统在太原、南京、青岛、奉化等地区企业的党建联建活动，通过共筑组织基础、共享培训资源、共办实事好事、共担社会责任，在参与市场竞争、服务改革发展、提升管理成效、落实民生保障上务实合作，共树上海国企良好形象。

站在新起点新征程上，只有不断深化党建联建的内涵和外延，才能更好激发基层党建工作的内生动力，让党的建设工作由"无形"变"有形"，从而推动提升国有企业的竞争力、创新力、影响力和抗风险能力，进一步做强做优做大国有资本。

（撰文：蔡妹）

【案例十九】

党建联建"四同频" 提升发展融合力

中国工商银行上海虹口支行

一、案例背景

适应我国社会经济的新发展阶段，贯彻新发展理念，构建新发展格局，推动高质量发展，就要不断强化金融工作的政治性、人民性。虹口支行始终坚持党的领导，不断推进基层党组织建设，持续推进党史学习教育，坚持在政治思想建设、弘扬虹口文化、融合城区建设、优化营商环境等方面与区域化党建同频共振、同向发力，推动资源集约整合、项目共建共享、发展共促共赢，为推动基层型党建、经营实现高质量发展提供了坚强保障。

二、做法成效

（一）同频政治思想建设，注重"三个主动"，夯实区域化党建"策源地"

一是主动抓好党建主体责任。支行党委主动将与客户结对子、党建共建、为群众办实事与经营发展同谋划、同部署、同检查、同考核。党委班子成员带头深入企业、街道，共商区域化党建发展大计。

二是主动融入区域化党建。虹口支行积极探索党建引领金融发展新路径，逐步形成了"层层可结盟、处处可联系、事事可沟通"的共建机制。2021年支行与60余家党建共建单位合作开展活动超百次，开展"工银普惠行"十余次，实现虹口区知识产权质押融资首贷和"虹企贷"落地。

三是主动对接深化党建联建。支行对接区委、街道党工委和社区实施三级联动，下辖各党支部广泛联系社区、企业、商圈、学校、机关，编织了"3+5"党建联建网。2022年初，虹口支行与北外滩开发办业务联动、党建联建，下辖党支部共同开展滨江环境治理志愿活动，交流经验做法，展望"上海北外滩、浦江金三角"美好建设蓝图。

（二）同频弘扬虹口文化，实施"三个走进"，筑牢区域化党建"主阵地"

一是走进虹口红色文化"广泛讲"。依托"红色网点群"，支行策划制作红色宣讲网点"打卡地图"，组织青年骨干担任"宣讲员"，在10个虹口区党建基地宣传网点，宣讲内山书店、拉摩斯公寓以及周边城区里的红色记忆，让工行员工成为"宣讲员"，让工行网点成为"学习地"。

二是走进企业深化服务"全面通"。在虹口支行16家综合网点挂牌落实"政银联动服务点"，实施"党建+政务+金融"资源融合，为广大企业、市民提供全方位服务。

三是走进社区居民身边"务实做"。支行在3个网点设立党群服务站，在全辖25个网点设立"工行驿站"。曲阳路支行开辟"工行驿站"专区，展示员工绘制的"金色曲阳"大型壁画，让周边居民驻足、歇息，让户外工作职工体验工行特色服务。

（三）同频融合城区建设，开展"三项助力"，打造惠民利民"新高地"

2021年，支行党委以解决群众"急难愁盼"之事，深入开展"我为群众办实事"近百次。

一是助力"长者无忧"。聚焦个性服务常态化，走进各个街道宣传推广数字人民币，试点数字人民币支付，帮助老年人跨越数字鸿沟。

二是助力"扶幼有道"。全国文明单位武进路支行积极践行"学雷锋"，组织"大手拉小手"清晨"护校行动"；定期进校园开办"财商教育课"；携手上海市第一人民医院实施"识骨无忧"骨肿瘤病房陪护；与共建单位联合举办"遇见未来自己"职工子女职业体验营，让医二代、银二代、警二代感党恩、立宏志。

三是助力"文明创建"。在创建文明城区中，支行25个网点内外同步提升"环境美"，在"爱心接力站""妈咪小屋"奉献"爱心美"，在垃圾分类中体现"社区美"，以数字金融、满减优惠助力"五五购物节""上海酒节""樱花节""江湾明珠·夜生活节"展现"生活美"。

（四）同频优化营商环境，落实"三个到位"，服务实体经济"开拓地"

一是团队建设到位。支行配备全专业优秀服务团队，走进区域全部亿元园区、亿元商务楼。成立"北外滩区域金融服务柔性团队",强化对公及金融同业客户拓展,落实"境内外汇首选银行"战略。

二是渠道畅通到位。联动区属四部门,以及北外滩集团等四大公司,建立形成"1+4+4"的合作模式。与区投促办实现招商与金融服务的"链式合作",与市场监督局开展"政银联动"合作,打通企业金融服务的"中梗阻"。

三是优质服务到位。支行通过优质高效的服务,得到了一批知名企业的高度认可。2022年疫情期间,虹口战疫临时党支部值守党员带领员工坚守岗位、急事急办,处理国库业务超15万笔、200亿元,完成国际业务1771笔、11.56亿美元,个人应急业务48笔,确保服务不断档,保障金融安全、服务企业和个人客户。

三、经验启示

1. 坚持党的领导,是解决一切问题,确保政治方向的前提。加强顶层设计,认真履行主体责任,才能更精准地将区域化党建落实落深落细,携手共建单位为群众办实事、为企业谋发展,实现双方、多方的共赢局面。

2. 坚持基层实践,是立足新发展阶段、贯彻新发展理念、构建新发展格局的重要途径。用党的理论指引基层实践,并在基层实践中积累基层党建经验。工行虹口支行始终坚持区域化党建,开放、融合、同频的工作理念,将深度融合、服务于虹口区高质量发展。

3. 坚持人民观点,是构建更广泛的"朋友圈"、更严密的

"服务网"的出发点和落脚点。只有不断拓展区域化党建的"朋友圈"，把党建工作更深层次地融入群众服务与业务工作，最大限度发挥作用，撬动各方资源，才能实现更强的组织建设、更优的工作业绩、更实更好的社会服务。

（撰文：韩宁）

【案例二十】

党建引领持续推动老字号国企高质量发展

中国第一铅笔有限公司

国有企业是中国特色社会主义经济的顶梁柱，在建设现代化产业体系、推进中国式现代化建设中肩负重要使命。中国第一铅笔有限公司（以下简称"中铅公司"）是老字号国有企业，肩负着改革创新，推动以铅笔为主向大文教产业转型升级的重要使命。如何成功实现改革创新，必须完整、准确、全面贯彻新发展理念，推动高质量发展。

高质量发展，是党的二十大报告部署的"全面建设社会主义现代化国家的首要任务"，是中国式现代化的一项本质要求，也是开局之年习近平总书记反复强调的关键词。今年中铅公司党委以主题教育为抓手，坚持用新思想指导工作，通过"一支部一品牌"建设等举措发挥基层支部的战斗堡垒作用，着力解决企业发展中的难点重点，助推企业实现高质量发展。

一、用新思想武装头脑，明确高质量发展的方式途径

今年是全面贯彻落实党的二十大精神的开局之年。公司党委坚持通过主题教育加强理论学习，制定了专题党课、中心组学习和基层党支部学习计划，重点将《习近平新时代中国特色社会主义思想专题摘编》作为主学内容，要求掌握基本内容、基本观

点、基本要求。尤其是深入理解我国经济进入新常态，已由高速增长阶段转向高质量发展阶段，在新思想的指导下分析当前国内外文具市场的变化，用以指导企业战略转型发展目标，明确高质量发展的要求和如何实现高质量发展的方式途径，确定以科技、数字和文化赋能助推企业实现高质量发展。

二、以责任制考核推进工作，以"党建+业务"融合形成一支部一品牌

为了强化党建引领，实现"党建+业务"的一体式工作推进机制，公司党委通过明确考核内容、量化考核指标制定了6个基层党支部的月度考核表，将基层支部理论学习、组织生活、党员发展等规定动作和各支部所辖职能部门的生产经营重点任务按60%和40%的权重设计了月度跟踪考核表，要求每个支部以问题为导向，以解决业务工作中的难点重点为考核标准，形成各支部的品牌特色，打造"一支部一品牌"。如：公司科二党支部，因下辖生产计划部、科技开发中心、质监中心等生产技术部门，将科技赋能作为了该支部的品牌建设重点；公司科一党支部，因下辖信息科和各职能支部，将数字赋能作为了该支部的品牌建设重点；公司宝鼎支部下辖设计室、战略市场部和各营销部门，将文化赋能作为了该支部的品牌建设重点。年终，公司党委将按加权平均分给每个支部核算年度考核分，按91～100分为"优秀"，81～90分为"良好"，71～80分为"基本合格"，70分以下为"不合格"确定年度考核结果，对于考核"优秀"与"良好"的

支部书记给予一定的经济奖励。

三、"一支部一品牌"建设初显成果，多维度赋能助推企业实现高质量发展

一是持续通过科技赋能，推动企业可持续绿色发展。公司科二党支部近年来以"一支部一品牌"建设为总要求，以铅笔新材料创新工作室为载体持续推进新材料应用等方面的科技攻关和产业运用。一是杨木应用：杨木作为丰产速生人工林，是未来作为木杆铅笔主要原材料的发展方向，但杨木的使用必须经过一定的化学加工结合生产工艺的改进，才能满足铅笔用材的主要工艺技术要求。经过公司多年的经验积累和实践，如今公司70%以上的铅笔全部为杨木杆产品。二是环保型水性铅笔漆的推广应用：水溶性铅笔漆在铅笔的生产加工过程中无论是VOC排放还是污水排放都比传统的硝基铅笔漆更环保更安全，但油漆的干燥速度、遮盖率等性能和铅笔油漆机必须经过必要的改进才能满足铅笔上漆的各项生产工艺要求。目前经过公司多年的实践已经能够批量生产水性漆铅笔，今年公司成功成为2023ESG全球领导大会会务支持方，为大会提供环保的水性漆铅笔。三是石墨铅芯工艺配方优化改进：石墨、粘土是铅芯生产的主要原材料，迫于矿产资源的紧缺，通过不同种类石墨、粘土的分析、比对、试验，得出最佳工艺调整配方，并用于不同规格石墨铅芯的替代，实现资源的最优配置和最高利用率。并先后参与编制了2个铅笔国家标准和1个行业标准。

随着这些成绩的不断取得，2018年铅笔新材料创新工作室被评为上海市职工创新工作室，2020年科二党支部被评为"黄浦区党支部建设示范点"。

二是大力引入数字赋能，提高企业管理能级。随着公司"十四五"战略规划的制定，明确了打造"业态多元化、经营数字化、运营系统化、制造智能化"的发展目标，科一党支部将此作为"一支部一品牌"建设重点，经过近三年的建设，实现了OA、WMS系统、CRM移动开单系统和ERP主数据的建设，为实现"四化"目标奠定了坚实的基础。

OA协同办公系统建立了20个模块、160多条流程，涉及财务管理、人事管理、公文管理、办公管理、合同管理等多个大类，大大提高了办公效率，加强了预算执行跟踪，规范了审批流程，也给企业履行"八项规定有关精神"、各类履职待遇提供了刚性标准和审批依据。WMS数字化仓库实现了移动数据采集、智能条码、可视化数据分析等功能，达到了精益化仓库管理要求，摆脱了传统手动登记帐卡物的模式，实现一键扫码信息齐全，轻松实现货物先进先出，降低出错率，提高分拣率和发货效率。CRM移动开单系统在公司原有的销售系统上建立了手机移动端功能，为客户下单、查询产品信息提供了便捷的移动途径。未来"十四五"期间，随着公司ERP主数据的建立，将进一步提升公司ERP系统，尤其是建立起涵盖生产采购的MRPⅡ系统,通过数字化管控产品的生产进度、原材料采购进度、外协生产等，科学高效地加强成本管理、生产管理，努力实现业财一体和智能工厂目标。

三是积极通过文化赋能，打入文创产品新赛道。中铅公司拥有88年的悠久历史，坚定文化自信，讲好"中华"故事，是新时代国有老字号企业的社会责任，也是老字号转型创新，适应社会发展和消费者对美好生活向往，提升产品附加值的必由之路。近年来宝鼎支部以"一支部一品牌"建设为切入，加大文创产品的开发推广，并与一大会址纪念馆第一党支部实现了党建共建，为进一步开拓文创产品市场构建了新格局。

红色文创不断打响"中华"品牌。2021年建党一百周年之际，"中华"首次与"一大文创"合作，开发了多款铅笔文具套装，其中一款"百年恰是风华正茂"，内含7支红色方杆铅笔和一支永恒笔，寓意向"七一"献礼，一经面试即成为一大文创商店的热销产品。今年又二度与"一大文创"合作，以红蓝两款《共产党宣言》为灵感，以红蓝为两大主色调，推出了一款含铅笔、笔记本、书签、手办的文创套装，更以我司独有的粗三角洞洞笔为原型开发了7100系列红色粗三角洞洞笔与三款不同颜色的留言条。

博物馆题材文创产品深受年轻消费者欢迎。自2022年起，中铅公司分别与西岸美术馆和大英博物馆跨界合作，开发了多个博物馆题材的铅笔义具产品，在线上线卜也受到了年轻消费群体的追捧。

在"品牌IP"化的战略下推出了文创生活周边产品。公司将多款拳头产品，如："101绘图铅笔"、"6151红黑抽条书写铅笔"中的重要元素提取后，形成了ICON元素图库，将这些元素印制在冰箱贴、马克杯、毛衫等生活周边产品上，做成文创产品。在今年的上海书展上，冰箱贴成了展会现场的爆款，合理的定价，加上社交媒体上的口口相传，成了很多消费者打卡必买的单品。

中铅公司党委近年来，通过选送基层支部书记、党务干部进党校学习，通过支部书记（党员干部）上技术党课、分析解决工作中的难题，通过"一支部一品牌"建设等举措发挥基层支部的战斗堡垒作用，着力解决企业发展中的突出问题。以助推企业实现高质量发展的成效，以党建引领持续推动企业做强做优、传承创新、品牌升级、深化改革，不断加强科技赋能、数字赋能和文化赋能，为企业长远发展以及巩固"中华铅笔、铅笔大王、铅笔专家"的战略定位打下坚实基础。

（撰文：王渭）

附录二

上海市形势政策教育研究会
组织沿革和大事记

一、形研会简介

上海市形势政策教育研究会（简称上海形研会或形研会）是上海唯一、全国独特的以形势政策教育为主要研究方向的学术性非营利性社会团体法人。本会创立于1988年12月，由上海市社会科学界联合会主管。2021年荣获"上海市优秀学会"称号。经过30多年的探索与创新，上海形研会已成为具有影响力、美誉度的形势政策教育的研究平台、宣传平台和服务平台。

本会举办、历时30多年的"每月谈"讲座是上海市具有权威性的形势政策教育大众化宣传平台，获评上海市"学会品牌活动"。本会按月编辑的《观点》，成为领导干部和党务政工干部喜爱的信息类内部参阅资料。

30多年来，本会作为研究和推动形势政策教育的学术性社会团体，坚持以马克思列宁主义、毛泽东思想、邓小平理论、"三个代表"重要思想、科学发展观、习近平新时代中国特色社会主义思想为指导，遵守法律法规和国家政策，坚持党建引领，自觉践行社会主义核心价值观，牢牢把握正确思想舆论导向，配合深化改革和加强基层党建思想政治工作做好形势政策教育宣传工作，努力探索形势政策教育的内在规律，积极探讨加强和改进新时代新征程形势政策教育的科学方法，通过开展形势政策的理论探讨、主题征文、"每月谈"讲座、专题培训和学术论坛、青年论坛、会员论坛，编辑专著、编印《观点》和《年度学术征文集》等形势政策教育资料，总结和交流形势政策教育经验，组织专题学习调研等多种形式，不断提升了形势政策教育的"系统化制度化规范化信息化"和针对性开创性操作性有效性。

30多年来的不断实践与探索，本会积累了形势政策教育实践和理论研究的丰富资源，组建了涉及全市各领域的11个形势政策教育专业委员会，形成了行之有效的为广大会员和社会公众服务的公共平台和工作机制，获得了良好的社会声誉和影响力。在所参加的上海全市性科普活动周、理论征文和学术活动月等活动中硕果累累，连续多年获得优秀组织奖和优秀学会。

本会会徽标志如下：

本会会徽主要由地球和东方明珠的抽象图案组成，以枣红色为基调。东方明珠是上海改革开放的新地标，选用这一标志性建筑和地球元素，既表明研究会诞生于上海立足于上海，又寓意研究会秉持改革创新精神，放眼世界登高望远。东方明珠圆柱上的三个窗口，代表研究会历经30年不断奋发向上。

SXYH是本会名称中"上海、形、研、会"汉语拼音的首字母。1988是本会正式成立的年份。周围是本会中文、英文的全称，便于开展国内外学术研究和交流。东方明珠上的几个圆球加上会徽的圆形构图，象征研究会注重团结和谐、追求事业顺达。

二、历届领导班子和党工组成员名单

1. 第一届成立于1988年12月28日

上海市形势政策教育研究会于1988年12月28日召开成立大会，时任中共上海市委宣传部部长陈至立同志出席会议并担任顾问。后经完备各项手续并通过上海市民政局审核登记后正式成为社会团体法人，直属上海市社会科学界联合会。办公和注册地均在市社联大楼。

会　　长：林炳秋

副会长：戴耀荣、刘洪林、恽重

秘书长：费述炜、叶剑玲、恽重、吴无畏（先后担任）

上海形研会首任会长林炳秋（中）、副会长戴耀荣（左）、刘洪林（右）

成立大会现场

2. 第二届成立于1999年10月20日

会　长： 林炳秋

副会长： 刘洪林、戴耀荣、殷勤燮、徐正初、汤名海、
　　　　　　叶剑玲、沈明达、史建明、吴无畏

秘书长： 吴无畏（兼）

3. 第三届成立于2004年4月29日

会　长： 林炳秋

顾　问： 戴耀荣、刘洪林、李沛泉

副会长： 金西智、叶剑玲、汤名海、庄梅春、沈明达、
　　　　　　沈荣康、何畏、何毅、吴无畏、邵煜栋、陈苏明、
　　　　　　殷勤燮、徐正初、谢中全、谢海光

秘书长： 金西智（兼）

4. 第四届成立于2012年1月31日

会　长： 林炳秋

常务副会长： 邵煜栋

副会长： 沈明达、张克文、杨苏、金西智、胡建平、
　　　　　徐正初、殷勤燮、唐力先

秘书长： 殷勤燮（兼）

党工组组长： 邵煜栋

成　员： 殷勤燮、金西智、张克文

5. 第五届成立于2015年12月31日

会　长： 谢中全

常务副会长： 沈明达

副会长： 杨苏、范灼华、曾瑞明、殷勤燮、唐力先

秘书长： 周志勤

党工组组长： 谢中全

副组长： 沈明达

成　员： 殷勤燮、杨苏、周志勤

6. 第六届成立于2019年11月28日

会　长： 沈明达

副会长： 任真、陈荣武、赵勇、黄苏飞、曾瑞明

秘书长： 王丽萍

监　事： 金乐华

党工组组长： 沈明达

成　员： 王丽萍、曾瑞明

前排左起：任真、黄苏飞、沈明达、赵勇、陈荣武
后排左起：丁维克、金乐华、王丽萍、赵磊

三、理事、副秘书长、秘书处、专委会

（一）理事、副秘书长

第六届理事：（43人）沈明达、任真、陈荣武、赵勇、

黄苏飞、曾瑞明、王丽萍、丁维克、王九红、赵磊、侯坚、

钟晓方、徐学泉、程春朗、王娟、王翠芳、邢卓、成就、

毕凌锋、伍阿陆 、向芸、江红、许修超、严一泓、李玉琴、

李国才、杨雄伟、时菁、吴红、陆佩丽、陈红、陈娟、

陈春峰、金菊红、袁士祥、徐英铭、高建安、黄如彰、

阎航利、葛以威、韩震雄、虞建平、戴遐昌

副秘书长： 赵磊（常务）、丁维克（常务）、钟晓方（常务）、符学俊、袁士祥、虞建平、戴遐昌、李国才、毕凌锋、向芸、金菊红、徐学泉、胡家荣、雷霁、彭程

（二）秘书处

1.办公室

主　任： 王丽萍

副主任： 钟晓方、许卫平、符学俊

2.理论研究部

主　任： 赵磊

副主任： 符学俊

3.培训拓展部

主　任： 丁维克

副主任： 徐学泉、李玉琴

4.《观点》编辑部

主　编： 沈明达

副主编： 范灼华、陈昌盛

（三）专业委员会

1.国有企业形势政策教育第一专业委员会（简称：国企一专委会）

主　任： 雷霁

副主任： 李志芳、史良

秘书长： 余召辉

副秘书长： 马滕

2. 党校形势政策教育专业委员会（简称：党校专委会）

主　任：吕雯俊

副主任：吕会霖、胡家荣、袁士祥

秘书长：肖晋

3. 院校形势政策教育专业委员会（简称：院校专委会）

主　任：陈春峰

副主任：陆佩丽

秘书长：伍阿陆

4. 科研院所形势政策教育专业委员会（简称：科研专委会）

主　任：琚姝

副主任：王九红、韩震雄、李樱

秘书长：蒋云

副秘书长：沈怡琳

5. 社区形势政策教育专业委员会（简称：社区专委会）

主　任：孙辉

副主任：谭军锋

秘书长：李国才

副秘书长：赵安平

6. "两新"组织形势政策教育专业委员会（简称：两新专委会）

主　任：虞建平

副主任：戴遐昌、毕凌锋、葛雷、周敏芳、夏琴

秘书长：严一泓

副秘书长：郁瑾、顾美珍

7. 国有企业形势政策教育第二专业委员会（简称：国企二专委会）

主　任： 彭程

副主任： 杨雄伟

秘书长： 梁伟娟

8. 金融企业形势政策教育专业委员会（简称：金融专委会）

主　任： 程春朗

副主任： 徐枫

秘书长： 陈娟

9. 长三角一体化企业形势政策教育专业委员会（简称：长三角专委会）

主　任： 王佩媛

副主任： 徐艳、黄颖、陈佳莹、陆和平

秘书长： 徐艳（兼）

10. 红色文化传承形势政策教育专业委员会（简称：红色文化专委会）

荣誉主任： 石晓华

主　任： 田海涛

副主任： 黄晓宁、刘成坤

秘书长： 沈叶平

11. 国有企业形势政策教育第三专业委员会（简称：国企三专委会）

主　任： 王娟

副主任：叶慧萍、王琴、曹明霞

秘书长：罗文婧

副秘书长：耿超

四、重要大事记

（一）上海形研会大事记

1.上海市形势政策教育研究会自成立起就创办了"每月谈"讲座。聘请领导、专家、学者、学术权威作针对社会热点、难点的形势报告。面向基层的"每月谈"，是形研会常态化开展时事政策宣传教育的重要渠道，延续至今。

2.1997年起每月出版一份形研会自编内部资料（从《政论摘选》到《观点》），作为形研会编辑出版的思想理论读物，给会员单位和会员赠阅、学习、参考。

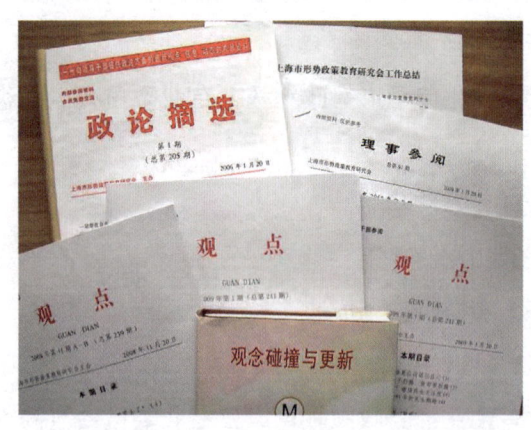

3.1997年4月，根据形势发展需要，形研会成立了"老同志专业委员会""团体会员专业委员会""讲师团专业委员会"，共

同推动形势政策教育的发展。

4.本会从成立初起的每月一次形势政策信息交流会，进而到每年开设理论研究项目。针对不同时期热点、难点问题，重视理论研究，不断提高形势政策教育水平。

5.本会为了更好地服务基层，1997年期间公布宣传题目63题，应邀到各基层讲课近50次，收到较好的效果。

6.在改革开放初期，形研会紧跟形势，组织广大基层群众参观上海改革开放丰硕成果，还组织国内革命圣地考察等活动。

7.2006年10月形研会成立"形势政策理论沙龙"，每两月活动一次。共同探讨形势政策教育工作。

林炳秋（前排左三）、吴无畏（前排右一）、殷勤燮（前排左二）等沙龙成员

8.2008年12月，举行上海市形势政策教育研究会成立二十周年纪念大会。会上老理事们一起畅谈形研会成立二十年以来的亲

身感受和寄语；会长林炳秋作主旨发言，要求会员们认清形势、开阔视野，共同推动社会文明进步，祝形研会越办越兴旺。

上海形研会三任会长：林炳秋（中，首任会长）、谢中全（左，第二任会长）、沈明达（右，第三任会长）

9.2004—2018年，每年开展论文评选活动，每年编写一本《学术研究论文集》。

10.2016年本会参加上海市"学习习近平总书记治国理政新理念新思想新战略与全面建成小康社会"理论研讨征文活动，共提交20篇论文，其中5篇论文被评为上海市社联优秀论文，并将学术研究成果汇集成本会《学术研究论文选》。

11.2016—2018年，坚持办好每月一期的《理事参阅》，每期100份，主要摘登国际、国内形势和社会上有关热点的信息，突出思想原创性、现实针对性和内部探讨性，具有贴近最新热点、回应重要关切、切中时弊、篇幅较短等特点，同样受到欢迎。

12.2017年7月，本会在上海市社联"深入学习以习近平同志为核心的党中央治国理政新思想与上海改革创新发展"理论研讨征文评选中获得优秀组织奖。

13.吴无畏、姚佩芳、金西智、谢中全、杨苏分别荣获1992—1996年度、2000—2002年度、2016—2018年度"上海市社联优秀工作者"称号。吴无畏于1994年12月荣获上海市"思想政治工作研究会优秀工作者"称号。

14.2018年3月2日,本会获上海市社联第十一届"2017年度"学会学术活动月优秀组织奖。

15.2018年12月27日起,本会创办《上海形研会》微信公众号,将本会动态和理论研究成果及时、全面地向社会与会员单位和个人进行传播,扩大了形研会社会影响力。

16.2019年先后开展了"党的政治文化建设"研究成果征集和"庆祝新中国成立70周年理论研讨征文"活动。

17.2019年11月28日,上海市形势政策教育研究会第六次会员大会在市社联六楼会议厅隆重举行。本会新老会员100余人出席。大会经无记名投票,选举产生了由45人组成的第六届理事会。经理事会选举,沈明达当选为新会长。第五届理事会常务副会长沈明达作了第五届理事会工作报告及财务审计报告的说明。大会审议通过了《工作报告》《章程》等文件。为扩大本会影响力,便于开展国内外学术研究和交流,大会还一致决定启用本会会徽。新任会长沈明达在会员大会上代表新一届理事会感谢全体会员的信任和支持,表示将带领新一届理事会"不忘初心,承优立新,紧跟时代,开拓前进",努力开创上海市形势政策教育研究会各项工作新局面。

第六次会员大会现场

第六届理事会成员合影，前排左四为新任会长沈明达教授

18.2019年12月10日，上海市形势政策教育研究会与中共上海医药（集团）有限公司委员会党校签订了双方战略合作协议。这是本会成立30年来签署的第一份战略合作协议，也是新一届理事会为开创上海形研会工作新局面推出的重要举措。沈明达会长与时任上药集团党校常务副校长徐学泉分别签字。2021年3月19日，本会与上药集团党校续签合约，与中共东方国际（集团）有限公司委员会党校签订战略合作协议。沈明达会长与上药集团党校常务副校长胡家荣、东方国际（集团）党校党委书记、校长吕雯俊分别在合作协议上签字。

19.2019年12月26日，本会在上海市社联大会堂隆重召开"上海市形势政策教育研究会成立30周年纪念大会暨2019年年会"。沈明达会长作《不忘初心，牢记使命，坚持正确思想舆论导向，坚守形势政策教育阵地》工作报告。与会老领导分别讲话，同祝共庆！

左起：黄苏飞、邵煜栋、戴耀荣、林炳秋、沈明达、曾瑞明、任真、陈荣武

前排左起：黄苏飞、邵煜栋、戴耀荣、林炳秋、沈明达、吴无畏、金西智、金乐华

20.2019年起，第六届理事会分行业先后成立了11个形势政策教育专业委员会：国有企业第一专业委员会、党校专业委员会、院校专业委员会、科研院所专业委员会、社区专业委员会、"两新"组织专业委员会、国有企业第二专业委员会、金融企业专业委员会、长三角一体化企业专业委员会、红色文化传承专业委员会、国有企业第三专业委员会。

沈明达会长向本会所属各专业委员会授牌

21. 2020年开展"全民抗疫与制度优势"主题征文活动并召开"全民抗疫与中国的制度优势"主题论坛。本会课题组完成并发

布《全民抗疫与形势政策教育研究课题报告》。

22. 2021年开展"庆建党百年为党旗增辉——庆祝建党100周年"主题征文活动，陆续收到会员及会员单位发来的各类征文共43篇，创近年来征文来稿之最。并进行学习交流与论文汇编。

23. 2021年6月21日，上海市形势政策教育研究会在上海医药集团党校隆重举行庆祝中国共产党成立100周年大会暨"庆建党百年 为党旗增辉"主题征文颁奖仪式。80余名会员出席大会。

24.为更好地服务会员单位和满足会员企业需求,2021年起本会先后举办10期《学习贯彻五中全会精神》《学习贯彻六中全会精神》《党建课题研究与论文写作》《学习贯彻二十大精神,领悟践行党建方法论》《调查研究方法论》党务干部专题培训班,及时高效务实办班和接地气高质量的授课受到参训单位和广大学员的欢迎与好评。

25.2021年10月25日上海市社联揭晓2018—2020年"三优一特"评选结果，上海市形势政策教育研究会入囊三项荣誉：本会首次获评"上海市社联优秀学会"；"每月谈"讲座荣获上海市"优秀品牌"；会长沈明达、常务副秘书长赵磊荣获"上海市优秀社会科学学会工作者"称号。

26.2022年1月18日，本会会长沈明达在社科院小会堂向形研会历任老领导等通报工作情况。沈会长一是感谢历任领导为形研会所打下的基础；二是通报了第六届形研会自成立以来所做的一系列工作。老领导对新一届形研会在沈明达会长带领下不忘初心、不负众望、与时俱进、砥砺前行的工作作风表示满意，对所取得的成绩表示赞赏。

参加通报会的同志合影留念。后排左起：胡家荣、吴无畏、金西智、沈明达、林炳秋、邵煜栋、王健、周志勤、赵磊；前排左起：许卫平、金乐华、王丽萍

27.2022年8月30日下午，本会召开《形势政策教育学概论》"基础课题研究"会议，重点围绕基础理论研究课题展开讨论。会长兼课题组组长沈明达指出：本课题研究和本书编著具有重要意义，应当面向企业、面向基层、面向群众，服务形势政策教育的领导者、组织者、研究者、实践者，在总结实践经验的基础上做理论升华，反过来用理论成果指导新的实践。本会副会长、课题组副组长任真重点阐述了《形势政策教育学概论》研究写作框架及基本思路。2023年5月16日，课题组再次召开专题会议，深入展开理论研讨。

课题组主要成员合影。前排左起：赵磊、金乐华、范灼华、胡家荣、沈明达、任真、雷霈、袁士祥、虞建平。后排左起：李玉琴、钟晓方、彭程、符学俊、王丽萍、陈昌盛、徐学泉、肖晋

28.2022年10月16日，万众瞩目的中国共产党第二十次全国代表大会在北京召开，为了迎接这一重大时刻到来，本会开展"喜庆二十大，建功新时代"主题征文活动，受到会员单位及青年朋友的积极响应，大家以实际行动和丰硕成果，向党的二十大献礼！本会对获奖者进行了交流表彰，并制作论文集。

29.2022年11月18日，本会举办"首届青年论坛"，主题为"学习贯彻二十大精神，奋进新征程、建功新时代"。上药康希诺公司党支部书

记、总经理琚姝等8位青年代表围绕主题，结合工作实际发表演讲，现场专家进行了点评。上海《支部生活》刊登了此信息。本会会长沈明达指出：本次论坛主题聚焦、内容精彩、互动热烈，是一次高质量的青年论坛。

沈明达会长，任真、曾瑞明副会长和点评专家与首届青年论坛发言者合影

30.在2022年上海市社联举办的"马克思主义中国化新的飞跃与全面建设社会主义现代化国家"理论征文活动中,本会因"组织有力,成绩显著",被授予上海市"优秀学会"称号。

31.在上海市社会科学界联合会于2023年2月28日召开的"2023年度学术团体负责人暨党建工作会议"上,本会"首届青年论坛"荣获"上海市社会科学界联合会第十六届(2022)学会学术活动月"项目"优秀奖"。

32.为配合会员单位开展"学习贯彻习近平新时代中国特色社会主义思想主题教育",本会于2023年4月、6月、9月连续举办三期"调查研究方法论"党务政工干部主题培训班,受到会员单位和学员的好评。

33.为总结交流专委会工作经验、明确专委会工作定位、推进专委会工作登上高质量发展新台阶,本会于2023年5月29日下午在上药集团党校召开专委会工作会议。来自形研会下属11个专

委会的负责人、代表以及形研会秘书处工作人员共30余人参加会议。会长沈明达教授主持会议并提出工作要求。

34.本会于2023年5月29日"每月谈"活动期间举行了向本会所属11个专委会授牌仪式，沈明达会长代表形研会逐一向各专委会授牌并与各专委会负责人合影留念。授牌仪式的举行既体现形研会的不断发展壮大，也是形研会"系统化制度化规范化信息化"建设跃上新台阶的重要标志。

35.2023年6月21日，本会首次在"每月谈"期间新辟《会员论坛》。这一创新举措，旨在丰富每月谈内容，同时为会员单位提供展示本单位工作成果的信息交流平台。

36.2023年8月28日，上海市形势政策教育研究会在上海医药党校党史陈列馆会议室，召开了《形势政策教育学概论》课题评审总结会，会长兼课题组组长沈明达教授主持会议，本会老领导、相关专家及课题组成员近20人出席。与会者充分肯定课题研究所取得的重要成果，对完善书稿提出了积极建议。沈明达会长对历经两年的课题研究项目作了回顾总结，代表形研会和项目课题组对本会历届领导的支持帮助表示由衷的感谢！对所有课题组成员不辱使命认真投入的心血付出表示高度赞扬和感谢！

37.在2023年8月31日于上海社会科学会堂举行的上海市社联"学会工作交流会议"上，作为三个交流发言学会之一，沈明达会长应邀作了题为《履行会长职责 激发学会活力》的专题交流发言，受到与会领导的肯定和兄弟学会的好评。

38.2023年9月28日，"深学笃行新思想 聚力奋进新征程"主题教育现场教学活动在上海外高桥造船有限公司圆满举办。沈明达会长、金乐华监事等一行36人出席本次活动。大家对本次活动的及时、圆满组织连连称赞，为能第一时间登船目睹我国首制大型邮轮风采深感荣幸，对外高桥造船的党建经验一致好评。

39.在2023年10月20日下午召开的上海市社会科学界联合会第十七届（2023）学会学术活动月开幕式暨秋季会长论坛上，本会获得上海市社联表彰，被评为市社联

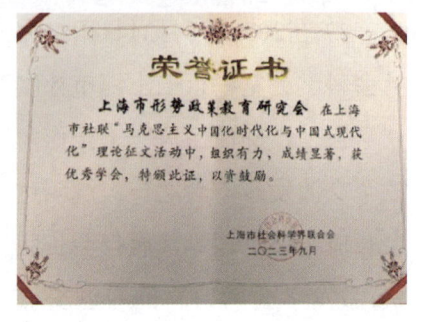

"马克思主义中国化时代化与中国式现代化"理论征文活动"优秀学会"（全市共16个）。本会范灼华副教授的论文获评市"优秀论文"（全市共52篇）。

（二）上海形研会各专委会活动集锦

1.国企一专委会"学习二十大生态文明行"主题活动在上海老港再生能源利用中心、上海市固体废物处置有限公司举行。

2.党校专委会组织会员专家赴上海东方国际（集团）有限公司党校（上海纺织控股公司党校）进行调研交流。

3.院校专委会组织赴嘉善调研考察活动，主题是"提升贯彻二十大精神领悟力"。

4."凝心聚力强党建 奋斗实干迎盛会"——科研专委会在上药康希诺开展专题活动。

5. "布新局 谋发展"——社区专委会在金山区"上海湾区科创中心"举行专题学习、参观、研讨活动。

6. "两新"专委会举行"弘扬"双百"品牌，喜迎建党百年"主题活动。

7.国企二专委会组织会员单位开启"学贯二十大·海洋强国行"现场教学暨行走党课活动。

8.金融专业委员会在上海市银行博物馆开展"资源共享 交流互鉴"活动。

9.长三角专委会与组织人事报联合举办"调研报告征集活动"取得积极成效。

10.红色文化专委会积极宣讲革命故事，弘扬正能量。

11.国企三专委会成员单位的杨戎雷是一位基层一线的二十大青年代表、全国劳模，现任上海城投集团白龙港污水处理厂污泥处理车间主任，应邀在"每月谈"上做了《学习贯彻二十大精

神，为建设美丽中国不懈奋斗》主题报告。

五、"每月谈"讲座

（一）2020年

1. 1月21日上午，举行2020年第一场报告会，特邀上海市委宣传部"东方大讲坛"特聘讲师王连祥教授主讲，主题《豪华落尽见真淳——走进2020年的畅想》。会长沈明达主持。

2. 9月25日上午，在上药集团党校装修一新的大教室，举行2020年新冠疫情之后的第一次讲座。安排了两场报告，一是本会副会长、上海中医药大学马克思主义学院教授陈荣武博士主讲《治理体系现代化与抗风险能力》；二是本会会长沈明达教授主讲《抗疫斗争启示与当前形势任务》。会长沈明达主持。

3. 10月29日上午，在上药集团党校，上半场由上海国际问题研究院国际战略研究所所长吴莼思研究员主讲《学习习近平外交思想，建设人类命运共同体》。会长沈明达主持。约80位会员出席。

10月29日下午，作为第19届上海市社会科学活动周的项目之一，上海市形势政策教育研究会在上药集团党校会场举行"全民抗疫与中国的制度优势"主题论坛。40多名会员出席论坛。会长沈明达主持。

4.11月19日上午，在上药集团党校，由同济大学党校原常务副校长范灼华副教授作《认真学习贯彻党的十九届五中全会精神——扬鞭催马再启航》主题报告，会长沈明达主持。

5.12月15日上午，在上药集团党校，由本会原常务副会长、浦东新区政协原副主席邵煜栋作《中国特色社会主义的生动实践——浦东开发开放30周年回眸》的主题报告。同时举行2020年学术年会暨第六届理事会第二次全体会议。年会的主题是：奋进"十四五"，谱写新篇章。会长沈明达主持会议并作《守正创新，攻坚破难，进一步推动本会工作迈上新台阶》年度工作报告。新老会员70余人出席。

（二）2021年

1.1月20日上午，在上药集团党校举行2021年第一场"每月谈"讲座，邀请上海市公共政策研究会会长胡伟教授作《两个大局、战略机遇期与中美关系》的辅导报告。会长沈明达主持。

2.4月23日上午，在上药集团党校，由本会副会长、东华大学马克思主义学院副院长曾瑞明教授作《开启全面建设社会主义现代化国家新征程》主题报告。会长沈明达主持。

3.5月26日上午，在上药集团党校，作为第20届上海市社会科学普及活动周项目之一的本会五月份"每月谈"讲座，举行

"庆建党百年 为党旗增辉——庆祝建党100周年主题论坛"，并邀请上海市新四军历史研究会会长、海军东海舰队某部原政委刘苏闽少将作《讲好党的故事 传承红色基因》报告。会长沈明达主持。

4. 6月21日上午，在上药集团党校，为隆重庆祝中国共产党成立100周年，由上海市委宣传部"东方大讲坛"特聘讲师、市委宣传部党校教研室原副主任、上海工会管理职业学院干部培训中心原主任王连祥教授作《认清"两个百年"筑牢初心使命——学党史增自信 启航新的征程》主题报告。下半场的内容为庆祝中国共产党成立100周年大会暨"庆建党百年 为党旗增辉"主题征文颁奖仪式。80余名会员出席大会。本会会长沈明达教授主持大会并作主旨讲话。

5. 7月29日上午，在上药集团党校，本会会长、党工组组长沈明达教授作《学习"七一"重要讲话，深入推进党史学习教育》专题报告。常务副秘书长钟晓方主持。70余名会员参加。

6. 9月27日上午，在上药集团党校，由上海市委党校上海发展研究院原常务副院长，经济学部原副主任鞠立新教授作《当前我国经济发展新态势和宏观经济政策思路分析》主题报告。常务副秘书长丁维克主持，80余名会员参加，会长沈明达讲话。

7. 10月26日上午，在上药集团党校，本会原副会长，华东理工大学马克思主义学院原副院长、上海市委宣传部《东方讲坛》主讲教授杨苏作《全球治理：中国方案与建设人类命运共同体——中国成为联合国安理会"常任理事国"50年的新贡献》主题报告。会长沈明达出席并讲话，常务副秘书长丁维克主持，近

80名会员出席。

8.11月17日上午，在上药集团党校，由上海浦东工业技术研究院原副院长、上海市注册咨询专家、教授级高级工程师郑俊铠作《学深悟透习近平生态文明思想，共推经济社会绿色低碳发展》主题讲座。本会副会长任真主持，80余名会员出席会议。同日，上海市社联第十五届（2021）学会学术活动月项目——上海市形势政策教育研究会2021年学术年会暨六届三次会员大会举行。活动主题是：学深悟透习近平新时代中国特色社会主义思想，推进新时代形势政策教育工作。会长沈明达以《学习贯彻十九届六中全会精神，推动形势政策教育承优立新巩固提高》为主题，作了2021年度工作报告暨学术年会总结讲话，就学习贯彻六中全会精神提出明确要求。常务副秘书长钟晓方主持。

9.12月8日上午，在上药集团党校，本会原副会长、同济大学党校原常务副校长范灼华副教授作《赢得更加伟大的胜利和荣光——深入学习党的十九届六中全会精神》主题报告。上海市社联学会处李玮琦专程到会。本会沈明达会长出席并讲话，近70名会员参加学习。常务副秘书长丁维克主持。

（三）2022年

1.1月20日上午，在上药集团党校，由"东方大讲坛"特聘讲师、上海工会管理学院干部培训中心原主任、国务院国资委特聘的工运专家王连祥教授作《走进2022年——迎接中共二十大的胜利召开》主题报告。会长沈明达出席并讲话，常务副秘书长丁维克主持。

2. 2月22日上午，在上药集团党校，聚焦当前抗疫形势和市民关心热点，由本会科研专委会主任、上药康希诺生物制药有限公司董事、总经理琚姝向大家分享了"上海疫苗"诞生的曲折经历和背后不为人知的艰辛感人故事。会长沈明达到会并讲话，常务副秘书长丁维克主持，70多名会员参加。

3. 9月19日上午，受新冠疫情影响被迫中断半年之久的首场线下报告会在上药集团党校举行，两项内容：上半场报告会由曾经担任本会秘书长的抗美援朝老战士吴无畏主讲《不忘初心使命，保持军人本色》；下半场由会长沈明达教授作《喜迎二十大奋进新征程——关于当前的国内外形势》主题报告。常务副秘书长钟晓芳主持。

4. 10月18日上午，在中国共产党第二十次全国代表大会召开的第三天，本会第一时间举办了党的二十大报告学习辅导讲座，由本会会长、党工组组长沈明达教授作《认真学习领会党的二十大精神》主题报告。同时举办了10月份"每月谈"，由本会副会长陈荣武教授作《弘扬伟大建党精神，践行人民城市理念》主题报告，常务副秘书长丁维克主持。近50名会员在严格做好防疫各项要求的前提下满怀热情听讲。

5. 11月18日上午，在上药集团党校，上半场内容：由中国浦东干部学院原常务副院长、上海市委党校原常务副校长、上海市领导科学学会名誉会长、上海市习近平新时代中国特色社会主义思想研究中心研究员奚洁人教授，作主题为《踔厉奋发、勇毅前行、团结奋斗，以中国式现代化全面推进中华民族伟大复兴》的党的二十大精神学习宣讲。常务副秘书长钟晓方主持。市社联学会处李玮琦同志出席了本次"每月谈"活动。下半场内容：纳入上海市社联第16届（2022）"学会学术活动月"系列活动的上海市形势政策教育研究会首届青年论坛成功举办，论坛主题为"学习贯彻二十大精神，奋进新征程，建功新时代"。会长沈明达教授出席论坛并讲话，副会长、东华大学教授曾瑞明和本会党校专委会副主任、上药集团党校常务副校长胡家荣作论坛点评，副会长任真主持了论坛。

6.12月16日上午，在上药集团党校，上半场的每月谈邀请两位主讲者，一位是党的二十大代表、城投集团污水处理公司的杨戌雷作《学习贯彻二十大精神，为建设美丽中国不懈奋斗》主题报告，另一位是本会原秘书长吴无畏作《发扬光荣传统，坚定理想信念》主题报告。下半场召开2022年度年会暨第六届第四次会员大会，同时进行了年度先进表彰。会议听取了本会会长、党工组组长沈明达教授作的年度工作报告；听取了两位代表所做的学术成果交流，同时进行了2022年度的先进表彰和学术成果交流与获奖代表感想分享。本会副秘书长符学俊主持了每月谈和年会。

（四）2023年

1.2月21日上午，在上药集团党校，由上海资深讲师王连祥教授作《奋进2023年——全面落实党的二十大精神开局之年》专题报告，常务副秘书长钟晓方主持。

2.3月22日上午，在上药集团党校，由全国人大代表樊芸女士作《加快推进中国式现代化、共赴美好未来》为主题的全国两会精神解读，会长沈明达到会并讲话，60多名会员出席，常务副秘书长丁维克主持。

3. 4月21日上午，在上药集团党校。由本会会长、党工组组长沈明达教授作《认真开展主题教育 切实搞好调查研究》专题报告，常务副秘书长丁维克主持，70余会员参加。

4. 5月29日上午，在上药集团党校，三项内容：第一，由本会原副会长、同济大学党校原常务副校长范灼华副教授作《学深悟透担使命，奋楫笃行新征程——深入学习贯彻习近平新时代中国特色社会主义思想》专题辅导报告。第二，新组建成立"长三角一体化企业专委会""红色文化传承专委会"和"国有企业第三专委会"，由沈明达会长向所属11个专委会授牌。第三，新建成立的"红色文化传承专委会"成员代表结合纪念上海解放74周年，以《血火一生为革命》为题讲述了父辈的革命故事。会长沈明达作总结讲话，副秘书长符学俊主持。

5. 6月21日上午，在上药集团党校，三项内容：第一，由上海浦东工业技术研究院原副院长、教授级高级工程师郑俊锃作题为《中国式现代化新境界》的主旨报告；第二，本会红色文化专委会成员王时妹讲述革命前辈的奋斗经历和家风故事；第三，首次开辟"会员论坛"，由国企第二专委会秘书长、上海外高桥造船有限公司党委工作部部长助理梁伟娟率先开讲，主题为《把新思想伟力转化为国产首制大型邮轮建造加速度——中国船舶集团外高桥造船主题教育走深走实见行见效》。常务副秘书长钟晓方主持，沈明达会长到会并作总结讲话。

6.7月20日，在上药集团党校，邀请中国浦东干部管理学院首任常务副院长、上海市委党校原常务副校长、上海市领导科学学会创始会长、上海市党建研究会原副会长奚洁人作学习贯彻新时代中国特色社会主义思想主题教育学习辅导报告。《会员论坛》第二讲，由上海琴馨文化科技有限公司董事长夏琴作企业发展和品牌建设情况交流。常务副秘书长钟晓方主持会议，沈明达会长到会并作总结讲话。

7.8月28日，在上药集团党校，由本会会长、中国思想政治工作研究会特约研究员沈明达教授作《当前国内外形势的观察与思考》主题报告。《会员论坛》第三讲，由上海联合产权交易所央企业务长三角总部负责人、本会长三角一体化专委会副主任兼秘书长徐艳，交流上海联交所"活力党建"和"上海国企党建品牌"工作成果以及长三角专委会成立以来的工作成效和下一步思路。副秘书长符学俊主持会议。

8.9月18日，在上药集团党校，邀请本会红色文化传承专业委员会名誉主任、上影厂著名女导演石晓华作《上错花轿嫁对郎——我的电影导演之路》报告。会员论坛第四讲，由上海典藏文化传媒（集团）有限公司董事长、本会长三角一体化专业委员会副主任陆和平介绍《全维度设计引领者》的企业经营理念和发展成效。常务副秘书长钟晓方主持会议。会长沈明达到会并总结讲话。

9.10月18日，在上海鸿泰.乐璟会，参观考察养老公寓。邀请著名导演石晓华续讲执导主旋律电影的经历故事。《会员论坛》第五讲，由本会国企—专委会的上海海洋石油局党群工作部副部长马腾作企业介绍和党建工作交流。嘉道医养集团鸿泰.乐璟会的高级颐养顾问李敏、上海新时代（中俄）文化交流中心总监汪天玲分别作了企业情况介绍。常务副秘书长钟晓方主持会议，会长沈明达总结讲话。

六、主题征文、先进表彰

（一）主题征文

1．"庆祝新中国成立70周年理论研讨征文"活动（2019年12月）。

一等奖（3名）：

陈荣武《加强党对高校全面领导的战略路径研究》

邢　卓《新时代党内政治文化建设的思考：价值意蕴、内在逻辑和优化路径》

袁士祥《中共早期是如何推进党的政治文化建设的》

二等奖（3名）：

范灼华《不忘初心，牢记使命，砥砺前行，实现中华民族伟大复兴》

赵　磊《继往开来，求实创新，新时代企业思想政治工作再出发》

伍阿陆《在中国梦引领下实现公安机关的平安梦与法治梦》

2. 纪念上海市形势政策教育研究会成立30周年"昨天·今天·明天"主题征文（2019年12月）

一等奖（2名）：

伍阿陆《紧学形势不停步》

赵　磊《首批老会员的记忆——形势政策教育研究会二三事》

二等奖（3名）：

郑俊镗　阎航利《"孪生兄弟"情同手足》

符学俊《一块党务干部理论赋能的精神高地——写在上海市形势政策教育研究会成立30周年之际》

丁维克《古有"识时务者为俊杰"今有"识时政者为俊杰"》

三等奖（7名）：

毕凌锋《一名新闻工作者眼中的上海市形势政策教育研究会》

徐学泉《而今迈步从头越——记形研会成立30周年随感》

侯　坚《一个双赢的合作项目》

琚　姝《三十而立　从心出发》

虞建平《同成长　共进步》

程春朗《祝贺与祝福》

戴遐昌《传播正能量，凝聚人心》

3."全民抗疫与制度优势"主题征文（2020年10月）

一等奖（3名）：

符学俊《上海城市的一堵阻击新冠疫情"防火墙"》

雷　雳《西方不亮东方亮》

曾瑞明《在疫情防控大考中彰显治理智慧》

二等奖（5名）：

胡家荣《让西方国家羡慕忌妒恨的中国制度优势》

徐厚祥《守好上海医废处置的"青春防线"》

范灼华《"硬核"科技为复学保驾护航》

陈荣武《制度优势是走向民族伟大复兴的强大武器》

袁士祥《全民抗疫：彰显中国制度优势》

三等奖（7名）：

马　腾《我们的信仰还有几分？》

吴艳文《充分发挥制度优势　打好金融抗疫阻击战》

颜晓斐《打造最强"堡垒"　彰显国企"担当"》

周敏芳《党的政治优势是全民抗疫中国制度优势的生动写照》

严一泓《全民抗疫与制度优势》

徐学泉《从社区抗疫看国家治理优势》

刘博源《通过疫情面面观，看中国的制度优势》

4."庆建党百年 为党旗增辉"主题征文（2021年6月）

一等奖（5名）：

钟晓芳《从新中国第一批女飞行员的奋斗精神中领悟党的历史》

赵　磊《赓续共产党人精神血脉促进上海纺织持续发展》

程春朗《做称职的基层党务工作者》

严　华《中国为什么能？》

符学俊《此生只为这一践诺》

二等奖（9名）：

范灼华《"全面建成小康社会，残疾人一个也不能少"》

程海边《捧一颗真心驻村 带一方百姓脱贫》

李晓雨《精工细作铸重器，初心不改为人民》

陈荣武《加强党史学习教育要正确处理好四对关系》

马晨阳《百年征程风雨路，同心共筑新辉煌》

周敏芳《在党旗下成长》

杨雄伟《从"能""行""好"中汲取前行力量》

邹祥英《初心不忘永远心向党 牢记使命坚定跟党走》

洪　刚《坚守初心，筑梦前行》

三等奖（15名）：

李　勇《建党百年启新程 匠心筑梦再扬帆》

伍阿陆《在党旗下成长》

张月华《初心——入党就是要有担当》

李梦楠《观〈山海情〉有感》

沈怡琳《从红色项目中汲取党建养料》

史　琳《初心不忘 步履不停》

戴遐昌《党是母亲，哺育我茁壮成长》

龚百金《献身崇高事业，无怨无悔》

向　明、夏海英《讲好中国故事 传播好中国声音》

安亚军《习近平新时代青年思想对新时代青年发展的启示》

陆祥炜、李　瑶《沁水光风月拥灿烂星辰》

苏　东《中国共产党的领导是国家治理体系与治理能力的核心优势》

邓经纶《党旗的力量》

张　雷《庆建党百年，为党旗增辉》

张昕国《庆建党百年，为党旗增辉》

5."喜迎二十大　建功新时代"主题征文（2022年11月）

一等奖（5名）

琚　姝《党建引领筑堡垒　勇担使命争先锋——上药康希诺党支部党建工作情况》

符学俊《用党员战疫行动力献礼党的二十大》

范灼华《提升城市软实力》

李国才《关于街道党建服务中心建设的思考》

周敏芳《喜迎二十大　建功新时代》

二等奖（11名）

郑　勤《对深耕文化的实践与思考》

苏政和《不负使命担当　共创上海速度——上药康希诺推动基层党建与重大任务落实深度融合实践》

李晓勇《"五色"助力　打造中国固废专家》

赵安平《我们参加了2022年上海抗疫保卫战》

田雅琴《探索新时代提升员工幸福感的路径和方法》

朱碧辉《以青春扬帆，信仰掌舵，拉响新征程的汽笛——记青春向党而造船随笔》

焦军健《践行一线"四个"工作法，激发党建新活力》

彭　涛、蔡燕国《中船九院：传承红色基因　激励创新发展》

胡　钧《高质量党建引领保障国产首制大型邮轮高质高效建造》

叶慧萍《中铅公司党委主动融入企业发展提升党建工作水平》

张　敏《我愿做夜空的点灯人、时代的追光者》

三等奖（13 名）

周敏芳《学习习总书记"人民至上生命至上"新发展理念体会》

伍茂春、徐　慧《提升整体核心能力建设　蹄疾步稳深化推进改革》

徐　云《党建引领赋能"加梯"　幸福生活"一键直达"——浦东花木街道以践行"全过程民主"助力加梯工程提速增效》

陈佳莹《青春逢盛世　奋斗正当时》

朱余志《喜看"娘家"转型发展谱新篇》

韩建洛《一方初心　守护心中的春天》

华育淳《永葆初心　勇于担当》

康宇琪《砥砺奋进新时代　敬业爱岗战新程——石羚劳模和她团队的故事》

周　青《同心向党　"新"心相联》

伍阿陆《全面推进依法治国　建设社会主义法治国家》

王　川《问渠哪得"清"如许　为有"源"头助力来》

张秀敏《银行后台人的守护日记》

潘建军、黄艳丽《党建引领做实基层社区疫情防控工作》

6. "形势政策教育工作实践创新案例"征集（2022年11月）

一等奖（4 名）

彭　程、梁伟娟《思政铸魂邮轮项目　党旗映红逐梦征程》

柳　颖、姚韵琴、谈　炯《发挥"大项目党建"优势，为"两栖先锋"注入最强战力》

顾诞英、张　琳《互联网+智慧党建，以科技赋能党员教育的创新探索》

王豪斌《"行走"让课堂动起来，"党课"使党史更鲜活——"觉醒年代：南昌路的红色记忆"行走党课的教学探索与实践》

二等奖（5名）

彭　程、王凤娇《"三维一体"点亮信仰　集聚战疫硬核力量——上海外高桥造船有限公司 500 人抗疫志愿服务案例》

张　姗《以党史学习教育为抓手，打造形势政策宣传教育的主阵地》

沈怡琳《"重大项目+党建创新"的实践探索》

赵　俊《百年老品牌，焕发新活力》

续　鹏《"一支部一特色一品牌"党建工作法》

三等奖（8名）

彭　程、朱高嵩《构建"116N1"党员教育工作体系，赋能国企高质量发展》

张　达、谈　琼《创建"双螺旋融合"模式，助推十一所高质量发展》

李晓勇《"三化"建设夯实基层党建工作》

陆森茂、李晓雨《铸精神、强机制、育文化　思想政治引领精品工程建设》

王佩媛、饶国婷《活力党建暖人心　赋能团队促发展》

蔡燕国、彭　涛《有的放矢做好思想政治工作》

吕雯俊、叶慕林《东方国际集团学党史经磨炼学本领谋作为

青年党员骨干培训班纪实》

吴拥军、庞立群、宫朱青、鲁必超、孙雪盈《构建"共、享、促"党建工作平台服务企业发展——外高桥海工党建与中心工作融合探索》

7. "强国建设有我，复兴路上奋进"主题征文（2023年10月）

一等奖（5名）

符学俊《一路向光与时代同行》

黄　俊《在18000公里海岸线上"种风机"》

李　勇《强国有我　奋进新征程》

阎航利《担心　放心　信心——浅谈学思党的自我革命理论的几点感悟》

虞建平《用心用情，把形研会工作当事业做》

二等奖（12名）

谈　炯《以"沉浸式"方式打开党课课堂——纪念沪东中华造船建厂95周年》

耿　超《争做新时代军工企业的一名合格党务工作者》

周敏芳《强国建设有我　复兴路上奋进》

郭登宇《我与千万征程——中国首制大型邮轮采编手记》

徐伟斌《拓创新之机　耀国货之光　筑复兴之路——为强国建设献青春　为民族复兴争贡献》

刘博源《以主题教育成效推动高质量发展　奋力打造世界一流的绿色发展顾问集团》

陆　莲《自贸十年实力创新　勇攀新时代改革开放新高地》

周奕桦《植根于小铅笔　助力民族大工业——为强国建设献青春、为民族复兴争贡献》

李仁衍《贯彻习近平总书记"人民城市"重要理念，以金融之力激发城市创新动能》

陈佳莹《做有志气、有骨气、有底气的新时代青年》

范灼华《"解放思想　党建引领　守正创新"是改革开放的三大法宝——纪念改革开放45周年》

陈　璐《既要"身入"基层 更要"心到"基层》

三等奖（18名）

叶梦琪《述录先人的开拓　启迪来者的奋斗——为强国建设献青春　为民族复兴争贡献》

刘　思《青春献礼二十大 至臻服务筑未来》

刘晨亮《归乡小记——记高铁与中国农民丰收节上的所思所感》

徐明杰《守正创新担使命，共绘蓝图一江清》

伍阿陆《强国有我：立足岗位为公安事业培养接班人》

张新建、张昭鹏、陈奕鸣《中国首制大型邮轮——矢志不渝中国梦》

吕　燕《"标杆泰和"助力人与自然和谐共生》

王　渭《党建引领持续推动老字号国企高质量发展》

柳齐云《摘星揽月，绘就美好生活》

毛晓君《树立鸿鹄志　守牢思想关——品读感悟习近平总书记"扣好第一粒扣子"论述》

朱振庭《让青春在全面建设社会主义现代化国家的火热实践中绽放绚丽之花》

张洪涛《科普志愿活动对社区建设的作用》

姚　蔚《奋斗的青春不"躺平",以斗争精神践行新时代金融赶考路》

邓经纶《加强党的建设　提高党课质量——学习习近平对党的建设和组织工作重要指示的体会》

张　敏《永葆"赶考"的清醒和坚定　答好金融"必答卷"》

张秀敏《以高质量金融服务中国式现代化》

柯思雨《怀珠踽行,虽艰自熠》

孙雅雯《青春激荡,为强国而战》

（二）先进表彰

1. 2021年度

先进专委会（1个）：两新专委会

优秀会员（9名）：范灼华、袁士祥、侯坚、程春朗、李国才、王九红、毕凌锋、严华、卞力

优秀工作者（7名）：雷霁、彭程、虞建平、胡家荣、丁维克、许卫平、符学俊

2. 2022年度

先进专委会（1个）：党校专委会

优秀会员（9名）：周敏芳、伍阿陆、王翠芳、梁伟娟、郑俊镗、顾渭林、顾海娟、徐枫、赵安平

优秀工作者（7名）：琚姝、王娟、肖晋、戴遐昌、钟晓方、徐学泉、陈昌盛

3. 2023年度

先进专委会（1个）：国二专委会

优秀会员（7名）：邢卓、阎航利、朱高嵩、杨涵、陈佳莹、耿超、刘博源

优秀工作者（5名）：陈春峰、王佩媛、李玉琴、叶惠萍、宋翠微

后 记

2021年3月7日，在沈明达会长主持下，上海市形势政策教育研究会会长会议研究决定，启动形势政策教育基础理论研究，编写出版《形势政策教育学概论》（以下简称《概论》）。之后，《概论》研究列为上海市社会科学界联合会"学术活动合作项目"。《概论》课题组于7月29日召开开题会议，编写工作正式展开。2023年8月28日，《概论》课题评审总结会的召开，标志历经两年多艰辛努力研究编写的《概论》一书基本完成。经进一步修改完善，全书终于定稿付梓。

形势政策教育历来是我们党的思想政治工作的重要组成部分，是启发、动员、激励干部群众坚定信念、守正创新的有效方式，是我们党的优良传统和政治优势。上海市形势政策教育研究会作为上海唯一、全国独特的以形势政策教育为主要研究方向的学术社团，理应对形势政策教育的基础理论与实践作出深入研究。本会自1988年成立以来，持续为此实践探索，积累了许多阶段性研究成果。

本会曾于成立十周年之际发起过一轮关于形势政策教育

学的学术研究。在本会首任会长林炳秋、副会长戴耀荣、刘洪林的组织指导下，经过两年多的艰苦努力，于2004年初将总计14万字的《形势教育学概论》书稿在上海市国有企业范围内印行传播，取得了较好的反响。他们还分别为该书撰写了《形势教育也是一门学科》《论形势政策教育科学化》《发扬党的形势教育光荣传统》等三篇代序。年逾七旬的刘洪林副会长曾花费大量时间，与每一位执笔者详细商讨提纲及细节，推敲各章节的要点难点，并亲自斟酌修改稿件。时任副会长殷勤燮作为该书主编，为统筹编著研究、修改审定全书等做了许多扎实有效的工作。当年，参与该书撰稿和编辑的还有李桦、赵磊、龚华刚、吴无畏等同志。在此，我们深深地感谢当年作出开创性贡献的老领导、老同志。

2021年，随着上海市形势政策教育研究会第六届理事会的工作走上系统化、制度化、规范化、信息化的轨道，学科基础理论的研究也提上了重要议事日程。为此，成立了由本会会长沈明达任组长、副会长任真、常务副秘书长赵磊为副组长，吕会霖、雷雳、肖晋、彭程、陈昌盛、曾瑞明、范灼华、徐学泉、符学俊、王丽萍、胡家荣、吕雯俊、金乐华、袁士祥、丁维克、钟晓方、虞建平、李玉琴、许卫平、黄颖、王佩媛、严华为成员的《概论》课题组。

两年多来，课题组在会长沈明达教授的统筹协调和精心组织下，紧张、有序而高效地开展工作。副组长任真草拟了

《概论》研究提纲，收集了200多篇形势政策教育领域的相关学术论文以及相关参考书目，为课题研究拓展了思路和视野。除撰写绪论之外，他在繁忙工作之余对书稿第一章至第九章进行认真统稿，逐字逐句修改审订，统一概念，理顺结构，规范文字，精益求精。副组长赵磊积极承担课题研究的日常联络协调工作，并撰写本书的有关章节。吕会霖副教授在本会党校专业委员会专题讨论的基础上，起草了万字长文《关于形势政策教育若干理论问题探究》。本会秘书长王丽萍为了书稿内容的完整准确，反复听取老同志的回忆，拷取历史照片，多方收集资料，并得到邵煜栋、吴无畏、金西智等老同志的大力协助。

其间，课题组多次召开会议，专题讨论本课题的研究计划、研究方法、研究要点等，群策群力突破重点难点，从而使课题研究得以不断深化细化优化。课题组全体成员齐心协力，为课题研究任务的圆满完成作出了积极贡献。

最终成书的各章节主要执笔人为（以章节先后为序）：绪论 任真；第一章 雷霁（杨涵协助整理）；第二章 肖晋；第三章 彭程（朱高嵩协助整理）；第四章 陈昌盛；第五章 曾瑞明；第六章 范灼华；第七章 徐学泉；第八章 符学俊；第九章 赵磊；附录（形势政策教育和党建思想政治工作的经验与案例）符学俊、陈昌盛；附录（组织沿革和大事记）王丽萍。应该说，本书是课题组全体成员共同努力的成果。

作为本研究课题组组长和本书主编的沈明达会长，把握全局，协调各方，调配人员，布置任务，落实编写、审定、出版事宜；化费大量时间精力，对书稿逐章逐篇批阅审订，增删图文，调整结构，定向把关；组织评审总结会听取本会新老领导、专家的意见建议、进行深度学术研讨，随后精心修改完善，并最终审定全部书稿。

在本课题研究过程中，本会始终得到主管机关上海市社会科学界联合会和主管部门学会处等方方面面的大力支持、鼓励和帮助。2021—2023年，上海市形势政策教育研究会按照研究进程及阶段节点，连续三年向上海市社联申报《形势政策教育基础理论研究》课题，均得到市社联的批复立项，被列为这三个年度的学术活动合作项目。

学而后知不足。在本课题研究告一段落之际，我们既为形势政策教育学研究所取得的成果而高兴，又深感到形势政策教育学的研究成果还是初步的，课题研究的深度与广度有待于进一步深化和拓展，形势政策教育学学科建设任重道远。本书从内容到形式，还会存在薄弱环节和疏漏之处，恳请各方面的专家、同行和读者批评指正，以共同推进形势政策教育和学科建设的高质量发展。

在《概论》一书研究、写作、编辑、审定、校对、印制等各阶段，得到本会各位新老领导、各专委会、各会员单位及会员和各方专家、朋友以及上海医药集团党校教师的全力支持配合，得到上海浦江教育出版社和上海图高文化传播有限公司的热情支持帮助。在此，一并表示衷心的感谢！

上海市形势政策教育研究会

2023年11月20日